Petra Lucht
Zur Herstellung epistemischer Autorität

Soziologische Studien

Band 30

Zur Herstellung
epistemischer Autorität

Eine wissenssoziologische Studie über die Physik
an einer Elite-Universität in den USA

Petra Lucht

Centaurus Verlag & Media UG 2004

Die Autorin:
Petra Lucht, geb. 1967, ist Diplom-Physikerin und promovierte Soziologin. Zu ihren Arbeitsschwerpunkten gehören die Wissenschaftsforschung, die Frauen- und Geschlechterforschung über die Natur- und Technikwissenschaften und die qualitativen Methoden der Sozialforschung.

Die Deutsche Bibliothek – CIP-Einheitsaufnahme

Lucht, Petra:
Zur Herstellung epistemischer Autorität : Eine wissenssoziologische Studie über die Physik an einer Elite-Universität in den USA / Petra Lucht. –
Herbolzheim : Centaurus-Verl., 2004
(Soziologische Studien ; Bd. 30)
Zugl.: Hamburg, Univ., Diss., 2003

ISBN 978-3-8255-0514-1   ISBN 978-3-86226-505-3 (eBook)
DOI 10.1007/978-3-86226-505-3

ISSN 0937-664X

Satz: Vorlage der Autorin

Umschlaggestaltung: Jörg Meyer, Kiel

Inhalt

Vorwort

Die hier dargelegte Untersuchung habe ich in der Wissenschaftsforschung und in der Frauen- und Geschlechterforschung über die Physik verortet. In diesen Bereichen sind Ansätze entwickelt worden, um das ‚Soziale' – das jedoch sehr unterschiedlich gefasst wird – als integralen Bestandteil naturwissenschaftlicher Erkenntnisproduktion zu untersuchen. Beide Forschungsfelder habe ich insbesondere für den bundesdeutschen und den anglo-amerikanischen Kontext exemplarisch anhand unterschiedlicher Ausrichtungen bzw. ihrer prominenten VertreterInnen aufgearbeitet.

Bis auf wenige Ausnahmen mangelt es diesen Studien zumeist daran, Dialoge mit den Beteiligten an den untersuchten Disziplinen, also mit Naturwissenschaftlerinnen und Naturwissenschaftlern zu führen oder diese ausführlich zu dokumentieren. Zudem stellt die Untersuchung der Ausbildung von NaturwissenschaftlerInnen eine eklatante Forschungslücke in der Wissenschaftsforschung dar, obwohl es auch und gerade die Ausbildung ist, anhand derer sich Bedingungen für die soziale Produktion und Reproduktion von Wissen einer Wissenschaft analysieren lassen. Mit dieser Studie leiste ich einen Beitrag zu diesen beiden Forschungsdesideraten. Um NaturwissenschaftlerInnen zu Wort kommen zu lassen und zugleich die Ausbildung in den Naturwissenschaften analysieren zu können, habe ich den Dialog mit NaturwissenschaftlerInnen auf methodisch-konzeptioneller Ebene in Form einer qualitativen Interviewstudie mit Physik-Doktorandinnen und -Doktoranden einer Elite-Universität in den USA, der 'Waterside University'[1], gesucht.

Auch wenn Teilnehmende an einer qualitativen Interviewstudie ausführlich zu Wort kommen, ist der dialogische Charakter einer solchen Untersuchung begrenzt, da das Forschungsdesign so angelegt ist, dass ihm strukturelle Asymmetrien und Machtkonstellationen zwischen Teilnehmenden und Forschenden zugunsten letzterer inne wohnen. Das Deutungsmonopol über die Äußerungen der Interviewten liegt bei der SozialforscherIn als AnalysandIn und AutorIn von Publikationen. Gegengewichte zu diesem Deutungsmonopol habe ich insofern zu setzen gesucht, als ich ausführliche Zitate der DoktorandInnen, die einen reflexiven Charakter in Bezug auf die Wissensproduktion und -reproduktion in der Physik aufweisen, im Rahmen der Vorstellung der Ergebnisse im zweiten Teil

---

[1] Um die Anonymität der Interviewten zu wahren, wurde der Name der untersuchten Universität durch eine frei erfundene Bezeichnung ersetzt.

meiner Untersuchung angeführt habe. Dies soll zum einen die wichtige Rolle der Äußerungen der Interviewten für diese Arbeit hervorheben und zum anderen den Leserinnen und Lesern ermöglichen, meine Analysen nachzuvollziehen und kritisieren zu können.

Wie sind die in dieser Studie angeführten Äußerungen der Interviewten, meine weitergehenden Analysen und die hieran anschließenden Schlussfolgerungen zu verstehen? Um diese Frage zu beantworten, habe ich es als notwendig angesehen, vor der Darlegung der empirischen Erhebung mein methodologisches Selbstverständnis zu klären. Im Anschluss an das Konzept des 'Situierten Wissens' der Wissenschaftsforscherin Donna Haraway ([1988] 1991), das m. W. bislang kaum hinsichtlich seiner Ausdeutungen für die Methodenentwicklung in den Sozialwissenschaften aufgegriffen worden ist, verstehe ich die Bearbeitung einzelner Arbeitsschritte eines qualitativen Forschungsprojekts als auch die in diesem Falle erhobenen Äußerungen von TeilnehmerInnen an einer Interviewstudie als sich permanent vollziehende, situative und partiale Übersetzungen. Diese Übersetzungen sind nicht frei von meinen Wertungen, auch geben sie nicht in vollständiger Weise die Perspektiven der Interviewten auf ihre Alltagswelt wieder. Vielmehr verstehe ich meine Arbeit so, dass ich die Äußerungen der von mir interviewten Doktorandinnen und Doktoranden der Physik in mehreren Arbeitsschritten übersetzt und damit eine weitere wissenssoziologische – situative und partiale – Erzählung über die Physik entworfen habe.

Für meine Arbeit sind gegenüber einer Wissenssoziologie Mannheim'scher Prägung zumindest drei zentrale Verschiebungen zu berücksichtigen: Während Mannheim die Naturwissenschaften und die Mathematik von einer Seinsverbundeheit des Wissens ausnimmt, fasse ich auch die Wissensproduktion in diesen Disziplinen als „seinsverbunden", d. h. als ein sozial konstruiertes auf und stelle mich damit in die Tradition von Ansätzen der Wissenschaftsforschung, die nach der sogenannten 'Antipositivistischen Wende' entwickelt worden sind (vgl. auch Abschnitt 2.1). Die zweite Verschiebung gegenüber dem Mannheim'schen Konzept der Wissenssoziologie besteht darin, dass ich nicht von einer eindeutig festgelegten Standortverbundenheit des Wissens ausgehe, sondern naturwissenschaftliches wie auch sozialwissenschaftliches Wissen im Anschluss an Haraway als partial situiertes auffasse. Als dritte Verschiebung gegenüber der Mannheim'schen Position ist es nicht mein Anliegen, in dieser Arbeit eine Seinsverbundenheit des Wissens per se nachzuweisen, sondern meine Fragestellung ist darauf ausgerichtet unterschiedliche *Auffassungen* über die soziokulturelle Herstellung naturwissenschaftlichen Wissens anhand von Äußerungen von Naturwissenschaftlerinnen und Naturwissenschaftlern herauszuarbeiten. Der Zusammenhang zwischen sozialer Verortung der Teilnehmerinnen und Teilnehmer an meiner Studie und ihren Auffassungen über die Wissensproduktion in der Physik wird m. E. durch ihre in den Interviews immer wieder aufscheinende Reflexivität gebrochen, so dass von einer sozialen Verortung im Wissenschaftsbetrieb nicht nahtlos auf bestimmte Auffassungen über die Wissensproduktion rückgeschlossen werden kann. Ich komme hierauf noch zurück.

Um deutlich zwischen der Rekonstruktion der Perspektiven der Interviewten und meinen Deutungen zu unterscheiden, habe ich weiterhin, den Prämissen der 'Grounded Theory' folgend, zwischen zwei Formen der Kategorienbildung unterschieden: Anhand des Interviewmaterials habe ich zunächst die in Bezug auf meine Fragestellung relevanten In-vivo-Kodes festgelegt, d. h. Kategorien, die von den Interviewten verwendet wurden, um ihre Perspektiven auf die Physik zu darzustellen. Um Missverständnissen zu begegnen, möchte ich hier betonen, dass ich also für diesen ersten Analyseschritt nicht davon ausgehe, dass diese In-vivo-Kodes aus dem Datenmaterial ohne weitere Vorannahmen emergieren könnten. Vielmehr setzt bereits dieser erste Analyseschritt eine Bewertung des Materials von meiner Seite voraus. In einem zweiten Schritt habe ich dann die herausgearbeiteten In-vivo-Kodes nochmals unter veränderten Perspektiven durch soziologische (Um-)Deutungen erweitert bzw. kontrastiert.

Die Ergebnisse meiner Untersuchung weisen darauf hin, dass die interviewten Promovierenden der Physik v. a. diejenigen sozialen Konstruktionsprozesse der Wissensproduktion in der Physik thematisieren, die auf der Mesoebene von institutionalisierten Ausbildungs- und Forschungsstrukturen der untersuchten Universität aufzufinden sind. Aus- und Einschlüsse von Personen und Wissensformen vollziehen sich nicht nur an den „äußeren Grenzen" dieser Institution, d. h. beispielsweise im Rahmen von Bewerbungen um einen Studienplatz oder von Zwischen- und Abschlussprüfungen. Vielmehr werden unterschiedliche Ausbildungsphasen und Forschungsgebiete in hierarchisierender Weise zueinander angeordnet. Diese Strukturen werden von den interviewten DoktorandInnen nachvollzogen und reproduziert, da sie in eben diesen Strukturen auch selbst verortet sind. So werden beispielsweise das Promotions- gegenüber dem College-Studium und die theoretische gegenüber der experimentellen Physik jeweils höher bewertet. Dass sich dies auf Ein- und Ausschlüsse von marginalisierten sozialen Gruppen in der Physik auswirkt, kann anhand der Beteiligung von Frauen an diesen Ausbildungsphasen bzw. Forschungsgebieten aufgezeigt werden, denn der Anteil von Doktorandinnen ist in den höher bewerteten Bereichen geringer als in den niedriger bewerteten. Diese Zuordnungsprinzipien waren in meiner Studie relativ gut zu erfassen, da diese Ausbildungsphasen bzw. Forschungsgebiete zumeist auch formal institutionalisiert sind und an der 'Waterside University' Daten über entsprechende Anteile von unterschiedlichen sozialen Gruppen an einzelnen Forschungsgebieten erfasst werden.

Weniger offensichtlich ist, welche Ein- und Ausschlussmechanismen aufgrund informeller Sozialstrukturen an einer untersuchten Institution wirksam werden. Für die Deutung dieser Mechanismen habe ich in Erweiterung einer Erzählung von einem der interviewten Doktoranden das Analysekonzept der 'Physik als Zunft' eingeführt. Diese flexible und zugleich ordnende Sozialstruktur erlaubt es den Beteiligten an der Disziplin, auf vielfältigen informellen Wegen zu verhandeln, welche Wissensformen als zur Physik zugehörig angesehen werden und welche Personen in der Physik promovieren können. Für einen gleichberechtigten Zugang unterschiedlicher sozialer Gruppen bringt jedoch diese informelle Sozialstruktur mehr Nachteile als Vorteile mit sich, da tradierte Vorstellungen über die Disziplin und über die an ihr Beteiligten m. E. tendenziell reproduziert werden. So äußern die Interviewten bezogen auf die Beteiligung von Frauen an der Physik während der Phase des Promovierens, dass das Berufsbild von der Physik als einer Männerdomäne nach wie vor prägend ist. Der Doktortitel ist damit bis heute trotz der zunehmenden Beteiligung von Frauen an den Wissenschaften männlich konnotiert, da er, so einer der von mir interviewten Doktoranden, „sexistische Wurzeln" habe und „Männern des Wissens" mehr „Respekt" verleihe.

Auf diskursiver Ebene werden hierarchische Anordnungen durch 'Tradierte Geschichten', d. h. mündlich oder schriftlich weitergegebene Erzählungen über die Physik, reproduziert und bestätigt. Diese Geschichten aus den Genres der historisierenden und der populärwissenschaftlichen Erzählungen sowie den Science-fiction erfüllen unterschiedliche Funktionen für die interviewten DoktorandInnen. Sie „begleiten" die Promovierenden z. T. quasi von Kindheit an auf ihrem Karriereweg in die Physik. So äußern TeilnehmerInnen an meiner Untersuchung, dass diese Erzählungen sie dazu motiviert hätten, ein Physikstudium zu beginnen oder dass sie bestimmte Vorstellungen aus Sciencfiction-Filmen verwendeten, um physikalische Forschungsinhalte mithilfe von Metaphern zu vermitteln. Auch prägen 'Tradierte Geschichten' teilweise die Vorstellungen der Promovierenden über zukünftige Forschungsprojekte. 'Tradierten Geschichten' ist häufig gemeinsam, dass darin berühmte, zumeist männliche PhysikerInnen eine zentrale Rolle als Experten des physikalischen Wissens spielen. Die Reproduktion tradierter Sozialstrukturen spiegelt sich pointiert in einer Erzählung eines Doktoranden wieder, der sich selbst als einen „Neffen Einsteins" empfindet und sich damit in

xvi

dessen soziokultureller Nachfolge sieht – sein Erbe antretend. Für die Frage nach der Beteiligung von Frauen gewendet bedeutet dieses Ergebnis meiner Untersuchung, dass es um Veränderungen von Vorstellungen soziokultureller (Erb-) Nachfolge bei denjenigen in der Disziplin der Physik gehen muss, die über kommende Nachfolgerinnen und Nachfolger in der Disziplin entscheiden.

Die Ergebnisse meiner Untersuchung habe ich in Kapitel 7 abschließend und in Anlehnung an die 'Grounded Theory' in Form einer analytischen Erzählung über die anhand des erhobenen Materials herausgestellten Kategorien synoptisch zusammengeführt. Dort formuliere ich thesenartig einige Charakteristika und Voraussetzungen der Kernkategorie dieser Arbeit, nämlich der »Herstellung epistemischer Autorität«, d. h. einer auf Wissen beruhenden Autorität: Unter Bezugnahme auf die herausgearbeiteten Sozialstrukturen gehe ich davon aus, dass Daten und Theorien in den Naturwissenschaften „institutionsgeladen" sind, da soziale Konstruktionsprozesse physikalischen Wissens auf der Ebene von Institutionen stattfinden. Weiterhin führe ich im Verlauf der Arbeit die analytischen Konzepte von 'Grenzobjekten' und 'Grenzprojekten' als polarisiertes Begriffspaar ein, um Stabilität und Wandel von auffindbaren institutionalisierten Klassifikationen und Wissensterritorien zu plausibilisieren. Beide Begriffe konkretisiere ich, indem ich beispielsweise Dissertationen tendenziell als 'Grenzobjekte' ansehe, die zu einer Stabilisierung von bestehenden Klassifikationen und Wissensterritorien beitragen, während ich demgegenüber Sciencefiction-Geschichten als 'Grenzprojekte' einordne, die die Grenzen des bestehenden Wissenskanons der Physik infrage stellen, indem sie Imaginationen für Veränderungen bestehender Klassifikationen und Wissensterritorien der Physik bereit stellen. Ein drittes Charakteristikum für die Herstellung epistemischer Autorität ist, dass das „Klassifizieren" erlernt wird. In meiner Untersuchung zeigt sich dies daran, dass Promovierende durch ihre eigene Verortung innerhalb der disziplinspezifischen Klassifikationen und Wissensterritorien lernen, diese nachzuvollziehen und zu reproduzieren. Epistemische Autorität ist damit nicht notwendigerweise an bestimmte Personen gebunden, sondern auch an institutionalisierte Strukturen und stellt somit eine Form von abstrakter Autorität dar. Der Prozess der Herstellung epistemischer Autorität vollzieht sich für die interviewten DoktorandInnen aber zugleich auch auf individueller Ebene, indem sie einen Doktortitel anstreben, der ihnen eine bestimmte Ausprägung epistemischer Autorität verleihen wird. Meine vierte These ist, dass Reflexivität als Voraussetzung für die Herstellung epistemischer Autorität anzusehen ist. Den Begriff der 'Reflexivität' fasse ich in dieser Untersuchung folgendermaßen: In dem Datenmaterial meiner Studie sind viele

Äußerungen der Interviewten aufzufinden, mit denen sie sich von vorherigen oder anschließenden Äußerungen distanzieren. Diese 'Metastatements' über ihre Erzählungen geben Hinweise darauf, dass die Interviewten die von ihnen vorgefundenen Kategorien, so auch die Klassifizierungen und Wissensterritorien in der Physik, zugleich distanzierend und damit reflektierend bewerten. Ich schließe mit meinen Analysen auch an diese Distanzierungen der Interviewten an. Dieses Verständnis des Begriffs 'Reflexivität' weicht insofern von der Verwendung dieses Begriffs in der Wissenschaftsforschung ab, als Ansätze letzterer zumeist davon ausgehen, dass die Natur- und Technikwissenschaft nicht (selbst-)reflexiv seien. Zumeist meint diese Zuschreibung, dass in den Natur- und Technikwissenschaften die eigene soziale Verortung nicht reflektiert werde. Damit wird jedoch ein Unterscheidungsmerkmal zwischen den zwei „Zwei Wissenschaftskulturen" etabliert, das m. E. nicht als solches zu halten ist, wenn der Begriff 'Reflexivität' wie o. a. in erweiterter Form gefasst wird. Ausgehend von einer so verstandenen 'Reflexivität' sehe ich für die sozialwissenschaftlich orientierte Wissenschaftsforschung weiterführende Perspektiven darin, den Dialog mit Naturwissenschaftlerinnen und Naturwissenschaftlern zu suchen, ohne eigene Prämissen für die Untersuchung naturwissenschaftlicher Erkenntnisproduktion preis zu geben. In diesem Sinne plädiere ich mit meiner Untersuchung für einen fortgesetzten Dialog über die Grenzen der 'Two Cultures' hinweg.

Danksagung

Diese Untersuchung wurde von zahlreichen Diskussionskontexten geprägt. Allen Personen, die mir mit offener Kritik, Anregungen, Enthusiasmus und Unterstützung begegnet sind, danke ich für ihre Zeit und ihre Auseinandersetzung mit diesem Projekt. Ihre Beiträge sind in vielfältiger Weise in den Forschungsprozess eingegangen.

Mein besonderer Dank gilt den ehemaligen Doktorandinnen und Doktoranden der Physik an der 'Waterside University'[2] in den USA, die an der qualitativen Interviewstudie für diese Untersuchung teilgenommen haben. Ihre Erzählungen über die Physik haben mich fasziniert und beeindruckt – ich hoffe, mit meiner Darstellung ihrem Vertrauen gerecht geworden zu sein.

Prof. Dr. Ingrid N. Sommerkorn-Abrahams hat meinen Arbeitsprozess persönlich und fachlich in einer Weise begleitet, die es mir erlaubt hat, meine Vorstellungen und Ideen für dieses Projekt konsequent verfolgen und umsetzen zu können. Die Ausführung dieser Arbeit ist in ihren Kolloquien und in Veranstaltungen des Netzwerks LINT (Lehrende in Informatik, Naturwissenschaften und Technik) mehrfach diskutiert worden. Ihre Zusicherung, die Durchführung dieser Untersuchung am Institut für Soziologie der Universität Hamburg zu unterstützen, ist eine unerlässliche und motivierende Basis für mich gewesen. An diesem Institut ist das Projekt zudem unterstützt worden von Prof. Dr. Katharina Liebsch, die als ehemalige wissenschaftliche Assistentin weiterführende Kritik geübt hat, von Prof. Dr. Marianne Pieper, deren „Forschungswerkstatt Soziale Konstruktion von Körpern, Geschlechtern und Identitäten" ein wichtiger Diskussionskontext in der Endphase des Projekts gewesen ist, von Prof. Dr. Max Miller, der sich sich mit den Ergebnissen und Thesen dieser Arbeit offen und kritisch auseinandergesetzt hat und von Prof. Dr. Marie-Elisabeth Hilger, die mich als Mentorin zu entscheidenden Zeitpunkten der Untersuchung in ausgezeichneter Weise begleitet hat.

Motiviert worden ist die hier vorliegende soziologische Untersuchung durch meinen biographischen Hintergrund als Diplom-Physikerin, als welche ich mich seit meiner Studienzeit permanent mit der Frage konfrontiert sah, warum so wenige Frauen an der Wissensproduktion in der Physik beteiligt sind. Ende der

---

[2] Vgl. Fußnote 1.

1980er bis Anfang der 1990er Jahre habe ich mich in einer Frauen-AG in der Physik an der Universität Kiel, durch die Mitarbeit an einem Buchprojekt mit feministischer Zielsetzung der Diplom-Physikerin Rosemarie Rübsamen in Hamburg sowie auf den „Bundesweiten Kongressen von Frauen in Naturwissenschaft und Technik" mit unterschiedlichen Ansätzen der Gender Studies über die Naturwissenschaften auseinandergesetzt, die sich damals noch weitgehend in der Entwicklung befanden. In Seminaren von Dr. Ursula Pasero habe ich meine Begeisterung für die Soziologie entdeckt und Ansätze der Frauen- und Geschlechterforschung über die Physik in offiziell anerkannten Lehrveranstaltungen an der Universität bearbeiten können. Meine frühen Entwürfe für ein Forschungsprojekt zur Untersuchung der Ursachen der geringen Beteiligung von Frauen an der Disziplin der Physik fanden an der Universität Kiel Unterstützung durch Prof. Dr. Gerd Wibberenz, Dr. Lore Hoffmann, Prof. Dr. Brigitte Lohff und Prof. Dr. Walter Westphal.

Mit der fortgesetzten Entwicklung dieser Arbeit wurde Dr. Heike Wiesner an der Universität Bremen zu einer Diskussionspartnerin, die meine Ideen und Texte kontinuierlich kommentiert und in kompetenter Weise konstruktiv kritisiert hat. Ihre freimütige Motivation hat mich bis zum Ende dieses Projekts begleitet. Anfang der 1990er Jahre habe ich den überregionalen „Arbeitskreis Feministische Naturwissenschaftsforschung und -kritik" (afn) mit begründet, der für mich bis heute ein Forum für wissenschaftlichen Austausch geblieben ist. Für Kritik und Anregungen zu meinen Texten aus diesem Kreis danke ich Corinna Bath, Prof. Dr. Smilla Ebeling, Dr. Helene Götschel, Dr. Dorit Heinsohn, Julia Lademann, Bärbel Mauß, Dr. Kerstin Palm, Barbara Petersen, Agnes Sandner, Ivana Weber und Dr. Heike Wiesner.

Ein großer Teil der konzeptionellen Ideen für diese Untersuchung geht auf meinen Aufenthalt 1994 – 1996 als Gastwissenschaftlerin an dem Program in Women's Studies des Massachusetts Institute of Technology (M.I.T.) zurück, den mir Prof. Evelyn Fox Keller ermöglicht hat. Diese Zeit hat zur Vertiefung meiner Kenntnisse der Frauen- und Geschlechterforschung über die Naturwissenschaften sehr beigetragen; zudem habe ich unterschiedliche Ansätze der Wissenschaftsforschung durch das ebenfalls am M.I.T. verankerte Program in Science, Technology and Society kennen gelernt. Vertiefende Diskussionen über Ansätze dieser beiden wissenschaftlichen Ausrichtungen habe ich dort in der „Working Group on Gender and Science" (WoGGS) geführt. Mit ihren Ideen und Anregungen zur Konzeption des Projekts haben damals Leslie Barber, Ph.D.,

Prof. Rebecca Herzig, Prof. Vera Kistiakowsky, Prof. Mary Parlee, Prof. Karen Rader, Prof. Sherry Turkle und Nadine Weidman, Ph.D., beigetragen. Für meine Auseinandersetzungen mit qualitativen Methoden der Sozialforschung sind v. a. meine Arbeiten an der Harvard Graduate School of Education der Harvard University von hervorzuhebender Bedeutung gewesen. Prof. Annie Rogers hat 1996 die Initiative ergriffen, mich als Gastwissenschaftlerin an dieses Institut einzuladen; mein weiterer Aufenthalt ist von Prof. Eleanor Duckworth unterstützt worden. Ausführliche Diskussionen habe ich dort mit TeilnehmerInnen von Seminaren von Prof. Annie Rogers und Prof. Sharon Rallis geführt, insbesondere mit Seeta Pai und Prof. Bonnie Tai. Auch hatte ich die außergewöhnliche Gelegenheit, zwei Forscherinnen, Fiona Hughes-McDonnell, Ed.D., und Elizabeth Cavicchi, Ed.D., zu treffen, die wie ich qualitative Interviewstudien mit SchülerInnen bzw. -Studierenden der Physik durchgeführt hatten, so dass wir unsere Untersuchungen vergleichend diskutieren konnten. Darüber hinausgehend haben wir Unterrichtskonzepte mit antiautoritärem Anspruch und für ein spielendes Erlernen von Erklärungen für physikalische Phänomene und Zusammenhänge am Beispiel von „Licht und Schatten" entworfen.

Gegen Ende des Projekts hat Dr. Ursula Mihçiyazgan, Universität Hamburg, meinen Arbeitsprozess mit freundschaftlichen und kritisch-konstruktiven Anregungen, Kommentaren und Hinweisen sehr unterstützt. Für wissenschaftlichen Austausch über Zusammenhänge von Physik, Sciencefiction und Festkörperphysik danke ich Prof. Dr. Metin Tolan. Die LeserInnen von Teilen der Endfassung des Manuskripts waren Martina Erlemann, Stefanie Gräfe, Dr. Henrike Hölzer, Marion Mayer, Dr. Ursula Mihçiyazgan, Dr. Kerstin Palm, Dagmar Rohde, Ivana Weber, Dr. Heike Wiesner und Michaela Will, denen ich für ihre konstruktiven und weiterführenden Hinweise danke. Meiner Kollegin Ivana Weber danke ich für ihre Kritik und ihre Anregungen sowie für ihre herzliche und unterstützende Haltung während der Endphase dieses Projekts. Ein besonderer Dank gilt auch Prof. Dr. Werner Härdtle. Jörg Meyer entwarf das pointierte Titelbild.

Mein Partner Wolfgang Lucht hat alle wunderbaren und kritischen Momente dieses Projekts mitgetragen. Seine Begleitung war unsagbar wertvoll.

Während der Bearbeitung dieses Forschungsvorhabens erhielt ich Stipendien von der Universität Bremen, dem „Deutschen Akademischen Austauschdienst" (DAAD), dem „Evangelischen Studienwerk Villigst e.V." und der Universität Hamburg (Stipendium des „Hochschulsonderprogramms III").

Teil I

Theoretische Einordnung und Forschungsstand

1 Theoretische Ausgangspunkte und Übersicht

1.1 Theoretische Ausgangspunkte und Fragestellung

Für eine Abhandlung über das 'Wissenschaftsverständnis der Physik' den Titel „Zur Herstellung epistemischer Autorität" zu wählen, bedarf der Rechtfertigung, gehört doch das Projekt naturwissenschaftlicher Erkenntnis der Moderne an, in der Autoritäten nicht ohne Vorbehalt akzeptiert werden.[3] Eine Klärung der theoretischen Ausgangspunkte für diese Forschungsarbeit sowie einige Hinweise auf ihre Ergebnisse sollen den Faden der Ariadne sichtbar werden lassen, der die LeserIn durch das Minotaur'sche Labyrinth hindurchführen wird.

1.1.1 Epistemische Autorität

Ein zentrales Ergebnis dieser Arbeit ist, dass der Konstruktion des 'Wissenschaftsverständnisses der Physik' ein hierarchisches Anordnungsprinzip zugrunde liegt: Unterschiedliche Vorstellungen von der Physik, hier zusammenfassend als 'Wissenschaftsverständnis der Physik' bezeichnet, werden zueinander in hierarchische Beziehungen gesetzt. Die Existenz eines hierarchischen Verweisungsprinzips wirft in Anlehnung an Arendt (1961, 93) die Frage auf, mit welcher Form von Autorität dieses einhergeht und legitimiert wird.[4] Hierzu führt Arendt aus, dass ein von Autorität bestimmtes System durch die Abwesenheit von Gewalt und Herrschaft gekennzeichnet sei. Autorität zeichne sich gerade dadurch aus, dass sie von allen Beteiligten anerkannt werde. Werde umgekehrt nicht auf Gewalt und Herrschaft verzichtet, gebe dies Hinweise darauf, dass die Legitimationsgrundlage für ein durch Autorität geprägtes System nicht von allen Beteiligten anerkannt werde.

---

[3] So kennzeichnet Arendt (1961) epochale Wendungen von autoritären Regimen hin zu einem modernen Politikverständnis. Im modernen Bewusstsein, so Sennett (1985, 13) sei Autorität zum Tabu geworden, obwohl sie weiterhin gesellschaftliche Verhältnisse präge.

[4] Arendt (1961) führt den – auf politische Systeme bezogenen – Begriff Autorität auf seine historische Etablierung in der griechischen Polis durch Platon zurück und zeichnet seine Übernahme in die römische Politik nach (ebd., 93 ff.). Aufgrund dieser Analysen grenzt Arendt (ebd., 92 ff.) sowohl die Begriffe 'Macht' bzw. 'Herrschaft' ('power') als auch den Begriff 'Überzeugung' ('persuasion') von 'Autorität' ab: Herrschaft beruhe auf Gewalt, Überzeugung auf einer egalitären Beziehung der Beteiligten, die miteinander argumentierten.

Die *Legitimation* von Autorität, wie sie in der vorliegenden Arbeit untersucht wird, wird mit physikalischem Wissen begründet. Dies fasse ich mit dem Begriff der 'Epistemischen[5] Autorität' von Gieryn[6] (1999a, 1), der darunter „die legitimierte Macht, begrenzte Domänen von Realität zu definieren, zu beschreiben und zu erklären"[7] versteht (ebd., 1).[8] Anhand der Untersuchung öffentlich geführter Debatten geht er auf der Grundlage dieses Konzeptes der Frage nach, wie es dazu kommt, dass den Naturwissenschaften so große Glaubwürdigkeit in „Fragen des Lebens" zugeschrieben wird. Zu den Kriterien, mit denen epistemische Autorität legitimiert werden kann, gehören bei Gieryn wissenschaftliche Methoden oder die Frage, ob andere (Natur-)WissenschaftlerInnen den Ergebnissen zustimmen, ob die richtige Disziplin gewählt worden ist, um ein Problem zu bearbeiten oder ob die Fragen wissenschaftlich sind (ebd., 2). Die sozialen Orte, die er untersucht, um Fragen nach der Herstellung epistemischer Autorität zu beantworten, sind öffentliche Debatten, die er als 'Glaubwürdigkeitswettbewerbe' ('credibility contests') bezeichnet. Zu diesen Debatten um Wissenskomplexe, die mithilfe naturwissenschaftlicher Methoden gelöst werden sollen, gehören beispielsweise Fragen danach, ob DNA-Analysen als Nachweis zur Identifizierung von Personen zählen, ob Rauchen süchtig macht, ob sich das Erdklima durch menschliche Einflussfaktoren verändert, ob es ein Prämenstruelles Syndrom gibt u. v. m. Die Glaubwürdigkeit der Naturwissenschaften werde, so Gieryn, gerade aufgrund dieser Debatten über kontroverse Forschungsergebnisse nicht verringert, sondern sogar gestärkt, da die unterschiedlichen Positionen i. d. R. von NaturwissenschaftlerInnen als KontrahentInnen vertreten würden, so dass die Naturwissenschaften in jedem Falle gewönnen.[9] Innerhalb dieser De-

---

[5] Epistemisch (lat.): auf Wissen beruhend.

[6] Thomas F. Gieryn ist ein Schüler von Thomas Merton, der die anglo-amerikanische Wissenschaftssoziologie stark geprägt hat. Gieryn schließt mit seinen späteren Arbeiten, in denen er u. a. die Konzepte der 'Epistemischen Autorität' und der im Verlauf dieses Kapitels ebenfalls dargelegten 'Boundary Work' entwickelt hat, stärker an konstruktivistische Ansätze an, so u. a. an Barnes, einem Vertreter der Edinburgh School. Auf beide Ausrichtungen, die Wissenschaftssoziologie Merton'scher Prägung und die Edinburgh School, gehe ich in der historisierenden Skizze zur Wissenschaftschaftforschung in Abschnitt 2.1 näher ein.

[7] Für diese wie auch für alle folgenden Übersetzungen von Begriffen und Zitaten aus englischer Originalliteratur bin ich als Autorin verantwortlich, sofern es nicht anders vermerkt ist.

[8] Für die Profession der Medizin in den USA hat Starr (1982) demgegenüber den Begriff der 'Kulturellen Autorität' geprägt, mit das Verhältnis von MedizinerInnen zu PatientInnen charakterisiert wird.

[9] Zu einer ähnlichen Schlussfolgerung kommt u. a. auch Keyles ([1972] 1995, IX) in seiner Darstellung der Geschichte der Physik für den Zeitraum von Mitte des 19. Jh. bis Mitte der 1990er Jahre. Er schreibt PhysikerInnen in Kontroversen über die „Nationale Sicherheit" der

4

batten figurieren NaturwissenschaftlerInnen daher als Autoritäten ihrer Disziplinen. Aufgrund ihres ExpertInnenstatus können sie den Ausgang von Kontroversen über komplexe Fragestellungen wesentlich beeinflussen oder auch entscheiden.

1.1.2 Grenzziehungsarbeit zur Konstruktion epistemischer Autorität

Um die Prozesse der Konstruktion epistemischer Autorität näher zu beschreiben, verwendet Gieryn das Konzept der 'Grenzziehungsarbeit' ('Boundary Work'). Die Metapher der Grenzziehung korrespondiert hier damit, dass epistemische Autorität bestimmten Territorien auf einer mentalen Landkarte zugeordnet wird: 'Grenzziehungsarbeit' besteht darin, Grenzen zu ziehen und Wissensterritorien als kognitive Gebiete mithilfe rhetorischer Aushandlungsprozesse festzulegen. Für die Interpretation dieser 'Boundary Work' von NaturwissenschaftlerInnen betrachtet Gieryn (1999a, 4) „argumentative Narrationen", da „Fakten an sich" nie als solche das Labor verließen, sondern immer schon als Repräsentation.[10] Für die in dieser Arbeit erfolgende theoretische Diskussion von Positionen, die der Wissenschaftsforschung sowie der Frauen- und Geschlechterforschung über die Physik[11] zuzuordnen sind, sowie für die Analyse des empirischen Materials schließe ich an die Formulierung dieses 'Abgrenzungsproblems' der (Natur-) Wissenschaftsforschung ('Boundary Problem' in Science Studies) von Gieryn an.[12] Seine leitenden Fragestellungen zur Analyse von 'Boundary Work' sind:

Where does science leave off, and society – or technology – begin? Where is the border between science and non-science? Which claims or practices are scientific? Who is a scientist? What is science?[13]

USA eine entscheidende Rolle zu, gleichgültig, ob sie sich beispielsweise während des Kalten Krieges für oder gegen eine atomare Aufrüstung ausgesprochen haben.

[10] Hierzu ist anzumerken, dass Laborstudien aufgezeigt haben, dass Fakten als solche gar nicht erst entstehen, sondern immer schon theoriegeladen oder auch mit Symbolen versehen sind. Vgl. u. a. Knorr Cetina (1981, 136 ff.).

[11] Vgl. Kapitel 2.

[12] Das 'Abgrenzungsproblem' wird in der Wissenschaftsforschung u. a. auch von Barnes, Bloor und Henry bearbeitet, die ähnliche Fragestellungen als 'Demarcation Problem' (1996, 140ff.) kennzeichnen. Unter 'Boundary Work' verstehen sie allerdings nicht nur die Abgrenzung zwischen Wissenschaft und Nicht-Wissenschaft, sondern auch Aushandlungsprozesse über innerwissenschaftliche Grenzen zwischen verschiedenen Disziplinen oder Forschungsgebieten. Gieryn verweist für eine erste 'programmatische' Formulierung des Abgrenzungsproblems der Naturwissenschaften auf Barnes (1974).

[13] Gieryn 1994, 393.

Diese Fragen zielen darauf ab, 'Abgrenzungskriterien' zu finden, mittels derer der Forschungsgegenstand '(Natur-)Wissenschaften'[14] bestimmt werden kann. Grenzziehungsarbeit richtet sich hier auf die Unterscheidung der (Natur-)Wissenschaften von Nicht-(Natur-)Wissenschaften. Zur Distinktion werden entsprechende 'Abgrenzungskriterien' ('demarcation criteria') festgelegt. In einer ersten Übersicht unterscheidet Gieryn (1994, 393) zwischen essentialistischen und konstruktivistischen Ansätzen. Essentialistische Ansätze zeichneten sich durch notwendige und unveränderliche Kriterien aus, während in konstruktivistischen Ansätzen der Wissenschaftsforschung solche endgültigen Kriterien nicht angenommen würden. Stattdessen werde davon ausgegangen, dass die Produktion von Wissen als fortwährend veränderlicher und kontextabhängiger Prozess aufgefasst werden müsse. Die mit Grenzziehungsarbeit etablierte epistemische Autorität ist laut Gieryn episodisch und lokal. Weder Struktur noch Handlung haben privilegierten Erklärungsgehalt für die Aushandlung von Wissensterritorien und ihrer Grenzen. Die Konsequenzen von Entscheidungen für die Beteiligten sind „real": Ungleichheiten und Interpretation hängen zusammen (Gieryn 1999a, 12).

Im Zusammenhang mit konstruktivistischen Ansätzen in der Wissenschaftsforschung konstatiert Gieryn allerdings auch, dass die Zielrichtung der Forschung von Interessen geleitet sei (Gieryn 1994, 393).[15] Im Unterschied hierzu verstehe ich den Begriff der Grenzziehungsarbeit nicht so intentional wie Gieryn,

---

[14] Gieryn bezieht sich zwar vornehmlich, aber nicht ausschließlich auf die Naturwissenschaften. Daher verwende ich hier den Begriff '(Natur-)Wissenschaft' anstelle von 'Naturwissenschaft' oder 'Wissenschaft'.

[15] Es sei weiterhin darauf hingewiesen, dass Gieryn zudem zwischen Kontroversen und Grenzziehungsarbeit erster und zweiter Ordnung unterscheidet (Gieryn 1999a, 17). Grenzziehungsarbeit erster Ordnung bezeichnet er als „First-time-through"-Praxis, für die v. a. Instrumente, Forschung, Materialien, Fakten und Zeitschriften eine Rolle spielen. Grenzziehungsarbeit zweiter Ordnung richtet sich darauf, bereits etablierte Grenzen neu zu verhandeln. Beispiele für letztere gibt Gieryn anhand von historischen Kontroversen. Diese Unterscheidung spielt jedoch für die vorliegende Studie eine nachgeordnete Rolle, da ich die Etablierung von Grenzen nicht über längere historische Zeiträume hinweg nachzeichne, sondern ihre Herstellung im Prozess der Ausbildung von NaturwissenschaftlerInnen untersucht habe. In einem seiner Fallbeispiele geht es darum, ob die Sozialwissenschaften das Kriterium der Wissenschaftlichkeit im Vergleich zu Natur- und Technikwissenschaften erfüllten oder nicht. Gieryn analysiert diese Grenzziehungsarbeit zwischen den 'Two Cultures' (Snow) anhand von Debatten im US-amerikanischen Kongress. Diese Diskussionen haben in den 1940er Jahren zum Ausschluss und in einer zweiten Kontroverse in den 1960er Jahren zur expliziten Integration der Sozialwissenschaften in das Förderprogramm der „National Science Foundation" (NSF) geführt. Zu den Sozialwissenschaften sind in diesen Kontroversen innerhalb des US-amerikanischen Kongresses die Anthropologie, die Wirtschaftswissenschaften, die Psychologie und die Soziologie gerechnet worden. Für diese Analyse vgl. Gieryn (1999b).

sondern nehme sie – insbesondere aufgrund der Analysen des im Rahmen der vorliegenden Untersuchung erhobenen empirischen Materials – als beständig zu vollziehende Prozesse der Beteiligten wahr, ohne explizite Zielrichtungen der Ziehung von Grenzen vorauszusetzen.

1.1.3 Zur Verwendung des Begriffs 'Wissenschaftsverständnis der Physik' und die Fragestellung dieser Arbeit

Mit dem Begriff 'Wissenschaftsverständnis der Physik' bezeichne ich in dieser Arbeit Auffassungen darüber, wie Forschungsergebnisse in soziokulturellen Räumen der Wissenschaft der Physik hergestellt und Bestandteil des disziplinären Wissenskanons werden können. Zu kanonisiertem Wissen zählen u. a. naturwissenschaftliche Erkenntnisse, die in Form von Gesetzen, mathematischen Formeln u. ä. im Rahmen von Lehrbüchern oder -veranstaltungen vermittelt werden. Somit wird der Begriff 'Wissenschaftsverständnis der Physik' zunächst als noch zu bestimmende Auffassungen über die Physik gefasst. Im vorherigen Abschnitt wurden Abgrenzungskriterien behandelt, die u. a. dazu dienen, Wissensterritorien festzulegen, Differenzen zwischen verschiedenen Disziplinen zu etablieren oder die Wissenschaftlichkeit von Projekten zu beurteilen. Insofern mit diesen Kriterien temporär bestimmte Auffassungen von Wissenschaft vertreten werden, korrespondieren Abgrenzungskriterien mit einem bestimmten Wissenschaftsverständnis der Physik. Sind diese Auffassungen einmal etabliert worden, können sie wiederum ebenfalls als Abgrenzungskriterien herangezogen werden, um Differenzen zwischen Forschungsgebieten, Disziplinen oder auch zwischen Wissenschaft und Nicht-Wissenschaft zu markieren. Vor dem Hintergrund dieser Ausgangspunkte lautet die übergreifende Fragestellung dieser Arbeit, die für einzelne Arbeitsschritte z. T. leicht modifiziert wurde:

Welche Abgrenzungskriterien und Grenzziehungen werden festgelegt, um das Wissenschaftsverständnis der Physik zu bestimmen?

Hiervon ausgehend diskutiere ich im zweiten Kapitel Positionen zum Wissenschaftsverständnis der Physik aus dem Bereich der Wissenschaftsforschung und der Frauen- und Geschlechterforschung über die Physik, im ersten Abschnitt des dritten Kapitels stelle ich Auffassungen von SchülerInnen und Studierenden über die Physik anhand von sondierten Forschungsergebnissen aus der Schul- und Hochschulforschung vor. Im zweiten Teil dieser Arbeit präsentiere ich anhand

7

einer von mir durchgeführten qualitativen Interviewstudie[16] vielfältige Auffassungen von Physik-DoktorandInnen über ihre Disziplin, die zum Zeitpunkt der Untersuchung an einer renommierten, naturwissenschaftlich-technisch ausgerichteten Universität in den USA promovierten. Zugleich diskutiere ich die Ergebnisse dieser Studie hinsichtlich ihrer Bezüge zu Ansätzen aus der Wissenschaftsforschung, der Frauen- und Geschlechterforschung über die Physik sowie der Schul- und Hochschulforschung.

1.1.4 'Grenzobjekte' und 'Grenzprojekte' als Konzepte zur Beschreibung von Stabilität und Wandel von Wissensterritorien

Komplementär zur Idee der Konstitution von Wissensterritorien durch Grenzziehungsarbeit stellt sich die Frage, wie bereits etablierte Grenzen in fortlaufenden Prozessen der Konstruktion von Wissen stabilisiert, verändert oder gänzlich neu gezogen werden können.[17] Um Prozesse der Herstellung von Stabilität und Wandel von Grenzen zu plausibilisieren, werden im Rahmen dieser Arbeit die Konzepte von 'Grenzobjekten' und 'Grenzprojekten' herangezogen. Den in der Wissenschaftsforschung etablierten Begriff der 'Grenzobjekte' (Star u. Griesmer 1989) entlehne ich zur Analyse der beständigen (Wieder-)Herstellung von stabilen Grenzziehungen zwischen Wissenschaftsterritorien. Zur Konzeption des Begriffs von 'Grenzprojekten' deute ich den erkenntnistheoretisch begründeten Begriff Haraways ([1988] 1991) für eine soziologische Analyse zur Veränderung von Wissensterritorien um. 'Grenzobjekte', so Stars und Griesmers Verständnis, stellen teilweise standardisierte, in den etablierten Wissenskanon einordbare Objekte wissenschaftlicher Erkenntnis dar. 'Grenzprojekte' dagegen lassen nur partielle Zuordnungen zu Wissensterritorien zu. 'Grenzobjekte' stabilisieren das bestehende System aus Wissensterritorien und Klassifikationen, während 'Grenzprojekte' Möglichkeiten zu Veränderungen derselben eröffnen.

Die Idee der 'Grenzobjekte' wurde von Star und Griesmer (1989) in ihren Untersuchungen wissenschaftlicher Kooperationen im Berkeley Museum für „Vertebrate Zoology" (Wirbeltier-Zoologie) entwickelt. Grenzobjekte „gehören zu mehreren sich überlappenden sozialen Welten [...] und erfüllen ihre jeweiligen Informationsbedingungen" (ebd., 393). Sie erlauben verschiedenen sozialen Gruppierungen, über etablierte Grenzen hinweg miteinander zu kooperieren:

---

[16] Vgl. 3.2.
[17] Zu Erklärung der Veränderung von Grenzen zieht Gieryn demgegenüber das Konzept der „Grenzziehungen zweiter Ordnung" heran (vgl. Fußnote 15).

Boundary objects are objects which are both plastic enough to adapt to local needs and constraints of the several parties employing them, yet robust enough to maintain a common identity across sites. They are weakly structured in common use, and become strongly structured in individual use. These objects may be abstract or concrete.[18]

Star und Griesmer verstehen unter Grenzobjekten teilweise standardisierte Entitäten, die einerseits in eine wissenschaftliche Umgebung und andererseits beispielsweise in eine Museumsumgebung integriert werden können. Als Grenzobjekte identifizieren sie im Rahmen einer Untersuchung des genannten Naturkundemuseums u. a. die Arten und Unterarten von Säugetieren und Vögeln, das Gebiet des Staates Kalifornien, physische Faktoren der kalifornischen Umwelt und die Lebensräume der gesammelten Tierarten. Zu den miteinander kooperierenden sozialen Gruppen, die mit diesen Grenzobjekten arbeiten, gehören u. a. Verwaltungsangestellte der Universität, ProfessorInnen, ForscherInnen, AmateursammlerInnen, private SponsorInnen.Grenzobjekte, wie Star und Griesmer sie definieren, sind standardisierte bzw. standardisierbare Objekte, die den jeweils notwendigen Informationsgehalt haben, mit dem sie wissenschaftlichen Kategorien zugeordnet werden können. Sie wirken insofern grenzüberschreitend, als sie zu unterschiedlichen sozialen Welten gehören, die als sowohl innerhalb als auch außerhalb des Wissenschaftsbetriebes liegend angesehen werden. Somit bieten sie Möglichkeiten, Abgrenzungskriterien zwischen Wissenschaft und Nicht-Wissenschaft zu analysieren.

Für die Entwicklung eines Analysekonzepts, mit dem bestehende Grenzen zwischen Wissensterritorien infrage gestellt, verändert oder etabliert werden können, orientiere ich mich an dem erkenntnistheoretisch gefassten Begriff des 'Grenzprojekts' von Haraway ([1988] 1991). Haraway schlägt als Reaktion auf die Kritik an einer vermeintlichen Subjekt-Objekt-Trennung eine Strategie der „Aktivierung" von passiv konnotierten Begriffen vor (ebd., 197). Objekte sind für Haraway nicht vorgegeben, sondern werden durch das Etablieren von Grenzen und Klassifikationen erst geschaffen: "Objects are boundary projects." (ebd., 201). Im Zusammenhang mit der Bedeutung von „Körpern" konstatiert sie, dass der Körper als „Akteur" und damit nicht als Ressource oder als Objekt zu betrachten sei. In Abgrenzung zu Grenzobjekten bezeichne ich als 'Grenzprojekte' solche, die nicht bereits bestehenden, naturwissenschaftlichen Klassifikationen bzw. Wissensterritorien zugeordnet werden können, da ihnen die Möglichkeit zur Standardisierung fehlt. Meine Verwendung des Begriffs 'Grenzprojekt' beinhal-

---

[18] Star u. Griesmer 1989, 393.

tet folgendes Verständnis:[19] Verbindungen, die durch Grenzprojekte zwischen verschiedenen Wissensterritorien hergestellt werden, liegen nicht in einer teilweisen Standardisierung und Zuordbarkeit, sondern vielmehr in der Imagination ihrer Zugehörigkeit – jedoch ohne sie zu erreichen. Die Einordbarkeit in wissenschaftliche Klassifikationen bleibt innerhalb dieses Konzeptes eine *permanente Imagination*. Grenzprojekte führen wissenschaftliche und nicht-wissenschaftliche Gemeinschaften zusammen. Diese voneinander getrennten Gemeinschaften unterliegen in ihrer Wissensproduktion i. d. R. unterschiedlichen Regeln und Codes. Als visualisiertes Bild hat ein Grenzprojekt unklare und permeable Grenzen derjenigen Konzepte und Bereiche, die es miteinander verbindet. Es verkörpert Regeln zur Herstellung von Objekten und Wissen, die in mehr als einer Wissensgemeinschaft gültig sind, um die Grenzen zwischen diesen Gemeinschaften zu überbrücken. Über längere Zeiträume hinweg betrachtet muss ein Grenzprojekt sich ggf. verändern, um immer wieder an Grenzlinien von Wissenschaft und Nicht-Wissenschaft verortet werden zu können. Grenzprojekte verweigern es quasi, in die eine, in die andere oder auch weitere Sphären inkorporiert zu werden. Dieses u. U. an dieser Stelle etwas vage erscheinende Begriffsverständnis werde ich im sechsten Kapitel dieser Arbeit wieder aufgreifen und weiter ausführen: Dort werde ich Interviewpassagen diskutieren, in denen Physik-DoktorandInnen auf Sciencefiction-Geschichten rekurrieren.

Zusammenfassend konzipiere ich Grenzobjekte und Grenzprojekte als ein polarisiertes Begriffspaar, mit dem sich die Möglichkeit zur Klassifikation bzw. die Unmöglichkeit zur Klassifikation analytisch fassen lassen. So können Grenzprojekte zu Grenzobjekten werden und umgekehrt. Wenn Grenzobjekte so interpretiert werden, dass sie *nicht* mehr in bisherige Klassifikationen passen, werden sie zu Grenzprojekten. Erfüllen dagegen Grenzprojekte zu einem bestimmten Zeitpunkt Kriterien wissenschaftlicher standardisierbarer Klassifikationen, so werden sie zu Grenz*objekten*.

1.2 Übersicht über die nachfolgenden Kapitel

Im ersten Teil der Arbeit, der das erste, zweite und dritte Kapitel umfasst, befasse ich mich mit den theoretischen Ausgangspunkten sowie der Konzeption einer empirischen Erhebung, welche die vorliegende Untersuchung zum 'Wissenschaftsverständnis der Physik' begründet.

---

[19] Es ist möglich, dass der Harawaysche Begriff des 'Grenzprojekts' im Rahmen der vorliegenden Arbeit eine Umdeutung erfährt, da er als ein Konzept zur soziologischen Analyse verwendet wird.

Im zweiten Kapitel werden Positionen zum Wissenschaftsverständnis der Physik aus der Wissenschaftsforschung und der Frauen- und Geschlechterforschung über die Physik hinsichtlich des 'Abgrenzungsproblems' der Wissenschaftsforschung diskutiert. Die Darstellung von Ansätzen aus der Wissenschaftsforschung umfasst exemplarische Positionen der Wissenssoziologie, skizziert die 'Antipositivistische Wende' anhand der Position Kuhns, umreißt die Ansätze der Edinburgh School sowie der Laborstudien und endet mit der Darstellung von Forderungen nach (Selbst-)Reflexivität der Wissenschaftsforschung mithilfe 'Neuer literarischer Formen'. Die vorgestellten Arbeiten aus dem Bereich der Frauen- und Geschlechterforschung über die Physik befassen sich zum einen mit der historischen und aktuell vorzufindenden Beteiligung von Frauen an dieser Disziplin sowie den Diskriminierungen, die Frauen auf individueller und struktureller Ebene erfahren haben bzw. erfahren. Es werden Ansätze der Geschlechterforschung diskutiert, die sich den Konstruktionsprozessen physikalischer Forschung und ihrer Ergebnisse widmen. Anhand von Metaphernanalysen werden geschlechtskonnotierte Bedeutungsfelder in der Theoriebildung sowie in der alltäglichen Praxis dieser Disziplin nachgewiesen. Mit Keller (1994) wird die Kategorie 'Gender' in diesem Forschungsfeld als 'Grenzfall' par excellence verstanden, da diese Kategorie geschlechtskonnotierte Bedeutungen in zwei Richtungen transportiert: Sie trägt Geschlechtskonnotationen in die Praxis und Theoriebildung der Naturwissenschaften hinein bzw. stabilisiert gesellschaftliche Verhältnisse, die die Geschlechter betreffen, auf symbolischer Ebene.

Im dritten Kapitel werden Relevanz und Konzeption einer qualitativen Interviewstudie mit Doktorandinnen und Doktoranden der Physik dargelegt. Bezogen auf die 'Wissenschaftsforschung' kann festgehalten werden, dass die Ausbildungssituation von angehenden NaturwissenschaftlerInnen in diesem Forschungsfeld kaum untersucht wird (Abschnitt 3.1.1). Angesichts einiger in dieser Hinsicht viel versprechender Studien – hier stütze ich mich insbesondere auf Untersuchungen von Traweek (1988) und Gusterson (1995) – ist dies jedoch als ein Forschungsdesiderat zu bewerten, da die Ausbildung von NaturwissenschaftlerInnen eine wichtige Voraussetzung für die Produktion und Reproduktion naturwissenschaftlichen Wissens darstellt (Delamont 1987). In Abschnitt 3.1.2 werden Studien vorgestellt, die das Wissenschaftsverständnis von SchülerInnen und College-Studierenden untersuchen. Diese Studien weisen auf eine Vielfalt an verschiedenen Auffassungen über die Physik hin. Für die vorliegende, empirische Studie schließe ich methodisch an qualitativ orientierte Untersuchungen an. In der Schul- und Hochschulforschung ist insbesondere die Untersuchung von Hughes-McDonnell (1996) relevant, da anhand der dort durchgeführten Inter-

11

views mit Physik-Schülerinnen und -Schülern auf Zusammenhänge zwischen institutionalisierten Unterrichtspraxen in der Schule und einem vermittelten Wissenschaftsverständnis der Physik geschlossen werden kann.

Ausgehend von dem Konzept des 'Situierten Wissens' (Haraway [1988] 1991) erörtere ich im zweiten Abschnitt des dritten Kapitels den methodologischen Begründungsrahmen für die empirische Erhebung und deren Verfahren. Den Prozess qualitativ orientierter Sozialforschung verstehe ich als eine Abfolge von partialen, situativen Übersetzungen einschließlich der Präsentation der Forschungsergebnisse in Vorträgen und Veröffentlichungen. Zu den methodischen Verfahren, auf die ich mich in modifizierter Form bezogen habe, gehören für die Erhebung des Materials das 'Problemzentrierte Interview' (Witzel 1985) sowie für die Analyse der Daten die 'Voice Centered Method' (Brown et al. 1988, Gilligan et al. 1990) und die 'Grounded Theory' (Glaser u. Strauss 1967, Strauss 1987, Strauss u. Corbin 1990). Die empirische Erhebung ist an einer privaten, sehr renommierten, technisch-naturwissenschaftlich ausgerichteten Universität in den USA durchgeführt worden. Sie wird im Rahmen dieser Arbeit mit dem frei erfundenen Namen 'Waterside University' bezeichnet.

Im zweiten Teil der Arbeit werden die Ergebnisse der empirischen Erhebung vorgestellt. Dies umfasst die Darstellung der – in starker Anlehnung an In-vivo-Kodes - erarbeiteten Hauptkategorien im vierten, fünften und sechsten Kapitel sowie eine analytische Zusammenführung dieser Kategorien im abschließenden, siebten Kapitel.[20]

Im ersten Abschnitt des vierten Kapitels beschäftige ich mich mit der Frage, welche Vorstellungen von der Physik im Zusammenhang mit verschiedenen Lehr- und Lernformen, wie sie an der Universität vorherrschen, stehen. Im Rahmen der empirischen Erhebung wird herausgearbeitet, dass von den DoktorandInnen während einzelner Ausbildungsphasen unterschiedliche Wissenschaftsbilder über die Physik wahrgenommen werden. In Abschnitt 4.1 werden die Unterschiede bzgl. dieser vermittelten Wissenschaftsvorstellungen zwischen dem College- und dem Graduate-Studium beschrieben. Herrscht zur College-Zeit für Studierende ein Bild von der Physik als einer klar umrissenen, analytischen Naturwissenschaft vor, so betrachten DoktorandInnen während des Graduate-Studiums ihre Disziplin so, dass Forschungsprojekte und deren Design erst entwickelt werden müssen. Damit erscheint die Physik zur Zeit des Graduate-Studiums als eine gestaltende Wissenschaft. Im zweiten Abschnitt des vierten

---

[20] Vorläufige Zwischenergebnisse dieser Erhebung wurden in Lucht (2001) publiziert.

12

Kapitels wird die zumeist dichotom und gleichzeitig hierarchisierende Unterscheidung in theoretische und experimentelle Physik behandelt. Beide Grenzziehungen, sowohl diejenige zwischen Undergraduate- und Graduate-Studium als auch diejenige zwischen theoretischer und experimenteller Physik, werden als In-vivo-Kodes herausgearbeitet, die aufzeigen, dass institutionalisierte Strukturen der Physikausbildung und -forschung für die Konstruktion des Wissenschaftsverständnisses durch DoktorandInnen an der Waterside University eine wichtige Rolle spielen.

Im fünften Kapitel wird die Physik als 'Zunft' analysiert. Dies beruht auf der Analogie, dass die Ausbildungssituation von DoktorandInnen wie diejenige einer 'Lehrzeit' verstanden werden kann. In einer Forschungsgruppe mit einem/r Professor/in in leitender und betreuender Funktion erlernen Promovierende die Physik in ähnlicher Weise wie Auszubildende in enger Zusammenarbeit mit einem/r Meister/in ihren Beruf. So werden Wissen und Erfahrungen beispielsweise im Rahmen persönlicher Zusammenarbeit weitergegeben. Daher kann die Physik in diesem Zusammenhang auch als eine Erfahrungswissenschaft aufgefasst werden. Die Regeln der Zunft betreffen u. a. das Empfehlungssystems, das Beziehungsgefüge, die Unterscheidung zwischen Persönlichem und Fachlichem sowie Finanzierungsfragen. Das Konzept des 'Grenzobjekts' kommt hier zum Tragen, um Grenzüberschreitungen im Rahmen des Qualifikationsprozesses des Promotionsstudiums analytisch zu fassen: Eine Dissertation, die im Verlauf eines Promotionsstudiums der Physik angefertigt werden muss, wird als 'Grenzobjekt' gewertet, da sie u. a. die Funktion erfüllt, dass verschiedene soziale Gruppen miteinander kooperieren. Die Herstellung einer Dissertation kennzeichnet DoktorandInnen als WissenschaftlerInnen, wenn die Zunft diese Dissertation als solche legitimiert. Beide Analysekonzepte, das der Zunft und das der Dissertation als Grenzobjekt, korrespondieren miteinander.

In den Kapiteln vier und fünf werden Bezüge zwischen institutionalisierten, formalen und informellen Ausbildungsstrukturen einerseits und Auffassungen über die Physik andererseits dargestellt. Im sechsten Kapitel geht es demgegenüber um die diskursive Vermittlung von Physik durch 'Tradierte Geschichten', die keine eindeutigen Bezüge zu institutionalisierten Strukturen aufweisen, sondern den Genres der historisierenden und der populärwissenschaftlichen Erzählung sowie dem Sciencefiction zuzuordnen sind. Im Gegensatz zu den institutionalisierten Strukturen werden sie als fiktionale Aspekte des Wissenschaftsverständnisses der Physik verstanden, das einerseits durch diese 'Geschichten' tradiert wird, indem die Interviewten beispielsweise auf Geschichten über berühmte PhysikerInnen oder die Ideengeschichte der Physik rekurrieren, und das andererseits verändert werden kann durch Geschichten, die Visionen für eine veränderte Physik entwerfen. Die 'Geschichten' des Sciencefiction-Genres weisen eine besondere Qualität auf: Sie werden als 'Grenzprojekte', die kanonisierte und imaginierte Ideen der Physik zusammenführen, verstanden. Die Idee, schneller als Licht zu reisen – eine auf der Physik fußende Vorstellung von Zeitreisen – ist dabei eine der durchgängigen Imaginationen aus dem Sciencefiction-Genre, auf die sich die interviewten DoktorandInnen beziehen.

Im abschließenden siebten Kapitel werden die Ergebnisse der empirischen Erhebung zusammengefasst, um daran anschließend das Konzept der »Herstellung epistemischer Autorität« synoptisch vorzustellen. Anhand des Interviewmaterials wird die Fragestellung nach Grenzziehungen hinsichtlich der vorrangigen Bezugnahme der DoktorandInnen auf institutionalisierte Strukturen der Disziplin der Physik in ihrer lokalen Ausprägung an der Waterside University bewertet. In Anlehnung an den Begriff der 'Institution' bei Douglas ([1986] 1991) werden die Begriffe der 'Grenzziehung', des 'Grenzobjekts' und des 'Grenzprojekts' analytisch zusammengeführt, um Plausibilitäten für Stabilität und Wandel von Wissensterritorien zu erarbeiten. Epistemische Autorität, so die Schlussfolgerung, wird beständig neu hergestellt, indem disziplinäre Klassifikationen und Wissensterritorien etabliert werden. Sie hat eine 'Reflexivität' der Beteiligten zur Voraussetzung, mittels derer bereits bestehende oder auch erst zu schaffende Klassifikationen und Wissensterritorien infrage gestellt werden. Der Begriff der 'Reflexivität' wird hier als eine Distanzierung von vorherigen oder nachfolgenden Äußerungen in einer Interviewpassage in Form eines 'Metastatements' verstanden. Die „Anrufung der Ahnen" (Douglas [1986] 1991) stellt eine Form der Legitimation dar, mit der epistemische Autorität aktualisiert und lokale Erbgesetze der Institution der Physik bestätigt werden.

2 Zum 'Wissenschaftsverständnis der Physik' in der Wissenschaftsforschung und der Frauen- und Geschlechterforschung

> [Cat's Cradle] is a game for inquiring into all the oddly configured categories clumsily called things like science, gender, race, class, nation, or discipline. It is a game that requires heterogeneous players, who cannot all be members of any one category, no matter how mobile and inclusive the category seems to be to those inside it. I want to call the problematic but inescapable world of antiracist feminist multicultural studies of technoscience simply 'cat's cradle.' Cat's cradle is a game for nominalists like me who cannot not desire what we cannot possibly have. As soon as possession enters the game, the string figures freeze into a lying pattern. (Haraway 1994, 69)

Den Faden an Kreuzungspunkten von 'Grenzziehungen' aufnehmen

Die Wissenschaftsforscherin Donna Haraway argumentiert in ihrem Artikel „Cat's Cradle"[21] (1994) dafür, dass häufig allzu scharfe Trennungslinien zwischen Ansätzen aus den Science Studies, der feministischen Theorie und den Cultural Studies gezogen werden. Mithilfe der ironisierenden Verwendung der Metapher „Den Faden aufnehmen" stellt sie etablierte, wissenschaftliche Kategorien, Begriffe und institutionalisierte Forschungsbereiche infrage und wendet sie neu. So stellt sie sich ständig verändernde Muster, Kreuzungspunkte und Bezüge zwischen diesen „Schlüsseldiskursen" her (Haraway 1994, 60). Ihr Plädoyer für

---

[21] „Cat's cradle" ist die englische Bezeichnung für das Spiel „Faden Aufnehmen". Hierbei wird ein geschlossener Faden so um Hände und Finger verschlungen, dass sich der Faden mehrfach kreuzt. Die so entstandenen Fadenfiguren können von weiteren MitspielerInnen mit ihren Händen der jeweiligen vorherigen SpielerIn abgenommen werden – zumeist, indem sie den Faden an Kreuzungspunkten aufnehmen. Die englische Bezeichnung „Cat's cradle" bezieht sich auf eine bestimmte Fadenfigur dieses Spiels, und zwar auf die „Katzenwiege" oder das „Katzenkörbchen".

wechselseitige Rezeptionen von Ansätzen aus diesen Wissenschaftsbereichen teile ich.

In diesem Kapitel skizziere ich verschiedene Auffassungen über das 'Wissenschaftsverständnis der Physik', wie sie in der Wissenschaftsforschung und der Frauen- und Geschlechterforschung vertreten werden. Dazu habe ich diejenigen Positionen gewählt, die sich auf die Physik als Naturwissenschaft bzw. als Wissenschaft beziehen. Mein Forschungsinteresse richtet sich darauf – um im Bild von Haraway zu bleiben – diese Positionen als Kreuzungspunkte von Fäden zu verstehen. Unter dem Aspekt verschiedener Bedeutungen des Begriffs der 'Grenzziehungsarbeit' (Gieryn 1994)[22] möchte ich also in diesem Kapitel diskutieren, welche Abgrenzungskriterien zwischen etablierten Wissenschaftsbereichen und ihren zugehörigen Kategorien etabliert bzw. infrage gestellt werden. Mein Forschungsinteresse für die Diskussion von Positionen aus den beiden Forschungsfeldern der Wissenschaftsforschung und der Frauen- und Geschlechterforschung richtet sich anhand der folgenden Fragestellungen aus:

Wie werden Grenzen zwischen den Naturwissenschaften – insbesondere der Physik – als Forschungsgegenstand und anderen Bereichen von Gesellschaft konzipiert? Welches Wissenschaftsverständnis wird im Zusammenhang mit diesen Grenzkonzeptionen vertreten?

Gemeinsames Anliegen sowohl der Wissenschaftsforschung als auch der Frauen- und Geschlechterforschung ist es, die Voraussetzungen und Grundlagen des Erkenntnisprojekts der Naturwissenschaften zu thematisieren. Die Denkachse 'Geschlecht' wird dabei allerdings fast ausschließlich von ForscherInnen der zweiten Ausrichtung thematisiert. Daher erscheint es mir sinnvoll, bei einer Gegenüberstellung der Wissenschaftsforschung einerseits und der Frauen- und Geschlechterforschung über die Physik andererseits zu bleiben. Es ist mein Anliegen, die Kategorie 'Geschlecht' an verschiedenen Stellen in dieser Arbeit hervorheben – sei es aus der Perspektive der Frauenforschung, sei es aus der Perspektive der Geschlechterforschung. Haraways literarische Form, die eine wechselseitige Rezeption von feministischer Forschung über die Naturwissenschaften und von Wissenschaftsforschung voraussetzt, soll jedoch dieses Kapitel als Vision für eine zukünftige Übersicht einrahmen.[23]

---

[22] Vgl. Kapitel 1.

[23] Eine dezidierte Auseinandersetzung mit den Gemeinsamkeiten und Unterschieden der Wissenschaftsforschung einerseits und der Frauen- und Geschlechterforschung andererseits stellt die kürzlich erschienene Arbeit von Wiesner (2002b) dar. Anhand der Metapher des 'Daumenkinos' unterbreitet sie zudem Vorschläge zur Zusammenführung beider Forschungsausrichtungen.

2.1 Von der Wissenssoziologie zur Wissenschaftsforschung

Auseinandersetzungen über das Wissenschaftsverständnis gehen bis in die Anfänge der Etablierung der Soziologie als Disziplin zurück, wie bereits einige Überlegungen der 'ersten Soziologen'[24] zu Zusammenhängen zwischen Wissenschaft und Gesellschaft zeigen.[25] Auf einige dieser Ansätze wird auch hier verwiesen, um aufzuzeigen, dass die zunehmende Etablierung des Wissenschaftsbetriebs seit dem 17. Jh. gleichzeitig auch von Fragen und Diskussionen über das Wissenschaftsverständnis begleitet war. Seit etwa Mitte des 20. Jh. haben sich in zunehmender Weise überwiegend historische, philosophische und soziologische Betrachtungen der Wissenschaften etabliert. Diese in verschiedenen Disziplinen oder auch in interdisziplinär angelegten Instituten durchgeführten Studien werden auch unter dem Begriff der 'Wissenschaftsforschung' zusammengefasst.[26] In der deutschsprachigen Literatur werden überwiegend die Begriffe 'Wissenschaftsforschung' (u. a. Felt et al. 1995) oder 'Neuere Wissenschaftssoziologie' (u. a. Heintz 1993) verwendet. In jüngerer Zeit ist für Arbeiten über die Naturwissenschaften auch der Begriff 'Naturwissenschaftsforschung' geprägt worden, der dem angloamerikanischen Begriff von 'Science Studies' näher kommt als der Begriff 'Wissenschaftsforschung', da mit 'Science' vorwiegend die Naturwissenschaften gemeint sind. Obwohl sich der Begriff der 'Naturwissenschaftsforschung' in der bundesdeutschen Debatte z. T. durchgesetzt hat, verwende ich ihn nicht, da er den reflexiven Blick auf die sozial- und geisteswissenschaftlichen, disziplinären Setzungen der 'Wissenschaftsforschung' nicht explizit benennt. Im

---

[24] In neueren Publikationen wird der Beitrag von Frauen zu den Anfängen der Soziologie reklamiert und aufgearbeitet (vgl. u. a. Wobbe 1997, Honegger u. Wobbe 1998 und Lengermann u. Niebrugge-Bradley 1998).

[25] So beginnen Felt et al. (1995, 22ff.) ihre Einführung in die Wissenschaftsforschung z. B. mit mehreren Hinweisen auf die Ansichten von Soziologen wie Saint-Simon, Marx und Engels und Weber zu den Wissenschaften, denen eine Darstellung der Anfänge der Wissenssoziologie von Mannheim folgt. Auch auf Ansätze für die Wissenschaftsforschung außerhalb des deutschsprachigen bzw. angloamerikanischen Sprachraums wird in dieser Einführung eingegangen.

[26] Die Wissenschaftsforschung zeichnet sich durch eine doppelte Interdisziplinarität aus: Zum einen werden aus den unterschiedlichen Perspektiven der Geschichtswissenschaft, der Philosophie und der Soziologie und in jüngerer Zeit auch der Literatur- und Kulturwissenschaften heraus die Natur- und Technikwissenschaften untersucht. Die Wissenschaftsforschung ist im Wissenschaftsbetrieb somit zwischen den 'Two Cultures' – ein Begriff, der von Snow (1959) geprägt wurde - und damit interdisziplinär verortet. Die zweite Dimension der Interdisziplinarität bezieht sich darauf, dass im Rahmen vieler Studien der Wissenschaftsforschung unterschiedliche Ansätze aus den geistes-, sozial- und kulturwissenschaftlichen Disziplinen miteinander kombiniert werden.

Folgenden werde ich auf einige Positionen aus diesem Bereich ausführlicher eingehen und aufzeigen, dass eine Entwicklung von der Wissenssoziologie hin zur Wissenschaftsforschung stattgefunden hat. Für eine historische Einordnung der Wissenschaftsforschung schließe ich mich VertreterInnen derselben an, die die Wissenssoziologie als eine Tradition heranziehen, die für die Entwicklungen weiterer Ansätze anschlussfähig gewesen ist (vgl. Heintz 1993 u. Felt et al. 1995).

Im Abschnitt 2.1.1 werde ich zunächst zwei Ansätze vorstellen, die sich mit der Frage, wie Wissen innerhalb der Wissenschaften zu bewerten sei, beschäftigen: Das ist zum einen die *Wissens*soziologie aus den 1920er und 1930er Jahren und zum anderen die *Wissenschafts*soziologie. Letztere ist nach dem Zweiten Weltkrieg vorwiegend im US-amerikanischen Kontext konzipiert worden. In diesen Ansätzen sowie in den an sie anknüpfenden Arbeiten bis in die 1960er Jahre hinein ist den Naturwissenschaften und der Mathematik überwiegend ein epistemologischer Sonderstatus zugewiesen worden.[27] Ein Kriterium für eine Unabhängigkeit naturwissenschaftlichen Wissens vom sozialen Standort war z. B. in der Wissenssoziologie Mannheims die Mathematisierbarkeit naturwissenschaftlicher Aussagen; für die Wissenschaftssoziologie formulierte Merton ein institutionalisiertes Ethos, um wissenschaftliche Aussagen gegenüber politischen Meinungen abzugrenzen. Der 'Antipositivistischen Wende' in der Wissenschaftsphilosophie und -geschichte Ende der 1960er Jahre, die ich an den Beginn des Abschnitts 2.1.2 stelle, wird zugeschrieben, dass im Zuge ihrer Entwicklung die Sonderstellung der Naturwissenschaften in Frage gestellt werden konnte, was von späteren VertreterInnen der Wissenschaftsforschung aufgegriffen worden ist. Stellvertretend beziehe ich mich auf den Ansatz der 'Soziologie des wissenschaftlichen Wissens' ('Sociology of Scientific Knowledge') und den Laborstudien-Ansatz. Innerhalb der Tradition der 'Soziologie naturwissenschaftlichen Wissens' wurden u. a. das 'Interessenmodell' entworfen und naturwissenschaftliche Kontroversen untersucht. In ethnographisch angelegten Studien von Laboratorien richtet sich das Forschungsinteresse auf alltägliche naturwissenschaftliche Praxen und Prozesse, die zur 'Fabrikation von Erkenntnis'[28] beitragen. Der dritte Abschnitt ist Auseinandersetzungen mit den literarischen Repräsentationsformen in der Wissenschaftsforschung gewidmet: Im Anschluss an kritische Auseinandersetzungen mit etablierten Repräsentationsformen in der Ethnogra-

---

[27] Eine häufig angeführte Ausnahme bildet u. a. die Arbeit von Fleck ([1935] 1980), auf die sich Thomas Kuhn ([1962] 1970) z. T. stark gestützt hat.

[28] So lautet der gleichnamige Titel der deutschen Übersetzung der Abhandlung über die Laborstudie von Knorr Cetina (1984).

phie[29] wird hier eine Reflexivität über verwendete, literarische Darstellungsweisen zur Präsentation von Forschungsprozessen und -ergebnissen aus der Wissenschaftsforschung gefordert: Es wird für die Verwendung 'Neuer literarischer Formen' plädiert, um die LeserInnen auf den konstruktiven Charakter von Erzählstrategien hinzuweisen.

Das Inklusionsargument von Comte

Bereits Comte charakterisierte zwei der drei Phasen seines Dreistadiengesetzes als wissenschaftlich und stellte damit einen Zusammenhang zwischen historischen Entwicklungsphasen einer Gesellschaft und dem Ausmaß ihrer Verwissenschaftlichung her.[30] Er unterschied drei aufeinander folgende gesellschaftliche Entwicklungsstadien, um einen naturgesetzlichen Fortschritt in der Geschichte und ein damit einhergehendes akkumuliertes Wissen zu beschreiben: Auf ein „theologisch-fiktives" Stadium folge ein „metaphysisch-abstraktes" und auf dieses ein „wissenschaftlich-positives".[31] Das letzte Stadium bildet für Comte den „Endpunkt in der Geschichte der Wissenschafts- und Wissensentwicklung". Er geht davon aus, dass während des zweiten Stadiums nur die Naturwissenschaften 'positiv' seien, während im dritten „wissenschaftlich-positiven" Stadium auch die Soziologie 'positiv' würde. Den Begriff 'Soziale Physik' verwendete Comte, bevor er den Begriff 'Soziologie' prägte. Die Physik steht hier stellvertretend für alle Naturwissenschaften. Für meine folgende Betrachtung ist hier folgendes hervorzuheben: Comte orientierte sich für die Formulierung eines Wissenschaftsverständnisses der Soziologie an demjenigen der als positivistisch aufgefassten Naturwissenschaften, um möglicherweise überhaupt eine Akzeptanz der Soziologie als Wissenschaft zu erreichen und damit eine Inklusion der 'Sozialen Physik' in die Akademie zu begründen. Das Erkenntnismodell der Physik ist von Comte seinerzeit also als Grundmodell auch für das „Soziale" betrachtet worden. Und dies heißt: So wie in der Physik zu Erkenntnissen gelangt wird, könne auch Wissen über das „Soziale" gewonnen werden. Diese Denkfigur ist im 20. Jh. insbesondere in der Wissenssoziologie in Frage gestellt worden. Vielleicht lässt sich sogar sagen: So wie in der Soziologie inzwischen die Herstellung von sozialen Tatsachen untersucht wird, ist es auch notwendig, in der Physik die Herstellung

---

[29] Vgl. Woolgar (1988, 14ff.).

[30] Korte (1995, 34) bewertet es als einen entscheidenden Schritt, dass Comte hier die „Entwicklung des Wissens" als einen „Aspekt der gesellschaftlichen Gesamtentwicklung" aufgefasst hat und dass ein gesellschaftliches Stadium durch „bestimmte gesellschaftliche Strukturen" und „eine bestimmte Form des Wissens gekennzeichnet ist".

[31] Für die Benennung dieser Stadien orientiere ich mich hier an Korte (1995, 33).

physikalischer Tatsachen zu untersuchen. Dieser Programmatik hat sich in gewisser Hinsicht die Wissenschaftsforschung gewidmet, deren Historie ich im Folgenden ausgehend von der Mannheim'schen Wissenssoziologie skizzieren werde.

2.1.1 Der epistemologische Sonderstatus der Naturwissenschaften in Wissenssoziologie und Wissenschaftssoziologie

2.1.1.1 Das Abgrenzungsproblem in der Wissenssoziologie von Karl Mannheim

Die Prägung des Begriffs der 'Wissenssoziologie' ist eng mit den Namen Max Scheler und Karl Mannheim verknüpft, wobei Mannheim ihr prominentester Begründer ist. Mannheim hat für eine Etablierung der Wissenssoziologie plädiert. Ein wichtiger Punkt ist für ihn, dass jegliches Wissen als ein vom sozialen Standort einer Person geprägtes zu verstehen ist. Hier möchte ich anhand seiner Äußerungen zum Verhältnis von Natur- und Geisteswissenschaften aufzeigen, dass das Konzept der Standortgebundenheit des Wissens auch für sein Wissenschaftsverständnis von Bedeutung ist. So schreibt Mannheim z. B. zum Erkenntnismodell der Naturwissenschaften u. a.:

> Während man der Aussage [...] 2 mal 2 = 4 nicht ansehen kann, durch wen und wann und wo sie formuliert wurde, wird man es einem geisteswissenschaftlich-historischen Werk stets ansehen, ob es etwa in den Aspektstrukturen der ‚historischen Schule', des ‚Positivismus', des ‚Marxismus' und auf welcher Stufe derselben konstituiert worden war. Bei Aussagen letzter Art werden wir von einem ‚Eingehen des Standortes' des Betrachters in das Erkenntnisergebnis und von einer ‚Seinsrelativität', d.h. von der Bezogenheit dieser Aussagen auf das dahinterstehende »Sein« reden und diese Aussagen jenen gegenüberstellen, die (wie etwa die soeben erwähnte Aussage 2 mal 2 = 4) ein solches Eingehen des Standorts des Urteilssubjektes in die Aussage — zumindest in einer für uns durchschaubaren Weise — nicht enthalten. (Mannheim [1931] 1965, 234)[32]

Die mathematische Gleichung „2 mal 2 = 4" steht hier stellvertretend für das Erkenntnismodell der exakten Naturwissenschaften und für dessen Paradigma von Quantifizierbarkeit. Gerade in der Wissenschaftsforschung ist es das Bestreben,

---

[32] Merton ([1945] 1965, 470) ist der Ansicht, dass Mannheim hier der „Marxistischen Tradition" folge.

Aspekten sozialer Konstruktionen auch solcher naturwissenschaftlicher Aussagen auf die Spur zu kommen.

Was versteht Mannheim unter der von ihm programmatisch formulierten Wissenssoziologie? Zum einen betrachtet er als ihr theoretisches Ziel, „eine Lehre von einer 'Seinsverbundenheit' des Wissens aufzustellen und auszubauen" und zum zweiten schlägt er eine methodische Herangehensweise vor, um „als historisch-soziologische Forschung diese 'Seinsverbundenheit' an den verschiedenen Wissensgehalten der Vergangenheit und Gegenwart herauszustellen"[33]. Mannheims Konzept eines Wissens, das vom sozialen Standort geprägt ist, könnte unter die Marx'sche Prämisse „Das Sein bestimmt das Bewusstsein." gestellt werden. Allerdings erweitert Mannheim den Ideologiebegriff von Marx, indem er nicht nur den ökonomischen Verhältnissen – denen er trotzdem weiterhin die „größte Relevanz" zuschreibt[34] –, sondern auch anderen soziologischen Merkmalen wie „Generationen, Lebenskreise[n], Sekten, Berufsgruppen, Schulen usw."[35] Einflüsse auf das Denken zuweist. Dies sieht er als eine „Verfeinerung der 'Unterbau-Überbau-Problematik'" an. Demzufolge ist mit dem Ideologiebegriff bei Mannheim nicht mehr ein „falsches Bewusstsein" gemeint, sondern er betrifft die Seinsverbundenheit des Denkens insgesamt. Da für Mannheim kein Wissen und Denken frei von Ideologie ist, gibt es auch keinen privilegierten Standort für eine Wahrheitsfindung. Dieser „Relativismus" gilt allerdings nicht uneingeschränkt, denn Mannheim benennt zwei gesellschaftliche Bereiche, denen er ein distanzierteres Verhältnis zur eigenen Wissensproduktion zuschreibt, und nimmt sie von seinem sonst relativistischen Konzept der Wissenssoziologie aus: Zum einen ist Mannheim der Ansicht, dass Intellektuelle weniger stark von ökonomischen und anderen Zwängen beeinflusst seien. Zum Zweiten – und dies wird, wie bereits erwähnt, insbesondere in der Wissenschaftsforschung aufgenommen – nimmt er die Naturwissenschaften und die Mathematik von einer Seinsverbundenheit des Denkens aus. Die Unterschiede macht er an der Fortentwicklung der Wissensgeschichte deutlich sowie an der Art der Aussagen, mit

---

[33] Mannheim [1931] 1965, 227.
[34] Mannheim schreibt dazu: „Übrigens soll mit alledem keineswegs geleugnet sein, dass von allen diesen Gruppierungen und sozialen Einheiten der *Klassenschichtung die größte Relevanz* zuzusprechen ist, denn letzten Endes bilden und wandeln sich alle die oben aufgezählten einzelnen sozialen Einheiten nur im Elemente der sie fundierenden und tragenden Produktions- und Herrschaftsverhältnisse." Zum Zwecke der Erforschung „des konkreten Reichtums der Denktypen" erachtete es Mannheim jedoch für notwendig, nicht „beim undifferenzierten Klassenbegriff" stehen zu bleiben (Mannheim [1929] 1965, 237).
[35] Mannheim [1931] 1965, 237.

denen wissenschaftliche Erkenntnisse in den zwei Wissenschaftskulturen formuliert werden. Die Geistesgeschichte, wie sie in den historischen und philosophischen Disziplinen beschrieben wird, lässt sich für Mannheim nicht fortschrittlich – im naturwissenschaftlichen Sinne – beschreiben, „denn eine jede Zeit und darin verschieden mögliche Betrachtungsweisen haben die Eigenart, dass sie weitgehend von Grund auf neu ansetzen und in einer neuen Aspektstruktur ‚dieselbe' Gegenständlichkeit erfassen."[36] In der Formulierung mathematischer Gleichungen als Beschreibungen naturwissenschaftlicher Erkenntnis liegt für Mannheim die Partikularität dieses Wissens, denn seine historisch-soziale Genese sei damit nicht mehr zugänglich. Gleichzeitig kritisiert Mannheim damit dieses „herrschende" und „dominierende Erkenntnismodell":

> Nur weil dieses Erkennen [in den exakten Naturwissenschaften] ganz besonders in seinen mathematisierbaren Teilen weitgehend die Struktur der Abhebbarkeit von der historisch-sozialen Aspektstruktur des erkennenden Subjektes hat, konnte man das Richtigkeitsbild wahrer Erkenntnis so konstruieren, dass alle auf das Erfassen des Qualitativen ausgerichteten Typen des Erkennens (die als solche notwendigerweise Elemente in sich enthalten, die mehr oder minder mit der Weltanschauungsstruktur des Subjektes zusammenhängen), entweder übergangen oder als minderwertige Erkenntnismodi behandelt werden. (Mannheim [1931] 1965, 249)

Hier formuliert Mannheim eine grundsätzliche Position der Naturwissenschaftskritik und -analyse, die später in der Wissenschaftsforschung auch aufgenommen worden ist. Sozialen Kontexten von Naturwissenschaften auf die Spur zu kommen, kann z. B. heißen, über die Betrachtung der mathematischen Formulierung ihrer Untersuchungsgegenstände hinauszugehen und die grundsätzlichen Kategorien, derer sich diese Formulierungen bedienen, in Frage zu stellen und auf ihre soziale Verortung hin zu überprüfen. Eine Schwierigkeit besteht hier darin, eine Verbundenheit von Denken und sozialer Lebenslage überhaupt empirisch zu belegen. Mannheims (1931, 263-265) eigene Vorschläge zum methodischen Vorgehen für ein historisch-soziologisches Forschen in der Wissenssoziologie orientieren sich hier an der Kunstgeschichte, in der einzelne Stile einer kunstgeschichtlichen Epoche zugeordnet werden. Diese Überlegungen sind noch weit entfernt von sozialwissenschaftlicher Methodik oder von den Methoden, die in der heutigen Wissenschaftsforschung verwendet werden. Mannheims Kritik richtet sich außerdem auf eine Hierarchisierung von Erkenntnisformen, in welcher

---

[36] Mannheim [1931] 1965, 233.

naturwissenschaftlich-mathematische Wissensgehalte als höherwertig gegenüber historisch-sozialen Aspekten eingeordnet werden.

Er unterscheidet also deutlich zwischen den in den Naturwissenschaften und den in den Geistes- und Sozialwissenschaften gewonnenen Erkenntnissen und ist der Ansicht, dass erstere für eine wissenssoziologische Erforschung nicht zugänglich seien. Obwohl Mannheim also von einem vom sozialen Standort geprägten Denken bzw. Wissen ausgeht, nimmt er doch tendenziell die Naturwissenschaften und die Mathematik von der Möglichkeit aus, diese aus wissenssoziologischer Perspektive zu untersuchen. Damit besteht für ihn weiterhin die Möglichkeit, innerhalb dieser Wissenschaften gesellschaftlich unabhängiges Wissen zu etablieren, auch wenn er dieses Erkenntnismodell und die darin verankerte Ausgrenzung von sozial-historischer Genese kritisiert.

Abschließend lässt sich zur Rezeption Mannheims durch die Wissenschaftsforschung sagen, dass sie sich auf seine Position zu den Naturwissenschaften konzentriert, wobei insbesondere seine Ausgrenzung derselben aus dem wissenssoziologischen Forschungsprogramm thematisiert wird.[37] Dieser Rezeption stimme ich im wesentlichen zu, möchte aber auf ihre Vereinfachung seiner Auffassungen über das Erkenntnismodell der Naturwissenschaften hinweisen, denn seine Haltung ist hier nicht vollkommen eindeutig, wie anhand seiner wenigen Kommentare zu den Entwicklungen der Physik zu Beginn des 20. Jh., die Mann-

---

[37] Auf diesen Aspekt von Mannheims Wissenssoziologie weisen z. B. auch Berger u. Luckmann ([1966] 1989, 9) hin. Barnes (1974, 148) hält Mannheims Annahme, dass naturwissenschaftliches und mathematisches Wissen weniger von Ideologie behaftet sei, für „irrig". Heintz (1993) geht für ihren Überblick zu „Wissenschaft im Kontext. Neuere Entwicklungstendenzen der Wissenschaftssoziologie" von Mannheims Wissenssoziologie aus: Mannheims Ausgrenzung von Naturwissenschaften und Mathematik aus seinem Forschungsprogramm habe dazu beigetragen, dass naturwissenschaftliche Erkenntnisse auch innerhalb der Wissenssoziologie und der Wissenschaftssoziologie weiterhin als objektiv und von kulturellen Einflüssen unabhängige behandelt worden seien. Mannheims Ausklammern von Naturwissenschaft und Mathematik habe „Folgen für die weitere Entwicklung der Wissenschaftssoziologie" gehabt: „Wissensoziologie und Wissenschaftssoziologie [...] bildeten lange Zeit getrennte Bereiche" (Heintz 1993, 528). Laut Felt et al. (1995, 123) hingegen können die „jüngeren Entwicklungen in der Wissenschaftsforschung seit der Mitte der siebziger Jahre [...] in gewisser Weise als modifizierte Wiederaufnahme eines zentralen Arguments von Mannheims Wissenssoziologie verstanden werden – der These [...], dass auch die als »wahr« und »korrekt« anerkannten Erkenntnisse sozial determiniert" seien. Interessanterweise wird Mannheim im angloamerikanischen Diskurs zur (Natur-)Wissenschaftsforschung kaum rezipiert. In dem Handbuch der Wissenschaftsforschung von Jasanoff et al. (1994) wird Mannheim nicht zitiert, obwohl „Ideologie und Utopie" (Mannheim [1929] 1965) bereits 1936 auf Englisch erschien. Zwei der wenigen Ausnahmen bilden Barnes (1974) und Gieryn (1983), die sich v. a. mit dem Ideologiebegriff von Mannheim auseinandersetzen.

heim offensichtlich verfolgt haben muss, deutlich wird: Bezüglich des oben skizzierten Arguments zur Fortschrittlichkeit der Wissensgeschichte diskutiert
Mannheim z. B. die Frage, ob sich „zwei Epochen in der Wissensgeschichte [...]
nur dadurch unterscheiden, dass in der älteren bestimmte Erkenntnisse *noch* nicht
gemacht worden waren oder aber bestimmte Irrtümer noch bestanden, die durch
spätere Einsichten [...] widerlegt wurden". In diesem Zusammenhang stellt er
fest, dass „dieses Verhältnis für die exakten Naturwissenschaften weitgehend
behaupte[t]" werden könne, aber in der „Geistesgeschichte [...] dieses schlichte
Überholen der früheren Stadien im Sinne der widerlegten Irrtümer nicht so ohne
weiteres aufweisbar" sei. Jedoch deutet Mannheim gleichzeitig an, dass dies nur
„weitgehend" in den Naturwissenschaften der Fall sei. Er verweist hier darauf,
dass „gerade heute die Stabilitätsvorstellungen von dem kategorischen Bestand
der exakten Naturwissenschaften im Vergleich zur Logik der ‚klassischen Physik' erheblich erschüttert worden sind"[38], womit er die Entwicklung der Quantentheorie zu Beginn des 20. Jh. meint: Mannheim sieht „überraschende Ähn-
lichkeiten" zwischen der Unbestimmtheitsrelation Heisenbergs[39] und dem von
ihm formulierten Relationismus. Gemäß der Quantentheorie werden Messergebnisse durch die vorhergehende Messung in einer Weise beeinflusst, die nicht
exakt vorhersagbar sei.

2.1.1.2 Abgrenzungskriterien in der Wissenschaftssoziologie

In der *Wissen*ssoziologie wird grundsätzlich formuliert, dass Wissen vom sozialen Standort geprägt sei – lediglich den Naturwissenschaften und der Mathematik
wird ein epistemologischer Sonderstatus zugeschrieben. In der *Wissenschaft*ssoziologie wird demgegenüber davon ausgegangen, dass in den Naturwissenschaften prinzipiell eine Unabhängigkeit ihres hervorgebrachten Wissens von den gesellschaftlichen Verhältnissen erreicht werden könne.

Mit der Tradition der Wissenschaftssoziologie sind Konzepte assoziiert, wie
sie Robert Merton in den 1940er Jahren formulierte und die als Forschungsprogramm verstärkt während der 1950er und 1960er Jahre umgesetzt wurden.[40]

---

[38] Mannheim [1931] 1965, 233.
[39] Ort und Geschwindigkeit eines Teilchens sind, nachdem es von einer Messapparatur erfasst
worden ist, nicht mehr exakt vorherbestimmbar, sondern es lassen sich nur Wahrscheinlich-
keiten für den Aufenthaltsort und die Geschwindigkeit eines Teilchens angeben.
[40] Hier differiere ich von der Begriffsbestimmung für die Wissenschaftssoziologie, wie sie z. B.
von Heintz (1993) oder auch Zuckermann (1988) vorgenommen werden. Zuckermann
(1988) subsumiert unter Wissenschaftssoziologie auch neuere Ansätze aus der Wissen-

Auch heute wird diese Idee von einer Autonomie der Naturwissenschaften von Politik und Gesellschaft, mit der in der Wissenschaftsforschung auch das 'Merton'sche Paradigma'[41] in Verbindung gebracht wird, aufgegriffen. Untersucht werden hier soziale Kontexte und Organisationsformen von Wissenschaft, während das Objektivitätsideal derselben unangetastet bleibt und somit weiterhin ein positivistisches (Natur-)Wissenschaftsverständnis aufrechterhalten wird.[42] Collins ([1983] 1985, 130) spricht hier davon, dass „die Natur selber die letzten Antworten" liefere, wobei Menschen nur „Vermittler" seien. Merton unterstützt mit seiner Programmatik somit einen Glauben an wissenschaftlichen Erkenntnisfortschritt („extension of certified knowledge"[43]). Das „Soziale" wird hier tendenziell als 'Bias' betrachtet, der zu „Verzerrungen in wissenschaftlichen Ergebnissen" beitrage und von dem eben jene befreit werden müssten, um zu wahrer und objektiver Erkenntnis zu gelangen.[44] Dies kann dann als Aufgabe der Wissenschaftssoziologie betrachtet werden, während gleichzeitig eine Trennung der Sozialwissenschaften von den Naturwissenschaften aufrechterhalten werden kann, indem ihre Untersuchungsgegenstände als voneinander unterschieden definiert werden. So widmete Merton sich z. B. der Untersuchung von Prioritätsstreitigkeiten über wissenschaftliche Entdeckungen, dem Verhalten von WissenschaftlerInnen, ihrer Altersstruktur und Evaluationsverfahren (Merton 1973).

Merton plädierte für eine Autonomie der Naturwissenschaften, die durch die Einhaltung eines wissenschaftlichen Ethos gewährleistet werden soll. In seinem Überblick „Sociology of Knowledge" setzt sich Merton ([1945] 1965) mit verschiedenen Vertretern der Wissenssoziologie auseinander. Dabei bleiben für ihn viele Probleme derselben ungelöst: In welcher Relation stehen Wissen und existentielle Basis zueinander? Sind sie „kausal oder funktional, symbolisch oder organistisch oder bedeutungsvoll"?[45]

Mertons abschließende Bewertung der Wissenssoziologie lautet dann auch: „Es gibt nur dies zu sagen: Die Wissenssoziologie wächst schnell aus ihrer vorherigen Tendenz heraus, provisorische Hypothesen mit zu in Frage zu stellendem Dogma zu verwechseln [...]."[46] Merton geht davon aus, dass es prinzipiell möglich ist, eine Autonomie der Naturwissenschaften von Politik und Gesellschaft zu

---

schaftsforschung und geht davon aus, dass z. B. die Trennung von Wissenschaftssoziologie und Wissenssoziologie „nicht nötig" und „nicht fruchtbar" sei (Zuckerman 1988, 513).
[41] Vgl. dazu die Diskussion von Restivo (1994, 97ff.).
[42] Vgl. auch Edge 1994, 7.
[43] Merton [1942] 1973, 270.
[44] Vgl. auch Knorr Cetina 1988, 85.
[45] Vgl. Merton [1945] 1965, 476 ff.
[46] Merton [1945] 1965, 488.

erreichen. Aus aktuellem politischen Anlass seiner Zeit heraus kann dies gleichzeitig als Plädoyer und Warnung verstanden werden, denn Merton wendet sich hier gegen die Konsequenzen, die der Nationalsozialismus in Deutschland für ausgegrenzte Wissenschaftlerinnen und Wissenschaftler hatte.[47] Die von Gieryn gestellten Fragen „Wer ist eine NaturwissenschaftlerIn?" und „Was ist Naturwissenschaft?" wurden in jener Zeit in einen grausamen und willkürlichen Zusammenhang gestellt, mithilfe dessen die Ausgrenzung, Vertreibung und Ermordung von Wissenschaftlerinnen und Wissenschaftlern gerechtfertigt wurde. Dem Konzept eines institutionalisierten wissenschaftlichen Ethos stellt Merton eine politische Ethik gegenüber (Merton [1938] 1973, 258 f.). In einem totalitären Staat dominiere diese die Wissenschaft. Eine Autonomie der Wissenschaften gegenüber dem Staat könne daher nur erreicht werden, wenn ein institutionalisiertes Ethos von Wissenschaftler/innen eingehalten werden könne. Merton charakterisiert dieses Ethos später mit seinen bekannten vier Normen, welche von WissenschaftlerInnen angestrebt würden: Universalismus, Kommunalismus, Desinteresse und Organisierter Skeptizismus.[48] Diese vier Normen werden in der Sekundärliteratur als Abgrenzungskriterien für die Naturwissenschaften bewertet, welche Merton mit ihnen etablierte.[49] In seinem früheren Aufsatz „Science and Social Order" (Merton [1938] 1973) sind diese vier Normen, auf die häufig als feststehendes Konzept in der Wissenschaftsforschung Bezug genommen wird, noch nicht so eindeutig ausformuliert. Im Vordergrund steht dort noch die Idee eines wissenschaftlichen Ethos überhaupt, welches Autonomie der Wissenschaften gewährleisten soll. Damit ist das eigentliche Abgrenzungskriterium nicht eine gewisse Anzahl von Normen selbst, sondern die Annahme, dass die Naturwissenschaften durch ein wissenschaftlich institutionalisiertes Ethos charakterisierbar seien und damit von anderen gesellschaftlichen Institutionen abweichen und von ihnen unterscheidbar seien.

Mertons Wissenschaftsverständnis der Naturwissenschaften ist folglich zwar davon geprägt, dass soziale Einflüsse im Wissenschaftsbetrieb wirksam seien, so dass auch wissenschaftliche Erkenntnis von ihnen beeinträchtigt sei. Seine grundsätzlichen Annahmen über diesen Zusammenhang führen allerdings zu einer anderen Konsequenz als derjenigen in der Wissenssoziologie: Das „Soziale" wird als ein „Störfaktor" angesehen, dessen „ideologischer Standpunkt" mithilfe

---

[47] Vgl. Merton [1938] 1973.
[48] Für eine Darstellung kontroverser Standpunkte zu Mertons Normen vgl. Zuckerman (1988, 516ff.).
[49] Vgl. z. B. Storer (1973, 224), Zuckerman (1988, 517) und Gieryn (1994, 398 ff.)

eines institutionalisierten Ethos aus dem Erkenntnisprozess ausgegrenzt werden müsse, um eine „reine" Wissenschaft hervorzubringen.[50]

2.1.2 Die soziale Konstruktion naturwissenschaftlicher Erkenntnis

2.1.2.1 Die 'Antipositivistische Wende' in der Wissenschaftstheorie

Den beiden in den vorangegangenen Abschnitten skizzierten Traditionen von Wissenssoziologie und Wissenschaftssoziologie ist gemeinsam, dass den Naturwissenschaften und der Mathematik ein epistemologischer Sonderstatus zugewiesen wird. Eine Veränderung dieser Auffassung über die erkenntnistheoretischen Setzungen der Naturwissenschaften fand während der 1960er und 1970er Jahre in der Wissenschaftsphilosophie und -geschichte statt, und zwar insbesondere durch Arbeiten von Paul Feyerabend, Imre Lakatos, Mary Hesse und Thomas S. Kuhn.[51] Diese Veränderung wird von VertreterInnen der Wissenschaftsforschung als eine derjenigen Entwicklungen angesehen, die für sie anschlussfähig war. Mit Bezug auf Andersson (1988), Bayertz (1980) und Hoyningen-Huene (1989) konstatiert z. B. Heintz, dass hier eine 'anti-positivistische Wende' stattgefunden habe und bewertet die damit verbundenen „epistemologischen Umbrüche" als „Voraussetzungen [...] für eine wissenssoziologische Betrachtung der Wissenschaft"[52].

In dieser Zeit verfasste Thomas S. Kuhn ([1962] 1979) seine wissenschaftsphilosophische und -historische Arbeit „The Structure of Scientific Revolutions", auf die ich im Folgenden eingehe, um einige Aspekte der Verschiebungen des Wissenschaftsverständnisses von den Naturwissenschaften zu illustrieren. Kuhn grenzt die Naturwissenschaften und die Sozial- und Geisteswissenschaften nicht in so starker Weise voneinander ab, wie es z. B. Mannheim und Merton taten. Dies wird anhand des von ihm geprägten Begriffs 'Paradigma' deutlich. Ein Paradigma einer wissenschaftlichen Gemeinschaft kennzeichnet für Kuhn „universell erkannte wissenschaftliche Errungenschaften, welche für eine Zeit Probleme und Lösungen modellieren"[53]. Diese allgemein gehaltene Bestimmung des Paradigmabegriffs erhält im Laufe der Abhandlung verschiedenste Bedeutungen.

---

[50] Vgl. Gieryn (1983, 781 bzw. 1994, 398ff.). Ähnlich argumentieren u. a. Heintz (1993, 533, Fußnote 9) und Collins ([1983] 1985, 130): Mertons Übersicht zur Wissenssoziologie (vgl. Merton 1973) habe zu einer Ausgrenzung wissenssoziologischer Betrachtungen beigetragen.

[51] Innerhalb der deutschen Soziologie gingen Auseinandersetzungen um das Wissenschaftsverständnis der eigenen Disziplin als 'Positivismusstreit' in die Literatur ein.

[52] Heintz 1993, 529. Vgl. hierzu z. B. auch Knorr Cetina (1994, 140) und Palm (1999, 114 f.).

[53] Kuhn [1962] 1970, viii.

Diese 'Mehrdeutigkeit' hat Kuhn zahlreiche Kritik eingetragen, der er u. a. mit einer Festlegung von zwei Bedeutungen für ein Paradigma begegnet:

> On the one hand, it stands for the entire constellation of beliefs, values, techniques, and so on shared by members of a given community. On the other, it denotes one sort of element in that constellation, the concrete puzzle-solutions which, employed as models or examples, can replace explicit rules as a basis for the solution of the remaining puzzles of normal science. (Kuhn [1962] 1970, 175)

Mit jener Bedeutung eines Paradigmas meint Kuhn „soziologische" Aspekte, mit dieser die „Errungenschaften" der Naturwissenschaften aus der Vergangenheit. Diese Verbindung von kognitiven Erkenntnissen einerseits mit dafür notwendigen intersubjektiven Übereinkünften andererseits legt es nahe, nicht nur soziale Prozesse, sondern auch naturwissenschaftliche Erkenntnisprozesse und -ergebnisse als sozialwissenschaftliche Forschungsgegenstände aufzufassen, d. h. bei Kuhn scheint deutlich überhaupt erst die Möglichkeit auf, diese als solche zu betrachten. Der Begriff Paradigma mit seinen Bedeutungen als Technik, Methode und vielem mehr könnte demnach gerade aufgrund seiner *Mehrdeutigkeit* eine Abgrenzung von Naturwissenschaften und Sozialwissenschaften infrage stellen. Diese Uneindeutigkeit greift Kuhn jedoch nicht auf. Vielmehr unterscheidet auch er zwischen den Natur- und den Geisteswissenschaften, indem er bemerkt, dass jene durch eindeutigere Festlegungen ihrer Paradigmen gekennzeichnet sind, während er „beeindruckt war von den offenen Meinungsverschiedenheiten zwischen SozialwissenschaftlerInnen über die Natur von legitimen wissenschaftlichen Problemen und Methoden"[54].

Ein weiterer wichtiger Aspekt, der Kuhns Wissenschaftsverständnis prägt, ist seine Auffassung über wissenschaftlichen Erkenntnisfortschritt. Während z. B. Merton davon ausgeht, dass das Ziel der Wissenschaften die Ausweitung von Wissen sei[55], ist für Kuhn ein solcher kontinuierlicher kumulativer Fortschritt naturwissenschaftlicher Erkenntnisse, die einer objektiv erkennbaren Wahrheit immer näher kämen, nicht gegeben. Anhand von Beispielen, die überwiegend aus der Physikgeschichte gewählt sind, formuliert Kuhn die These, dass Phasen

---

[54] Kuhn [1962] 1970, viii. Felt et al. bewerten dies als einen Verlust der Erklärungskraft des Paradigma-Begriffs, da er sich auf die Sozial- und Geisteswissenschaften nicht ausdehnen lasse. Sie seien damit entweder als „Mehrparadigmenwissenschaften" aufzufassen, so dass ein Paradigmenwechsel keine gravierenden Auswirkungen auf die Struktur der fachspezifischen Scientfic Communities habe, oder aber sie würden als Wissenschaften abgewertet – wie es in der Kuhn'schen Formulierung bereits anklingt (Felt et al. 1995, 126).

[55] Vgl. Abschnitt 2.2.2.

28

von Normalwissenschaft von Phasen wissenschaftlicher Revolutionen unterbrochen würden. Eine wissenschaftliche Revolution sei von einem Paradigmenwechsel innerhalb einer Scientific Community gekennzeichnet. Dieser beziehe sich nicht nur auf Veränderungen von Theorien, sondern auch auf Veränderungen sozialer und kultureller Faktoren der Erkenntnisproduktion. Wissenschaftlicher Fortschritt im Sinne anwachsender Erkenntnis findet für Kuhn nur zu Zeiten einer etablierten Normalwissenschaft statt, während derer ein bestimmtes Paradigma wirksam sei. Nach einer wissenschaftlichen Revolution, die mit einem Paradigmenwechsel verbunden sei, würden einerseits neue Erkenntnisse möglich, andererseits gingen aber frühere Erklärungsmuster verloren. Ein Paradigmenwechsel wirke sich daher sowohl „konstruktiv" als auch „destruktiv" auf die davon berührten wissenschaftlichen Entdeckungen aus (Kuhn [1962] 1970, 66). Auch dies stellt eine teilweise Abkehr von einem positivistischen Wissenschaftsverständnis dar, da nicht mehr von einem Primat wissenschaftlicher Theoriebildung ausgegangen wird, sondern von einer Verwobenheit von Theorien, empirischen Belegen, Techniken und intersubjektiv hergestellten Übereinkünften über Methoden und Praxis im wissenschaftlichen Vorgehen.

Kuhns Arbeiten und die von ihm formulierten Konzepte sind weit über die historische Wissenschaftsforschung hinaus rezipiert worden. Insbesondere im Hinblick auf die Kritik an der Möglichkeit einer scharfen Trennung von Theorie und Beobachtung, infolge der 'Antipositivistischen Wende', ist die These der 'Theoriegeladenheit von Beobachtungen' formuliert worden, die ich im Verlauf der Diskussion der empirischen Erhebung dieser Arbeit aufgreifen werde.[56]

2.1.2.2 Soziologie des naturwissenschaftlichen Wissens

In den späten 1960er Jahren wurde ein Ansatz entwickelt, der als ein Markstein der Wissenschaftsforschung gilt: die 'Soziologie des (natur)wissenschaftlichen Wissens' ('The Sociology of Scientific Knowledge' – SSK).[57] Hier wird eine hierarchisierende Trennung zwischen sozialen und naturwissenschaftlichen Aspekten von Erkenntnisprozessen abgelehnt. Naturwissenschaftliches Wissen wird als ein sozial konstruiertes verstanden und nicht als eine Abfolge von Entdeckungen über eine außerhalb von sozialen Sphären existierende Natur. Als

---

[56] Diese These wird in Abschnitt 4.2 skizziert. Dort werden Auffassungen zu theoretischer und experimenteller Physik vorgestellt und problematisiert, die die TeilnehmerInnen an der empirischen Erhebung vertreten haben.
[57] Vgl. z. B. Heintz 1993, 536.

Untersuchungsgegenstand rücken damit naturwissenschaftliche *Wissensinhalte* in den Mittelpunkt sozialwissenschaftlicher Forschung.

Als einer der wichtigsten Vertreter dieses Ansatzes schreibt Collins: „Die Soziologie des wissenschaftlichen[58] Wissens [...] befasst sich [...] mit dem, was als wissenschaftliches Wissen zählt und wie es Geltung erlangt."[59] Diese Fragestellung nach dem 'Wie' wissenschaftlicher Erkenntnis geht von einer Prozesshaftigkeit aus, die in der Praxis der Naturwissenschaften liegt und welche Studien der Soziologie (natur)wissenschaftlichen Wissens untersuchen.[60] Ein häufiges Missverständnis in der Rezeption dieses Ansatzes besteht darin, dass angenommen wird, dass den *sozialen* Einflüssen in solchen Prozessen durchgehend die Priorität in der Erkenntnisproduktion eingeräumt wird. Wie Collins (1985, 130 f.) einwendet, geht es aber nicht darum, den letzten Grund „wissenschaftlicher Aktivität" zu erfassen. Vielmehr liegt den Arbeiten dieses Ansatzes eine relativistische Grundhaltung gegenüber sozialen *und* naturwissenschaftlichen Aspekten von Erkenntnis zugrunde, da „weder feste Punkte in der physikalischen Welt noch ein festgelegtes Reich der Logik unterstellt"[61] werden. Sowohl das, was als Natur wahrgenommen wird, als auch das, was dem Sozialen zugeordnet wird, ist weder eindeutig noch unabhängig von Zeit, Raum oder sozialem Standort aus erkennbar.

Das 'Starke Programm': Eine gestrenge Formulierung

Mit dem Forschungsprogramm der 'Soziologie des naturwissenschaftlichen Wissens' ist das 'Strong Programme' von David Bloor ([1976] 1991, 7) verbunden. In diesem werden vier grundlegende Prinzipien für soziologische Untersuchungen naturwissenschaftlichen Wissens[62] formuliert: (1) *Kausalität* von naturwissenschaftlichem Wissen, (2) *Unvoreingenommenheit* gegenüber wahren und falschen Aussagen, (3) *Symmetrie* in Bezug auf Erklärungsmöglichkeiten soziologischer Theorien für wahre und falsche Anschauungen sowie (4) *Reflexivität* in

---

[58] Prinzipiell richtet sich die 'Soziologie (natur)wissenschaftlichen Wissens' zwar auf alle Wissenschaften, aber konkrete Untersuchungen wurden fast ausnahmslos in naturwissenschaftlichen Bereichen durchgeführt. So beschäftigte sich Collins u. a. mit Lasern und Gravitation (vgl. Collins 1985).

[59] Collins [1983] 1985, 130.

[60] Vgl. z. B. Pickering 1992, 1.

[61] Collins [1983] 1985, 130 f.

[62] Bloor ([1976] 1991, 5) unterscheidet zwischen 'knowledge' und 'belief' in folgendem Sinne: Er versteht unter 'knowledge' jedwede Form des Wissens, welchem Personen als 'Wissen' kollektiv zustimmen. Unter 'belief' fasst Bloor verschiedene individuelle und voneinander abweichende Ansichten, aus denen Wissen – 'knowledge' – besteht.

dem Sinne, dass die Erkenntnisse einer Soziologie des naturwissenschaftlichen Wissens auch auf die Soziologie selbst anwendbar sein sollen. Im Zusammenhang mit diesen Prinzipien wendet sich Bloor ([1976] 1991, 7) auch gegen eine Ausgrenzung naturwissenschaftlichen Wissens aus der Wissenssoziologie, wie sie u. a. von Mannheim ([1929] 1965)[63] vorgenommen wurde. Wie Felt et al. (1995, 129) bemerken, war das 'Starke Programm' zwar „keine ausgereifte, auf empirische Untersuchungen aufbauende Theorie", aber es beeinflusste viele Studien der 'Edinburgh-School', in deren Umkreis sich die Soziologie des naturwissenschaftlichen Wissens vorwiegend entwickelte.

Naturwissenschaftliche Kontroversen

Heintz (1993, 537) kritisiert, dass in der Formulierung des Bloor'schen Programms unbestimmt bleibe, was „sozial" am „Wissenschaftlichen" sei. Spätere Studien füllen diese Offenheit zunehmend aus. Fokus einiger der frühen und als wichtig eingestuften Untersuchungen naturwissenschaftlicher Erkenntnisprozesse waren Kontroversen über naturwissenschaftliches Wissen. Zum einen sind Interessen im Erkenntnisprozess solcher Debatten als soziale Momente eingestuft worden. Zu unterscheiden sind hier Studien, die den Ausgang von Debatten in wissenschaftsexternen oder in wissenschaftsinternen Interessen begründet sehen.[64] Zum anderen wurden solche Debatten von Collins (1985) als 'Wissenschaftliche Kontroversen' begrifflich enger gefasst. Er unterscheidet drei Forschungsschritte in seinem 'Empirical Programme of Relativism': Zunächst sind für Collins unterschiedliche Interpretationen derselben Ergebnisse möglich. Ist eine Kontroverse noch nicht entschieden, so befinde sie sich in einer ersten Phase der 'Interpretativen Flexibilität'. Zu einer 'Schließung' einer Kontroverse komme es, wenn sich in einer zweiten Phase die Interpretationsmöglichkeiten verengten. Zu den sozialen Mechanismen, die zu einer solchen 'Schließung' einer Kontroverse führen können, gehören für Collins z. B. rhetorische Strategien, die Persönlichkeit von ForscherInnen oder institutionelle Kontexte. In einer dritten Phase komme es zu einer erweiterten Kontextualisierung, in der Beziehungen zwischen dem so entstandenen Wissen und weiteren politischen und sozialen Struk-

---

[63] Bloor bezieht sich hier auf die englische Übersetzung von Mannheims „Ideologie und Utopie" von 1936.

[64] Vgl. z. B. Heintz 1993, 537. Zu den Studien, die eine Schließung wissenschaftlicher Debatten aufgrund von wissenschaftsinternen Interessen konstatieren, zählt Heintz z. B. Pickering (1981). Die Zeitschrift „Science, Technology, and Human Values 14" widmete Studien wissenschaftlicher Kontroversen 1989 einen Schwerpunkt.

turen hergestellt würden.[65] Collins (1985) zeichnet folglich ein Bild von den Naturwissenschaften, in dem diese sozial konstruierte Erkenntnis hervorbringen und untermauert damit sein relativistisches Naturwissenschaftsverständnis.

Kritik an diesen Ansätzen wird hinsichtlich der epistemologischen Positionierung der Sozialforschung gegenüber dem Untersuchungsgegenstand naturwissenschaftlicher Forschungsprozesse und -ergebnisse geübt: In ihrer Übersicht zu verschiedenen wissenschaftstheoretischen Annahmen, aufgrund derer naturwissenschaftliche Kontroversen untersucht werden können, zeigen Martin und Richards (1994, 514) zwar einerseits auf, dass mithilfe einer solchen Vorgehensweise die Herstellung naturwissenschaftlicher Erkenntnisse untersucht werden könne. Sie kritisieren andererseits, dass in der strengen Formulierung des Bloor'schen Programms insbesondere bezüglich seiner zentralen Forderungen nach Symmetrie und Unbeteiligtheit eine „epistemologische und soziale Neutralität des Analytikers" vorausgesetzt werde. Infolge dessen werde prinzipiell den Opponenten gegenüber einer orthodoxen Sichtweise ein Vorteil verschafft, da oppositionelle Sichtweisen zweier Parteien gemäß des Bloor'schen Programms symmetrisch betrachtet würden.

2.1.2.3 Naturwissenschaft als Praxis: Der Laborstudien-Ansatz

Der Laborstudien-Ansatz ist neben anderen Ausrichtungen der Wissenschaftsforschung einer derjenigen Ansätze, die sich der Untersuchung naturwissenschaftlicher Praxis gewidmet haben.[66] Zu den ersten Laborstudien, die in der Literatur als Marksteine für diesen Ansatz gelten, zählen Latour und Woolgar (1979) und Knorr Cetina (1981). Insbesondere die Vorgehensweise und die Ergebnisse der Laborstudien von Traweek (1988) und Gusterson über Physik-Laboratorien sind für die hier vorliegende Arbeit anschlussfähig. Auf diese Untersuchungen gehe ich in Abschnitt 3.1.1.1 ausführlich ein. Anstatt für bereits etabliertes Wissen dessen historisch-soziale Kontexte zu rekonstruieren, wie es z. B. Kuhn anhand historischer Fallstudien aufzeigte, wenden sich die Laborstudien aktuellen Prozessen der Erkenntnisproduktion zu.[67] Sie schließen damit an Ansätze aus der Soziologie naturwissenschaftlichen Wissens an,[68] was Pickering (1992) als Entwicklung 'From Science as Knowledge to Science as Practice' charakterisiert.

---

[65] Vgl. z. B. Felt et al. 1995, 133.
[66] Zu weiteren Ansätzen, die naturwissenschaftliche Praxen untersuchen, werden in der Wissenschaftsforschung u. a. Diskursanalysen, Ethnomethodologie und der Akteur-Netzwerk-Ansatz gezählt (vgl. z. B. Heintz 1993, 541 ff., Pickering 1992, Felt et al. 1995, 122 ff.).
[67] Knorr Cetina 1994, 141.
[68] Vgl. z. B. Knorr Cetina 1994, 141.

Während allerdings jene die Kontroversen über naturwissenschaftliche Erkenntnisse oder die Weiterentwicklung eines bestimmten Experiments verfolgen, geht es in den Laborstudien darum, die Praxis der Naturwissenschaften im Laboralltag mit ethnographischen Methoden zu untersuchen.[69] Es geht also nicht darum, ein ausgewähltes Experiment oder ein theoretisches Konzept in seiner prozesshaften Entstehung oder die 'Schließung einer Kontroverse' über einen bestimmten naturwissenschaftlichen Erkenntnisprozess zu betrachten.

Auf diese Weise, so Knorr Cetina, eine der wichtigsten VertreterInnen des Laborstudien-Ansatzes, sei es möglich, einen Blick in die 'Black Box' – den Ort der Herstellung naturwissenschaftlicher Fakten – zu werfen. Da dieser Ort für die „modernen Naturwissenschaften typischerweise das naturwissenschaftliche Labor" sei, sieht Knorr Cetina hier den „harten Kern" der Naturwissenschaften: „ihre technischen Inhalte und die Produktion von Wissen".[70] Dieser „harte Kern" wird allerdings als Konstrukt betrachtet, denn hier fänden Prozesse statt, die der Etablierung einer 'wissenschaftlichen Tatsache' vorausgegangen seien. An diesen Prozessen seien Objekte und NaturwissenschaftlerInnen als Agenten beteiligt. Knorr Cetina knüpft in diesem Zusammenhang an das Symmetrie-Postulat des Bloor'schen Programms an: Sie räumt weder den physischen Objekten noch den ihnen gegenüberstehenden forschenden Personen einen primären Status gegenüber dem jeweilig 'anderen' ein. Darüber hinausgehend schließt sie auch eine wechselseitige Formbarkeit von Menschen durch Objekte und von Objekten durch Menschen nicht aus (Knorr Cetina 1994, 146).

---

[69] Laborstudien der Wissenschaftsforschung haben mit neueren Entwicklungen in der Ethnographie gemeinsam, dass sie nicht eine fremde und räumlich weit entfernt liegende Kultur untersuchen, sondern das 'Fremde', häufig zugleich abgewertete 'Andere' in der eigenen Kultur. Whytes ([1943] 1993) klassische Studie „Street Corner Society" ist hier wegweisend für eine 'Urban Ethnography' (Atkinson u. Hammersley 1994) gewesen. Auch sind die Laborstudien mit ähnlichen Problemen konfrontiert wie andere ethnographische Untersuchungen von Kulturen in der eigenen Kultur: Eine der ForscherIn zunächst unverständliche Sprache muss von ihr erlernt werden, eine unbekannte Sozialstruktur erkennbar werden, u. ä. Zudem hat Traweek (1988) in ihrem Prolog in diesem Zusammenhang darauf hingewiesen, dass diejenigen, die in einer solchen den „eigenen Kultur" zugewandten ethnographischen Studie beschrieben werden, wiederum auf das über sie Geschriebene reagieren und die ForscherIn somit nicht nach Abschluss eines Projekts die von ihr „interpretierte Kultur" wieder verlasse. Eine vergleichende Untersuchung der Kritik an ethnographischen Untersuchungen und Laborstudien ist mir bisher nicht bekannt. Sie könnte hier möglicherweise Aufschluss darüber geben, inwieweit das methodische Vorgehen der Laborstudien bereits ein konstruktivistisches Naturwissenschaftsverständnis impliziert.

[70] Knorr Cetina 1994, 140.

Das Naturwissenschaftsverständnis in den Laborstudien

An den Laborstudien ist kritisiert worden, dass ihnen ein versteckter Realismus innewohne, da das Labor als der 'eigentliche Ort' für die Herstellung von naturwissenschaftlichen 'Fakten' aufgefasst werde.[71] M. E. ist es wichtig, darauf hinzuweisen, dass dem Begriff der 'Beobachtung' innerhalb der Naturwissenschaften i. d. R. eine andere Bedeutung zugewiesen wird als in ethnographischen Studien. Innerhalb von ethnographischen Untersuchungen wird die Methode der Beobachtung als integraler Bestandteil eines interpretativen Vorgehens betrachtet: Die Beobachtung selbst kann nicht losgelöst von Interpretationen seitens der ForscherIn stattfinden. Innerhalb des überwiegend positivistischen Denkgebäudes der Naturwissenschaften bedeutet die Methode der Beobachtung jedoch, Zugang zu einer real existierenden, äußeren Welt und damit zu objektiven Erkenntnissen über die Natur erhalten zu können. Eine Revision des Beobachteten wird als Aufklärung eines vorherigen Irrtums und nicht als eine weitere Interpretationsmöglichkeit angesehen wie innerhalb des sozialwissenschaftlichen, interpretativen Paradigmas. Knorr Cetinas Formulierung, mit dem Laborstudien-Ansatz einen Zugang zum „harten Kern" der Naturwissenschaften gewonnen zu haben, nimmt daher indirekt auf eine positivistische Auffassung der Naturwissenschaften Bezug, obwohl sie aus der Perspektive der Wissenschaftsforschung heraus davon ausgeht, dass zu beobachtende Forschungsprozesse und -ergebnisse, also „naturwissenschaftliches Wissen", konstruiert werden. Allerdings: Der Erfolg der Laborstudien könnte gerade in dieser Doppeldeutigkeit des Begriffs der Beobachtung liegen: Einerseits wird an das Erkenntnisideal der Naturwissenschaften in Form ihrer methodischen Vorgehensweise der (positivistischen) Beobachtung angeschlossen – andererseits wird im Rahmen eines sozialwissenschaftlichen, konstruktivistischen Ansatzes argumentiert. Die unterschiedliche Bedeutung des Begriffs 'Beobachtung' mag hier zudem als Beispiel für ein Abgrenzungskriterium im Gieryn'schen Sinne dienen, dass nach wie vor zwischen den 'Two Cultures' der Wissenschaften unterschieden wird.

---

[71] Hier trifft sich m. E. die Kritik an den Laborstudien der 'Wissenschaftsforschung' mit derjenigen an frühen ethnographischen Studien, welche sich als positivistisch verstanden haben und sich an naturwissenschaftlichen Methoden orientierten. In ihrer Übersicht zur Ethnographie und Teilnehmender Beobachtung zeigen Atkinson u. Hammersley (1994) allerdings auf, dass ethnographische Vorgehensweisen nicht notwendigerweise mit einem bestimmten wissenschaftstheoretischen Verständnis gekoppelt sind. Vielmehr reicht das Spektrum von einem positivistischen Verständnis bis hin zu postmodernen Ansätzen (vgl. auch Fußnote 69).

2.1.3 Reflexivitätskonzepte in der Wissenschaftsforschung

Ein weiterer Begriff, der in den Debatten der Wissenschaftsforschung so verwendet wird, dass er als 'Abgrenzungskriterium' zwischen den 'Two Cultures' herangezogen wird und damit zugleich als Ansatzpunkt zur Überwindung dieser Unterscheidung dienen soll, ist jener der 'Reflexivität'.

Reflexivität als Abgrenzungskriterium zwischen den 'Zwei Kulturen'

Der Grad an (Selbst-)Reflexivität der jeweiligen Wissenschaften wird in der Wissenschaftsforschung als Abgrenzungskriterium zwischen den 'Zwei Kulturen' betrachtet: Während z. B. die Soziologie als eine (selbst-)reflexive Wissenschaft verstanden wird,[72] wird den Naturwissenschaften eine mangelnde (Selbst-) Reflexivität nachgesagt. Ausgehend von dieser Unterscheidung wird es als Aufgabe[73] oder auch als Merkmal[74] der Wissenschaftsforschung betrachtet, einen Beitrag zu (Selbst-)Reflexivität der Naturwissenschaften zu leisten. Zum einen wird auf diese Weise an der Grenzziehung zwischen den Natur- und Geisteswissenschaften festgehalten und zum anderen wird die Legitimation der Wissenschaftsforschung mit einer angestrebten Aufhebung dieser Unterscheidung begründet. Dies wird deutlich, wenn gefragt wird, worauf sich die Forderung nach Reflexivität hier richtet. Eine (Selbst-)Reflexivität der Naturwissenschaften müsste sich auf deren erkenntnistheoretische Grundlagen richten. Eingefordert werden darüber hinaus nicht nur Reflexionen über die Methoden und Inhalte der Naturwissenschaften, sondern auch über vergangene und gegenwärtige gesellschaftliche Strukturen, durch welche Naturwissenschaften konstituiert werden.

---

[72] Zum Begriff einer 'Reflexiven Soziologie' vgl. z. B. Müller (1979). Reflexivität wird von Müller als ein Kriterium aufgefasst, anhand dessen sich Forschungen in den Sozialwissenschaften und den Naturwissenschaften unterscheiden (Müller 1979, 8).

[73] So formulieren z. B. Felt et al. (1995, 11): „Eine zentrale Aufgabe dieser Einführung in die Wissenschaftsforschung sollte es demnach sein, *reflexives Wissen* über die eigene wissenschaftliche Tätigkeit und deren Einbettung in ein gesellschaftliches Gesamtgefüge" anzubieten und zur kritischen Auseinandersetzung mit der jeweiligen Disziplin bzw. dem eigenen Studium anzuregen.

[74] So weist Edge (1994, 17 f.) u. a. auf die Bedeutung und Grenzen von 'Reflexivität' für die Tradition der Soziologie naturwissenschaftlichen Wissens hin: Hier wird Reflexivität so verstanden, dass sie eine Bewertung der Rolle von Interessen im Prozess naturwissenschaftlicher Erkenntnisproduktion ermögliche.

'Neue literarische Formen'

Innerhalb der Wissenschaftsforschung hat sich ein explizit formulierter Reflexivitätsbegriff etabliert, der sich auf die Darstellungsformen der eigenen Arbeiten bezieht. Um der Forderung nach (Selbst-)Reflexivität in der Wissenschaftsforschung nachzukommen, werden unter dem Stichwort der 'Neue literarische Formen' neue Repräsentationsformen erprobt: Im Stil von Kaffeehaus-Gesprächen[75], Tagebuchaufzeichnungen[76], Erlebnisberichten[77] oder Interviews des Autors mit sich selbst[78] geschriebene Texte sollen aufzeigen, dass auch die Herstellung (sozial)wissenschaftlicher Tatsachen einem Konstruktionsprozess unterliegt.

Zunächst lässt sich zeigen, dass hier die Diskussion an einzelne Kritikpunkte an Laborstudien anschließt, da deren Form der Repräsentation darauf hinweise, dass sie sich „nach wie vor einem Diskurs [...] verschreiben, der dem Objektivismus verpflichtet ist".[79] Eine objektivierende Darstellung naturwissenschaftlicher Praxis, wie sie aufgrund herkömmlicher sozialwissenschaftlicher Repräsentationsformen vermittelt werde, löse eine geforderte (Selbst-)Reflexivität nicht ein. So schreibt Woolgar (1988) in seinem Sammelband „Knowledge and Reflexivity":

> Relativist-constructivist [...] social study of science has relativized the topic of investigation – science – while retaining a realist methodological strategy. [...] The nature of the reflexive similarity between findings and methods is not itself a live issue; reflexivity is [...] treated as an inherent but uninteresting characteristic of such work [...].
> (Woolgar 1988, 8)

Es sei notwendig, „nicht nur über Reflexivität zu reden, sondern sie auch umzusetzen".[80] Sie dürfe nicht nur ein impliziter Bestandteil des eigenen Vorgehens bleiben, sondern müsse sich auch explizit in der Darstellungsform zeigen. Mit Stilmitteln wie Ironie, einer 'Zweiten Stimme' oder anderen literarischen Erzählformen[81] wird angestrebt, dieser Forderung nach expliziter Reflexivität Rech-

---

[75] Titel eines Artikels von Woolgar (1989).
[76] Titel eines Artikels in Tagebuchform von Ashmore et al. (1994).
[77] Vgl. Felt et al. 1995, 143.
[78] Vgl. Pinch u. Pinch 1988.
[79] Vgl. Felt et al. 1995, 142.
[80] Woolgar 1988, 4.
[81] Eine ausführliche Diskussion dieser Reflexivitätskonzepte, die mithilfe 'Neuer literarischer Formen' zum Ausdruck gebracht werden sollen, findet sich in dem Sammelband von Woolgar (1988).

nung zu tragen, um auch aufzuzeigen, wie involviert eine AutorIn in ihren Text sei[82].

Ein Beispiel für eine solche Vorgehensweise bieten Ashmore et al. (1994) an. Sie widersprechen einer historisierenden Darstellung der Wissenschaftsforschung, wie ich sie hier gewählt habe, indem sie eine Alternative zu dieser tradierten Erzählform verwenden: Ihre Übersicht erzählen sie aus der Perspektive einer Biologie-Studentin heraus, die „Sieben Tage in der Bibliothek" verbringe, um eine Seminararbeit über verschiedene Ausrichtungen der Science Studies zu schreiben. Anstatt verschiedene Traditionen innerhalb der Wissenschaftsforschung dezidiert nachzuvollziehen, strukturieren die AutorInnen ihre Übersicht anhand eines „Wochenplans" ihrer Protagonistin, der Biologie-Studentin, um thematische Schwerpunkte vorzustellen. Durch diese literarische Form soll für die LeserIn eine Form von Distanz zum Inhalt erzeugt werden, die die Konstruktion des Geschriebenen offensichtlich werden lässt, wie z. B. der einleitende Satz deutlich macht:

> I'll start it with my Plan for the Week just to let you know right away what's going on.
>
> Monday: I will find the Canonical Footnote and discover Discourse Analysis.
>
> Tuesday: I shall look at Rhetorical Studies.
>
> Wednesday: The day for Historical Studies and Science Education.
>
> Thursday: When I intend to deal with Other Texts [...]
>
> Friday: The occasion for looking at Gender Studies.
>
> Saturday: Will find me immersed in Studies of Social Science.
>
> Sunday: A rest, surely? But no, I will be getting into Reviews, Reflexive Work, and Decisions.
>
> (Ashmore et al. 1994, 321)

An dieser Stelle ist zu fragen, welches Wissenschaftsverständnis durch 'Neue literarische Formen' vermittelt wird, wenn AutorInnen innerhalb der Wissenschaftsforschung diese wählen, um den Anspruch nach Reflexivität einzulösen, denn aufgrund der beiden unterschiedlichen Bedeutungen von Reflexivität, die hier beschrieben worden sind, lassen sich auch Rückschlüsse auf verschiedene Wissenschaftsbilder ziehen. Im Zusammenhang mit einer Reflexivität, die als Abgrenzungskriterium zwischen den zwei Wissenschaftsblöcken herangezogen wird, steht ein Wissenschaftsverständnis vornehmlich der Naturwissenschaften,

---

[82] Ashmore et al. 1994, 341.

welches wiederum einer positivistischen Auffassung von Naturerkenntnis nahe steht. Reflexionen über die Vorgehensweisen oder gesellschaftlichen Entstehungszusammenhänge werden nicht als Teil der Naturwissenschaften betrachtet. Naturwissenschaftsforschung kann als Aufforderung an die Naturwissenschaften verstanden werden, ihre epistemologischen Setzungen und ihre gesellschaftlichen Bedingtheiten zu berücksichtigen. AutorInnen, die 'Neue literarische Formen' für Repräsentationen ihres Erkenntnisprozesses wählen, erzählen demgegenüber im Sinne eines postmodernen Wissenschaftsverständnisses keine 'großen Metaerzählungen' nach, die ein positivistisches Wissenschaftsverständnis fortschreiben würden.[83] Stattdessen liegen Erzählkategorien quer zu traditionellen Erzählformen wie der des großen Abenteuers naturwissenschaftlicher Entdeckungsreisen oder heroischer Erzählungen über das naturwissenschaftliche Genie im Labor. Hier wird der Unterschied zu Laborstudien deutlich. Während Knorr Cetina als Ort der Erkenntnis das naturwissenschaftliche Labor betont, werden hier andere Orte wissenschaftlicher, intersubjektiver Verhandlungen für die Präsentation von Erkenntnisprozessen gewählt: Die eingangs genannten Kaffeehaus-Gespräche und Bibliotheksrecherchen verlegen den Prozess der Konstruktion von Forschungsergebnissen an Orte der Diskussionen und Deutungen über die 'Entstehung einer *sozial*wissenschaftlichen Tatsache'.[84] Damit wird hier zugleich der Begriff der 'Reflexivität' als ein 'Abgrenzungskriterium' zwischen den 'Two Cultures' in Frage gestellt, da sie nicht nur als Forderung an die 'andere' Wissenschaftskultur der Natur- und Technikwissenschaften hinsichtlich deren erkenntnistheoretischen Setzungen und Praxen formuliert wird, sondern auch als Forderung an sozial- und geisteswissenschaftliche Erkenntnisprozesse herangetragen und in Form umgesetzt wird.

2.2   Frauen- und Geschlechterforschung über die Physik

Mit Arbeiten zu Frauen- und Geschlechterforschung über die Physik wird der Disziplin ein besonderer Spiegel vorgehalten, um Reflexionen über die Setzungen der eigenen Disziplin zu ermöglichen. Die von Gieryn formulierten Fragen, „Wer ist eine NaturwissenschaftlerIn?" und „Was ist Naturwissenschaft?", werden hier hinsichtlich der berufspolitischen Situation von Frauen bzw. hinsichtlich

---

[83] Hier stimme ich Wiesner (1998, 55ff.) zu, dass eine Abkehr von den großen Erzählungen der Moderne als postmodernes Projekt innerhalb der Naturwissenschaftsforschung interpretiert werden kann.

[84] Knorr Cetina (1994) betont dagegen den Ort der Entstehung einer *natur*wissenschaftlichen Tatsache: das Labor.

der Konstitution geschlechtskonnotierter Kategorien in der physikalischen Theoriebildung untersucht. Die Verquickung dieser Fragen wird vor diesem Hintergrund besonders deutlich: Ein androzentrisches Wissenschaftsverständnis kann sowohl mit Blick auf die Beteiligung von Frauen an der Physik als auch anhand der Androzentrismen ihres hervorgebrachten Wissens deutlich werden. Die Physik erscheint aus diesen Perspektiven heraus sowohl von ihren berufspolitischen Dimensionen her als auch bezogen auf ihre erkenntnistheoretischen Setzungen als eine patriarchal geprägte Naturwissenschaft.[85]

2.2.1 Berufspolitische Dimensionen

Um die Betrachtung der Physik hinsichtlich ihrer berufspolitischen Perspektiven in einen Zusammenhang mit Ansätzen aus der Wissenschaftsforschung stellen zu können, gehe ich den folgenden Fragen nach: Wie wird die Physik aus der Perspektive der Frauenforschung beurteilt und welche Maßnahmen werden von dieser Seite her vorgeschlagen, um mehr Frauen einen Zugang zur Physik zu ermöglichen? In welchem Zusammenhang können diese Analysen der Physik mit den Denktraditionen aus der Wissenschaftsforschung gesehen werden? Und schließlich: Welches Wissenschaftsverständnis liegt Studien zugrunde, die sich mit den berufspolitischen Dimensionen beschäftigen, wie Frauen sie vorfinden?

Als historischer Einschnitt für die Beteiligung von Frauen an den Wissenschaften darf sicher die Zulassung von Frauen zu den Universitäten um die Wende zum 20. Jh. gelten. Nach und nach erstritten sich Frauen in jener Zeit in den USA ihre Zugangsberechtigung zu den Universitäten, zu wissenschaftlichen Berufsfeldern und -organisationen.[86] Im Laufe des 20. Jh. waren Frauen dann zwar an den Universitäten vertreten, aber eine gleichberechtigte Integration von Frauen in die Wissenschaften ist bis heute noch nicht erreicht worden. Insbesondere in den natur- und ingenieurswissenschaftlichen Fächern und Berufsfeldern ist die Beteiligung von Frauen im Vergleich zu anderen Disziplinen gering.

Untersuchungen zu dieser berufspolitischen Dimension sind durch Fragestellungen gekennzeichnet, die sich mit der Situation von Frauen im Wissenschaftsbetrieb beschäftigen. Die folgenden Aspekte dieser Situation sollen anhand von

---

[85] Dieser Abschnitt schließt an meine frühere Übersicht zu diesen Ansätzen an (Lucht 1997). Ich folge hier einem dieser Veröffentlichung ähnlichen Konzept, allerdings mit zwei Unterschieden: Erstens beziehe ich die berufspolitische Situation von Frauen in der Physik v. a. auf den US-amerikanischen Kontext und zweitens habe ich die erkenntnistheoretische Dimension um einige Ansätze erweitert.

[86] Rossiter (1982).

Beispielen ausführlicher behandelt werden: Wie können Bereiche innerhalb der Physik beschrieben werden, in denen insbesondere Frauen beschäftigt werden? Wie stellt sich die unterschiedlich hohe Beteiligung von Frauen an den Einzeldisziplinen dar? Welchen Anteil nehmen Frauen innerhalb der verschiedenen Hierarchieebenen des Wissenschaftsbetriebs der Physik ein?

Wenn die Physik anhand dieser Fragen bezüglich der Beteiligung von Frauen betrachtet wird, so stellt sie sich, wie im Folgenden dargestellt werden wird, als eine Männerdomäne dar, in der Frauen nur als Ausnahmen zugelassen werden. So entsteht ein Bild von der Physik, welches hinsichtlich seiner berufspolitischen Dimension androzentrisch geprägt ist.

2.2.1.1 Die Beteiligung von Frauen an der Physik in den Anfängen des Frauenstudiums

Um die Jahrhundertwende wurde in den USA nach und nach die Zulassung von Frauen zum College-Studium erreicht.[87] Dies war aber nicht gleichbedeutend damit, dass Frauen aufgrund ihrer Qualifikationen auch unumschränkten Zugang zum wissenschaftlichen Arbeitsmarkt erhielten. Rossiter (1982, 51 ff.) beschreibt, dass in jener Zeit innerhalb einiger naturwissenschaftlicher Disziplinen 'weibliche' Arbeitsfelder geschaffen wurden, in denen Frauen als Wissenschaftlerinnen arbeiten konnten. Dieser 'separate Arbeitsmarkt' tauchte in den 1880ern und 1890ern auf und war um 1910 in einigen Gebieten fest etabliert. Zu diesen rechnet sie u. a. die Botanik, die Hauswirtschaft, und die Vergleichende Zoologie.

Für die vorliegende Arbeit, die sich vorwiegend mit der Disziplin der Physik auseinandersetzt, gehe ich hier in Anlehnung an Rossiters Darstellung beispielhaft auf die Beteiligung von Frauen an den wissenschaftlichen Arbeiten an dem astrophysikalischen „Harvard College Observatory" in Boston, Massachusetts, ein.[88] Um die Wende zum 20. Jh. wurde dort der „Henry Draper Star Catalogue" erstellt, ein in der Vergangenheit häufig benutztes Referenzwerk für Sternbeobachtungen, in welchem mehr als 350.000 Sterne klassifiziert wurden.[89] Der Physiker Edward Pickering, Leiter des Harvard College Observatory, stellte auf-

---

[87] Rossiter (1982) spricht in diesem Zusammenhang von einer Strategie der „Infiltration", mit der Frauen ihre Zulassung zu den Universitäten im In- und Ausland erkämpften.

[88] Zu den Frauen, die im Harvard College Observatorium arbeiteten, gehörten weiterhin Annie Cannon (1839 - 1914), Florence Cushman (1860 - 1940), Henrietta Leavitt (1868 - 1921), Antonia Maury (1866 - 1942), Luisa Wells (1887 - 1933) und Anna Winlock (1857 - 1904). Vgl. Denz 1994, 33.

[89] Denz 1994, 33.

grund seiner Unzufriedenheit mit seinen männlichen Mitarbeitern seine Hausangestellte Williamina P. Fleming ein.[90] Sie übernahm zunehmend verantwortungsvolle wissenschaftliche Aufgaben innerhalb des Instituts. Sie leitete u. a. die Auswertung fotografischer Aufnahmen von Sternbeobachtungen, stellte mehr als 20 Frauen ein, die im Harvard-College-Observatorium arbeiteten und bearbeitete sämtliche Veröffentlichungen des Instituts. Fleming wird weiterhin zugeschrieben, die Klassifikationsmethode von Sternen anhand ihrer Spektren entwickelt zu haben. 1906 wurde sie als erste Frau in die „Royal Astronomical Society" aufgenommen, 1907 veröffentlichte sie eine Studie über 222 Sterne, die sie entdeckt hatte, und schließlich veröffentlichte sie 1910 ihre Entdeckung von den „Weißen Zwergen"[91]. Sie starb 1911.[92]

Fleming war der Ansicht, dass ihre vielfältigen wissenschaftlichen Beiträge zum Institut nicht angemessen entlohnt wurden – insbesondere nicht im Vergleich zu dem Jahreseinkommen von Männern in ähnlichen Positionen. Sie äußert sich dazu auch in ihrem Tagebuch:

I had some conversation with the Director regarding women's salaries. He seems to think that no work is too much or too hard for me, no matter what the responsibility or how long the hours. But let me raise the question of salary and I am immediately told that I receive an excellent salary as women's salaries stand. [...] Sometimes I feel tempted to give up and let him try someone else, or some of the men to do my work, in order to have him find out what he is getting for $ 1500 a year from me, compared with $ 2500 from some of the assistants. Does he ever think that I have a home to keep and a family to take care of as well as the men? But I suppose a woman has no claim to such comforts. And this is considered an enlightened age![93]

Flemings Tagebucheintrag spiegelt wider, dass die Arbeit dieser Frauen nicht hoch angesehen war, obwohl sie wichtige Beiträge zum Katalog der Sterne lieferten. Die Konstruktion ihrer Ausnahmesituation als Angestellte an einem physikalischen Institut wurde mit der Zuschreibung ihrer Tätigkeiten als 'weibliche

---

[90] Fleming war in die Vereinigten Staaten aus Schottland immigriert, wo sie an öffentlichen Schulen seit ihrem vierzehnten Lebensjahr unterrichtet hatte. Sie war geschieden und musste den Unterhalt für ihr Kind und sich selbst allein mit der Arbeit für Pickering aufbringen.

[91] „Weiße Zwerge" sind besonders kompakte Endstadien der Sternentwicklung.

[92] Diese biographischen Daten wurden der Website <http://www.netsrq.com/~dbois/flemingw. html> [24.8.1999] entnommen.

[93] Journal of Williamina Paton Fleming, Curator of Astronomical Photographs, Harvard College Observatory. Harvard University Archives (zitiert nach Rossiter 1982, 57).

Arbeit' manifestiert. Dies schien zunächst eine Möglichkeit für Frauen zu eröffnen, in der Wissenschaft zu arbeiten. Da dies jedoch nur für bestimmte als 'weiblich' deklarierte Bereiche innerhalb einer Disziplin galt, blieb das allgemeine Bild von der Physik als einer Männerdomäne weiterhin aufrecht erhalten. Rossiter (1982, 70) stellt fest, dass auf diese Weise für Frauen zwar zunächst Arbeitsplätze in der Wissenschaft geschaffen wurden, dass aber solche Zuschreibungen von 'weiblicher Arbeit' sich damit nachteilig auf eine langfristige Integration von Frauen in andere wissenschaftliche Bereiche auswirkten.

2.2.1.2 Der Anteil von Frauen an der Physik Mitte der 1990er Jahre in den USA

Gegen Ende des 20. Jh. haben sich die beruflichen Möglichkeiten für Frauen in den Wissenschaften gegenüber den Anfängen sehr verbessert. In den 1980er Jahren fanden mehr als 90 % aller Doktorandinnen eine Beschäftigung nach ihrem Abschluss.[94] Obwohl sich zudem der mittlere Anteil der Doktortitel, die in den USA von Frauen erworben wurden, seit den 1960er Jahren verdreifacht hat,[95] kann von einer gleichberechtigten Integration von Frauen in den Wissenschaften auch heute noch nicht ausgegangen werden: Frauen sind an den unterschiedlichen Disziplinen in sehr unterschiedlichem Ausmaß beteiligt. Auch gegen Ende des 20. Jh. muss, wie Rossiter es für die Anfänge der Beschäftigung von Frauen im Wissenschaftsbetrieb festgestellt hat, von einer geschlechtsspezifischen Fächerbelegung gesprochen werden, auf die ich im Folgenden eingehe. Ich gehe hier weiterhin davon aus, dass der bis dato überwiegend geringe Anteil von Frauen an der Physik ein androzentrisches Berufsverständnis der Physik hervorruft. Dieses Bild wird insbesondere im Vergleich mit anderen naturwissenschaftlichen Disziplinen verstärkt.

Die Beteiligung von Frauen an den Einzeldisziplinen seit den Anfängen des Frauenstudiums in den USA hat sich jedoch sehr unterschiedlich entwickelt, so dass insbesondere seit den 1960er Jahren von einer geschlechtsspezifischen Fächerbelegung gesprochen werden kann.[96] Mit Beginn des zweiten Weltkriegs sank der Anteil von Frauen in den Wissenschaften und erreichte erst in den 1970er Jahren wieder das Niveau der 1920er Jahre. Fox (1994, 206) illustriert diesen allgemeinen Trend anhand der erreichten Doktorabschlüsse von Frauen. Sie nennt hier folgende Zahlen: Von allen verliehenen Doktortiteln erhielten Frauen in den USA in den 1920er Jahren 12,3 %, in den 1930er Jahren 11 %, in

---

[94] Vetter 1981, 1315.
[95] Etzkowitz et al. 1994a, 54.
[96] Vgl. z. B. Barber 1995.

den 1940er Jahren 8,9 %, und in den 1950er Jahren erreichte der Anteil von Frauen an allen DoktorandInnen den Tiefpunkt von 6,7 %. Im Laufe der 1960er Jahre (7,9 %) stieg die Beteiligung von Frauen nur wenig an, erst in der 1970er Jahren (14,9 %) und den 1980er Jahren (25,8 %) wurde eine deutliche Veränderung dieser Gesamtsituation erreicht.

Welche Auswirkungen die geringen Anteile von Frauen in der Physikausbildung auf ihre persönliche und politische Situation haben können, schildert Keller (1977) eindrucksvoll in ihrem Artikel „The Anomaly of a Woman in Physics". Sie beschreibt und analysiert darin ihre Erfahrungen als Doktorandin der Physik an der Harvard University Ende der 1950er Jahre. Ihre Isolation als Doktorandin manifestierte sich während ihrer ersten zwei Studienjahre in zunehmender Weise: Als Frau unter den anderen Physik-Doktoranden war sie wie eine öffentliche Person – die alle kannten, aber die kaum FreundInnen hatte. Sie suchte die Freundschaft zu anderen Physik-Doktorandinnen nicht. Bezüglich ihrer Arbeiten wurde ihr von Dozenten Plagiarismus unterstellt. Sie fand keinen Betreuer für ihre Doktorarbeit trotz sehr guter Noten in ihren mündlichen Prüfungen. Ihre Ambition, eine theoretische Physikerin zu werden, wurde permanent infrage gestellt, ihre Fähigkeiten wurden zum Teil in aller Öffentlichkeit und auf subtile Weise herabgewürdigt:

> I was watched constantly, and occasionally addressed. Sometimes I was queried about my peculiar ambition to be a theoretical physicist – didn't I know that no woman at Harvard had ever so succeeded [...]? When would I too despair, fail, or go elsewhere (the equivalent of failing)? (Keller 1977, 82)

Schließlich gab Keller ihr Vorhaben auf, innerhalb der theoretischen Physik um Anerkennung zu ringen und bearbeitete ein Thema in der Molekularbiologie. Sie verließ jedoch das Physik-Department nicht offiziell, so dass sie ihren Doktortitel trotzdem von der Physik-Fakultät verliehen bekam.

Auch wenn sich die Situation für Doktorandinnen in der Physik seit den 1960er Jahren im Zuge der neuen Frauenbewegung verbessert hat, ist ihr Anteil in der Physik immer noch gering. Dies ist Teil der allgemeinen Situation von Frauen an US-amerikanischen Universitäten, die nicht in allen Fachbereichen zu gleichen Anteilen vertreten sind. Heute stehen sich innerhalb des naturwissenschaftlich-technischen Spektrums als Extreme bezüglich ihres Frauenanteils unter den DoktorandInnen die Psychologie mit der größten Beteiligung von 34 % und die Ingenieurwissenschaften mit der geringsten Beteiligung von 3 % gegenüber.[97] Diese Ungleichheit erhält umso mehr Gewicht, wenn berücksichtigt wird, dass die Zahl der Beschäftigten im ingenieurwissenschaftlichen Sektor etwa der Zahl sämtlicher NaturwissenschaftlerInnen entspricht.[98]

In der folgenden vergleichenden Einordnung der Physik bezüglich ihres Frauenanteils im Verhältnis zu anderen Naturwissenschaften werde ich die Ingenieurwissenschaften unberücksichtigt lassen. Weiterhin beschränke ich mich für die vorliegende Arbeit auf den Anteil von Doktorandinnen an den Fachbereichen. Gegen Ende der 1980er Jahre waren die Bereiche, in denen Frauen am häufigsten vertreten waren, die Medizin- und Biowissenschaften[99] (33,1 % aller Frauen), die Psychologie (28,6 % aller Frauen) und die Sozialwissenschaften (20,3 % aller Frauen). Die am häufigsten von allen Männern belegten Fächer waren die Medizin- und Biowissenschaften mit 24,2 %, die Sozialwissenschaften mit 14,9 % und die physikalischen Wissenschaften mit 17 %. Insgesamt wählen Männer ein breiteres Spektrum an Fächern, während Frauen in wenigen Disziplinen konzentriert sind: Während 80 % aller Doktorandinnen in drei Fächern anzutreffen sind, sind 80 % aller Männer alle naturwissenschaftlichen Disziplinen. In den physikalischen Wissenschaften sind 17,9 % aller Doktoranden vertreten, während nur 8,2 % aller Doktorandinnen dort anzutreffen sind.

In einer Interview-Studie mit Physik- und Mathematik-Doktorandinnen äußert eine der Teilnehmerinnen in einer Gruppendiskussion, in welcher Weise sich dies negativ auf sie auswirkt:

My own problems, whenever I don't understand something, I think 'Do men know this?', 'Is it because I'm a woman?,' 'My past education?' But no one has ever said anything that would make me think that.[100]

Obwohl niemand sich ihr gegenüber diskriminierend verhält, fühlt diese Physik-Doktorandin durch ihre Situation als Frau in der Physik verunsichert. Diese Situation für Frauen in der Physik verschärft sich – ähnlich wie in anderen Beschäftigungssektoren auch – mit zunehmendem Aufstieg auf der Karriereleiter. Zu Beginn der 1990er Jahre wurden in der High School in den USA Physikkurse noch zu 40 % von Mädchen belegt, während es weniger als 25 % in den Einfüh-

---

[97] Fox 1994, 209.
[98] 1987 gab es in den USA etwa 2.440.100 Beschäftigte IngenieurInnen und etwa 2.186.400 NaturwissenschaftlerInnen (Angaben nach „National Science Foundation" 1990, Tabellen 2 u. 4, zitiert nach Fox 1994, 209).
[99] Diese Wissenschaften werden im US-amerikanischen Kontext als „Lebenswissenschaften" bezeichnet und hier gemeinsam erfasst.
[100] Hollenshead et al. 1994, 81.

rungskursen der Physik am College waren. Frauen erwarben 16 % der Physik-Bachelors, aber nur noch 10 % der Doktortitel der Physik. Unter den DozentInnen schließlich waren sie nur noch bis zu 3 % in der Physik vertreten.[101]

Der Zugang von Frauen zum Wissenschaftsbetrieb der Physik wird, wie diese Zahlen und Studien belegen, immer wieder als eine Ausnahmesituation konstruiert. Vor diese Situation werden Frauen in der Physik immer wieder erneut gestellt, so dass sie sich nicht auf eine Tradition von Frauen in der Physik berufen können. Chancen für eine Veränderung dieser Situation werden u. a. dann gesehen, wenn eine für Frauen freundliche Atmosphäre[102] in Instituten und Arbeitsgruppen herrschen würde, wenn es gelänge, Netzwerke von Physikerinnen aufzubauen,[103] oder auch, wenn bereits während der Schulausbildung ein gutes Klima für Mädchen im Physik-Unterricht herrschen würde[104]. Eine ganz besondere Bedeutung für die Situation von Frauen in naturwissenschaftlich-technischen Gebieten misst Fox (1994, 222-223) der DoktorandInnenausbildung zu und fordert u. a. eine verstärkte Beachtung der sozialen Strukturen in dieser Studienphase.

Das Augenmerk wird in diesen Studien also vorwiegend auf eine veränderte Wissenschaftskultur der Scientific Community, insbesondere auf ein verändertes, soziales Verhalten in Interaktionen gerichtet. Das Erkenntnisprojekt der Physik bzw. ihre Methoden und Inhalte werden nicht zwingend infrage gestellt oder untersucht. Betrachtet man diese Studien vor dem Hintergrund der Entwicklung der Wissenschaftsforschung, die im vorhergehenden Abschnitt skizziert wurde, so fällt auf, dass die Naturwissenschaften in ähnlicher Weise betrachtet werden wie in der Wissenschaftssoziologie Merton'scher Prägung: soziale Strukturen und Kontexte stellen den Untersuchungsgegenstand dar. Das Wissenschaftsverständnis der Physik selbst wird demgegenüber nicht notwendigerweise reflektiert, sondern als gegeben angenommen. Bezogen auf die Situation von Wissenschaftlerinnen in den Naturwissenschaften kann aber auch der Wissenschaftsforschung der Vorwurf gemacht werden, dass sie ihrerseits blinde Flecken hinsichtlich der Untersuchung der Beteiligung von Frauen hat.[105]

---

[101] Fehrs u. Czujiko 1992.

[102] Kistiakowsky 1980, Dresselhaus et al. 1994.

[103] Kistiakowsky (1980) beschreibt u. a., dass innerhalb des US-amerikanischen Berufsverbandes der Physiker eine ein solches Netzwerk unterstützt wird.

[104] Barber 1995, 228.

[105] Für eine Diskussion von Konzepten der Wissenschaftssoziologie Mertons bezogen auf die Auslassung der Situation von Frauen in den Naturwissenschaften vgl. Wiesner (2002b). Ironisierend hat dies Rossiter (1993) in „The Matthew Matilda-Effect in Science" thematisiert.

2.2.1.3 Das Wissenschaftsverständnis der Physik vor dem Hintergrund der berufspolitischen Dimensionen für Frauen

Das Erkenntnisprojekt der Naturwissenschaften wird im Rahmen der Betrachtungen der berufspolitischen Situation von Frauen in der Physik zumeist nicht hinsichtlich seiner erkenntnistheoretischen Dimension infrage gestellt.[106] Sie übernehmen damit jedoch das vorgefundene Wissenschaftsverständnis und so wird ein doppeldeutiges Bild von der Physik gezeichnet: Einerseits halten sie an einem als gegeben angenommenen Wissenschaftsverständnis der Physik fest, das durchaus auch ein positivistisches sein kann. Dieses impliziert, dass physikalisches Wissen unabhängig von seinen kulturellen Kontexten hervorgebracht wird. Andererseits zeigen solche Studien aber gleichzeitig einen androzentrisch geprägten, kulturellen Kontext für die Physik auf, in dem Frauen eine marginalisierte Rolle spielen und nur in Ausnahmefällen als aktive Akteurinnen auftreten. So scheinen auch über ein Jahrhundert nach der Zulassung von Frauen zum Studium kulturelle Werte und ein Glaubenssystem wirksam zu sein, die Wissenschaftlichkeit mit Männlichkeit gleichsetzen (Keller 1985, 95). Oder, als die Kehrseite der Medaille formuliert: Es ist nach wie vor das *Bild* von Weiblichkeit, das zu einer Unvereinbarkeit von naturwissenschaftlicher Tätigkeit mit weiblichen Lebensentwürfen und Eigenschaften führt (Rübsamen 1983, 291). So wird die Vorstellung gestützt, dass physikalisches Wissen überwiegend von Männern entwickelt und wiederum an diese weitergegeben wird. Obwohl das Erkenntnisprojekt der Physik als solches zunächst unangetastet bleibt, wird gleichzeitig ein Bild von der Physik vermittelt, in dem mehrheitlich Männer als Wissensträger auftreten. Dieses kulturell geprägte Bild der Scientific Community vermittelt daher auch ein männliches Wissenschaftsverständnis. Gleichzeitig werden hier also zum einen ein Bild von der Physik als einer Wissenschaft gezeichnet, die von Kultur und Geschichte unabhängiges Wissen hervorbringt, und zum anderen wird eine stark durch patriarchale Sozialstrukturen geprägte Wissenschaftskultur der Physik vermittelt. Die oben wiedergegebene Äußerung einer Physikerin zeigt, dass diese Doppeldeutigkeit auf Frauen Auswirkungen hinsichtlich ihres Selbstverständnisses haben kann: Ihre Beteiligung an der Physik wird in einen Zusammenhang mit ihrer Zugehörigkeit zu einer Minderheit gestellt. Obwohl Frauen heute der Zugang zur Physik prinzipiell offen steht, ist gleichzeitig jedoch

---

[106] Eine Ausnahme im bundesdeutschen Kontext bildet hier u. a. Sandner (1997): Sie fordert Reflexivität über das Weltbild der Physik ein – in der Hoffnung, dass diese dann „für viele Frauen attraktiver wird".

auch offensichtlich, dass Frauen nur in Ausnahmefällen Zugang zum Fach erhalten.

2.2.2 Das 'Soziokulturelle Geschlecht' in Konstruktionsprozessen physikalischen Wissens

2.2.2.1 Metaphernanalysen: 'Gender and Science' als 'Grenzfall' par excellence

Wie feministische Analysen v. a. für die Biologie und Medizin gezeigt haben, können Vorstellungen vom 'Geschlecht' die Auswahl naturwissenschaftlicher Problemstellungen, Modelle, Theorien und Sprache so stark prägen, dass sowohl das, was als Natur aufgefasst wird, als auch naturwissenschaftliche Forschungsprozesse und –ergebnisse durch diese Kategorie des 'Soziokulturellen Geschlechts' konstituiert werden. Wie es zu diesen auf der soziokulturellen Kategorie 'Geschlecht' beruhenden naturwissenschaftlichen Experimenten, Ergebnissen, Konstruktionen und Theorien kommt, ist mithilfe von Analysen des Gebrauchs von Metaphern, die einen geschlechtskonnotierten Gehalt haben, untersucht worden. Die feministische Kritik an der Verwendung von Metaphern rührt daher, dass dies in der Konsequenz dazu führt, Analogieschlüsse zu ziehen, die von Reduktionen derjenigen Bereiche begleitet sind, auf die eine Metapher bezogen ist (Stepan 1993). Dies gilt im Falle der feministischen Naturwissenschaftskritik insbesondere für die Kategorien 'Natur' und 'Geschlecht'. Keller (1994) beschreibt die „Implikationen [des] Geschlechtervokabular[s] im naturwissenschaftlichen Diskurs" folgendermaßen:

> Metaphern sozialen Geschlechts können [...] in zwei Richtungen wirken: Sie importieren gesellschaftliche Erwartungen in unsere Repräsentationen von Natur und, indem sie dieses tun, dienen sie gleichzeitig dazu, kulturelle Überzeugungen und Praxis zu manifestieren. (Keller 1994, 87)

Metaphern überwinden auf sprachlicher Ebene so eine imaginierte Grenze zwischen naturwissenschaftlicher Erkenntnis und soziokulturellen Sphären. Damit, so Keller (1994) in ihrer Übersicht zu Ansätzen der Frauen- und Geschlechterforschung über die Naturwissenschaften, würden auch die Grenzziehungen zwischen einzelnen naturwissenschaftlichen Disziplinen und ihren 'Metadisziplinen' infrage gestellt: 'Gender and Science', so Keller (1994, 80-81) stelle damit einen „Grenzfall par excellence" dar, der an den Grenzen von feministischen Theorien und den wissenschaftlichen Disziplinen verortet sei. Allein aufgrund der Existenz dieses Grenzfalls würden die Grenzen der wissenschaftlichen Disziplinen infrage gestellt.[107]

Anhand von Beispielen aus der Frauen- und Geschlechterforschung für die Physik wird in diesem Kapitel nachgezeichnet, welche interdisziplinären Forschungsansätze das Wissenschaftsverständnis von der Physik grenzüberschreitend erweitern. Für die Physik erscheinen feministische Analysen über die Verwendung von geschlechtskonnotierten Metaphern zunächst nicht so direkt begründbar wie für die Lebenswissenschaften (Rübsamen 1993b), weil die Physik von ihrem eigenen Selbstverständnis her keine Kategorie 'Geschlecht' verwende. Die feministische Naturwissenschaftskritik kann z. B. für die Biologie oder Medizin direkt an deren disziplinäre Konzepte von Geschlecht anknüpfen, um deren Auswirkungen auf naturwissenschaftliche Erkenntnis zu untersuchen und gegebenenfalls zu kritisieren. Demgegenüber ist dies für die Physik nicht in gleicher Weise möglich, da sie ihren Gegenstandsbezug und ihre Methodik als geschlechtslos definiert. Eine feministische Naturwissenschaftskritik für die Physik kann sich aber m. E. in diesem Bereich auf historisch tradierte und soziokulturell verankerte Assoziationen von Geschlecht berufen. Der Begründungsrahmen für solche Forschungen könnte dann bestimmte Zuweisungen von Geschlechtsattributen zu bestimmten historischen Zeiträumen und in soziokulturellen Kontexten berücksichtigen, ohne aus dem Blick zu verlieren, dass diese veränderlich sind. Wie geschlechtskonnotierte Metaphern in Konstruktionsprozessen physikalischen Wissens verwendet werden, soll im Folgenden anhand einiger Beispiele illustriert werden.

In den 1970er und 1980er Jahren studierte die Ethnographin Sharon Traweek die Gemeinschaft der Forschenden in dem Hochenergiephysiklabor „Stanford Linear Accelerator Center" (SLAC) bei San Francisco. Dieses Zentrum zählt zu den wichtigsten in der Scientific Community der Hochenergiephysik. In ihrer Monographie beschreibt Traweek (1988) die Laborumgebung, den Bau von Detektoren, die Ausbildungs- und Berufsphasen von Hochenergiephysikern und deren Verständnis von „Strahlzeit und Lebenszeit"[108]. Während ihrer teilnehmenden Beobachtungen im SLAC hat Traweek (1988) u. a. die Kommunikation von PhysikerInnen während der Konstruktionsarbeiten an einem neuen Detektor

---

[107] Für die Bestimmung des Begriffs 'Grenzfälle' – 'Border Cases' – schließt Keller hier an Poovey (1989, 12, zitiert in Keller 1994, 80) an und konstatiert, dass Grenzfälle diejenigen historischen Phänomene seien, die an der Grenze von zwei Alternativen lokalisiert seien. Anhand dieser Fälle könnten bevorzugt ideologische Aspekte der Kategorie Geschlecht untersucht werden.

[108] So der Titel der Monographie von Traweek (1988).

analysiert. Sie verwendeten dafür Teile aus zwei alten Detektoren, um einen neuen dritten zu bauen – ein Vorhaben, das sie zum Teil mit Metaphern der Heirat oder Fortpflanzung beschrieben:

> Die Gruppe hatte [...] begonnen, an zwei neuen Blasenkammern zu arbeiten. Sie hatten eine Vierzig-Inch-Kammer mit einer Funkenkammer 'verheiratet' und erreichten eine Pulsrate von sechs Pulsen pro Sekunde. [...] Später erreichte die Hybrid-Kammer von vierzig Inch höhere Pulsraten und wurde mit anderen Geräten 'verheiratet', um ihre Selektion von Photographien interessanter Ereignisse zu verfeinern. (Traweek 1988, 54)

Aus diesen und anderen Beobachtungen während ihrer Aufenthalte in SLAC schlussfolgert Traweek:

> Die von Physikern verwendete Sprache über [...] Detektoren ist genital: die Bilder von Namen wie SPEAR[109], SLAC[110] [...] ist klar sowie auch der Bezug zum ‚Strahl' als ‚rauf' oder ‚runter'. [...] Ironischerweise existiert die Verneinung menschlicher Beteiligung an der Konstruktion von Naturwissenschaft gleichzeitig mit der Vorstellung von NaturwissenschaftlerInnen als männlich und Natur als weiblich. Detektoren sind der Ort ihrer Vereinigung: auf der massiven, pulsierenden Zweiundachtzig-Inch-Blasenkammer von SLAC zu stehen, während ich die beschleunigten Teilchen des Strahls zweimal pro Sekunde mit überhitzten Wasserstoffmolekülen kollidieren sah, machte mir dies ziemlich klar. Die Energie solcher Zusammenstöße wurde umgewandelt, manchmal entstanden neue noch nie zuvor gesehene Teilchen. (Traweek 1988, 159)

Eine weitere Studie, die geschlechtskonnotierte Wendungen im Sprachgebrauch von Physikern innerhalb eines Forschungsprojektes beschreibt und analysiert, ist diejenige des Physikers und Wissenschaftssoziologen Brian Easlea (1986). In seiner Untersuchung des Manhattan Projekts der USA mit dem Ziel, die ersten Atombomben zu entwickeln, geht Easlea der Frage nach, „warum in dieser Kultur naturwissenschaftliche Forschung so oft in sexuell gefärbten Metaphern be-

---

[109] Abk. f. „Stanford Positron Electron Asymmetric Rings". Die Übersetzung von ‚spear' ist „Speer".

[110] Abk. f. „Stanford Linear Accelerator Center". „SLAC" wird im Englischen wie das Wort „slack" (schlapp) ausgesprochen, was umgangssprachlich „Schlappi" oder „Schlaffi" bedeutet.

schrieben wurde" (Easlea 1986, 195).[111] Er schreibt über den Abwurf der Bombe auf Hiroshima:

> Am 6. August[112] wurde Hiroshima von der in Los Alamos entwickelten und gebauten Uranbombe fast völlig verwüstet. Durch die Explosion einer einzigen Bombe, die aus einer eigens umgebauten B-29 abgeworfen worden war, kamen etwa 100000 Menschen ums Leben. Der von Männern entworfene, hergestellte und zusammengesetzte 'Little Boy' wurde aus dem Bauch eines ausschließlich mit männlicher Besatzung fliegenden Bombers abgeworfen. Die Weiblichkeit war auch vertreten, allerdings symbolisch: das Bombenflugzeug, aus dessen Schacht der 'Little Boy' ausgeklinkt wurde, hieß nach der Mutter des Piloten Enola Gay. (Easlea 1986, 129)

Auch für die zweite auf Nagasaki abgeworfene Bombe wurde von den Physikern des Manhattan-Projekts ein Codename verwendet, der wie 'Little Boy' geschlechtskonnotiert war. Jene Plutoniumwaffe trug den Namen 'Fat Man' (Easlea 1986, 130).

Sprachliche Beschreibungen von naturwissenschaftlichen Vorgehensweisen sind integraler Teil von Forschungsprozessen, denn ohne Sprache und Kommunikation über naturwissenschaftliche Forschung wäre diese gar nicht möglich. Somit werden auch notwendigerweise Metaphern verwendet, die zu Erklärungsmustern von naturwissenschaftlichen Erkenntnissen beitragen, die aber zugleich reduzierend wirken, denn sie beschreiben nur bestimmte Perspektiven auf den Untersuchungsgegenstand. Im Fall des Manhattan-Projekts unterstützten Metaphern wie 'Little Boy' oder 'Fat Man' die paradox wirkende Vorstellung, dass die beteiligten WissenschaftlerInnen Lebewesen erfunden hätten und nicht tödliche Vernichtungswaffen.

Andere Bilder oder Metaphern als die hier angeführten könnten durchaus auch andere Erklärungsmöglichkeiten für ähnliche Phänomene in Natur und Technik

---

[111] Diese Sichtweise wird z. B. auch in einer Studie über Computerkultur an dem M.I.T. (Massachussetts Institute of Technology) von Sherry Turkle bestätigt. Turkle (1992) interviewte Physiker verschiedener Statusgruppen an dem M.I.T. über die Einführung eines universitätsweiten Computernetzes mit einer einheitlichen Computer-Sprache sowie von Simulationsprogrammen in Lehrveranstaltungen der Physik. Einer der befragten Dozenten lehnte beides mit folgender Begründung ab: „Ich mag physikalische Objekte, die ich berühre, rieche, in die ich hinein beiße. [...] Die Idee, eine Simulation zu machen [...] entschuldigen Sie, aber das ist wie Masturbation." (Turkle 1992, 555)

[112] 6. Aug. 1944.

nahelegen. Plädieren möchte ich hier für eine Reflexion darüber, welche Phantasmen Metaphern in den Naturwissenschaften vermitteln. Der folgende Abschnitt kann mit Bezug auf die hier skizzierten Metaphernanalysen so gelesen werden, dass Metaphern auch zu Ausgangspunkten für umfassende physikalische Theorien werden können.

2.2.2.2 Konstitution von geschlechtskonnotierten Kategorien in der physikalischen Theoriebildung

Die feministische Kritik an naturwissenschaftlicher Theoriebildung geht insofern über die Metaphernanalyse hinaus, als wissenschaftliche Theorien mit einem umfassenderen Erklärungsanspruch versehen werden, während Metaphern tendenziell eher punktuell verkürzte Analogieschlüsse bereit stellen. Ähnlich zur argumentativen Struktur anhand einer Metaphernanalyse ist es jedoch auch für diese Ansätze feministischer Naturwissenschaftskritik so, dass zunächst Analogien zwischen soziokulturellen Sphären und naturwissenschaftlicher Theoriebildung herausgearbeitet werden, bevor diese Analogien in einem zweiten Schritt in Frage gestellt und kritisiert werden können. Im Folgenden stelle ich drei Formen dieser Dimension feministischer Naturwissenschaftsforschung vor, die ich der Kritik an der Konstitution von geschlechtskonnotierten Kategorien in der physikalischen Theoriebildung zuordne. Die gewählten Beispiele repräsentieren gleichzeitig verschiedene Ansätze der Frauen- und Geschlechterforschung über die Physik, die seit den 1970er Jahren in bundesdeutschen und US-amerikanischen Kontexten erarbeitet worden ist. Die erste Form der Kritik richtet sich auf hierarchische Anordnungen von physikalischen Theorien sowie ihrer korrespondierenden wissenschaftlichen Disziplinen und Teildisziplinen. Hier folge ich v. a. der frühen Position von Rübsamen (1983). Exemplarisch für eine feministische Analyse einer bestimmten physikalischen Theorie unter dem Gesichtspunkt der Ausblendung von Weiblichkeit in ihrem historisch-gesellschaftlichen Entstehungszusammenhang stehen die Arbeiten von Scheich (1985, 1993). Im bundesdeutschen Kontext haben diese Arbeiten eine stellvertretende Position für die Kritik an der Verwendung geschlechtskonnotierter Kategorien in der Physik gewonnen. Scheichs Beschäftigung mit der Impetustheorie als zugleich ökonomischer und physikalischer Theorie steht im Zeichen einer theoretischen Ausgangsposition, die von Ansätzen der Kritischen Theorie, der Psychoanalyse und dem werttheoretischen Ansatz Sohn-Rethels geprägt ist. Eine dritte Form der Kritik physikalischer Theoriebildung stelle ich anhand der Analysen von Hayles (1990) von Chaostheorien vor, auf die in den Disziplinen der Physik und der Literaturwissenschaften Bezug genommen wird. Von postmodernen Ansätzen her inspiriert arbeitet Hayles heraus, dass epistemologische Prämissen infolge der Integration dieses Theoriefeldes in die genannten Disziplinen durchaus ins Wanken geraten können.

Rübsamen, eine der ersten Kritikerinnen der Physik innerhalb der sozialen Bewegung von Naturwissenschaftlerinnen und Technikerinnen im bundesdeutschen Kontext[113], benennt in ihrem Aufsatz „Patriarchat – der (un-)heimliche Inhalt von der Naturwissenschaft und Technik" (1983) die Programmatik feministischer Naturwissenschaftskritik: Sie fragt einerseits nach Erklärungen für die geringe Beteiligung von Frauen an diesen Disziplinen und andererseits nach angenommenen Grenzen zwischen soziokulturellen Sphären einerseits und naturwissenschaftlicher Theoriebildung und Technikentwicklung andererseits. Rübsamen nimmt in ihrer Kritik nicht von vornherein auf eine analytische Unterscheidung von Frauen und Weiblichkeit als eines der Attribute der Kategorie Gender Bezug. Die geringe Beteiligung von Frauen an den Naturwissenschaften erklärt sie damit, dass sich mit dem „**Image** einer ‚weiblichen' Frau [...]" Naturwissenschaft und Technik, ebenso wie leitende Positionen in vielen anderen Bereichen" nicht „vertragen"[114]. Damit unterscheidet Rübsamen zwar zwischen einem stereotypen Bild von Weiblichkeit und Frauen als Subjekten, die diesem Bild nicht entsprechen. Trotzdem begründet sie ein Unbehagen von Frauen gegenüber den Naturwissenschaften, insbesondere gegenüber der Physik, mit eben dieser Vorstellung von Weiblichkeit. Ihre analytische Unterscheidung wird damit nicht durchgängig aufrechterhalten. Ihre Kritik an physikalischer Theoriebildung entzündet sich an der Frage, ob „die Naturgesetze vielleicht weniger (oder gar nichts) über die Natur aus[sagen], aber sehr viel über die patriarchalische Brille, durch die das Patriarchat die Natur betrachtet".[115] Sie geht nicht näher auf einzelne Begriffe, Naturgesetze oder Theorien ein, sondern betrachtet die Struktur, mit der diese zueinander in Bezug gesetzt werden. Ihre Auseinandersetzung mit naturwissenschaftlicher Theoriebildung, insbesondere derjenigen der Physik und der Chemie, führt zu einer Kritik an dem hierarchisch angeordneten Erkenntnismodell der Naturwissenschaften insgesamt. Sie setzt bei dem atomistischen Naturbegriff an, der auf der Vorstellung vom hierarchischen Aufbau der Materie aus kleinsten Teilchen beruht. Mit diesem Naturbegriff korrespondieren im naturwis-

---

[113] Götschel (1997, 2001) hat sich in ihrer Dissertation aus sozialhistorischer Perspektive heraus eingehend mit der Entwicklung dieser Bewegung von ihren Anfängen in den 1970er Jahren bis 1989 auseinandergesetzt. Kristallisationspunkte dieser Bewegung sind die jährlich stattfindenden, bundesweiten Kongresse von Frauen in Naturwissenschaft und Technik.

[114] Rübsamen 1983, 291.

[115] Rübsamen 1983, 292. Den Begriff des Patriarchats lehnt Rübsamen an Bornemann (1975) an als „Herrschaft der Väter", die sich u. a. an der Namensgebung und am Erbrecht zeigt.

senschaftlichen Theoriegebäude Naturgesetze, die sich auf die Wechselwirkungen dieser Teilchen von bestimmter Größenordnung beziehen: So gelten die Gesetze der Elementarteilchenphysik für Teilchen wie Protonen, Neutronen und Elektronen; die Gesetze der Kernphysik sollen Erkenntnisse über Atomkerne liefern, die sich wiederum aus diesen Elementarteilchen zusammensetzen, usw. Die Analyse physikalischer Theoriebildung geht hier nahtlos in eine Metaphernanalyse über, wenn Rübsamen darauf verweist, dass der Physiker, der das kleinste Teilchen, das zum damaligen Zeitpunkt auf höchster Hierarchieebene angesiedelt wurde, eben diesem postulierten Teilchen den Namen Hararie gab, der im Hebräischen 'der Chef' bedeutet (Rübsamen 1983, 304). Mit dem Studium von Molekülen, die sich aus Atomen zusammensetzen, wird der Bereich der Disziplin der Physik zumeist verlassen: Moleküle zu untersuchen gehört in den Bereich der Chemie. Auch für die Bezüge von physikalischen Theorien untereinander wird eine hierarchische Struktur angenommen: „Die einzelnen Teilgebiete und Theorien sind so strukturiert, daß allgemeine Gesetze über speziellen stehen. Wenn Gesetze als falsch erkannt werden und neue gesucht werden, werden die alten nicht verworfen, sondern als Spezialfälle der neuen interpretierbar sein [...]."[116] Die Suche nach einer allumfassenden physikalischen Theorie, in die alle bislang etablierten Gesetze und Theorien über physikalische Kräfte integriert werden können, besteht bis heute fort.[117] Rübsamens Auseinandersetzung mit physikalischer Theoriebildung führt zu einer Kritik an stufenförmig angeordneten Erkenntnismodellen in den Naturwissenschaften insgesamt. Analog zu den Rangebenen, auf denen die einzelnen Gesetze angesiedelt sind, sind auch die Disziplinen der Physik, der Chemie und der Biologie wiederzufinden. Die Physik ist in dieser Vorstellung die Disziplin mit höchstem Rang, gefolgt von der Chemie und der Biologie. Die Gesetze der Chemie lassen sich, so versteht sich die Physik, aus den physikalischen Naturgesetzen ableiten, diejenigen der Biologie aus denen von Physik und Chemie. Diese Rangfolge entspricht der Vorstellung von der

---

[116] Rübsamen 1983, 303. So sind Raum-Zeit-Vorstellungen aus der klassischen Mechanik später im Rahmen der speziellen Relativitätstheorie als ein Spezialfall gedeutet worden.

[117] Auch Whitten (1996) formuliert eine Kritik an der Hierarchie physikalischer Teilgebiete untereinander und weist auf die Historizität dieser Rangordnung hin. Sie analysiert, dass das „Fundamentale" an der Physik die Suche nach dem kleinsten Baustein der Materie sei. Anhand der Vergabe von Nobelpreisen in der Physik kann sie aufzeigen, dass das „höchste" Teilgebiet in der Physik quasi austauschbar war: Zu Beginn des 20. Jh. wurden die meisten Nobelpreise in der Atomphysik vergeben, dann bis Anfang der 1960er Jahre in der Kernphysik und seither bis in die 1990er Jahre in der Elementarteilchenphysik. In jedem dieser Gebiete wurden im jeweiligen Zeitraum die kleinsten Teilchen und ihre Wechselwirkungen untersucht. Die Suche einer einheitlichen, allumfassenden Theorie ('Grand Unifying Theory') ist gekoppelt an die Suche nach dem kleinsten Baustein der Materie.

53

Physik als Leitwissenschaft des 20. Jh., die fundamentale und grundlegende Erkenntnisse über die Natur bereitgestellt hat.[118] Auch hier finden sich nahtlose Übergänge zur Metaphernanalyse von Traweek (1988), die in ihrer bereits genannten Studie über die Hochenergiephysik auf eine sexualisierte und zugleich militarisierte Sprache hinweist. Die Elementarteilchenphysik als diejenige Teildisziplin, in der das kleinste Teilchen der Materie derzeit gesucht werde, werde in einem gängigen Lehrbuch der Physik für Schülerinnen und Schüler als „Speerspitze unserer Penetration des Unbekannten"[119] charakterisiert. Zwischen dem stufenförmigen Aufbau der Materie, den entsprechend angeordneten Naturgesetzen und den in der Gesellschaft wiederzufindenden Männerhierarchien bestehen laut Rübsamen auf vielen Ebenen Analogien. Somit spiegelten die Naturgesetze Männerhierarchien wider, aus denen Frauen ausgeschlossen sind. Rübsamen übt damit Herrschaftskritik an der hierarchisch aufgebauten, naturwissenschaftlichen Struktur der Theoriebildung. Diese hierarchische Strukturen sowie die Korrespondenzen auf den einzelnen Rangebenen zwischen dem Naturbegriff, den Naturgesetzen, den naturwissenschaftlichen Disziplinen sowie den Bezügen zu hierarchischen Strukturen in den soziokulturellen Sphären des Patriarchats sind es, die Rübsamen als den heimlichen und zugleich unheimlichen Inhalt von Naturwissenschaft und Technik ansieht. Der Fortschritt der Erkenntnis in den Naturwissenschaften sei nicht so sehr durch Neugierde und der Freude an der Entwicklung ästhetischer Theorien, sondern vielmehr durch Machtinteressen motiviert: Es gehe nur darum, „schneller zu sein als andere, als erster am Ziel zu sein, die neue Errungenschaft mit dem eigenen Namen markieren zu können [...] und sich dadurch als Eroberer eines neues Gebietes namhaft machen zu können."[120]

Die Funktion der Grenze im Rahmen von Rübsamens Analyse, die hier im Gieryn'schen Sinne als argumentative Grenzziehung versehen mit Grenzkriterien verstanden werden soll, betrachte ich noch einmal abschließend bezogen auf die Unterscheidung zwischen unbelebter und belebter Natur. Diese angenommene Distinktion konstituiert innerhalb der hierarchischen Konstruktion des Aufbaus der Materie den Lebensbegriff. Leben begänne, so der Physiker Weisskopf, mit der Wechselwirkung von Molekülen. Da aber Moleküle aus Atomen und diese wiederum aus noch kleineren Teilchen, den Elementarteilchen, zusammengesetzt

---

[118] Auch Traweek (1988, 79) arbeitet diese Darstellung der Physik heraus und erweitert die Hierarchie von Physik, Chemie und Biologie um die Geistes- und Sozialwissenschaften, die nachrangig gegenüber den Naturwissenschaften angeordnet sind.
[119] Traweek 1988, 79.
[120] Rübsamen 1983.

seien, seien die Gesetze der Physik auch für alles Lebendige gültig (Rübsamen 1983). So werden von den Disziplinen der Physik und der Chemie die Gesetze für unbelebte Natur bearbeitet, während die Biologie und die Medizin die Gesetze für die belebte Natur untersuchen. Unter der Voraussetzung vom hierarchischen Aufbau der Materie wird also eine Grenzziehung zwischen unbelebter und belebter Natur gezogen, die gleichzeitig konstitutiv für einen universalistischen Gültigkeitsanspruch physikalischer Theorien wirkt. Auf diese Weise wird legitimiert, dass die Gesetze der Physik nicht nur für unbelebte sondern auch für belebte Natur gültig seien.[121] Rübsamen kritisiert die hiermit etablierte Unterordnung der Lebewesen unter die unbelebte Natur und meldet Zweifel an dem damit einhergehenden atomistischen Lebensbegriff an.

Exemplarisch für eine Kritik an der Verwendung von geschlechtskonnotierten Kategorien für Theoriebildungen ist die umfassende Abhandlung zur Ausgrenzung des Weiblichen aus naturwissenschaftlichen Erkenntnismodellen von Scheich (1993). Ihr Ziel ist es, mit ihrer Analyse die „Negationen zu bestimmen, die den Abstraktionen der Naturwissenschaften zugrunde liegen"[122]. In meiner Darstellung beschränke ich mich auf Scheichs Behandlung der Impetustheorie, einer Vorläufertheorie der klassischen Mechanik.[123] Hier leistet Scheich einen wesentlichen Beitrag zur feministischen Kritik an der mechanistischen Naturauffassung, indem sie die Ausgrenzung des Weiblichen mit der Entwicklung der klassischen Mechanik auf der Grundlage der von ihr gewählten Theorieansätze herausarbeiten kann:
Die Impetustheorie sei in ihrer Funktion eine Doppeltheorie gewesen. Zum einen war sie eine physikalische Theorie, die die Ursache von Bewegungen von Körpern erklären sollte, zum anderen war sie eine ökonomische Theorie, die die Grundlage für die Zumessung eines abstrakten Werts zu einer Ware in Form von Geld lieferte. In dieser Funktion ist die Impetustheorie für Scheich geeignet, um der Ausgrenzung von Weiblichkeit – sowohl aus der physikalischen Theorie als auch aus der ökonomischen Theorie – auf die Spur zu kommen.
Die analogen Argumentationsmuster von physikalischer und ökonomischer Impetustheorie können hier nur sehr verkürzt wiedergegeben werden. Die

---

[121] Für eine Betrachtung der historischen Einordnung dieses mechanistischen Naturbegriffs und seiner Kritik in neuerer feministischer Naturwissenschaftsforschung vgl. Palm (2001a).
[122] Scheich 1993, 7.
[123] In Scheichs Dissertation (1993) nimmt die Analyse der Impetustheorie nur einen kleinen Teil ein, die auf eine frühere, ausführlichere Veröffentlichung in den „Feministischen Studien" zurück geht (Scheich 1985).

Grundvorstellung in der physikalischen Impetustheorie besagt, dass eine auf einen Körper übertragene Kraft als Ursache seiner Bewegung angesehen wird. Anhand des Beispiels einer Wurfbewegung eines Projektils beinhaltete diese Vorstellung vom Impetus, dass eine Kraft selbständig wirke „nachdem das geworfene Objekt die werfende Hand verlassen habe. Mit dem Verbrauch des Impetus [...] fände die Bewegung ein Ende". Die Kraft, so Scheich, ist im Rahmen dieser Theorie bereits ein vom „Urheber losgelöstes Form gebendes Vermögen, übertragen auf ein Ding"[124]. Allerdings blieb diese Kraft im Kontext der Impetustheorie nur qualitativ bestimmbar, ihre quantitative Erfassung erfolgte erst im Rahmen der klassischen Mechanik. Die ökonomische Impetustheorie bezieht sich nicht auf die Kraft, die auf ein Ding wirkt, sondern auf seinen Wert. So bestimmt Scheich die Erklärungskraft der ökonomischen Theorie folgendermaßen: „Der Wert einer Ware [...] bestimmt sich [...] durch die Seltenheit des Materials, die Nachfrage und den übertragenen Arbeitsfleiß des Eigentümers."[125] Der Wert einer Ware war im Rahmen der Impetustheorie nicht mehr proportional zur aufgewendeten Arbeit für seine Herstellung. Die Impetustheorie markiere eine Verschiebung der physikalischen und der ökonomischen Theoriebildung, aber ihre Abstraktionen seien noch nicht vollständig vollzogen worden, wie Scheich (1993, 147) konstatiert: Innerhalb der Impetustheorie sei die Kraft noch nicht komplett als abstraktes Prinzip ausformuliert gewesen, wie es in der späteren Theorie der Newton'schen Klassischen Mechanik der Fall gewesen sei. Analog sei der Wert einer Ware noch nicht zu Kapital geworden, das losgelöst von den Waren existierte. Neu an der Impetustheorie seien jedoch die „Entkoppelung von materiellen Verhältnissen und sozialen Beziehungen" gewesen und „daß jede Art von Reproduktionsarbeit in der Impetustheorie" nicht vorgekommen sei.[126] Wie diese Abstraktionen zu einer Vergesellschaftung von Frauen beitragen und ihre Arbeit gleichzeitig im Rahmen einer solchen ökonomischen Theorie nicht sichtbar wird, erläutert Scheich anhand des aufkommenden Verlagswesens und der Arbeit von Frauen in der Landwirtschaft. Für die damals traditionell von Frauen verrichtete Arbeit im Textilgewerbe erhielten sie zwar Geld von den Textilfabriken in der Stadt, an die sie ihre hergestellten Waren lieferten. Dieses Geld musste jedoch von ihnen – anstatt der vormals abgegebenen Naturalien – an ihren Feudalherrn weitergegeben werden. Damit wurde Geld zu Kapital, das sich als solches vermehren konnte, ohne dass innerhalb der ökonomischen Theorie die Ar-

---

[124] Scheich 1993, 146.
[125] Scheich 1993, 147.
[126] Scheich 1993, 148.

56

beitskraft der Frauen sichtbar werden musste. Ihre Arbeitskraft wird im Rahmen dieser Theorie somit quasi unsichtbar und zugleich angeeignet.

Das Entscheidende sei gewesen, dass „in den Denkformen der Impetustheorie, die zu mathematisch-quantitativen Größen der klassischen Physik führen, sich aber in ihren qualitativen Bestimmungen noch davon unterscheiden, ein umfassender gesellschaftlicher Wandel repräsentiert"[127] gewesen sei. Die Subsistenzwirtschaft löste sich auf und wurde ersetzt von einer Ökonomie, in der die Produktionsbedingungen von den sozialen Beziehungen entkoppelt wurden. Damit entsteht ein Markt, für den die Trennung von Produktion und Reproduktion konstitutiv ist bei gleichzeitiger Ausblendung der Reproduktion aus der Theoriebildung. In ähnlicher Weise geht mit der Konstitution einer physikalischen Kraft, die als Ursache der Bewegung der Dinge angesehen wird, eine „Abspaltung jener Beziehungen zur Natur" einher, „die sich nicht auf Technik reduzieren lassen".[128] Durch die Analyse der ökonomischen Impetustheorie wird deutlich, dass das Abgespaltene die den Frauen zugeordneten Bereiche von Reproduktion und Produktion waren. Aufgrund dieser Basis weist Scheich nach, dass sich auch in den abstrakten Denkformen der Physik eine Abspaltung des Weiblichen vollzieht, um den Untersuchungsgegenstand dieser Disziplin und die Gesetze mit denen dieser erfasst wird, zu konstituieren.[129]

Scheichs Analyse der Bedeutung der Impetustheorie als Doppeltheorie zu Zeiten von Umbrüchen, die einen Übergang von einer Feudalgesellschaft zur bürgerlichen Gesellschaft markieren, ist eingebettet in eine umfassendere Betrachtung der Entwicklung des Naturbegriffs in den Naturwissenschaften unter Ausblendung seiner als weiblich konstruierten Negationen. Die von Rübsamen (1983) als Merkwürdigkeit bezeichnete Übertragung des physikalischen Lebensbegriffs in die Disziplinen der Biologie und der Medizin ordnet Scheich (1993) historisch ein als eine Überführung des physikalischen Lebensbegriffs in die neueren Bereiche der Biologie wie beispielsweise der Molekularbiologie. Die Konsequenz dieser Überführung ist, dass die von Scheich herausgearbeiteten Abstraktionen und Negationen des mechanistischen Modells für Vorstellungen von der Natur auch Einzug in die Disziplin der Biologie gehalten haben. Damit gelte auch für die Wissenschaften vom Lebendigen, dass sie das Phantasma des Weiblichen aus ihrem Gültigkeitsbereich als Negation aus ihren Denkformen verbannt, d. h. abgespalten hätten.

---

[127] Scheich 1993, 152.

[128] Scheich 1993, 153.

[129] Palm (2001b) ordnet Scheichs Analyse als einen werttheoretischen Ansatz ein, um das Abspaltungstheorem zu erklären.

Einen Ausweg aus diesen sich fortsetzenden Abstraktionen und den damit verbundenen Abspaltungen, so zeichnet Wetterer (1995) es in ihrer Rezeption von Scheich nach, sei eine postulierte „Auflösung des polarisierten Geschlechterverhältnisses, die mit den feministischen Emanzipationsbewegungen begonnen" habe. Dies habe eine paradoxe Konsequenz, nämlich den Verlust der Funktion des gesellschaftlichen Phantasmas der Weiblichkeit. Es repräsentiere vergangene Verhältnisse. Laut Wetterer entzieht Scheich damit denjenigen Positionen innerhalb der feministischen Naturwissenschaftskritik, die an eine Positivierung des Weiblichen anschließen, die entscheidende Argumentationsgrundlage. Die These, dass das Phantasma der Weiblichkeit vergangene Verhältnisse repräsentiere, wirkt jedoch aus meiner Sicht nach wie vor optimistisch.

Scheich arbeitet in ihrer Analyse kontinuierlich mit der Annahme, dass sowohl die physikalische als auch die ökonomische Impetustheorie in analoger Weise entwickelt wurden und damit einem gewissen Zeitgeist entsprechen. Die Überzeugungskraft dieser Argumentation beruht auch darauf, dass Scheich hier wenig Distanz zu den Schlussfolgerungen ihrer Analysen explizit formuliert. Die theoretische Erklärungskraft der Kritischen Theorie in Kombination mit Psychoanalyse und Werttheorie wird so kaum irritiert von erkenntnistheoretischen Konsequenzen der Postmoderne gegenüber der eigenen Theoriebildung, in deren Rahmen eine reflexive Haltung gegenüber dem Fortspinnen von Metatheorien – möglichst auch der eigenen – eingefordert wird.

Eine weitere Position, die ebenfalls den Ausschluss von ‚Weiblichkeit' aus physikalischer Theoriebildung auf symbolischer Ebene analysiert möchte ich anhand der Arbeit von Hayles zu Chaostheorien nachzeichnen.

Die Ausgangsfragestellung der Literaturwissenschaftlerin Hayles ist, wie die Gleichzeitigkeit von ähnlichen Theoriebildungen in verschiedenen wissenschaftlichen Disziplinen erfasst werden kann und welche Konsequenzen diese Theoriebildungen für unterschiedliche Disziplinen haben können. Ein Beispiel für eine solche historische Gleichzeitigkeit konstatiert Hayles (1990) während der zweiten Hälfte des 20. Jh. für die Entwicklung von Chaostheorien in der Physik einerseits und für das aufgekommene Interesse an Themen von „Unordnung" und „Unvorhersagbarkeit" in der Literatur im Zuge der Postmoderne andererseits.[130] Hayles geht davon aus, dass es die „Entstehung eines kulturellen Feldes" ist, in dem Fragen Signifikanz gewännen, so dass die Fragen und das Feld, wie im Fall der Chaostheorie, eine solche Bedeutung gewinnen, dass sie in mehreren Diszi-

---

[130] Eine weitere physikalische Theorie, die Hayles (1992) einer feministischen Kritik unterzieht, ist die Hydrodynamik.

plinen gleichzeitig bearbeitet werden und zwar auch dann, wenn diese Disziplinen keinen direkten Austausch miteinander über die Art der Problemstellung
hätten (ebd., 4). Die Annahmen in den verschiedenen Wissenschaftsbereichen
würden aber auf „isomorphen Annahmen" (ebd., xiv) beruhen. Für die Entstehung eines kulturellen Feldes bedürfe es zwar keiner direkten Auseinandersetzung von WissenschaftlerInnen verschiedener disziplinärer Ausrichtungen.
Hayles (1990, 4) geht aber davon aus, dass WissenschaftlerInnen in ihrem Alltag
ähnlichen Problemen begegnen würden, weil sie sich in einem bestimmten kulturellen Kontext bewegen, also beispielsweise dieselben Medien zur Kenntnis
nehmen. Wissen konstitutiert sich für Hayles damit in einem gegebenen kulturellen und epistemischen Kontext. Für den Wissenschaftsbetrieb impliziert dies,
dass auch wissenschaftliche Theorien und Modelle kulturell bedingt sind und in
Annahmen verwurzelt seien, die an vielen Orten in der Kultur gefunden werden
können. Allerdings verbinde sich die Bearbeitung eines kulturellen Feldes mit
einer disziplinspezifischen Genealogie und Tradition, so dass die Konsequenzen
der Bearbeitung eines ähnlichen Problems in verschiedenen Disziplinen ganz
unterschiedlich sein können (ebd., xi). Eine solche Differenz rekonstruiert Hayles
für die Bearbeitung von Chaostheorien in der Physik und der Literatur bzw. der
Literaturtheorie mit folgender Argumentation: In der Physik bedeute die Erforschung von chaotischen Phänomenen bzw. die Entwicklung von Chaostheorien
zweierlei: Zum einen werde der Nachweis von ordnenden Strukturen in chaotischen Systemen geführt, zum anderen werde die Entstehung von Ordnung aus
dem Zustand des Chaos heraus untersucht. In der Literaturtheorie sei im Zuge der
antipositivistischen Wende der 1960er und 1970er Jahre die Lyotard'sche Formulierung der Postmoderne als Ablehnung der Metaerzählung in eine Kritik von
Sprachstrukturen gewendet worden. Hayles fokussiert insbesondere auf die als
„naturalistisch" gedachten Strukturen von Sprache, Kontext, Zeit und Mensch
und auf deren Dekonstruktion im Zuge postmoderner Theoriebildung.

Einen Bezug zu feministischer Theoriebildung stellt Hayles (1990) auf der
Ebene des abendländisch geprägten Denkens und seiner Zuschreibungen zu
Weiblichkeit und Männlichkeit her. Die Dichotomie von Ordnung vs. Unordnung bzw. Chaos sei in der westlichen Ordnung geschlechtlich kodiert: „Chaotic
unpredictability and nonlinear thinking [...] are just the aspects of life that have
tended to be culturally encoded as feminine."[131] Gleichzeitig sei Chaos mit dem
Anderen assoziiert gewesen: dem Nicht-Repräsentierten, dem Nicht-Artikulier-
ten, dem Ungeformten, dem Nicht-Gedachten. Mit der Integration und wissen-

---

[131] Hayles 1990, 173.

schaftlichen Erforschung von Chaos, so Hayles, würde der Versuch unternommen, dieses ehemals Andere und Ausgegrenzte in den Bereich naturwissenschaftlicher Betrachtung zu rücken. Allerdings bringe es diese Integration in die Naturwissenschaften mit sich, dass das Chaos als kulturell mit Weiblichkeit assoziiertes quasi subsumiert und aufgrund seiner mathematischen Bearbeitung rationalisiert und kontrolliert werden solle (ebd., 173). Das Andere wird so zum Objekt des als rational konzipierten, physikalischen Erkenntnisprojekts. Die Inklusion des als feminin gedachten Prinzips des Chaos in die Naturwissenschaften Mitte des 20. Jh. sei jedoch paradox: Es sei mit dieser Entwicklung nicht zu einer verstärkten Integration von Frauen in die historisierende Darstellung der Chaostheorie gekommen. Vielmehr führe der Ausschluss von Frauen auch aus dem Forschungsgebiet der Chaostheorie in der Physik dazu, dass die geschlechtskonnotierten Aspekte des Prinzips des Chaos außerhalb der Wissenschaften geblieben seien, so dass sich die Physik nach wie vor als männliches, monolithisches Projekt verstehen könne.

Hier findet sich eine ähnliche Denkfigur wie in der Analyse der Abstraktionen in der Impetustheorie von Scheich (1993). Mit der Abspaltung des nicht mathematisierbaren aus dem Chaos geht eine Abspaltung seiner Konnotationen mit Weiblichkeit einher, die auf symbolischer Ebene zu einem Ausschluss von Frauen beiträgt. Die Integration des Chaos in die Geistes- und Sozialwissenschaften unter den Voraussetzungen postmoderner, poststrukturalistischer Denkbewegungen habe jedoch, so Hayles, zu anderen Konsequenzen als denen für die Naturwissenschaften geführt: Ordnung wird beispielsweise im Anschluss an Foucault mit totalisierenden Systemen assoziiert, Chaos dagegen mit Widerstand gegen diese Strukturen. Entsprechend wird die Dekonstruktion von Erzählstrukturen in der Literatur vorangetrieben. Mit Lyotard (1986) wird der Tod der Metaerzählungen postuliert, insbesondere derjenige der wissenschaftlichen Fortschrittserzählung (Hayles 1990, 294).

Sich selbst als postmoderne Wissenschaftlerin und Schriftstellerin verortend bewertet Hayles die Veränderungen, die die Chaostheorie in den natur- und geisteswissenschaftlichen Disziplinen hervorgebracht hat, jedoch mit Skepsis: Chaostheorien hätten zwar grundlegende, epistemologische Annahmen der Naturwissenschaften und ihrer Erklärungskraft ins Wanken gebracht, wie beispielsweise die Annahme, dass Ursache und Effekt proportional zueinander seien oder die Suche nach Ursprüngen von Ordnung. Die Suche nach Ordnung im Chaos habe damit eine der zentralen Dichotomien abendländisch geprägten Denkens destabilisiert. Der Wissenschaftsbetrieb bleibe aber „normal": Er folge den gleichen Regeln wie jede andere Wissenschaft für die Zulassung neuer Mitglieder, im Procedere wissenschaftlicher Protokolle sowie für die Bewertung von Resultaten. Darum kritisiert Hayles den Standpunkt, dass Chaostheorien, wie sie in den Naturwissenschaften entwickelt worden seien, eine Bestätigung dafür liefern würden, dass totalisierende Perspektiven nicht länger gültig seien. Dieses sei eine Überbewertung der Bedeutung von naturwissenschaftlichen Chaostheorien über ihre epistemologischen Konsequenzen hinaus (Hayles 1990, 15).[132] Aber auch die postmoderne Erzählung mit der Negation totalisierender Strukturen rekurriere auf Metastrukturen und entkäme damit nicht der Moderne. Trotzdem sei, so Hayles, in der postmodernen Erzählung ihre eigene Dekonstruktion angelegt.

Die gewählten Beispiele für verschiedene Formen der feministischen Kritik an der Konstitution geschlechtskonnotierter Kategorien in der physikalischen Theoriebildung markieren Verschiebungen von Analysekategorien in der Frauen- und Geschlechterforschung für die Physik. Die hierarchischen Anordnungen physikalischer Theorien untereinander sowie die des naturwissenschaftlichen Theoriegebäudes und seiner korrespondierenden Teildisziplinen und Disziplinen rekurrieren auf eine Vorstellung von Natur, die aus kleinsten Teilchen zusammengesetzt ist und deren Verhalten mithilfe physikalischer Gesetze erfasst werden könne. Mit der an diesen Denkfiguren geübten Kritik Rübsamens ist zwar eine analytische Unterscheidung zwischen Weiblichkeitsvorstellung und Frauen als Subjekten angelegt, aber diese Distinktion bestimmt ihre Argumentation nicht durchgängig. Scheichs Analysen, die den Negationen von abstrakten Denkformen der Naturwissenschaften auf die Spur zu kommen suchen, gehen den Ursprüngen einer Trennung des Phantasmas der Weiblichkeit von Frauen als Subjekten in der Historie der physikalischen Theoriebildung nach. Sie hält eine analytische Trennung von Frauen und Gender als Analysekategorie stärker durch als Rübsamen, postuliert aber ebenfalls auf dieser Basis den Ausschluss von Frauen als Subjekten insgesamt. Und auch Hayles, vor dem Hintergrund postmoderner Ansätze aus der Literaturtheorie, bezieht sich in ihrer Kritik auf eine relativ einheitliche Vorstellung von Weiblichkeit. Diese Bilanz feministischer Kritik an der Konstitution geschlechtskonnotierter Kategorien in der physikalischen Theoriebildung verwundert insofern, als andere Strömungen feministischer Wissenschaftskritik stärker auf vielfältige und damit unterschiedliche Weiblichkeitsvor-

---

[132] Eine ähnlich kritische Haltung nimmt Rübsamen (1995) gegenüber Deutungen der Quantentheorie ein, die den Einfluss des Subjekts auf das Ergebnis eines (quantenmechanischen) Experiments überbewerten und postulieren, dass mit der Entwicklung der Quantentheorie die Subjekt-Objekt-Trennung in der Physik überwunden worden sei.

stellungen rekurrieren. Die Kategorie 'Frau' wurde in der feministischen Theoriebildung zunehmend kritisiert, gerade ein einheitliches Weiblichkeitsmythos
dekonstruiert und im Geflecht mit Kategorien wie Nationalität, Klasse, Sexualität
oder Ethnie neu entworfen. Die Ursache für die geringe Überwindung eines
monolithischen Weiblichkeitskonzeptes, die in der feministischen Naturwissenschaftsforschung gegenüber Frauen-, Geschlechter- und Queerforschung in anderen Wissenschaftsbereichen zum Tragen kommt, liegt u. U. in dem nach wie vor
bestehenden Ausschluss von Frauen aus diesen Berufsfeldern. Dieser Ausschluss
scheint nach wie vor zuzulassen, eine vermeintlich einheitliche 'Weiblichkeit'
dem 'Anderen' zuordnen zu können trotz einer – postmoderner – Vielfalt an
Lebensentwürfen und ihrer theoretischen Konzeptionalisierungen.

2.3 Fazit: Grenzverschiebungen und Kreuzungspunkte

In diesem Kapitel habe ich in historisierender Form zwei Ausrichtungen der Forschungen über die Physik vorgestellt, wie sie seit Ende der 1960er Jahre etabliert
worden sind. In den Faden dieser Auseinandersetzung habe ich Ansätze der Wissenschaftsforschung und der Frauen- und Geschlechterforschung über die Physik
eingewoben und sie im Hinblick auf ihre konzeptionellen Grenzziehungen zwischen soziokulturellen Sphären und dem Erkenntnisprojekt der Physik als Wissenschaft reflektiert. In beiden Ausrichtungen lassen sich bzgl. dieser angenommenen Grenze sowohl unterschiedliche Verschiebungen als auch gemeinsame
Kreuzungspunkte ausmachen.

In der Wissenschaftsforschung rückt die imaginierte Grenze von soziokulturellen Sphären merklich an diejenige der Physik heran, so dass aus dieser Perspektive von einer Auflösung der Grenzkonzeption zwischen soziokultureller und
naturwissenschaftlicher Kategorienbildung hinsichtlich ihrer Forschungsprozesse
und -ergebnisse gesprochen werden kann. Die Analyse von Wissenschaft als
Praxis hat zu zahlreichen mikrosoziologischen Betrachtungsweisen der Forschungsprozesse in den Naturwissenschaften geführt. Meine Betrachtung dieser
Grenzverschiebungen endet bei der Forderung nach Reflexivität über Forschungsprozesse und ihre Darstellung, die nicht nur an NaturwissenschaftlerInnen,
sondern auch an WissenschaftsforscherInnen gerichtet ist.

Für die 'Frauen- und Geschlechterforschung' über die Physik zeichnet sich eine ähnliche Denkbewegung hinsichtlich der Konstruktion von Grenzen ab. Der
Ausgangspunkt für Frauen- und Geschlechterforschung über die Physik war, den
Ausschluss von Frauen als sozialer Gruppe aus dieser Disziplin zu kritisieren und
zu analysieren. Zu Beginn waren differenztheoretisch motivierte Ansätze der

Kritik an der Physik darauf ausgerichtet, vermeintlich weibliche Erkenntniszugänge zur Physik affirmativ herauszuarbeiten und diese aufzuwerten. Die als männlich analysierte Physik und ihre Inhalte wurden aus dieser Perspektive heraus für Frauen als (un-)heimlich angesehen. Damit ist der Beginn dieser Kritik an der Physik noch nicht durch eine analytische Unterscheidung der Kategorien Frau und Gender geprägt gewesen. In Ansätzen zur Geschlechterforschung über die Physik kommt die Kategorie Gender hinsichtlich des Gebrauchs von geschlechtskonnotierten Metaphern zum Tragen, die im Zuge physikalischer Forschungsprozesse in der Alltags- und Fachsprache von PhysikerInnen auftauchen und die sich in die physikalische Theoriebildung einschreiben. Ihre Argumentationskraft beziehen diese Ansätze aus einer gegenüber der Frauenforschung verschobenen Differenz, nämlich der Unterscheidung zwischen einer vielfältig gedachten und gelebten Weiblichkeit in der gesellschaftlichen Wirklichkeit von der stereotypisierend verwendeten Kategorie Gender und ihrer dualistischen Attribute in naturwissenschaftlichen Forschungprozessen. Aufgrund dieser Grenzkonzeption analysieren Ansätze der Geschlechterforschung in der Physik die Übertragung von soziokulturellen Kategorien von Geschlecht und deren stereotypen Konnotationen in die physikalische Theoriebildung. Sie wenden sich damit gegen universalistische Erklärungsansprüche der Naturwissenschaften auf das, was als eine äußerlich vorfindbare Natur konzipiert wird.

Als gemeinsamer Kreuzungspunkt sowohl der Wissenschaftsforschung als auch der Frauen- und Geschlechterforschung über die Physik kann die Forderung nach (Selbst-)Reflexivität gegenüber der eigenen Theoriebildung und der Repräsentation von Ergebnissen angesehen werden. Diese Forderung findet in den literarischen Formen der Postmoderne eine Antwort, die keine Wiederholung von allumfassenden Theorien oder Metaerzählungen über wissenschaftlichen Fortschritt darstellen. Mit diesen literarischen Formen kann von einem postmodernen Ausgangspunkt aus auf Brüche und Transformationen des in den Naturwissenschaften dominierenden, positivistischen Wissenschaftsverständnisses hingewiesen werden, auch wenn hierzu anzumerken ist, dass auch eine bruchstückhafte, postmoderne Erzählung auf tradierte Erzählstrategien der Moderne zurückgreift und somit eben dieser Moderne nicht vollständig entkommt.

3 Das Wissenschaftsverständnis von PhysikerInnen: Relevanz und Konzeption einer Interviewstudie mit Doktorandinnen und Doktoranden

[G]raduate school is painful to recollect and difficult to represent. [...] There is no Ur-novel of graduate student life [...]. [T]he most prevalent image of the graduate student – inside and outside the academy – is the student wearing the black graduation robe and mortar board. [...] For which graduation is the graduate student dressed? [...] [T]he graduate student is suspended *between* graduations. The student must graduate from college to go to graduate school, and she must remain a graduate student until the second graduation – the Ph.D. graduation – is complete. [...] The problem is, six to eight years turns out to be a long time to be suspended between anything, let alone graduations. [...] How could anyone be in school for so long? What could possibly take so long to learn?[133]

Promovierende befinden sich in einer merkwürdigen Situation, die – von außen betrachtet – kaum als produktiv erscheint: Obwohl Doktorandinnen und Doktoranden bereits einen ersten qualifizierenden Abschluss erworben haben, studieren sie weitere sechs bis acht Jahre[134], bevor sie den nächsten akademischen Grad erwerben können. Was ist es also, was in diesen Jahren von ihnen erlernt werden muss? In den Interviews, die ich im Rahmen dieser Arbeit mit Doktorandinnen und Doktoranden geführt habe, lassen sich auf diese Frage vielfältige Antworten finden. Doch bevor ich zur Präsentation der Auswertungen dieser Antworten in den folgenden Kapiteln dieser Arbeit komme, lege ich zunächst die Relevanz einer empirischen Studie vor dem Hintergrund der Wissenschaftsforschung und

---

[133] Newman 1996, 97-99. Kathy Newman hat dies veröffentlicht, als sie Doktorandin und Herausgeberin der Cartoons „Ph.D." an der Yale University war.

[134] Dies entspricht etwa der mittleren Verweildauer von Promovierenden aller Fachrichtungen an den Graduate Schools der Universitäten in den USA.

der Frauen- und Geschlechterforschung über die Physik dar.[135] Diese Argumentation führe ich mit dem Forschungsstand der Schul- und Hochschulforschung in Bezug auf das 'Wissenschaftsverständnis der Physik' von SchülerInnen und Studierenden zusammen. Im zweiten Abschnitt dieses Kapitels wird die Konzeption und Durchführung der empirischen Studie dargelegt: Ausgehend vom epistemologischen Standpunkt des 'Situierten Wissens' bei Haraway ([1988] 1991) sehe ich die Ergebnisse eines sozialwissenschaftlichen Forschungsprozesses als *situative, partiale Übersetzungen* an. An diese Positionsbestimmung schließe ich eine Erläuterung der einzelnen Phasen dieser Übersetzungsarbeit bzw. die Umsetzung verschiedener methodischer und theoretischer Zugänge für die empirische Studie an. Abschließend stelle ich mein Vorgehen bei der Auswertung des erhobenen Interviewmaterials vor.

3.1 Studien über das Wissenschaftsverständnis von PhysikerInnen in der Ausbildung

Die Naturwissenschaften als kultureller und sozialer Raum, so Barnes (1974), seien bereits selbst von ihren Akteuren definiert worden. Daher müsse die Wissenschaftsforschung diesen Raum nicht mehr festlegen, sondern ihn vielmehr als Teil von Kultur entdecken. Auch Gieryn (1994), dessen Konzepte zur Ziehung von Grenzen den theoretischen Ausgangspunkt für meine Arbeit bilden, schließt sich dieser Perspektive auf die Naturwissenschaften als einem soziokulturellen Raum an. Insgesamt wird an der Wissenschaftsforschung kritisiert, dass diese sich überwiegend mit berühmten Wissenschaftlerinnen und Wissenschaftlern beschäftige.[136] Die Ausbildungssituation werde dagegen kaum in den Blick genommen. In Abschnitt 3.1.1 werde ich zunächst die Konsequenzen dieses blinden Flecks der Wissenschaftsforschung diskutieren. Weiterhin begründe ich, in welcher Hinsicht eine Interviewstudie mit Doktorandinnen und Doktoranden der Physik, die an einer renommierten US-amerikanischen Universität promovieren, einen Einblick in die „Black Box des Promovierens" und damit gleichzeitig in die Ausbildung der Naturwissenschaften geben kann. Die Wahl des Faches Physik ist motiviert von der Annahme, dass diese Disziplin zu denjenigen innerhalb der Naturwissenschaften gehört, deren AkteurInnen weitgehend ein positivistisches Wissenschaftsverständnis zugeschrieben wird. Diese Vorstellung wird wiederum in anderen Disziplinen aufgegriffen, sodass trotz neuerer Entwicklun-

---

[135] Zum Verständnis dieser beiden Forschungsausrichtungen in dieser Arbeit vgl. Kapitel 2.
[136] So äußern sich u. a. Delamont 1987, Fox 1994 und Ashmore et al. 1994.

gen in der Forschung – spätestens seit den Anfängen der Quantenmechanik – die Physik dennoch häufig als implizites Ideal für Wissenschaftlichkeit gilt.

Üblicherweise werden Untersuchungen über die schulische und universitäre Ausbildung innerhalb der Universität eher in den Disziplinen der Erziehungswissenschaften oder der Didaktik der Naturwissenschaften durchgeführt. Meine Aufarbeitung des Forschungsstandes zu Schul- und Hochschulforschung über die Physik in den USA in Abschnitt 3.1.2 hat ergeben, dass es auch in diesen Bereichen nur wenige Studien über Doktorandinnen und Doktoranden gibt. In diesem Abschnitt wird diskutiert, inwieweit Studien über die der Promotion *vorhergehenden* Ausbildungsphasen in Schule und Hochschule für meine bearbeitete Fragestellung von ihren Ergebnissen her anschlussfähig sind. Wird das 'Wissenschaftsverständnis der Physik' in diesen Untersuchungen vor dem Hintergrund von Ansätzen aus Wissenschaftsforschung oder der Frauen- und Geschlechterforschung diskutiert?

Die geringe Anzahl von Untersuchungen mit Promovierenden hängt m. E. mit ihrer Randstellung sowohl in der Wissenschaftsforschung als auch in der Schul- und Hochschulforschung zusammen. Für die Wissenschaftsforschung stellen DoktorandInnen keine zentrale Untersuchungsgruppe dar, da sie noch nicht innerhalb des Wissenschaftsbetriebes etabliert und somit nicht als wichtige AkteurInnen angesehen bzw. als 'richtige' WissenschaftlerInnen legitimiert sind. Auch gehört das Promotionsstudium nur selten zu den Untersuchungsgegenständen der Schul- und Hochschulforschung, da die naturwissenschaftliche Ausbildung mit Beendigung des Studiums als abgeschlossen gilt.[137] Gerade diese doppelte, marginale Zugehörigkeit von DoktorandInnen sowohl zum Ausbildungssystem der Naturwissenschaften als auch zum Forschungsbetrieb kann für meine Fragestellung jedoch konstruktiv genutzt werden. Die von Gieryn im Rahmen des Abgrenzungsproblems formulierte Frage, „Wer ist eine Naturwissenschaftlerin oder ein Naturwissenschaftler?", entscheidet sich in dieser Phase ein weiteres Mal, d. h. Fragen des Zugangs zur Disziplin werden mit Beginn und während des Promotionsstudiums erneut beantwortet. Gleichzeitig liegt die Besonderheit der Promotionsphase für meine Fragestellung darin, dass das Wissenschaftsverständnis der Physik, das von DoktorandInnen vertreten wird, noch im Werden begriffen ist. Es können somit Konstruktionsprozesse des Wissenschaftsverständnisses

---

[137] So wird beispielsweise auch in einem Sammelband zur Hochschulsozialisationsforschung im bundesdeutschen Kontext, herausgegeben von Sommerkorn (1981), die Ausbildung von DoktorandInnen oder HabilitandInnen nicht explizit in den Blick genommen. Vielmehr konzentrieren sich die Untersuchungen auf die Gruppen der Studierenden und der ProfessorInnen.

während der Übergangsphase zwischen Studium und ersten Beiträgen zu wissenschaftlicher Forschung nachgezeichnet werden: Das, was etablierte Naturwissenschaftlerinnen und Naturwissenschaftler möglicherweise als gegeben annehmen, wird von DoktorandInnen in ihrer aktuellen Situiertheit im Wissenschaftsbetrieb erst erlernt.

3.1.1 Das Wissenschaftsverständnis von PhysikerInnen in der Ausbildung: Ein blinder Fleck der Wissenschaftsforschung und seine Folgen

Im Zuge der im vorherigen Kapitel skizzierten Entwicklung der Wissenschaftsforschung geriet eine Auseinandersetzung mit den Auffassungen von Naturwissenschaftlern und Naturwissenschaftlerinnen, also mit den am Naturwissenschaftsbetrieb beteiligten Akteurinnen und Akteuren, häufig aus dem Blickfeld. Ausnahmen hiervon bilden i. d. R. Studien über berühmt gewordene Naturwissenschaftler und Naturwissenschaftlerinnen. Diese Konzentration auf „kanonische Figuren"[138] der Wissenschaft birgt Vor- und Nachteile. Vorteilhaft für die Wissenschaftsforschung ist, dass diese berühmten NaturwissenschaftlerInnen u. U. auch außerhalb ihrer Disziplinen bekannt sind, so dass Kenntnisse über diese Personen als Anknüpfungspunkte für die Rezeption dieser Studien von einem größeren Publikum dienen können. Weiterhin muss die Wissenschaftsforschung nicht legitimieren, warum es sich in diesen Fällen um Forschung über *Wissenschaft* handelt: Berühmte NaturwissenschaftlerInnen haben bereits eine herausragende Bedeutung innerhalb ihrer jeweiligen Scientific Community und darüber hinaus erlangt. Die Legitimation, warum es sich bei einer solchen Untersuchung um Wissenschaftsforschung handelt, entfällt somit. In diesem Vorteil liegt aber auch die Kritik begründet, die sich an solchen Vorgehensweisen entzündet: Der formulierte Anspruch der Wissenschaftsforschung, vorherrschende Ansichten über die Naturwissenschaften infrage zu stellen, kann nur eingeschränkt eingelöst werden, da – anstatt impliziten, nicht offensichtlichen Konstruktionsprozessen innerhalb der Wissenschaften auf die Spur zu kommen – eine solche Wissenschaftsforschung die Voraussetzungen für die Produktion und Reproduktion von Wissen u. U. verdoppelt: Es liegt sehr nahe, etablierte Auffassungen von öffentlich wirksam gewordenen RepräsentantInnen zu übernehmen, anstatt sie einer Reflexion zu unterziehen (Delamont 1987). Die Legitimation für die eigene Autorität, etwas über den wissenschaftlichen Erkenntnisprozess auszusagen, bezieht eine solche Wissenschaftsforschung aus derjenigen Autorität, die diese Wissen-

---

[138] Ashmore et al. 1994, 327.

schaftlerinnen und Wissenschaftler aufgrund ihrer bereits erfolgten Anerkennung innerhalb ihrer Scientific Community genießen. Delamont charakterisiert diese Vorstellung von Wissenschaft als diejenige Seite der Medaille, deren „'Kopf' [...] einen elitären, hohen Status von Naturwissenschaften darstellt, wie Naturwissenschaftlerinnen sie definieren".[139] Um dieser Verdoppelung des bereits von den Naturwissenschaften etablierten Wissenschaftsverständnisses zu entgehen, schlägt Delamont (1987, 165) vor, der *Ausbildung* von NaturwissenschaftlerInnen mehr Aufmerksamkeit zu widmen.[140] Sie ist der Ansicht, dass Untersuchungen über die Ausbildung in Schule und Universität Aufschluss über die „Reproduktion, Evaluation und Legitimation von Wissen, Methoden, Auffassungen, und Einstellungen" von NaturwissenschaftlerInnen geben könnten.

Zu den wenigen Ausnahmen von Untersuchungen über die Ausbildungssituation gehören zum einen die bereits im vorherigen Kapitel angeführten und diskuierten Studien über die geringe Beteiligung von Frauen an den Naturwissenschaften. In diesen Arbeiten wird die Ausbildungssituation von Physikerinnen aus der Perspektive der Frauenforschung in den Blick genommen. Hier bin ich für die Darstellung der berufspolitischen Dimension der Frauen- und Geschlechterforschung über die Physik[141] bereits auf die Arbeiten von Fox (1994) und Hollenshead et al. (1994) eingegangen, die sich mit der Ausbildung von Naturwissenschaftlerinnen und insbesondere mit der Situation von Doktorandinnen befassen. Fox (1994) wählt quantitative methodische Zugänge, um die Situation von Frauen in den Natur- und Technikwissenschaften zu betrachten, während Hollenshead et al. (1994) qualitative Interviews und Gruppendiskussionen mit Doktorandinnen aus verschiedenen naturwissenschaftlichen Disziplinen geführt haben. Diese Untersuchungen über die Situation von Frauen in der Physik haben i. d. R. zum Ziel, die Marginalisierung von Frauen in dieser Disziplin in den Blick zu nehmen, indem vorwiegend diejenigen sozialen Aspekte berücksichtigt werden, die in Interaktionen für Frauen im Wissenschaftsbetrieb nachteilig sind (vgl. Abschnitt 2.2.1). Aber das Wissenschaftsverständnis der Naturwissenschaften wird i. d. R. nicht explizit betrachtet. Daher sind diese Studien nur eingeschränkt für meine Arbeit anschlussfähig.

Zu den Studien der 'Wissenschaftsforschung', die die Ausbildungssituation in den Naturwissenschaften betrachten, gehören u. a. einige ethnographisch ange-

---

[139] Delamont 1987, 164.

[140] Die Untersuchung der Ausbildung von NaturwissenschaftlerInnen wird bis in die 1990er Jahre in der Wissenschaftsforschung als Forschungslücke benannt (Fox 1994, Ashmore et al. 1994).

[141] Vgl. Abschnitt 2.2.1.

legte Laborstudien über naturwissenschaftliche Forschungsinstitute (vgl. 2.1). Diese haben sich hinsichtlich ihrer Methoden und ihrer Ergebnisse für meine empirische Studie als anschlussfähig erwiesen. Insbesondere die Untersuchungen von Traweek (1988) und Gusterson (1995) stellen soziokulturelle Konstruktionen der Physik in einen Zusammenhang mit dem Wissenschaftsverständnis dieser Disziplin. Auf beide Untersuchungen gehe ich im Folgenden näher ein.

3.1.1.1 Ethnographische Untersuchungen über Forschungsinstitute der Physik: Ergebnisse über die Vermittlung von Vorstellungen von der Physik durch Studien- und Forschungsstrukturen

Wichtige Hinweise auf die Funktion und Bedeutung verschiedener Professionalisierungsschritte in der Disziplin der Physik hat Traweek (1988) in ihrer ethnographischen Studie über Hochenergiephysiklabors in den USA und in Japan gegeben. Sie beschreibt u. a., welche Idealbilder von der Physik mit den verschiedenen Phasen der Physikausbildung assoziiert werden, die insgesamt einen Zeitraum von fünfzehn Jahren umfasst: Für Traweek gehören das Collegestudium, die DoktorandInnenausbildung und die ersten Forschungsjahre als Postdoc zu dieser langen Zeit des Novizendaseins.[142] Sie beschreibt, dass jede Phase dadurch gekennzeichnet ist, dass Novizen bestimmte intellektuelle und emotionale Fähigkeiten erwerben müssen. Auf diese Weise, nämlich durch die Ausbildung von Novizen, reproduziert sich aus ethnographischer Perspektive die Gemeinschaft der Hochenergiephysikerinnen und -physiker. Allerdings verweist schon der Titel des entsprechenden Kapitels in Traweeks Monographie – „Pilgrim's Progress: Male Tales Told During a Life in Physics" – darauf, dass diese Ausbildung v. a. mit einem bestimmten Männlichkeitsideal verknüpft wird, denn es sind „männliche Geschichten", die während des „Lebens der Physik" erzählt werden (ebd., 74ff.). Die Vermittlung der Physik geschieht nicht nur im Rahmen der formalen Ausbildung, sondern im Forschungsalltag auch in Form von täglichen Routinen und Erfahrungen oder auch durch informelle Anmerkungen und Erzählungen über wichtige Personen und Ereignisse.

Während der College-Phase erlernen die Studierenden die Physik aus Lehrbüchern und in standardisierten Unterrichtseinheiten. Erklärungen in Lehrbüchern für physikalische Phänomene oder Experimente werden nicht als Interpretationen, sondern als „richtige Erkenntnisse" vermittelt. Vergangene Forschung wird abgewertet, wenn sie nicht zum aktuellen Stand des Wissens beiträgt. College-

---

[142] Die an die Postdoc-Phase anschließenden Phasen liegen für Traweek jenseits der Ausbildung: „Arbeitsgruppenleiter", „Staatsmänner" und „Genies" ordnet sie als Professionelle ein.

Studierende erhalten eine einheitliche Ausbildung: In dieser Phase lernen sie, dass kanonisierte Inhalte der Physik die Basis für grundlegendes Wissen bilden, auf dem verschiedene Spezialgebiete der Physik aufbauen. Es sei ihre Aufgabe, dieses umfangreiche Terrain so gründlich wie möglich zu lernen. Die zu lösenden Aufgaben in der theoretischen Physik bestehen aus Mathematikaufgaben. Es muss herausgefunden werden, wie ein Datensatz auf die richtige Weise in eine gegebene mathematische Formel eingesetzt werden muss, um zur Lösung eines Problems zu kommen. Physikalische Experimente werden im Rahmen von Praktika durchgeführt. Sie sind standardisiert, es werden keine eigenen experimentellen Aufbauten in dieser Studienphase entwickelt. Stattdessen wird von den Studierenden erlernt, in einem physikalischen Experiment einen Schritt nach dem nächsten nachzuvollziehen und eine Fehlerberechnung für die gemessenen Daten durchzuführen. Über alternative Interpretationen dieser Experimente wird in dieser Phase der Physikausbildung nicht diskutiert. Studierende lernen auf diese Weise ein „analoges Denken", so Traweek (1988, 75), und nicht, was es bedeutet, induktiv oder deduktiv für Problemlösungen vorzugehen. Diese Deutung Traweeks basiert u. a. auf der Analyse eines Lehrbuchs der Quantenphysik, das sehr häufig als Grundlage für das Studium verwendet werde. Traweek (1988, 77) beobachtet, dass sich „männliche Geschichten" sozusagen in den Fußnoten und den „Bemerkungen am Rande" finden lassen: Neben dem eigentlichen Lehrtext, der die kanonisierten Inhalte erläutere, seien die Helden der Teilchenphysik abgebildet. Diese Fotos zeigten Physiker in ihren Büros, meist mit Schlips und Jackett. Genies dagegen würden auch jenseits dieser Kleidernorm gezeigt: So fahre Einstein Fahrrad und das jugendliche Nachkriegsvorbild der Physik in den USA, Richard Feynman, spiele Bongotrommeln. Zusammenfassend stellt Traweek fest, dass Studierende im College lernen, ihre eigenen begrenzten, unbedeutenden Fähigkeiten von denen der bedeutenden Helden, die ihnen in Lehrbüchern begegnen, zu unterscheiden. Sie lernen, physikalische Problemstellungen und vorgegebene Lösungen nachzuvollziehen; die Angst, die ihnen vermittelt wird, ist, dass ihre intellektuellen Fähigkeiten dafür nicht ausreichen könnten.

Während der DoktorandInnenausbildung müssen andere Fähigkeiten erlernt werden. Promovierende müssen sich für ein bestimmtes Gebiet der Physik entscheiden und besuchen Spezialvorlesungen über diese Forschungsausrichtung. Sie werden von älteren Mitgliedern der Scientific Community ihres Spezialgebiets betreut. Traweek wählt hier eine Metapher aus Verwandtschaftsbeziehungen, um die Beziehung zu diesen zumeist männlichen Betreuern zu charakterisieren: Ihre Rolle gegenüber Doktorandinnen und Doktoranden ähnelt der eines Onkels, so Traweek (1988, 75). Betreuer pflegen u. U. persönliche Beziehungen zu Promovierenden, gehen beispielsweise zusammen ein Bier trinken o. ä. Im Rahmen dieser persönlichen Beziehungen erlernen Doktorandinnen und Doktoranden weitere Fähigkeiten, sie dürfen sich jetzt zunehmend als Mitglieder der Gemeinschaft der Teilchenphysikerinnen und -physiker betrachten. Sie lernen Geschichten über Erfolg und Scheitern kennen und v. a., gründlich und fleißig zu arbeiten. Ihre Vorstellung von der Physik wird stark durch die Mitarbeit in den Arbeitsgruppen ihrer Betreuerinnen und Betreuer geprägt, die auch die Forschungsthemen der Doktorarbeiten festlegen. So werden ihnen in experimentellen Gruppen der Hochenergiephysik zunächst Routineaufgaben und erst nach und nach eigene Forschungsaufgaben übertragen. In theoretisch arbeitenden Arbeitsgruppen müssen sie mathematische Probleme lösen. Zu den heldenhaften Geschichten, von denen Doktoranden und Doktorandinnen in dieser Zeit berichtet wird, gehören zudem Erzählungen über die Rettung von Daten im Forschungslabor durch Promovierende selbst, u. U. unter Gefährdung des eigenen Lebens (Traweek 1988, 84). So beginnen DoktorandInnen, sich von den Autoritäten ihrer Lehrbücher und ihrer persönlichen Betreuer und Betreuerinnen zu lösen und selbst zu HeldInnen ihrer eigenen Historie zu werden (Traweek 1988, 85). In dieser Phase der Physikausbildung sind Problemlösungen in der Physik nicht mehr eindeutig vorhersagbar, die Promovierenden lernen, ein „Gefühl" für die Lösbarkeit von theoretischen und experimentellen Aufgaben zu entwickeln. Die Angst, die ihnen in der Phase des Promovierens vermittelt wird, besteht darin, in eine Arbeitsgruppe zu geraten, die keine bedeutenden Beiträge zur Forschung leistet.

In der Postdoc-Phase geht es darum, aktuelle, oft noch nicht publizierte Forschungsergebnisse für die eigene Arbeit zu berücksichtigen. Physik wird in dieser Phase nicht mehr aus Lehrbüchern, Publikationen oder im Rahmen von Beziehungen zu BetreuerInnen erlernt, sondern im Rahmen des wissenschaftlichen Austausches mit anderen Forschungsgruppen. Gleichzeitig werden Mut und Selbstbehauptung innerhalb der Scientific Community erlernt; Konkurrenz und Unabhängigkeit, so Traweek, werden kultiviert. Auch in der Postdoc-Phase herrscht Angst vor der Zukunft - jetzt in verstärktem Maße davor, nicht diejenigen Forschungsfragen gewählt zu haben, deren Bearbeitung Anerkennung in der Scientific Community einbringen wird.

Traweek ist der Ansicht, dass die erlernten emotionalen und kognitiven Fähigkeiten eines früheren Ausbildungsabschnitts von den Studierenden und jungen WissenschaftlerInnen in die jeweils nächste Phase integriert werden. Auf diese Weise bilden sich verschiedene Aspekte eines Wissenschaftsverständnisses heraus. Weiterhin gelte für die Hochenergiephysik, dass sie sich an der Spitze der

Forschungsgebiete in der Physik sehe. Traweek konstatiert, dass dieses Verständnis durch männlich konnotierte Metapern und phallische Bildsprache beschrieben wird.[143] Auch Ängste vor Versagen und Zeitverlust werden von einer Phase in die folgende mitgenommen. Diesen Ängsten steht das Ideal eines physikalischen Genies gegenüber, dessen Fähigkeiten nicht erreicht, aber trotzdem zum Vorbild genommen werden: einen neuen Beitrag zum physikalischen Theoriegebäude zu leisten oder ein entscheidendes Experiment zum ersten Mal durchzuführen. Diese Beiträge würden in die Lehrbücher gelangen, zum Bestandteil der kanonisierten Fachinhalte der Physik werden und wiederum von College-Studierenden erlernt werden.

Traweeks Untersuchung ist für meine Studie von ihren Methoden und Ergebnissen her wichtig. Die überwiegend qualitative Orientierung ihrer ethnographischen Untersuchung bezieht u. a. Interviews mit PhysikerInnen ein, wie es auch in meiner Studie der Fall ist. Welche Evidenzen Traweek für ihre Interpretationen und Schlussfolgerungen heranzieht, ist dagegen nicht immer eindeutig. Für einen Vergleich mit Ergebnissen aus meiner Untersuchung ist insbesondere die Phase des Promovierens relevant. Mein Eindruck ist, dass Traweek sich für die Analyse dieses Ausbildungsabschnittes überwiegend auf Aussagen von BetreuerInnen und auf Empfehlungsschreiben für die Promovierenden gestützt hat. Inwieweit ihre teilnehmende Beobachtung in die Bewertung dieser Phase eingegangen ist, ist aus ihrer Publikation nicht mehr ersichtlich. Meine Methodik weicht in diesem Punkt also von derjenigen Traweeks erheblich ab, da ich für die Darstellung dieser Ausbildungsphase fast ausschließlich Interviews mit Doktorandinnen und Doktoranden der Physik heranziehe. Gleichzeitig bedeutet dies aber auch, dass ich mich auf die Phase des Promovierens beschränkt habe und meine Ergebnisse nicht mit anderen Ausbildungsphasen an der untersuchten Institution vergleichen kann. Auch konzentriere ich mich nicht auf ein Teilgebiet der Physik allein, sondern habe DoktorandInnen aus unterschiedlichen Forschungsgebieten befragt. Ähnlich ist allerdings, dass ich mich wie Traweek auf die Untersuchung einer Institution konzentriert habe. Auf epistemologischer Ebene geht Traweek nicht von einer möglichen Trennung des forschenden Subjekts und dem Anderen als Konstruktion des Fremden aus. Trotzdem beschreibt sie eine in sich relativ abgeschlossene Gemeinschaft von Hochenergiephysikerinnen und -physikern, die sie selbst als am Rande Beteiligte beobachtet hat. Meine epistemologischen Prämissen sind demgegenüber jedoch verschoben: Das

---

[143] Vgl. Abschnitt 2.2.2.

Konzept des 'Situierten Wissens' von Haraway (1988) ist für mich leitend, d. h. es geht mir darum, die Dokumentation des Forschungsprozesses mit einzubeziehen und die Darstellung seiner Ergebnisse als partiale, situative Übersetzungen zu verstehen.[144] Traweeks Ergebnisse belegen eindrucksvoll, wie sich institutionelle Strukturen von Forschungslaboren der Physik, die ich als soziokulturelle Dimensionen verstehe, in das Wissenschaftsverständnis von dieser Disziplin einschreiben. Zu den Unterschieden zwischen der Untersuchung von Traweek und der vorliegenden gehört weiterhin der unterschiedliche Untersuchungszeitraum. Die Ende der 1970er bis Mitte der 1980er Jahre durchgeführte empirische Untersuchung von Traweek liegt zeitlich etwa 15 Jahre vor meiner empirischen Erhebung. Das Forschungsgebiet der Hochenergiephysik wurde in diesen Jahren von der US-amerikanischen Regierung gefördert, von der Scientific Community der Hochenergiephysik wurden immer größere Teilchenbeschleuniger entwickelt und gebaut. Das Jahr 1993 markierte jedoch in dieser Entwicklung einen Wendepunkt. Die weitere finanzielle Förderung des bis dahin größten geplanten Teilchenbeschleunigers, der Bau des „Superconducting Super Collider" (SSC), wurde gestoppt.[145] Auf weitere Unterschiede und Gemeinsamkeiten von Traweeks und meiner Untersuchung weise ich in den folgenden Kapiteln, in denen ich die Ergebnisse meiner Studie vorstelle, noch genauer hin.

Auch die Analyse der Postdoc-Phase von Gusterson (1995) verweist auf einen Zusammenhang von institutionalisierten Ausbildungsstrukturen und dem vermittelten Wissenschaftsverständnis der Physik. Die Institution, die er als Fallbeispiel untersucht hat, ist das „Lawrence Livermore National Laboratory", ein überwiegend auf die Entwicklung von Atomwaffen ausgerichtetes Forschungslabor in den USA. In der Veröffentlichung, auf die ich mich hier beziehe, konzentriert Gusterson sich auf die Darstellung der freundschaftlichen Beziehung zu derjenigen Waffenphysikerin des Labors, die für ihn im Rahmen seiner Studie zum „Schlüsselsubjekt der Feldarbeit" geworden ist (ebd., 255). Er zeichnet nach, wie diese Waffenphysikerin Sylvia ihre Haltung während der Mitarbeit im Lawrence Livermore Laboratory verändert und skizziert, wie sich auch seine eigenen Einstellungen und Emotionen gegenüber der Arbeit von WaffenphysikerInnen im Verlauf seiner Untersuchung sukzessive gewandelt haben. Das „Schlüsselsubjekt" Sylvia ist japanischer Herkunft, ihre Großeltern und Eltern haben in Japan gelebt, ihre Tante ist Zeitzeugin und Überlebende des Atomwaf-

---

[144] Vgl. 3.2.
[145] Für einen Eindruck von den Reaktionen auf diesen Beschluss von Seiten der Naturwissenschaften vgl. beispielsweise Macilwain (1993).

74

fenabwurfs auf Hiroshima. In seinen Interviews mit Sylvia geht Gusterson vor diesem biographischen Hintergrund der Frage nach, warum sie an der Entwicklung von Atomwaffen in einem US-amerikanischen Forschungslabor mitarbeitet und diese Forschung unter fortgesetzter Abwägung der Pro- und Contra-Argumente befürwortet. Als Abschluss von Sylvias Postdoc-Phase wertet Gusterson, dass sie einen Atomwaffentest erfolgreich in leitender Funktion durchgeführt hat. Er interpretiert dieses Ereignis als Initiationsritus, der Sylvia endgültig zur Waffenphysikerin werden lässt und damit zu einer erwachsenen Wissenschaftlerin. Seinen eigenen Ausbildungsprozess zum Ethnographen sieht Gusterson ebenfalls als eine Lehrzeit an. Seine Motivation, ein Waffenlabor als Institution für seine Doktorarbeit in der Ethnographie zu wählen, ist durch sein Engagement in der Friedensbewegung gegen das atomare Wettrüsten begründet gewesen. Während seiner Arbeiten im Feld hätten sich jedoch auch seine Einstellungen und Gefühle gegenüber der Atomwaffenforschung verändert. Frühere Alpträume über einen Atomkrieg seien fast verschwunden. Nicht zuletzt habe Sylvia auch seine stereotypen Vorstellungen von Weiblichkeit verändert, denn sie entspreche nicht dem Bild von Frauen, das ihm in der Friedensbewegung vermittelt worden sei.

Gustersons Forschungsarbeit ist für meine Studie in mehrfacher Hinsicht relevant. Er geht für seine Untersuchung vom Konzept des 'Situierten Wissens' von Haraway ([1988] 1991) aus. Dies hat zur Konsequenz, dass er die Verschiebungen seiner eigenen Erkenntnisse über das Waffenlabor in seiner Veröffentlichung explizit darstellt, so wie er auch die Verschiebung des Verhältnisses von Sylvia gegenüber ihrer Arbeit als Prozess begreift. Der Prozesscharakter einer zunehmend informellen Ausbildungsphase wie der des Promovierens, ist auch in meiner Untersuchung Bestandteil der Analyse. Die Darstellung seiner Ergebnisse in Form eines Dialogs zwischen ihm und Sylvia hat zur Konsequenz, dass auch Sylvia in seiner Veröffentlichung zu Wort kommt. Auch ihren Kommentaren zu seinen Interpretationen wird Raum gegeben, d. h. ihre Übereinstimmungen und ihre Ablehnungen sind Teil von Gustersons dialogischer Präsentation des Forschungsprozesses. Für die Präsentation der Interviews beziehe ich ebenfalls Interpretationen der Teilnehmenden ein, allerdings nur diejenigen, die ad hoc während der Interviewsituation auftreten. Ich gehe davon aus, dass die von mir formulierten Interviewfragen und Nachfragen erste Interpretationen der Alltagswelt der PhysikdoktorandInnen darstellen, die wiederum ad hoc auf Ablehnung oder Zustimmung seitens der Interviewten stoßen. Ihre Antworten stellen somit bereits eine erste Interpretation meiner Interpretationen dar.[146] Konsequent erscheint auch Gustersons Schlussfolgerung am Ende seiner Darstellung seines Forschungsprozesses. Er schreibt: „Es gibt keine." (Gusterson 1995, 270). Entgegen dieser eher programmatischen Formulierung Gustersons, kein endgültiges Ergebnis im Rahmen seiner Präsentation zu formulieren, lässt sich aber erkennen, dass er die Veränderungen von Einstellungen auf der Grundlage einer Art Verhaltensmodell deutet: Indem er sich selbst nicht mehr wie ein Atomwaffengegner verhält, sondern wie ein Ethnograph, der Beobachtungsprotokolle schreibt und Interviews führt, *wird* er auch zum Ethnographen. In analoger Weise wird Sylvia zur Waffenphysikerin, indem sie sich wie eine Waffenphysikerin verhält. Gusterson vermittelt in seinem Text, dass ab einem gewissen Zeitpunkt im Verlauf des Professionalisierungsprozesses, spätestens aber mit Abschluss desselben durch ein Initiationsritual, frühere Reflexionen über das eigene Tun geringer werden oder ganz verschwinden. Widersprüche scheinen sich zunehmend aufzulösen. Dieses Verschwinden der Reflexion über Widersprüchlichkeiten und damit die Aufhebung einer immer nur partialen Situiertheit von Subjekten kann ich aufgrund meiner Interviews jedoch nicht bestätigen. Eine Reflexion über institutionelle Strukturen und das durch diese Strukturen vermittelte Wissenschaftsverständnis bleibt m. E. für das postmoderne, partial situierte Subjekt durchaus im Rahmen seiner Möglichkeiten.

3.1.1.2 Auswahlkritierien für die empirische Erhebung

In meiner empirischen Studie untersuche ich das Wissenschaftsverständnis von Doktorandinnen und Doktoranden der Physik, die an einer renommierten, naturwissenschaftlich-technisch ausgerichteten US-amerikanischen Universität eingeschrieben waren. Im Zusammenhang mit der Frage, inwieweit unter NaturwissenschaftlerInnen ein positivistisches Wissenschaftsverständnis vorherrscht, erscheint es naheliegend, die Physik als Fachgebiet für die Untersuchung zu wählen, denn dieser Disziplin bzw. ihren Akteuren und Akteurinnen wird innerhalb des naturwissenschaftlichen Spektrums das ausgeprägteste positivistische Wissenschaftsverständnis zugeschrieben (Becher 1990, 3). In Zusammenhang mit diesem Wissenschaftsverständnis steht die Physik häufig als Synonym für die Begriffe von Objektivität und Wissenschaftlichkeit.[147] Vor diesem Hintergrund

---

[146] Zum Verständnis einer Interviewsituation vgl. Ausführungen unter 3.2.1.
[147] Vgl. hierzu auch, dass TeilnehmerInnen an Kochs qualitativer Erhebung zur Situation von Doktorandinnen die Begriffe Objektivität und Wissenschaftlichkeit in synonymer Weise verwandt haben (Koch 1995, 184 ff.)

76

einen plausiblen Zusammenhang zwischen dem Wissenschaftsverständnis und den sozialen Kontexten dieser Disziplin zu rekonstruieren, liefert daher einen weiteren Beitrag zur Debatte über die soziale Konstruktion naturwissenschaftlicher Erkenntnisse, wie sie in der Wissenschaftsforschung geführt wird. Mein eigener biographischer Hintergrund als Diplom-Physikerin erschien mir außerdem als eine hilfreiche Voraussetzung für die Kommunikation mit Physikerinnen und Physikern.

Studien wie diejenigen von Traweek oder Gusterson zeigen, dass eine fokussierte Untersuchung der Perspektive von DoktorandInnen erweiterte Erkenntnisse über das Wissenschaftsverständnis von NaturwissenschaftlerInnen liefern könnte. Bezogen auf eine fortgesetzte Karriere in der Wissenschaft sind DoktorandInnen einerseits bereits in den Forschungsbetrieb involviert. Andererseits befinden sie sich aber auch am Rande des Wissenschaftsbetriebs. Sie nehmen somit eine Zwischenposition innerhalb ihrer Profession ein.[148] Im Gegensatz zu etablierten oder berühmt gewordenen NaturwissenschaftlerInnen kommen DoktorandInnen nicht öffentlich zu Wort. Sie haben dazu – anders als berühmte NaturwissenschaftlerInnen – weder Anlass noch Gelegenheit.[149] Eine sozialwissenschaftliche Interviewstudie bietet sich daher an, um ihre Ansichten über ihre Disziplin zu erheben und damit DoktorandInnen in anonymisierter Form zu Wort kommen zu lassen, um so einen Blick in die Black Box des Promovierens in der Physik zu werfen. Traweek (1988, 14) gibt in ihrer Untersuchung Hinweise darauf, dass dies ein vielversprechendes Unterfangen sein könnte. Sie stellt aufgrund der von ihr geführten Interviews mit Physikerinnen und Physikern verschiedener Statusgruppen fest, dass Interviews mit den „jüngsten" Physikern im Hochenergiephysiklabor, zu denen auch Doktoranden und Doktorandinnen gehörten, – symbolisch gesprochen – mit offenen Türen stattfanden: Sie seien „sorgloser" mit ihren Antworten gewesen als ihre „Seniors".

Die hier vorliegende empirische Untersuchung wurde an einer US-amerikanischen Universität durchgeführt, so dass aufgrund des dortigen kulturellen Kontextes einige Besonderheiten der DoktorandInnen-Ausbildung zu berücksichtigen

---

[148] Im Vorwort zu einer Untersuchung über Doktorandinnen im bundesdeutschen Kontext von Koch (1995) bewertet Portele dementsprechend die soziale Situation von Doktorandinnen so, dass sie „weder ganz zum System der Wissenschaft und auch nicht mehr ganz zum System der Abnehmer von Wissenschaft gehören" (Portele 1995, III).

[149] Schriftliche Dokumentationen über ihr Wissenschaftsverständnis lassen sich von berühmten Naturwissenschaftlern eher finden. So kann z. B. auf ihre Reden anlässlich einer Preisverleihung Bezug genommen werden oder auf populärwissenschaftliche Berichte über ihre Forschungsarbeiten oder Entdeckungsprozesse (vgl. Goodell [1966] 1973).

sind: Die Ausbildungsphase des Graduiertenstudiums umfasst in den USA den Besuch von Lehrveranstaltungen und dauert daher einschließlich der anzufertigenden Forschungsarbeit länger als eine Promotion in der Physik im bundesdeutschen Kontext. Mitte der 1990er Jahre betrug die durchschnittliche Zeit für das Doktorandenstudium und die Forschungsarbeit in der Physik etwa sechseinhalb Jahre. Weiterhin gibt es in den USA keine Habilitation, so dass der Promotionsabschluss die formale Voraussetzung zu eigener Forschungsarbeit an der Universität ist und damit einen Zugang zur Scientific Community ermöglicht. Trotz nationaler Besonderheiten kann der Doktortitel aber auch generell als eine Art international gültige Eintrittskarte in die akademische Berufswelt gewertet werden. Er stellt ein Qualifikationskriterium dar, mit dem lokale und nationale Grenzen des Wissenschaftsbetriebes überschritten werden können. Dies ist für Magister-, Master's- oder Diplomabschlüsse nicht in gleichem Ausmaß der Fall.

In Anbetracht der beschriebenen zentralen Stellung der DoktorandInnenausbildung im Ausbildungsprozess zur NaturwissenschaftlerIn[150] erscheint es umso erstaunlicher, dass es nur wenige Studien gibt, die sich mit den Auffassungen von Doktorandinnen und Doktoranden beschäftigen. Aus der einschlägigen Literatur ist mir keine empirische Untersuchung über DoktorandInnen der Physik in den USA im Zeitraum der 1980er und 1990er Jahre bekannt. Dies bezieht sich nicht nur auf das Forschungsgebiet der Wissenschaftsforschung, sondern auch auf die Sozialwissenschaften insgesamt.[151]

Weiterhin untersucht auch die Physik-Community selbst – und hier insbesondere das „American Institute of Physics" (AIP) – die Situation ihrer DoktorandInnen und veröffentlicht dazu regelmäßig erscheinende „Graduate Student Reports". Hier handelt es sich überwiegend um statistische Daten, die zur Beschreibung von Ausbildungsbedingungen und Berufsperspektiven von PhysikdoktorandInnen an den Universitäten und in den verschiedenen Forschungsgebieten herangezogen werden. Auch der Ausbildungssituation von Frauen auf der DoktorandInnenebene widmet die Physik-Community besondere Aufmerksamkeit. So fanden Mitte der 1990er Jahre sogenannte „Site Visits" an vielen Universitäten der USA statt, um zu einer Verbesserung des Klimas für Frauen vor Ort beizutragen. Eine Gruppe von Professorinnen besuchte Physikinstitute, um sich

---

[150] Auch in Bourdieus (1990) Homo Academicus wird diese zentrale Stellung der DoktorandInnen-Phase innerhalb der sozialen Welt von AkademikerInnen deutlich.

[151] Eine Recherche im Oktober 1999 in dem „Social Science Citation Index" von 1981 bis Juni 1999 ergab außerdem, dass insgesamt nur drei Titel unter den Titelstichwörtern „physics graduate student(s)" zu finden waren, bei denen es sich allerdings nicht um Untersuchungen der Situation von DoktorandInnen handelt. Unter den Stichwörtern „Ph.D. Physics" fand sich kein Eintrag.

ein Bild von der Situation von Studentinnen, Doktorandinnen und Wissenschaftlerinnen zu verschaffen (Dresselhaus et al. 1994). Allerdings wurden auch im Rahmen dieses Engagements keine sozialwissenschaftlichen, qualitativ ausgerichteten Interviewstudien mit Doktorandinnen durchgeführt. Vielmehr ging es hier darum, dass Studierende und professionalisierte Frauen miteinander ins Gespräch kommen, um institutionelle Rahmenbedingungen zu reflektieren und möglicherweise verbessern zu können. Es wird davon ausgegangen, dass dies mehr Frauen motiviert, ihre Karriere in der Physik fortzusetzen.

Zusammenfassend lässt sich festhalten, dass die Relevanz einer qualitativen Interviewstudie mit Doktorandinnen und Doktoranden der Physik für die Wissenschaftsforschung aufgrund des bisherigen Forschungsstandes aus folgenden Überlegungen heraus begründet ist: Sozialwissenschaftliche Studien über den Ausbildungsprozess stellen ein Forschungsdesiderat innerhalb der Wissenschaftsforschung dar, um die Bedeutung von Relevanzstrukturen der Produktion und Reproduktion von Wissen in Lehre und Forschung nachzuzeichnen. Da Physik-DoktorandInnen ihr Wissenschaftsverständnis i. d. R. nicht explizit in ihren Veröffentlichungen thematisieren, kann eine sozialwissenschaftliche, empirische Untersuchung darüber Aufschluss geben.

3.1.2 Studien der Schul- und Hochschulforschung zu Vorstellungen von den Naturwissenschaften von SchülerInnen und Studierenden der Physik

Die Forderung, der Ausbildung von NaturwissenschaftlerInnen mehr Aufmerksamkeit zu widmen, erscheint angesichts der Existenz vieler Studien in Schul- und Hochschulforschung[152] erstaunlich. Zumeist ist es in diesem Forschungsbereich jedoch so, dass Schul- und Hochschulforschung das Ziel verfolgen, die Vermittlung kanonisierter Lehrinhalte an Schule und Hochschule zu verbessern. Vorstellungen von naturwissenschaftlichen Disziplinen werden dagegen nur selten untersucht. Dementsprechend ist der Begriff Wissenschaftsverständnis der Physik, wie er im zweiten Kapitel im Rahmen der Wissenschaftsforschung diskutiert wurde, bisher nicht in der Schul- und Hochschulforschung verankert.

Anhand einiger Studien, die die Vermittlung der Naturwissenschaften bzw. der Physik im Zusammenhang mit den Vorstellungen untersuchen, die SchülerInnen und Studierende der Physik von diesen Disziplinen haben, lassen sich

---

[152] Den Begriff „Research on Education" übersetze ich hier mit Schul- und Hochschulforschung.

Aspekte aufzeigen, die für meine Untersuchung anschlussfähig sind: Auffassungen über die Naturwissenschaften bzw. über die Physik sind vielfältig und veränderlich. Für die 1990er Jahre kann vermutet werden, dass auch für SchülerInnen und Studierende eine „Entzauberung" der Naturwissenschaften eingesetzt hat.[153] Diese führt in der Konsequenz dazu, dass die Vermittlung kanonisierter Inhalte der Naturwissenschaften nicht bruchlos geschieht. Ein Teil der SchülerInnen und Studierenden unterziehen diese Inhalte und ihre Vermittlung möglicherweise einer Reflexion und distanzieren sich von diesen Fächern. In diesem Zusammenhang ist insbesondere die Untersuchung von Hughes-McDonnell (1996) zu erwähnen. In dieser Studie wird anhand von qualitativen Interviews mit SchülerInnen und Schülern der Physik der 10. Klassenstufe deutlich, wie distanziert diese SchülerInnen den institutionalierten Lehr- und Lernformen der Physik gegenüber stehen. Der Unterricht im Klassenzimmer wird hier als institutionalisierte Struktur für die Vermittlung der Physik analysiert.

3.1.2.1 Charakterisierung der exemplarisch betrachteten Studien

Plädoyer für eine Verankerung des Begriffs 'Wissenschaftsverständnis der Physik' in der Schul- und Hochschulforschung

Der Begriff 'Wissenschaftsverständnis der Physik', wie er vor dem Hintergrund der Wissenschaftsforschung und der Frauen- und Geschlechterforschung über die Physik gefasst werden kann, ist bisher in der Literatur zur Schul- und Hochschulforschung noch nicht verankert. Es werden unterschiedlichste Begriffe verwendet, um Auffassungen von SchülerInnen und Studierenden über die Naturwissenschaften bzw. über die Physik zu bezeichnen. Zum jetzigen Zeitpunkt lässt sich ein Begriffsfeld ausmachen, das auf Studien über Vorstellungen von den Naturwissenschaften bzw. von der Physik hinweist. Es umfasst u. a. die Begriffe „views about science" (Bradford et al. 1995, Halloun 1996, Aikenhead u. Ryan 1992), „beliefs about science" (Aikenhead 1988, Hammer 1994), „images of science" (Mead u. Métraux 1957, Hughes-McDonnell 1996), „perceptions of physics" (Hughes-McDonnell 1996, 15) oder auch „understanding of science" und „epistemological beliefs" (Hammer 1994). Die Situiertheit dieser Vorstellungen innerhalb des Unterrichts wird durch Begriffe wie „viewpoints of students" und

---

[153] Vgl. Abschnitt 3.1.2.3.

„student positions" (Aikenhead 1992) oder „views about knowing and learning" (Roth u. Roychoudhury 1994) betont.[154]

Ein weiterer Aspekt ist, dass die Begriffe, mit denen Untersuchungen über Vorstellungen von den Naturwissenschaften bezeichnet werden, nicht nur unterschiedlich, sondern z. T. sogar widersprüchlich verwendet werden. So verwendet Aikenhead (1973) in seiner ersten Übersicht zu quantitativen Erhebungsinstrumenten zum Wissenschaftsverständnis von SchülerInnen und Studierenden der Naturwissenschaften noch den Begriff „Wissen" („knowledge about scientists and science"), der sich üblicherweise auf das Abfragen von naturwissenschaftlichen Inhalten bezieht: Aikenhead meint dagegen bereits in den 1970er Jahren mit diesem Wissensbegriff „Vorstellungen von den Naturwissenschaften und von NaturwissenschaftlerInnen". Der Begriff „knowledge" muss also hier als „Auffassungen" verstanden werden und nicht im Sinne seiner wörtlichen Übersetzung als „Wissen". Eine zunächst nicht offensichtliche Verwendung des Begriffs „belief" findet sich ebenfalls: In der Untersuchung von Donley und Ashcraft (1992) wird der Begriff „belief" nicht als „Vorstellung" oder „Auffassung" verstanden. Vielmehr handelt es sich bei dieser Untersuchung um einen Test, mit dem naturwissenschaftliche, kanonisierte Inhalte von SchülerInnen abgefragt wurden. Eine Begriffsklärung sowie eine systematische Erhebung der Literatur bzw. eine Diskussion, die die Begrifflichkeiten innerhalb der Schul- und Hochschulforschung diskutiert, steht hier noch aus.

Kurzbeschreibungen der exemplarisch betrachteten Studien

Im Folgenden stelle ich einige dieser Untersuchungen vor. Um eine Anschlussfähigkeit der Untersuchungen aus der Schul- und Hochschulforschung an meine Studie zu gewährleisten, habe ich folgende Kriterien für die Auswahl von Studien aus diesem Bereich festgelegt: Die Fragestellung sollte sich mit der Erfassung von Vorstellungen von den Naturwissenschaften bzw. von der Physik befassen; es wurden nur Untersuchungen berücksichtigt, in denen die SchülerInnen mindestens 15 Jahre alt waren; die untersuchte Gruppe sollte sich ausschließlich oder zumindest überwiegend aus SchülerInnen oder College-Studierenden aus dem Fach der Physik zusammensetzen; der Erhebungszeitraum sollte vergleichbar mit dem meinen etwa in der Mitte der 1990er Jahre liegen; Untersuchungsland sollten die USA gewesen sein. Für die exemplarische Diskussion betrachte ich zwei

---

[154] Die erwähnten Untersuchungen sind von solchen abzugrenzen, die Fragen der Wissensvermittlung, der Einstellung gegenüber den Naturwissenschaften oder dem Interesse von SchülerInnen und Studierenden an diesem Fach nachgehen (Aikenhead 1973, 540).

quantitativ und drei qualitativ ausgerichtete Untersuchungen. Der Vorstellung dieser Studien aus den 1990er Jahren stelle ich die Untersuchung von Mead und Métraux (1957) voran, die als Klassiker gewertet werden kann: eine qualitative Erhebung zur Erfassung von Vorstellungen von Schülerinnen und Schülern von den Naturwissenschaften bzw. von NaturwissenschaftlerInnen. Diese Untersuchung stelle ich hier vor, obwohl sie nicht mit meinem Untersuchungszeitraum vergleichbar ist und SchülerInnen aller fachlichen Ausrichtungen berücksichtigt wurden, weil auch jüngste Studien nach wie vor Bezug auf die Ergebnisse dieser Untersuchung nehmen. Einerseits haben die damaligen Ergebnisse teilweise nach wie vor nicht an Aktualität eingebüßt, andererseits lassen sich im Vergleich zu der damaligen Situation aber auch Veränderungen feststellen.

Die Studie von Mead und Métraux war v. a. darauf ausgerichtet, herauszufinden, welche Haltung Schülerinnen und Schüler gegenüber den Naturwissenschaften einnehmen und welche Vorstellungen sie von NaturwissenschaftlerInnen haben. Die „American Association for the Advancement of Science" (AAAS) förderte die Studie und übernahm die Organisation, an insgesamt 132 beteiligten High Schools Fragebögen zu verteilen und die etwa 35.000 von Schülerinnen und Schülern dazu verfassten Essays zu sammeln. Die Essays wurden als Fortsetzungen zu vorgegebenen Anfangssätzen geschrieben. Es gab drei Formulierungen dieser Anfangssätze, von denen jeweils nur eine Formulierung an einer Schule verteilt wurde. Die erste lautete "When I think about a scientist I think of ..." Das zweite Erhebungsformular sah zwei für Mädchen und Jungen verschiedene Anfangsformulierungen vor. Die Anleitung zum Schreiben der Essays lautete (Mead u. Métraux 1957, 385):

I   If you are a boy, complete the following statement in your own words.
     If I were going to be a scientist, I should like to be the kind of scientist who ...

II   If you are a girl, you may complete either the sentence above or this one.
     If I were going to marry a scientist, I should like to marry the kind of scientist who ...

Eine dritte Version von Anfangssätzen stellte eine abgewandelte, negative Formulierung der zweiten Möglichkeit dar: Jungen sollten beschreiben, welche Art von Naturwissenschaftler sie nicht sein wollten, Mädchen, welchen Typus von Naturwissenschaftler sie nicht heiraten wollen würden. Es überrascht, dass Margaret Mead, deren Anliegen es im Rahmen anthropologischer Studien war, die kulturelle Bedingtheit von geschlechtsspezifischen Zuschreibungen zu Frauen und Männern herauszuarbeiten, gerade diese geschlechtsstereotypen Formulierungen für die Erhebung der Essays gewählt hat. Diese Formulierungen sahen nicht vor, dass sich auch Mädchen in der Zukunft als Naturwissenschaftlerinnen sehen könnten.

Die Aussagen der Schülerinnen und Schüler aus den Essays fassten Mead und Métraux unter Hinzuziehung mehrerer Expertenpanels zu typischen Vorstellungen von Naturwissenschaftlern und von den Naturwissenschaften zusammen. Es stellte sich heraus, dass die Naturwissenschaften durchweg positiv gesehen wurden. Auf ihrer Basis, so die Schülerinnen und Schüler, hätte es Fortschritte in der gesellschaftlichen Entwicklung gegeben. Gleichzeitig herrschte ein positives Bild vom uneigennützigen, intelligenten, teuer ausgebildeten Naturwissenschaftler vor. Für die eigene Berufs- und Lebensplanung allerdings trugen die negativen Vorstellungen von Naturwissenschaftlern dazu bei, sich gegen eine naturwissenschaftliche Laufbahn bzw. gegen eine Heirat eines Naturwissenschaftlers zu entscheiden. Das Bild, das Mead und Métraux aufgrund der Essays vom typischen Naturwissenschaftler herausarbeiteten, lautete:

Der Naturwissenschaftler ist ein Mann, der einen weißen Kittel trägt und in einem Labor arbeitet. Er ist älter oder mittleren Alters und trägt eine Brille. Er ist klein, manchmal klein und gedrungen, oder groß und dünn. Er kann kahl sein. Er könnte einen Bart tragen, könnte unrasiert und ungepflegt sein. Er könnte gebeugt und müde sein. [...][155]

Dieses Bild bestätigten in neueren Studien u. a. auch Hughes-McDonnell (1996) und Rahm und Charbonneau (1997). In diesem Punkt scheinen die Ergebnisse von Mead und Métraux also nach wie vor aktuell zu sein. Gleichzeitig scheint sich aber auch herauszukristallisieren, dass das positive Bild von den Naturwissenschaften brüchig geworden ist. In den nachfolgend angeführten Studien herrscht kein durchgängig positives Bild von den Naturwissenschaften mehr vor, wie es den 1950er Jahren noch der Fall gewesen zu sein scheint. Die „Entzauberung" der Naturwissenschaften im 20. Jh. hat auch Auswirkungen auf die Vorstellungen von SchülerInnen und Schülern über diese Fächer zur Folge gehabt.

Halloun (1996) hat für seine Untersuchung von Auffassungen über die Naturwissenschaften ein quantitatives Erhebungsinstrument auf der Grundlage von schriftlichen Essays und anschließenden Interviews mit College-Studierenden entwickelt. In der Veröffentlichung, auf die ich mich hier beziehe, stellt er die Entwicklung dieses Instrumentes, „Views about Science Survey" (VASS), sowie eine Befragung von College-Studierenden der Physik mit diesem Fragebogen

---

[155] Mead und Métraux 1957, 386-387.

vor. Diese Erhebung wurde im Herbstsemester 1995 im Rahmen eines von der „National Science Foundation" finanzierten Projektes zur Modellierung von Unterrichtskonzepten („Modeling Instruction") an der Arizona State University durchgeführt. Es nahmen 326 Haupt- und Nebenfach-Studierende im College aus drei unterschiedlichen Einführungskursen der Physik teil. Anhand einer 7-stufigen Likertskala bewerteten die Studierenden vorgegebene Statements; diese Einschätzungen wurden für die Analyse mit den Einschätzungen derselben Statements von LehrerInnen und College-ProfessorInnen verglichen. Die Antworten der Studierenden wurden drei Profilen zugeordnet: einer „Expertenansicht" („expert view"), einer „Transitorischen Ansicht" („transitional view") und einer „Laienansicht" („folk view"). Halloun wies einen Zusammenhang zwischen den Auffassungen von Studierenden über die Physik und ihren erreichten Leistungen nach: Studierende, die Expertenansichten vertraten, hatten mit größerer Wahrscheinlichkeit die Note „sehr gut"; Studierende, die Laienansichten vertraten, hatten mit größter Wahrscheinlichkeit schwache oder nicht ausreichende Benotungen erhalten. Die Mehrheit der Studierenden konnte einem transitorischen Profil zugeordnet werden. Ihre Noten waren am ehesten „gut" oder „befriedigend". Methodisch ist anzumerken, dass anhand dieser Veröffentlichung nicht rückgeschlossen werden kann, ob eine übereinstimmende oder eine ablehnende Haltung gegenüber den vorgegebenen Statements selbst als Experten- oder Laiensicht gewertet wird. Die Bestimmung der Kategorien „expert view", „transitional view" und „folk view" wird in Referenz zu der Mehrheitsmeinung der Experten festgelegt. Für die LeserIn ist also nicht nachvollziehbar, welche Auffassungen ihnen zugeordnet werden.

In der Untersuchung von Bradford et al. (1995) wird evaluiert, welche Auffassungen über die Naturwissenschaften in einem Seminar zu „Science, Technology, and Society" (STS-Seminar) im Vergleich zu herkömmlichen Vorlesungen in der Physik vermittelt werden. Motiviert ist diese Studie von der Vorstellung, dass es zu den Aufgaben eines naturwissenschaftlichen Studiengangs gehört, nicht nur kanonisierte Fachinhalte zu vermitteln. Ziel eines naturwissenschaftlichen Studiums sollte es darüber hinaus sein, Studierende zu befähigen, aktive EntscheidungsträgerInnen in Bezug auf Themen zu werden, die im Schnittfeld von Naturwissenschaft, Technik und Gesellschaft angesiedelt sind, um zu verantwortungsvollen Bürgerinnen und Bürgern zu werden (Bradford et al. 1995, 355). Für ihre Studie haben Bradford et al. an einer Universität im mittleren Westen der USA die Auffassungen von zwei Gruppen von College-Studierenden jeweils zu Beginn und am Ende eines Semesters miteinander verglichen. Für die Durchführung ihrer Erhebung haben sie eine Auswahl von sechzehn Fragen des insgesamt 114 Punkte umfassenden Erhebungsinstruments „Views on Science-Technology-Society©" (VOSTS) von Aikenhead et al. (1989) verwendet. Ihr Ergebnis ist, dass sich im Laufe eines Semesters die Auffassungen von College-Studierenden über die Naturwissenschaften in einem STS-Kurs stärker verändern als in einem Physik-Kurs. Innerhalb einer dreistufigen Skala, in die die Auffassungen über die Beziehungen von Naturwissenschaft, Gesellschaft und Technologie eingeordnet worden sind, sind folgende Veränderungen festgestellt worden: Ein Teil der TeilnehmerInnen an dem STS-Seminar, die vor dem Semester eher „mittlere" bis „naive" Ansichten vertreten hätten, hätten nach Abschluss des Semesters Zusammenhänge zwischen Naturwissenschaft, Technik und Gesellschaft eher „realistisch" bewertet. Allerdings konnten Bradford et al. auch die umgekehrte Veränderung feststellen. Studierende, die vor Besuch des Unterrichts „realistische" Auffassungen vertraten, stimmten am Ende des Semesters eher „mittleren" oder „naiven" Auffassungen über die abgefragten Themen zu. Im Einführungskurs in die Physik konnte lediglich eine veränderte Auffassung gegenüber der Technik festgestellt werden: Am Ende des Semesters wurde Technik in stärkerem Maße als „Werkzeug" betrachtet als am Anfang dieses Kurses. Die Zuordnung der Auffassungen von Studierenden zu den drei Kategorien „naive", „mittlere" und „realistische" „Auffassung" wurde von einem Expertenpanel vorgenommen, bestehend aus LehrerInnen und ProfessorInnen der Wissenschaftsforschung. Auch wenn die Intention dieser Bewertung die war, die Vorstellungen von Studierenden gerade nicht als „richtig" oder „falsch" zu klassifizieren, verdoppelt eine Beurteilung im Rahmen einer solchen von Experten bestimmten Skala dennoch den autoritären Habitus von Lehrenden gegenüber Lernenden. Welche Statements aus VOSTS das Expertenpanel wie bewertet hat, ist im Rahmen dieser Veröffentlichung ähnlich wie bei Aikenhead (1989) nicht nachvollziehbar.

Da Bradford et al. mit einer Auswahl von Fragen aus dem Erhebungsinstrument VOSTS gearbeitet haben, sei an dieser Stelle noch kurz auf dieses Instrument verwiesen. Ziel der Entwicklung von VOSTS war es, ein Erhebungsinstrument zu entwickeln, mit dem möglichst eindeutige Ergebnisse zur Erfassung von Vorstellungen von den Naturwissenschaften von Schülerinnen und Schülern erhoben werden könnten (Aikenhead et al. 1989, 479). Ein Vergleich von vier methodischen Zugängen ergab, dass halbstrukturierte Interviews gegenüber schriftlichen Essays, quantitativen Erhebungsinstrumenten und Multiple Choice Tests am eindeutigsten waren. Daher plädieren Aikenhead und Ryan dafür, Erhebungsinstrumente empirisch zu fundieren, d. h. Äußerungen der zu untersuchenden Gruppe in die Konstruktion der sog. „Stammaussagen" einzubeziehen (ebd.). Des Weiteren haben Aikenhead und Ryan Debatten aus der Wissenschaftsforschung für die Konstruktion der Aussagen, zu denen die untersuchten Gruppen Stellung beziehen sollen, einbezogen (ebd., 480). Die Aussagen über Zusammenhänge von Naturwissenschaft, Technik und Gesellschaft ordnen Aikenhead und Ryan (1989, 481-482) folgenden Themenkomplexen zu: Naturwissenschaft und Technik, Einfluss der Gesellschaft auf Naturwissenschaft und Technik, Einfluss von Naturwissenschaft und Technik auf Gesellschaft, Einfluss der Naturwissenschaften in der Schule auf Gesellschaft, Charakterisierung von NaturwissenschaftlerInnen, soziale Konstruktion naturwissenschaftlichen Wissens, soziale Konstruktion von Technik und naturwissenschaftlichem Wissen und der naturwissenschaftlichen Epistemologie. Durch die Rezeption von Debatten aus der Wissenschaftsforschung wird von Aikenhead und Ryan durchaus berücksichtigt, dass Vorstellungen von den Naturwissenschaften nicht skaliert bzw. als richtig oder falsch bewertet werden können. Dennoch wird durch die Modifikation des Erhebungsinstruments sowie durch die von Bradford et al. gewählte Analyse erreicht, dass Auffassungen von College-Studierenden anhand von Auffassungen eines Expertenpanels bewertet werden.

Beide quantitativen Erhebungsinstrumente berücksichtigen die Vermittlung von Auffassungen durch die Unterrichtsstruktur nicht. Das Problem, dass mit der Vermittlung des naturwissenschaftlichen Lehrkanons auch bestimmte Vorstellungen von der Physik vermittelt werden, wird sowohl von Halloun als auch von Bradford et al. als eine Frage der Lehrinhalte, aber nicht als eine Frage der Unterrichtsstrukturen behandelt. Die Situiertheit der Vermittlung wird daher nicht betrachtet.

Welche Vorstellungen von der Physik mit dem, wie und was erlernt wird, in einem Zusammenhang stehen, fragt Hammer (1994) in seiner zweisemestrigen, den Unterricht begleitenden Studie. In einem Einführungskurs in die Physik hat er sechs Studierende, eine Frau und fünf Männer, mehrfach über ihre Vorstellungen von dem, was zu dem Zeitpunkt in seinem Physikkurs behandelt wurde, interviewt. Hammer ordnet Auffassungen von College-Studierenden der Physik über physikalisches Wissen drei Ebenen zu: (1) Die *Struktur* physikalischer Konzepte sei zwischen einer Struktur aus einzelnen „Teilen" („pieces") und einem „kohärenten Ganzen" („coherence") angesiedelt. (2) Physikalische *Inhalte* würden durch „Formeln" („formulas") oder durch „Konzepte" („concepts") erfasst. (3) Das *Erlernen* der Physik geschehe durch eine „Autorität" („authority") oder durch eigene Wissenskonstruktionen in „Unabhängigkeit" („independence"). In seiner Untersuchung zeigt sich, dass zwei der sechs TeilnehmerInnen, die bessere Noten erhielten, Ansichten über physikalisches Wissen und Lernen vertraten, welche innerhalb dieses Rasters den Kategorien von „Kohärenz", „Konzepten" und „Unabhängiges Lernen" zugeordnet werden konnten. Vier weitere Studierende mit mittleren Leistungen vertraten dagegen Auffassungen, denen Hammer tendenziell eine mittlere Position zwischen den jeweiligen Extremen der drei gewählten Ebenen zuordnet und die bzgl. des Lernens an die Vermittlung physikalischen Wissens durch Autoritäten glaubten.[156]

Die Studie von Roth und Roychoudhury (1994) soll hier betrachtet werden, obwohl diese empirische Studie nicht in den USA, sondern in Kanada durchgeführt worden ist, da Roth zu denjenigen Autoren gehört, die Ergebnisse aus der Schul- und Hochschulforschung auch innerhalb des Feldes der Wissenschaftsforschung veröffentlichen (vgl. Roth u. Bowen 1999) und die Debatten aus diesem Bereich wiederum für ihre Untersuchungen rezipieren. Dies ist auch für die hier exemplarisch angeführte Studie über epistemologische Auffassungen und Ansichten über Wissen und Lernen von Schülern der Physik der Fall (Roth u. Roychoudhury 1994). In einer privaten Jungenschule in einem städtisch geprägten Umfeld in Kanada hat Roth Vorstellungen von den Naturwissenschaften von zweiundvierzig Schülern der zehnten und elften Klasse mit verschiedenen methodischen Zugängen erhoben. Die erste Form der Erhebung umfasste fünf Aussagen, die wiederum verschiedene Aspekte naturwissenschaftlichen Wissens berührten, und die entweder aus einer objektivistischen oder einer konstruktivistischen Grundposition heraus formuliert waren. Zu diesen Aussagen wurde nach Zustimmung oder Ablehnung der Schüler gefragt, die sie zusätzlich kurz begründen sollten. Zum zweiten verfassten die Schüler kurze Essays zu dem Thema „Über die Natur des Wissens und Lernens der Physik". Weitere begleitende Fragen zu dieser Anleitung waren "How do I know physics?", "How do I learn physics?", "Is the knowledge you learn in the laboratory different from the one you learn out of the textbook?" und "How does working in a group help me to learn physics?" In welchem Ausmaß die so befragten Schüler eine konstruktivistische Herangehensweise an das Fach hatten, bestimmten Roth und Roychoudhury mit einem von Taylor und Fraser (1991) entwickelten Erhebungsinstrument.[157] Das Ergebnis ist, dass die Mehrheit der Schüler eine objektivistische Haltung vertritt, während eine Minderheit von einem Viertel aller Schüler einen konstruktivistisch-relativistischen Standpunkt einnimmt. Schließlich haben Roth und Roychoudhury qualitative Interviews mit Schülern aus allen drei Gruppen

---

[156] Hammer 1994, 163.

[157] In die skalierte Bewertung gehen Faktoren wie „Autonomie", „Vorwissen", „Aushandlungsprozesse in Interaktionen mit anderen" und „Auffassungen über das Lernen als kreativem Prozess und Lösungsmöglichkeit schwieriger, persönlicher Erfahrungen" ein.

durchgeführt, d. h. mit Schülern, die eine objektivistische, eine konstruktivistisch-relativistische oder eine mittlere Position zwischen diesen Grundhaltungen einnehmen. Aufgrund dieser methodischen Vorgehensweise haben Roth und Roychoudhury herausgearbeitet, dass einzelne Schüler keine eindeutigen epistemologischen Grundhaltungen bzgl. der formulierten Positionen einnehmen, sondern dass sie auch widersprüchliche Haltungen vertreten. Fazit der Untersuchung ist, dass die Haltungen gegenüber physikalischem Wissen drei verschiedenen „Aspekten" zugeordnet werden können: mathematischen und konzeptuellen Aspekten mit Bezug zu Lehrbüchern sowie Erfahrungsaspekten mit Bezug zu dem Physikunterricht im Labor (Roth u. Roychoudhury 1994, 18). Roth und Roychoudhury weisen darauf hin, dass die Ansichten von Schülern über die Physik durch den Kontext, in dem sie vermittelt werde, geprägt sein könne. Gleichzeitig ist aber ihr Erhebungsdesign relativ unabhängig von dem untersuchten Kontext gestaltet. In einer Folgestudie setzt Roth dieses Ergebnis um, indem er die Form des Physikunterrichts verändert. Während eines Schulhalbjahres unterrichtet er Physik mithilfe eines anderen Lehrbuches, in dem die Physik als Sprache[158] aufgefasst wird (vgl. Roth u. Lucas 1997). Aufgrund dieses veränderten Unterrichtskonzepts stellen Roth und Lucas (1997) eine Veränderung der epistemologischen Haltung der Schüler gegenüber der Physik fest: Sie hätten die Physik nicht mehr als einen „Spiegel der Natur" betrachtet.

Im Folgenden stelle ich die etwa zeitgleich mit meiner empirischen Erhebung durchgeführte qualitative Interviewstudie von Hughes-MᶜDonnell (1996) vor.[159] Diese Untersuchung nimmt eine besondere Stellung ein, was ihre Anschlussfähigkeit an die vorliegende Untersuchung betrifft. Ausgehend von der Frage, warum so wenige Frauen an der Profession der Physik beteiligt sind, kommt auch Hughes-MᶜDonnell zu der Fragestellung, welche Vorstellungen von der Physik durch institutionalisierte Lehr- und Lernstrukturen vermittelt werden – in ihrem

---

[158] Gregory 1990.

[159] Fiona Hughes-MᶜDonnell habe ich nach der Erhebungsphase der vorliegenden Interviewstudie kennengelernt. Im Rahmen der Vorbereitung auf eine Konferenz an der „Harvard Graduate School of Education" haben wir Teile des jeweils von uns erhobenen Interviewmaterials im Hinblick auf seine Analysen und zu ziehende Schlussfolgerungen gemeinsam mit Elizabeth Cavicchi diskutiert (Lucht, Cavicchi u. Hughes-MᶜDonnell 1996). Im Rahmen dieser Konferenz habe ich erste Ergebnisse meiner Analysen vorgestellt, die ich mit einer modifizierten Version der Methode des 'Leitfadens zum Zuhören' erarbeitet hatte (vgl. Abschnitt 3.2.2.2). Überraschend war für uns, wie ähnlich z. T. unsere Ergebnisse aufgrund des erhobenen Materials waren und in welchem Ausmaß sowohl SchülerInnen als auch Promovierende trotz ihrer guten Leistungen in unseren Interviews geäußert hatten, dass sie der eigenen Situation in der Ausbildung kritisch gegenüber stehen.

Fall durch diejenigen an der High School. Ihr Ziel ist es nachzuvollziehen, wie tägliche Erfahrungen mit dem Physikunterricht in der High School Auffassungen und Bilder sowohl von der Physik als Fach als auch von Physikerinnen und Physikern prägen (Hughes-McDonnell 1996, 14). Ihre Untersuchung basiert auf qualitativen Interviews mit dreizehn Schülerinnen und Schülern aus vier High Schools in New Hampshire im Nordosten der USA. Sie waren in fortgeschrittenen Physikkursen eingeschrieben; für die Studie wurden jeweils ein Mädchen und ein Junge aus derselben Klasse von ihren Lehrern aufgrund der Einschätzung vorgeschlagen, dass sie Physik studieren könnten. Die SchülerInnen wurden aufgefordert, selbst Fotos vom Physikunterricht aufzunehmen, die ihre Erfahrungen mit der Physik dokumentieren sollten – mit der Vorstellung, dass diese Dokumentation in einem Wochenmagazin erscheinen könnte, beispielsweise unter dem Titel „A Week in the Life of a Physics Student" (Hughes-McDonnell 1996, 75). Auf der Grundlage der aufgenommen Fotos führte Hughes-McDonnell mit jedem/r Teilnehmer/in zwei Interviews, in denen die Fotografien ausführlich beschrieben und die Gründe für ihre Auswahl dargelegt wurden. Die Erzählungen aus den Interviews ordnet Hughes-McDonnell vier Unterrichtstypen zu, die die Vorstellung von der Physik prägen: erstens dem Physiklabor, zweitens der Fehlerrechnung, drittens dem Lösen von Übungsaufgaben und viertens der Demonstration von Versuchen. Die Zusammenhänge zwischen diesen verschiedenen Unterrichtstypen und den Vorstellungen der Schülerinnen und Schüler von der Physik stelle ich unter Abschnitt 3.1.2.5 ausführlicher vor. In den folgenden Abschnitten fasse ich die Ergebnisse der vorgestellten Studien unter verschiedenen Gesichtspunkten zusammen.

3.1.2.2 Vorstellungen von den Naturwissenschaften im Zusammenhang mit Zielen naturwissenschaftlichen Unterrichts

In der Unterrichtsforschung werden Zusammenhänge zwischen Vorstellungen von den Naturwissenschaften, die SchülerInnen und Studierende haben, und weiteren Aspekten naturwissenschaftlichen Unterrichts untersucht, zu denen u. a. die Leistungsbewertung, das Interesse am Fach, die Entscheidung für einen naturwissenschaftlichen Beruf, die Befähigung zu politischer Partizipation und die Reflexion über Unterrichtsstrukturen gehören.

Die Ergebnisse von Hammer (1994) und Halloun (1996) geben Hinweise darauf, dass es möglicherweise Zusammenhänge zwischen den Vorstellungen von den Naturwissenschaften von College-Studierenden und der Bewertung ihrer Leistungen im Physikunterricht geben könnte, während Hughes-McDonnell

(1996) auch bei sehr guten und guten Schülerinnen und Schülern unterschiedlichste Auffassungen über die Physik feststellt.

Ein Ergebnis von Hughes-McDonnell (1996, 72) ist, dass SchülerInnen aufgrund der an sie vermittelten Vorstellungen von der Physik und von PhysikerInnen ihr Interesse am Fach mit der Zeit verlieren – auch unabhängig von ihren schulischen Leistungen. Das Interesse am Unterricht ließe sich steigern, so vermutet Hughes-McDonnell, wenn vorgegebene und vorstrukturierte Lehrinhalte durch eine Unterrichtsstruktur ersetzt würden, die durch ein „Erforschen" der behandelten Phänomene geprägt wäre. Eine Veränderung des Unterrichts, dessen Didaktik eine aktive Teilhabe von SchülerInnen an der physikalischen Wissenskonstruktion ermöglicht, würde hier einer Vorstellung über die Naturwissenschaften näher kommen, wie sie sich als Forschung im Wissenschaftsbetrieb darstelle. Diese Vermutung begründet Hughes-McDonnell (1996, 134) u. a. mit Bezug auf die Ergebnisse einer Untersuchung von Renner et al. (1985). Diese haben festgestellt, dass sich das Interesse von Schülerinnen und Schülern an Chemie- und Physikkursen erhöht habe, nachdem an einer High School in Oklahoma die Unterrichtspraxis so verändert worden sei, dass die Naturwissenschaften als Forschung präsentiert worden wären. So sei beispielsweise der Durchführung vorstrukturierter Laborexperimente eine „explorative Phase" vorgeschaltet worden, in der SchülerInnen experimentelle Daten über Naturphänomene gesammelt und interpretiert hätten, ohne vorab entsprechende physikalische Konzepte zu kennen.

Bereits Mead und Métraux (1957) vermuteten, dass die Vorstellungen, die SchülerInnen von den Naturwissenschaften und von Naturwissenschaftlern haben, mit ihren Entscheidungen für eine berufliche Karriere in diesem Bereich zusammenhängen könnte. Ihre Ergebnisse bestätigen dies, denn in allgemeinen Formulierungen über Bilder von den Naturwissenschaften und diejenigen, die sie betreiben, verbinden SchülerInnen in den 1950er Jahren in den USA positive Assoziationen. In den meisten Fällen wendet sich dies jedoch negativ, wenn sie ihre Aussagen über die Naturwissenschaften in Kontexten über eigene Lebensentscheidungen formulieren. Vorstellungen von der Physik, wie sie in der stark vorstrukturierten Unterrichtspraxis der High School vermittelt werden, bewertet Hughes-McDonnell (1996, 19) als einflussreiche Faktoren für die Entscheidungen von SchülerInnen gegen ein naturwissenschaftliches Studium. Von den interviewten achtzehn sehr guten Schülerinnen und Schülern der letzten High

School Klasse in ihrer Studie beabsichtigten nur zwei Schüler, ein naturwissenschaftliches Studium zu beginnen.[160]

Aufgrund der Ergebnisse von Bradford et al. (1995) lässt sich schlussfolgern, dass STS-Seminare stärker zu einer Reflexion der Schnittstellen von Naturwissenschaft, Technik und Gesellschaft gegenüber herkömmlichen naturwissenschaftlichen Kursen beitragen. Einschränkend ist jedoch festzuhalten, dass die Veränderungen von Vorstellungen von der Physik keinen eindeutigen Trend aufwiesen.

Wie die Ergebnisse von Roth und Lucas (1997) zeigen, trägt eine veränderte Vermittlung der Physik als Sprache mit anderen Lehrbüchern und veränderten Unterrichtsstrukturen auch zu einer Veränderung von Auffassungen über die Physik bei.

3.1.2.3 Anschlussfähige Ergebnisse

Für die vorliegende Untersuchung sind die Ergebnisse der vorgestellten Studien in mehrfacher Hinsicht anschlussfähig. Sie zeigen auf, dass Vorstellungen von den Naturwissenschaften mit den einzelnen Phasen der Ausbildung zusammenhängen können. Innerhalb der einzelnen Phasen sind die Auffassungen jedoch gleichzeitig vielfältig und veränderlich. Die Entzauberung der Naturwissenschaften im 20. Jh. hat auch vor den Schultoren nicht Halt gemacht: Es kann vermutet werden, dass Schülerinnen und Schüler in den 1990er Jahren eine skeptische und reflexive Haltung gegenüber den Erfolgen der Naturwissenschaften und daher auch ein kritische Haltung gegenüber diesen Fächern und der Vermittlung ihrer Inhalte einnehmen.

Das Wissenschaftsverständnis in verschiedenen Phasen der Physikausbildung

Für die Bewertung der unterschiedlichen Positionen von Studierenden werden in quantitativen Studien häufig Expertenpanels herangezogen. Aufgrund der Beschreibungen der Konzeptionen und der Auswertungen dieser Studien wird deutlich, dass diejenigen, die sich noch im Professionalisierungsprozess befinden, ein breiteres Spektrum an Auffassungen über ihre Disziplin vertreten als diejenigen, die diesen Prozess bereits durchlaufen haben. So ist beispielsweise ein Ergebnis der Untersuchung von Halloun (1996), dass die Auffassungen von College-ProfessorInnen statistisch weniger stark schwanken als diejenigen von Studie-

---

[160] Die Einschätzung ihrer LehrerInnen war, dass alle ausgewählten Schülerinnen und Schüler ein naturwissenschaftliches Studium beginnen könnten (Hughes-MᶜDonnell 1996, 70).

renden. Auch bei Bradford et al. (1995) wird zur Bewertung der „Student Positions" von einem Konsens innerhalb des bewertenden Expertenpanels aus dem STS-Bereich ausgegangen. Für meine Untersuchung könnte dies bedeuten, dass eine Vielfalt an Auffassungen über ihre Disziplin eher bei denjenigen zu erwarten ist, die sich noch in der Ausbildung befinden als bei denjenigen, die diese bereits abgeschlossen haben.

Vielfältiges Wissenschaftsverständnis von SchülerInnen und Studierenden

Ein wesentliches Ergebnis aus der Unterrichtsforschung ist, dass ein *einheitliches* Wissenschaftsverständnis weder von SchülerInnen und Studierenden noch von Lehrenden der Naturwissenschaften bzw. der Physik vertreten wird.

In quantitativen Studien zeigt sich dies daran, dass die TeilnehmerInnen anhand mehrstufiger Skalen ihre Auffassungen zwischen extremen Positionen ansiedeln. Häufig werden hier dreistufige Skalen verwendet, die zwei extreme und eine mittlere Position umfassen. In den hier berücksichtigen Studien findet sich jeweils eine Verteilung der Befragten auf diese drei verschieden konstruierten Profile. So schreibt Halloun (1996) etwa dreiviertel aller Studierenden ein „transitorisches Profil", 11 % ein „Expertenprofil" und 16 % ein „Laienprofil" zu. College-ProfessorInnen vertreten für die Mehrzahl der Fragen zu 63 % bis 100 % die „Expertenansicht", bei wenigen Fragen zu 50 % die „Expertenansicht". Die deskriptive Analyse von Bradford et al. (1995) zeigt, dass bereits bei der Begriffsdefinition von Naturwissenschaft und Gesellschaft 46,7 % der Studierenden der Physik eine Auffassung wählen, die dem mittleren Profil „has merit" („a body of knowledge") zugeordnet worden ist, und zu 20,3 % eine Auffassung, die als „realistisch" („process of exploring the unknown") eingeschätzt worden ist.

Wie diese Beispiele zeigen, variieren Auffassungen über Naturwissenschaften bzw. über deren gesellschaftliche Dimensionen innerhalb einer Statusgruppe z. T. erheblich. Wird in Betracht gezogen, dass insbesondere quantitative Untersuchungen individuelle Unterschiede nicht erfassen, so ist davon auszugehen, dass das Wissenschaftsverständnis von SchülerInnen und Studierenden sehr vielfältig ist.

Diese Vielfalt zeigt sich auch in qualitativen Studien: So akzeptieren einige der SchülerInnen in der Studie von Hughes-McDonnell (1996) das an sie vermittelte Wissen und die Unterrichtspraxis der Physik, während andere insbesondere den autoritären Charakter des Wissenskanons in Frage stellen. Ähnlich den Profilen in quantitativen Studien entwickelt auch Hammer (1994) verschiedene Profile, denen er die Auffassungen von College-Studierenden zuordnet. Aufgrund der kleineren Untersuchungsgruppen kann das Wissenschaftsverständnis einzelner TeilnehmerInnen in qualitativen Studien detaillierter beschrieben werden: In einer als Unterrichtsbegleitforschung konzipierten Untersuchung haben Roth und Roychoudhury (1994) neben der Einordnung der Auffassungen von Schülern zwischen den Gegensätzen von Objektivismus und Relativismus auch widersprüchliche Vorstellungen einzelner Teilnehmer beschrieben. Diese Widersprüche sind mit skalierten quantitativen Erhebungsinstrumenten, wie sie in den oben erwähnten Studien verwendet werden, nicht zu erfassen, sondern sie werden einem „mittleren Skalenwert" und damit einem Profil zugerechnet, das zwischen den gegensätzlichen Positionen liegt.

Veränderungen von Auffassungen über die Naturwissenschaften durch naturwissenschaftlichen Unterricht und durch STS-Seminare

Die Entwicklung der Institutionalisierung der Wissenschaftsforschung hat zwar dazu geführt, dass mittlerweile an mehr als 2.000 US-amerikanischen Colleges und Universitäten STS-Seminare unterrichtet werden (Bradford et al. 1995), aber unklar ist, inwieweit sich dies in einem veränderten Wissenschaftsverständnis zeigt, da es nur wenige Evaluationen dieser Kurse gibt. Diese Lücke füllt u. a. die Studie von Bradford et al. (1995), in der die Auffassungen von College-Studierenden über STS-Themen vor und nach einem Einführungskurs in die Wissenschaftsforschung untersucht wurden. Bradford et al. konnten zwar Veränderungen dieser Auffassungen aber keinen eindeutigen Trend dieser Verschiebungen feststellen.

In der bereits erläuterten Studie von Roth und Lucas (1997) hatte mehr als die Hälfte der Schüler nach dem Kursjahr eines veränderten Physkunterrichts auch eine veränderte epistemologische Grundhaltung gegenüber dem Fach. Sie betrachteten naturwissenschaftliches Wissen nicht mehr als einen „Spiegel der Natur".

Entzauberung der Naturwissenschaften im 20. Jahrhundert

Werden die Ergebnisse der beiden Studien zum Wissenschaftsverständnis von SchülerInnen von Mead und Métraux (1957) und von Hughes-McDonnell (1996) verglichen, so zeigt sich dass in diesen beiden Untersuchungen ein deutlicher Unterschied zwischen den Wissenschaftsbildern zutage tritt. SchülerInnen in den 1990er Jahren nehmen eine sehr viel skeptischere Haltung gegenüber den Naturwissenschaften ein. Dies zeigt sich in Hughes-McDonnells Studie insbesondere daran, dass SchülerInnen Lösungen, die im Physikunterricht als Antworten auf

Problemstellungen angeboten werden, nicht ohne weiteres glaubwürdig finden. Sie kritisieren an ihrem Physikunterricht, dass er ihnen keine Freiheit lasse, andere als die vorgegebenen Denkmodelle in Betracht zu ziehen. Dies stellen die interviewten SchülerInnen darüber hinaus mit den Unterrichtsformen in einen Zusammenhang, die Wahrheitsansprüche über behandelte Phänomene vermitteln. Diese Ergebnisse weisen auf eine Entwicklung im Verlauf dieses Jahrhunderts hin, die von Wiesner (1993) im Anschluss an Beck (1986) als „Entzauberung der (Natur-)Wissenschaften" charakterisiert worden ist.

3.1.2.4 Dimensionen des Wissenschaftsverständnisses im Hinblick auf die Wissenschaftsforschung

So wie es innerhalb der Wissenschaftsforschung kaum Untersuchungen über die Ausbildungssituation angehender NaturwissenschaftlerInnen gibt, kann auch umgekehrt für Studien über Vorstellungen von den Naturwissenschaften innerhalb der Schul- und Hochschulforschung festgestellt werden, dass eine Rezeption von Positionen aus der Wissenschaftsforschung kaum stattfindet.[161] Wenn dies doch geschieht, dann zumeist implizit: Den einzelnen Aussagen des quantitativen Erhebungsinstrumentes VOSTS (Aikenhead et al. 1989) ordnen seine VerfasserInnen beispielsweise zwar bestimmte Positionen aus der Wissenschaftsforschung zu (Aikenhead u. Ryan 1992) – allerdings publizieren sie dies in einer gesonderten Veröffentlichung und nicht als Bestandteil des im Internet zugänglichen Fragebogens; auch Roy und Roychoudhury (1994) ziehen für die Analyse und die Bewertung von qualitativ erhobenen Daten Positionen aus der Wissenschaftsforschung heran. Aber auch hier wird eine explizite Thematisierung dieser Positionen im Unterricht oder im Rahmen der Erhebung nicht vorgenommen.

Insgesamt lässt sich festhalten, dass in quantitativen Studien den Auffassungen von SchülerInnen und Studierenden über die Naturwissenschaften tendenziell eine skalierte Bewertung zugeordnet wird, während qualitativ orientierte Studien z. Z. die epistemologischen Grundhaltungen von SchülerInnen innerhalb eines verschieden konzipierten Spektrums zwischen positivistischen und konstruktivistischen einordnen. Da es m. E. unangemessen ist, epistemologische Vorstellungen von den Naturwissenschaften als richtig oder falsch oder auch als Experten- oder Laienansicht zu bewerten, wäre es wünschenswert, diese Haltungen als solche zu thematisieren. Ein theoretischer Rahmen für eine solche Diskussion

---

[161] Diese Kritik an den Erhebungsinstrumenten zur Erfassung von Vorstellungen über die Naturwissenschaften von SchülerInnen und Studierenden wurde bereits von Lucas (1975) als Reaktion auf die Übersicht von Aikenhead (1973) formuliert.

könnte die Wissenschaftsforschung sein. Wie eine solche Diskussion aussehen könnte, zeige ich anhand der folgenden Überlegungen auf.

Positivistisches Wissenschaftsverständnis

Das bei Mead und Métraux (1957) von SchülerInnen positiv formulierte Bild der Naturwissenschaften wurde bereits im Zusammenhang mit ihrer Entzauberung im 20. Jh. diskutiert. Die skeptische Haltung von SchülerInnen der 1990er Jahre gegenüber den Naturwissenschaften kann auch als Ablehnung eines positivistischen Wissenschaftsverständnisses gedeutet werden, wie es zur Zeit der Erhebung von Mead und Métraux unter SchülerInnen noch vorherrschend gewesen zu sein scheint: Die Naturwissenschaften stehen u. a. als Garanten für den Fortschritt, den Lebensstandard, die militärische Verteidigung der Nation. Das positivistische Wissenschaftsverständnis scheint besonders in der folgenden Paraphrasierung von Mead und Métraux (1957, 386) durch: "Science is natural science with little direct reference to man as a social being except as the products of science – **medicine** and **bombs** – affect his life." Die Naturwissenschaften, so die Vorstellungen der Schülerinnen und Schüler, haben wenig Bezug zum Menschen als sozialem Wesen.

Gegenüberstellung von positivistischen und antipositivistischen Haltungen

In mehreren Studien lassen sich Konzepte wieder finden, die der antipositivistische Wende zugeordnet werden können.[162]

In der Studie von Hammer (1994) werden unterschiedliche Auffassungen über die *Inhalte* physikalischen Wissens denjenigen über die Art und Weise des *Erlernens* dieses Wissens gegenüber gestellt. Hammer wendet sich mit dieser Unterscheidung explizit dagegen, dass ein konstruktivistisch geprägtes Verständnis des Lernens automatisch mit einem relativistisch geprägten Wissenschaftsverständnis zusammenhänge (Hammer 1994, 159-160). In seiner Untersuchung kann er diesen Zusammenhang nicht finden. Auch wenn der Lernprozess konstruktivistisch beschrieben werden kann, sei es denkbar, dass die erlernten kanonisierten Inhalte als absolut angesehen und von Autoritäten vermittelt würden. Die unterschiedlichen Auffassungen über physikalisches Wissen bei Hammer bewegen sich zwischen „Formeln" und „Konzepten", sowie zwischen „unzusammenhängendem Detailwissen" und „kohärenten Strukturen". Trotz dieser Differenzierungen liegt diesen Konzepten also ein positivistisches Wissenschaftsver-

---

[162] Vgl. Kap. 2.

ständnis zugrunde. Dieser Eindruck verstärkt sich dadurch, dass Hammer auch die Auffassungen seiner Studierenden anhand ihrer Leistungen bewertet. Eine soziale Konstruktion des Wissens verortet Hammer daher lediglich in Bezug auf Lern*prozesse*, nicht aber auf Lern*inhalte*.

Eine Gegenüberstellung positivistisch und antipositivistisch geprägter Grundhaltungen ist auch in die Konstruktion des quantitativen Fragebogens von Halloun (1996) eingegangen. Dies lässt sich u. a. auch aus der verwendeten Literatur erschließen, die Halloun für die Bildung der für den Fragebogen verwendeten Kategorien rezipiert hat (Halloun 1996, 2). In dieser Studie richten sich etwa die Hälfte der dreiunddreißig Fragen auf „naturwissenschaftliche" Vorstellungen von dem „Wissen über die Physik". Diese Fragen sind überwiegend so konstruiert worden, dass zwei Antwortalternativen vorgegeben worden sind, zwischen denen die Studierenden anhand einer siebenstufigen Likert-Skala wählen sollten. Halloun bewertet die beiden Extrempositionen als Laien- bzw. als Expertenansicht.[163] Tendenziell lässt sich den erstgenannten Antwortalternativen ein positivistisches Wissenschaftsverständnis zuordnen, während die an zweiter Stelle genannten Antwortalternativen Statements umfassen, die auf Aspekte eines antipositivistischen Wissenschaftsverständnisses verweisen. So wird beispielsweise der Aussage "The laws of physics are inherent in the nature of things and independent of how humans think." die Antwortalternative "The laws of physics are invented by physicists to organize their knowledge about the natural world." gegenübergestellt.[164] Die zweite Antwortkategorie verweist auf die Rolle von NaturwissenschaftlerInnen zur Herstellung naturwissenschaftlichen Wissens. Anstatt naturwissenschaftliche Modelle und Gesetze als Informationsquellen für Fakten über der Natur zu betrachten, wie es im Rahmen eines positivistischen Wissenschaftsverständnisses der Fall wäre, werden die Naturwissenschaften als eine Möglichkeit betrachtet, über die Natur und mögliche Erklärungen ihrer Prozesse nachzudenken: "To me, physics is important as a source of ways of thinking about the natural world."[165]

---

[163] Die Zuordnung von Studierenden zu diesen Gruppen ist in der Studie etwas komplizierter, aber für die Diskussion in dieser Arbeit ist entscheidend, dass tendenziell bestimmte Aussagen als Laien- bzw. Expertenansicht kategorisiert werden, anstatt die Positionen aus der Wissenschaftsforschung als solche zu diskutieren.

[164] Frage 21 des Erhebungsinstruments (Halloun 1996). Weitere Aussagen der erstgenannten Antwortalternative sind: "[...] physics is important as a source of factual information about the natural world." (Frage 19), "Scientific findings about the natural world are dependent on current scientific knowledge." (Frage 29).

[165] Frage 19 des Erhebungsinstruments (Halloun 1996).

Positivismus als Expertenwissen

Ein positivistisches Wissenschaftsverständnis liegt auch denjenigen Vorstellungen zugrunde, die naturwissenschaftliches Wissen als „Expertenwissen" begreifen, welches auf der Kenntnis von Fakten beruhe. Beispiele für diese Vorstellung von den Naturwissenschaften finden sich u. a. in dem von Bradford et al. (1995) verwendeten Erhebungsinstrument. Im Fragekomplex „Einfluss von Naturwissenschaft und Technik auf die Gesellschaft" beispielsweise sind folgende Aussagen zu finden: „Scientists and engineers should be the ones to decide on world food production and food distribution (e.g., what crops to plant, where to best plant them, how to transport food efficiently, how to get food to those who need it, etc.), because scientists and engineers are the people who know the facts best."[166] und "We always have to make trade-offs (compromises) between the positive and the negative effects of science and technology."[167] Diese Aussagen geben nicht eine Wechselwirkungen zwischen Wissenschaft und Gesellschaft wider, sondern ein positivistisches Wissenschaftsverständnis, denn sie implizieren, dass NaturwissenschaftlerInnen und IngenieurInnen die „Fakten" kennen, sodass sie sich als besondere EntscheidungsträgerInnen auszeichneten. Hier wird den Naturwissenschaften ein epistemologischer Sonderstatus zugeschrieben, der mit einem positivistischen Wissenschaftsverständnis begründet wird.[168]

Die soziale Konstruktion naturwissenschaftlichen Wissens

Ansätze zur „Sozialen Konstruktion naturwissenschaftlichen Wissens" werden von Aikenhead und Ryan (1992) unter dem Stichwort „Interne Wissenschaftssoziologie" in dem Fragebogen VOSTS behandelt. Bradford et al. (1995) wiederum haben in ihrer Studie, basierend auf VOSTS, aus diesem Komplex drei Fragen gestellt. Hier finden sich Übereinstimmungen mit Ansätzen aus der Wissenschaftsforschung, die soziale Einflüsse auf die Entscheidung wissenschaftlicher Kontroversen berücksichtigen, wieder[169]: "When scientists disagree on an issue (e.g., whether or not low-level radiation is harmful) they disagree mostly, because they do NOT have all the facts. Such scientific opinion has NOTHING to do

---

[166] Statement 15 in Bradford et al. 1995.

[167] Statement 7 in Bradford et al. 1995.

[168] Eine ähnliches Wissenschaftsverständnis kommt auch im siebten Statement des von Bradford et al. (1995) verwendeten Erhebungsinstruments zum Ausdruck: Die Auswirkungen der Naturwissenschaften werden als „Effekte" beschrieben, die erst außerhalb des Wissenschaftsbetriebs zum Tragen kommen und dem naturwissenschaftlichen Forschen nicht inhärent seien.

[169] Vgl. Kap. 2.

with moral values (right or wrong conduct) or with personal motives (personal recognition, pleasing employers, or pleasing funding agencies). [...]" (Bradford et al. 1995).[170] Somit wird hier ein Wissenschaftsverständnis thematisiert, dem die Vorstellung zugrunde liegt, dass naturwissenschaftlichen Wissen sozial konstruiert sei. Der Konstruktionsprozess wird in der Herstellung von intersubjektiver Übereinstimmungen über fachliche Inhalte gesehen.

Interessensmodell

Auch für Positionen aus der Wissenschaftsforschung, die sich dem Interessensmodell innerhalb der Edinburgh School zuordnen lassen,[171] finden sich in den Studien aus der Schul- und Hochschulforschung einzelne Beispiele. In der Erhebung von Bradford et al. (1995) werden zu dem Komplex der Wechselwirkungen zwischen Naturwissenschaft und Technik auf nationaler Ebene insgesamt mehr als die Hälfte aller Fragen gestellt. Aikenhead und Ryan (1992) ordnen in ihrer Veröffentlichung über VOSTS diese Punkte der „Externen Wissenschaftssoziologie" zu; innerhalb dieses Bereiches unterscheiden sie zwischen solchen Fragen, die sich auf den „Einfluss der Gesellschaft auf Naturwissenschaft und Technik" richten und solchen, die die Auffassungen der Studierenden zum „Einfluss von Naturwissenschaft und Technik auf die Gesellschaft" kennzeichnen sollen. Alle Statements in diesem Komplex werden als wissenschafts*externe* Interessen angesehen, die die soziale Konstruktion von naturwissenschaftlichem Wissen beeinflussen. Wissenschaftlerinnen und Wissenschaftlern wird hier kein gesonderter Expertenstatus zugewiesen: "A country's politics affect that country's scientists. This happens, because scientists are very much a part of a country's society (i.e., scientsists are not isolated from their society.)." Die Formulierung dieses Statements zeigt, dass Wissenschaftlerinnen und Wissenschaftler ebenfalls zugeschrieben wird, dass sie Interessen vertreten, die gegebenenfalls in die Konstruktion des von ihnen hergestellten Wissens einfließen.

Die Vermittlung von positivistischen oder konstruktivistischen Vorstellungen von den Naturwissenschaften durch die gewählte Didaktik

In der Studie von Roth u. Roychoudhury (1994, 27) werden die Auffassungen von Schülern über epistemologische Grundlagen der Physik zwischen Objektivismus und Konstruktivismus angesiedelt: "Laboratory exercises that follow a

---

[170] Die beiden weiteren Fragen richten sich auf Entscheidungsmöglichkeiten von Bürgerinnen und Bürgern über den Einsatz einer neuen Technologie und über ihre Kontrollmöglichkeit.
[171] Vgl. Abschnitt 2.1.4.

traditional 'cookbook' format, where students simply follow predetermined procedures to verify laws and relationships, endorse an objectivist epistemology. Laboratory activities in which open inquiry, discussions and negotiations, and collaborative interpretation are central foster a constructivist epistemology." Vielfältige und z. T. widersprüchliche Wissenschaftsauffassungen der einzelnen Schüler werden darauf zurückgeführt, dass Roth in seinem Physikunterricht eine von der herkömmlichen Form abweichende Unterrichtsstruktur angeboten hat. Roth und Roychoudhury gehen von einem Zusammenhang zwischen Unterrichtsform und vermitteltem Wissenschaftsverständnis aus.

Zusammenfassend ist sich festzustellenhalten, dass in Studien aus der Schul- und Hochschulforschung für die Konstruktion quantitativer Erhebungsinstrumente bzw. für die Analyse und Bewertung qualitativer Untersuchungen Positionen aus der Wissenschaftsforschung eingehen. Eine explizite Diskussion dieser Positionen könnte eine angemessenere Behandlung von Vorstellungen von den Naturwissenschaften darstellen als eine skalierte Bewertung dieser nicht zuletzt politischen Haltungen. Eine Betrachtung der Unterrichtsstrukturen selbst geschieht nur in Ausnahmefällen. Dies ist das Besondere an der bereits vorgestellten Studie von Hughes-McDonnell (1996), deren Ergebnisse im Folgenden ausführlich im Hinblick auf ihre Anschlussfähigkeit an die vorliegende Untersuchung vorgestellt werden.

3.1.2.5 Die Vermittlung von Vorstellungen von der Physik durch institutionalisierte Unterrichtsstrukturen in der High School

Von den Unterrichtstypen, die Hughes-McDonnell (1996) in ihrer Studie herausgearbeitet hat,[172] sind insbesondere das „Physiklabor", das „Lösen von Übungsaufgaben" und die „Demonstration von Versuchen" für meine Studie anschlussfähig.[173]

Den Unterrichtstyp „Laborexperimente" nehmen die befragten SchülerInnen als Bestätigung des bereits vermittelten theoretischen Grundlagenwissens der Physik wahr (Hughes-McDonnell 1996, 23-42). Die zeitliche Anordnung der Lehreinheiten unterstützt dies, denn die theoretischen Inhalte und Übungsaufgaben werden während der Woche unterrichtet; erst am Ende der Woche, so die

---

[172] Vgl. Abschnitt 3.1.2.1.

[173] Der vierte von Hughes-McDonnell herausgearbeitete Unterrichtstyp, die „Fehlerrechnung", ist von den von mir interviewten Doktoranden nicht als eine besondere Form des Studierens oder Forschens genannt worden.

SchülerInnen, würden sie die zugehörigen Experimente selbst durchführen. Die Aufgabe während des Experimentierens bestünde darin, die standardisierten Experimente nachzuvollziehen, gemessene Daten in Gleichungen einzusetzen und ein Ergebnis in Form einer Zahl zu produzieren. Eigene Ideen zum experimentellen Aufbau oder alternative Erklärungsmöglichkeiten würden im Rahmen des Unterrichts nicht gefragt sein, so dass es keine Überraschungen gebe. Schülerinnen und Schüler nehmen diese Unterrichtspraxis zum einen nicht als „reale Wissenschaft" wahr (Hughes-McDonnell 1996, 23) und zum anderen stellen sie eine Differenz zu anderen Fächern fest. Einer der befragten Schüler meint dazu: "In English we all have something to contribute. In physics [the teacher] is the only one who knows anything." (Hughes-McDonnell 1996, 37). Diese Anordnung der vermittelten Inhalte führt in der Konsequenz bei einigen SchülerInnen zu Zweifeln über eben diese Inhalte: So fragt sich eine Schülerin, ob die Ergebnisse dieselben wären, wenn sie die Antworten vorher nicht wüssten. Die Schülerinnen und Schüler können hier zwei Gruppen zugeordnet werden: Die eine Gruppe glaubt, dass das, was unterrichtet wird, richtig sei, während die andere Gruppe nicht bereit ist, kanonisierte Inhalte als Wissen zu akzeptieren, ohne diese Inhalte selbst nachvollziehen oder infrage stellen zu können. Hughes-McDonnell arbeitet heraus, dass Schülerinnen und Schüler überwiegend Gestalterinnen und Gestalter ('creators' and 'builders') der Physik sein wollen und keine passiven EmpfängerInnen von kanonisierten Inhalten, die von anderen entwickelt wurden (Hughes-McDonnell 1996, 35).

Theoretische Übungsaufgaben zu lösen stellt eine weitere Unterrichtspraxis dar, die bestimmte Vorstellung von der Physik als Fach impliziert (Hughes-McDonnell 1996, 43-50): Physik sei eine mentale Wissenschaft und nichts zum „Anfassen". Am Ende des Schulhalbjahres, so die Schülerinnen und Schüler, sei die Wand des Klassenzimmers von Postern bedeckt, auf denen physikalische Gleichungen stehen. Um Übungsaufgaben zu lösen, müssen die richtigen Zahlen in die richtigen Gleichungen eingesetzt werden. In Laborexperimenten werden diese Zahlen quasi nachgemessen. Die intensive Beschäftigung mit diesen Mathematikaufgaben führe oft dazu, dass ganz vergessen werde, um welches physikalische Phänomen es gehe. Zu der Idee in der Physik, dass es eine einheitliche Theorie geben könne, die alle physikalischen Gesetze umfasst, haben die interviewten Schülerinnen und Schüler unterschiedliche Haltungen. Einige SchülerInnen fasziniert der Gedanke, dass ein einziges Gesetz alles erklären könnte, einige fragen sich, ob ein einziges Gesetz genug sei und ob es nicht notwendig wäre, etwas ganz anderes zu finden.

Die dritte Unterrichtsform, die „Demonstration von Versuchen", so Hughes-McDonnell (1996, 52), unterstützt den autoritären Charakter der kanonisierten Inhalte des Fachs Physik. Die unterrichtende Person zeigt mit der Vorführung von Versuchen einerseits die Gültigkeit von physikalischen Gesetzen auf und andererseits, dass sie selbst als Autorität die Durchführung dieser Experimente beherrscht. Damit führt sie diese Versuche stellvertretend durch und wird zum „Physiker", d. h. sie inszeniert gleichzeitig mit ihrer Person den Typus eines Physikers oder einer Physikerin. Diese Vorführungen, so Hughes-McDonnell, entbehrten nicht einer gewissen Theatralik.

Zusammenfassend lässt sich festhalten, dass Hughes-McDonnell anhand von qualitativen Interviews aufzeigen kann, wie sich verschiedene Unterrichtsstrukturen in die Auffassungen von Schülerinnen und Schülern über die Physik einschreiben. Die Unterrichtstypen der High School finden während des College-Studiums ihre Fortsetzung. Aus der Rückschau nehmen auch die von mir interviewten Promovierenden der Physik auf ähnliche Unterrichtstypen Bezug, wenn sie über ihre Vorstellungen von der Physik sprechen. Laborunterricht, wie er in der Schule durchgeführt wird, strukturiert auch einen großen Teil des College-Studiums und mündet in die Forschungsgebiete der experimentellen Physik. Die zu lösenden Übungsaufgaben in der Schule sind Vorläufer der theoretischen Physik, die im Studium ebenfalls so ausgestaltet ist, dass mathematische Gleichungen gelöst werden müssen, die sog. 'problem sets'. Versuchsvorführungen in der Schule finden ihre Fortsetzung in den Vorlesungen an der Universität, in die die Vorführung physikalischer Experimente integriert wird. Trotz dieser starken, strukturierenden und damit zugleich autoritären Vermittlung kanonisierter Lehrinhalte zeigen die Interviews von Hughes-McDonnell, dass Schülerinnen und Schüler die angebotenen Vorstellungen von der Physik nicht bruchlos übernehmen. Die Zweifel, die sie gegenüber den vermittelten Inhalten und Lernformen formulieren, zeigen, dass sie institutionalisierte Strukturen der Physik durchaus infrage stellen.[174] Die Einschätzung einiger Schülerinnen und Schüler, dass der Physikunterricht nicht widerspiegele, was „wahre Wissenschaft" sei, führt in der Konsequenz für einige von ihnen dazu, diese Disziplin aus ihrer Berufsauswahl auszunehmen.

---

[174] Eine einmal etablierte Institution wird damit nicht, wie Berger u. Luckmann ([1966] 1989, 82) annehmen, zu einer nicht mehr hinterfragten Selbstverständlichkeit. Der Charakter der sozialen Konstruktion dieser Institution bleibt nach wie vor erkennbar, auch für die in die Institution integrierten AkteurInnen.

3.1.3 Zwischenfazit aufgrund des Forschungsstands

Die Vermittlung von Vorstellungen von den Naturwissenschaften bzw. über die Physik in Schule und Hochschule ist, wie die Aufarbeitung der hier angeführten Studien zeigt, durch institutionalisierte Lehr- und Lernstrukturen geprägt. Die Auffassungen von den Naturwissenschaften bzw. von der Disziplin der Physik werden in verschiedenen Ausbildungsphasen spezifisch geprägt, sie sind veränderlich und in den 1990er Jahren zudem von einer Entzauberung der Naturwissenschaften im 20. Jh. geprägt. Eine Bewertung dieser Vorstellungen wird in quantitativen Studien z. T. in skalierter Form vorgenommen, wobei als Maßstab die Auffassungen von Experten herangezogen werden, obwohl auch diese z. T. widersprüchliche Vorstellungen von den Naturwissenschaften vertreten. Qualitative Studien haben demgegenüber den Vorteil, die Vermittlung kanonisierter Fachinhalte im Zusammenhang mit der Form des Unterrichts herauszuarbeiten. Beides, die vermittelten Inhalte und die Unterrichtsstruktur, konstituieren die Auffassungen von SchülerInnen und Studierenden der Physik über die Naturwissenschaften bzw. über die Physik. Die Untersuchungen von Traweek (1988), Gusterson (1995) und Hughes-McDonnell (1996) weisen auf folgende Zusammenhänge hin:

Die Vermittlung kanonisierter Inhalte in der Physik schafft eine der Grundlagen dafür, dass sich die Physik als Grundlagenwissenschaft versteht. Die Unterrichtspraxis der Physik ist so gestaltet, dass Diskussionen über die vermittelten kanonisierten Inhalte während einer langen Phase der Ausbildung in der Schule und im College nicht geführt werden. Der Physiklehrer oder die Physiklehrerin bzw. die Professorinnen und Professoren stehen in stärkerem Maße als in anderen Fächern als Experten und Expertinnen der Physik den SchülerInnen und Studierenden gegenüber. Insbesondere prägen die vorstrukturierten Unterrichtseinheiten zu Laborexperimenten und zu theoretischen Übungsaufgaben anhand von Lehrbüchern sowohl im Klassenzimmer als auch in der Vorlesung die Auffassungen über die Physik. Die Vermittlung des physikalischen Kanons wird so aufgrund der Unterrichtsstruktur zu fundamentalem Grundlagenwissen der Physik, das nicht mehr infrage gestellt werden muss.

Angesichts dieser Ergebnisse verspricht eine Studie über die Phase des Promovierens, Hinweise darauf geben zu können, welche Auffassungen Promovierende über die Physik vertreten. Das Besondere an diesem Ausbildungsabschnitt der Physik ist, dass sie einen Übergang darstellt, in dem die Vermittlung vorgegebener, kanonisierter Lehrinhalte durch die Vermittlung dessen abgelöst wird, was als Beginn eigener Forschungen in der Physik gekennzeichnet ist und somit bzgl. der Lehrinhalte und -formen nicht mehr formalisiert wird.

3.2 Methodologischer Begründungsrahmen und die Verfahren der empirischen Erhebung

Die Untersuchung des Wissenschaftsverständnisses von angehenden NaturwissenschaftlerInnen stellt trotz vereinzelt vorliegender Studien sowohl in der Wissenschaftsforschung als auch in der Schul- und Hochschulforschung ein Forschungsdesiderat dar (vgl. Abschnitt 3.1). Insbesondere die Ergebnisse von Studien mit qualitativ ausgerichtetem Forschungsdesign legen es nahe, ein nicht standardisiertes methodisches Vorgehen zu wählen, um Zusammenhänge von institutionalisierten Ausbildungsstrukturen und dem vermittelten Wissenschaftsverständnis von der Physik bzw. von den Naturwissenschaften herauszuarbeiten. Im Folgenden gehe ich zunächst auf den methodologischen Begründungsrahmen ein, von dem ich für die vorliegende qualitativ orientierte Interviewstudie ausgehe (vgl. Abschnitt 3.2.1). Im Anschluss daran behandele ich diejenigen Aspekte der verschiedenen methodischen Verfahren, auf die ich mich in der Forschungsarbeit während verschiedener Phasen der empirischen Untersuchung bezogen habe (vgl. Abschnitt 3.2.2).

3.2.1 *Methodologischer Begründungsrahmen: Die SozialforscherIn als Babelfisch in der Postmoderne*

> Der Babelfisch ist [...] wahrscheinlich das Eigentümlichste, was es im ganzen Universum gibt. Er lebt von Gehirnströmen, die er [...] seiner Umgebung entzieht. Er nimmt alle unbewußten Denkfrequenzen dieser Gehirnströme auf und ernährt sich von ihnen. Dann scheidet er ins Gehirn seines Wirtes eine telepathische Matrix aus, die sich aus den bewußten Denkfrequenzen und Nervensignalen der Sprachzentren des Gehirns zusammensetzt. Der praktische Nutzeffekt der Sache ist, daß man mit einem Babelfisch im Ohr augenblicklich alles versteht, was einem in irgendeiner Sprache gesagt wird. (Adams 1979, 59-60)

Ein Babelfisch im Ohr, so die Legende in dem Sciencefiction „Per Anhalter durch die Galaxis" von Douglas Adams (1979), übersetzt jegliche Sprache sofort in die eigene – noch dazu alle Gedanken, nicht nur die bewussten, sondern auch die unbewussten. Diese Aufgabe kommt außerhalb von Sciencefiction-Erzählungen nicht den Babelfischen, sondern ÄrztInnen, RechtsexpertInnen, WissenschaftlerInnen, JournalistInnen, kurz, all denjenigen zu, die Äußerungen von einer Sprache in die einer anderen bzw. in die der eigenen Fachsprache übersetzen. SoziologInnen leisten eine besondere Form der Übersetzungsarbeit, wenn sie qualitativ orientierte, empirische Forschungsprojekte konzipieren und Äußerungen von den daran beteiligten Subjekten erheben, auswerten und veröffentlichen. Vor dem Hintergrund eines postmodernen Subjektverständnisses, das Haraway ([1988] 1991) in ihrem Essay „Situated Knowledges" formuliert, verstehe ich den Prozess qualitativer Sozialforschung und Darstellungen seiner Ergebnisse in der Konsequenz als *partiale, situative Übersetzungen.* Das, was ich im Folgenden unter situativer Übersetzungsarbeit verstehe, betrifft in der vorliegenden Erhebung durchgängig zwei Ebenen: Erstens sind die verschiedenen Formen der Übersetzungsarbeit in den Prozess der fortwährenden Weiterentwicklung eines qualitativen Forschungsdesigns eingebunden und zweitens ist zwischen den Sprachen der 'Two Cultures' der beiden Wissenschaftsblöcke der Natur- und Technikwissenschaften einerseits und der Sozial-, Kultur- und Geisteswissenschaften andererseits hin und her übersetzt worden.

Das Genre des Sciencefiction-Romans bietet für diese Übersetzungsleistungen zwischen den Wissenschaftskulturen zahlreiche Metaphern und Phantasmen an, mithilfe derer miteinander verwobene Vorstellungen aus den Natur- und Technikwissenschaften mit denen von gesellschaftlichen Strukturen nachvollzogen werden können. Die Erzählfigur des Babelfisches verwende ich für meine Auseinandersetzung mit dem postmodernen Subjektverständnis in der empirischen Sozialforschung als Gegenbild, denn er symbolisiert ein naturwissenschaftlichtechnisches Phantasma dessen, was als Erwartung an eine ÜbersetzerIn in der Tradition der Moderne herangetragen wird: Sie soll unsichtbar bleiben, ihre Übersetzungen sollen vollständig sein, ihre Übersetzungsmöglichkeiten sollen unbegrenzt und für alle Sprachen gleichermaßen gültig sein. Der Babelfisch kann als Cyborg verstanden werden: Er ist ein Mischwesen, ein Tier, dessen Gehirn so durch Computerprogramme ergänzt wird, dass seine Übersetzungen zur Perfektion geraten. Adams ironisiert zwar in seinem Roman Sinn und Zweck naturwissenschaftlich-technischen Fortschritts, aber die Konstruktion des Babelfisches beruht nichtsdestotrotz auf den epistemologischen Voraussetzungen der Moderne. Dies zeigt sich u. a. daran, dass die Frage, wie und ob ein Babelfisch möglicherweise einen bestimmten Standpunkt vertritt, der seine Übersetzungen prägen könnte, gar nicht erst gestellt wird. Er erscheint vielmehr als neutraler, objektiver Übersetzer, der selbst das Unbewusste erfassen kann. Adams modernem, naturwissenschaftlich-technischem Cyborg-Übersetzungswesen des Babelfisches soll in diesem Abschnitt seine postmoderne Variante gegenüber gestellt werden, die sich in Gestalt der SozialforscherIn zwischen verschiedenen (Wissenschafts-) Kulturen sowie zwischen ihren verschiedenen Paradigmen bewegt und deren eigene soziokulturelle Situiertheit ihre Übersetzungen prägt.

3.2.1.1 Qualitative Sozialforschung als Prozess

Der Prozesscharakter qualitativ ausgerichteter, empirischer Sozialforschung wird von vielen AutorInnen als eines der wichtigsten Gestaltungsprinzipien dieser methodischen Vorgehensweisen betont.[175] Ich beziehe mich hier auf Ansätze, die *sämtliche* Aspekte eines qualitativen Forschungsprojektes in diesen Prozess einbeziehen und die damit fortwährenden Veränderungen unterliegen: Forschungsfragen, Erhebungsinstrumente, Analysen, Interpretationen, theoretische Bezüge und auch die Darstellung der Ergebnisse stehen zueinander in wechselseitigen Bezügen. Verändert sich eine dieser Facetten eines qualitativen Forschungsdesigns, so hat dies auch Konsequenzen für andere Elemente des Forschungskonzepts. Ein qualitatives Forschungsdesign sollte i. d. R. so flexibel angelegt sein, dass es sich während der Durchführung einer Studie modifizieren lässt. Somit wird die Offenheit qualitativer Erhebungsmethoden als Forschungsprinzip auch in Bezug auf das gesamte Forschungsdesign gedacht: Ein solches Konzept beinhaltet daher keine explizite Vorauswahl von bestimmten Methoden der Sozialforschung. Mit dieser Sichtweise orientiere ich mich an Maxwell (1996). Zentral für eine sozialwissenschaftliche, qualitative Untersuchung sind bei Maxwell die Forschungsfragen, die wiederum in Zusammenhang mit den Zielen, den konzeptionellen Kontexten, den Methoden und der Validität einer Studie stehen. Zu den Zielen einer qualitativen Untersuchung gehören für Maxwell (1996, 7) u. a. die Begründung ihrer Relevanz oder die Klärung, in welcher Weise eine Untersuchung die bestehende Praxis beeinflussen könne. Der konzeptionelle Kontext umfasst theoretische Grundlagen, Forschungsstand, Gedankenexperimente oder auch eigene Erfahrungen der ForscherInnen. Die Methoden richten sich bei Maxwell auf vier Hauptaspekte der Untersuchung: die Beziehung zu den TeilnehmerInnen, die Auswahl des Ortes und der untersuchten Gruppe, die Methoden für die Datenerhebung und schließlich die Analyse der Daten. Ethische Fra-

---

[175] So verstehen Denzin und Lincoln (1994, 3) qualitative Forschung als „iterativen Prozess", der von der sozialen Situiertheit der am Forschungsprozess beteiligten Subjekte geformt wird. Ausgehend von der ForscherIn als biographisch situiertem Subjekt orientieren sie den inhaltlichen Aufbau des von ihnen herausgegebenen Handbuchs der qualitativen Forschung an den Phasen dieses Forschungsprozesses (1994, 12).

gen bzgl. der Untersuchung sind für Maxwell bei allen Aspekten einer empirischen Untersuchung zu berücksichtigen. Sie werden daher als integrale Bestandteile der einzelnen Elemente eines Untersuchungsdesigns behandelt.

Die Durchführung einer qualitativen Studie entspricht weder einem linear verlaufenden Erkenntnisprozess noch können die einzelnen Elemente eines Designs in willkürlicher Weise zusammengestellt werden. In meiner empirischen Studie mit PhysikerInnen schlossen sich mehrere Forschungsdesigns aneinander an. Die einzelnen Phasen der Untersuchung waren durch den primären Bezug zu einem methodischen Vorgehen gekennzeichnet, aber nicht durch diesen allein bestimmt. In der Erhebungsphase habe ich halbstrukturierte Leitfadeninterviews in Anlehnung an Witzel (1985) durchgeführt. Mit einer für meine Fragestellung modifizierten Version der 'Voice Centered Method'[176] (Brown et al. 1988, Gilligan et al. 1990) eröffnete sich ein erster Zugang zu den erhobenen Interviews, und schließlich war die Analyse aller Interviewtranskripte von Prämissen der 'Grounded Theory' geleitet (Glaser u. Strauss 1967, Strauss 1987, Strauss u. Corbin 1990).

3.2.1.2 Postmoderne Subjekte in der qualitativen, empirischen Sozialforschung

Wie schon im vorherigen Abschnitt angeklungen ist, spielt die oder der Forschende in der qualitativ ausgerichteten Sozialforschung als soziokulturell situiertes Subjekt eine der wichtigsten Rollen im Forschungsprozess. Mit der Stärkung qualitativer Methoden in den Sozialwissenschaften ging eine Bewegung einher, auch die TeilnehmerInnen an empirischen Studien als Subjekte zu verstehen, die als ExpertInnen Auskunft über die soziale Ordnung ihrer Alltagswelt geben können. Für die Frage, welche Schlussfolgerungen demzufolge aus einer qualitativen Datenerhebung gezogen werden können, innerhalb derer diese Subjekte befragt werden, ist es daher nicht unerheblich, wie die Äußerungen von Subjekten – seien es die der forschenden, seien es die der teilnehmenden – zu verstehen sind. Der Blick soll in diesem Abschnitt auf mögliche Konsequenzen gerichtet werden, wenn für die am empirischen Forschungsprozess Beteiligten ein postmodernes Subjektverständnis vorausgesetzt wird[177], wie es Haraway in

---

[176] Dt. 'Ein Leitfaden zum Zuhören' (Brown u. Gilligan 1994).

[177] Zu der expliziten Auseinandersetzung mit der Frage, welche Konsequenzen es mit sich bringt, ein postmodernes Subjektverständnis für die qualitative Sozialforschung vorauszusetzen, hat mich die Teilnahme an einem Workshop der von Prof. Dr. Marianne Pieper geleiteten „Forschungswerkstatt II" zum Thema „Zur Subjektkonstitution in der empirischen Forschung" an der Universität Hamburg motiviert. In dieser Gruppe arbeiten Wissenschaftlerin-

ihrem Essay „Situated Knowledges: The Science Question in Feminism and the Privilege of Partial Perspective" formuliert:

> The knowing self is partial in all its guises, never finished, whole, simply there and original; it is always constructed and stitched together imperfectly, and **therefore** able to join with another, to see together without claiming to be another. [...] There is no way to 'be' simultaneously in all, or wholly in any, of the privileged (subjugated) positions structured by gender, race, nation, and class. (Haraway [1988] 1991, 193)[178]

Das im Rahmen des interpretativen Paradigmas formulierte hermeneutische 'Verstehen'[179] der Teilnehmenden an empirischen Studien wird unter den epistemologischen Voraussetzungen des zitierten, postmodernen Subjektverständnisses ersetzt durch die Auffassung, dass Kommunikationen brüchig, partial und situativ sind. Das erzählende Ich wird nicht mehr als ein in sich selbst zentriertes angesehen, dessen Standpunkte nachvollzogen und verstanden werden könnten. Stattdessen ist dieses Subjekt situiert, d. h. es stellt in Kommunikationen unvollständige Zugehörigkeiten her und nimmt partiale Perspektiven ein. Gerade **wegen** – und nicht trotz! – dieser Unvollständigkeiten, so Haraway, wird das Subjekt in die Lage versetzt, sich mit anderen Subjekten zu verbünden. Über das feministische Projekt in den Wissenschaften schreibt Haraway in dem gleichen Essay:

> Feminism loves another science: the sciences and politics of interpretation, translation, stuttering, and the partly understood. [...] translation is always interpretative, critical, and partial. Here is ground for conversation, rationality, and objectivity – which is power-sensitive, not pluralist, 'conversation'. (Haraway [1988] 1991, 195)

Haraway gesteht damit Subjekten zu, eine verantwortete Parteilichkeit einzunehmen anstatt einer „postmodernen Beliebigkeit" das Wort zu reden[180] und wendet sich so gegen einen vermeintlich egalisierenden Relativismus jeglicher Standpunkte. Die Ergebnisse des qualitativen, sozialwissenschaftlichen Forschungsprozesses fasse ich in Anlehnung an dieses Konzept als *sich permanent vollziehende, situative und partiale Übersetzungen* auf.

---

nen aus unterschiedlichen Disziplinen zur Thematik der „Konstruktion von Körpern, Geschlechtern und Identitäten" zusammen.

[178] Betonung im Original.
[179] Vgl. Hoffmann-Riem 1980.
[180] Wiesner 1998.

3.2.1.3 Partiale, situative Übersetzungen im Forschungsprozess

Wie verstehe ich die Ergebnisse, die im Verlauf dieses Forschungsprozesses hergestellt werden, wenn die beteiligten Subjekte als postmodern gedacht werden? In einer kommunikativen Situation wie der eines qualitativen Interviews äußern sich die beteiligten Subjekte verbal oder auch nonverbal in unvollständiger Weise. Die Ergebnisse dieses Prozesses werden insbesondere durch die Gestaltung des Forschungsdesigns und die Gesprächssituation während des Interviews strukturiert. Für die folgende Darlegung dessen, wie die Äußerungen so verstandener Subjekte im sozialwissenschaftlichen Forschungsprozess zu verstehen sind, unterscheide ich vier Phasen dieses Prozesses: die Konzeption einer Studie, die Erhebung von Daten, die Analyse des erhobenen Materials und die Veröffentlichung der Ergebnisse.

Konzeption

Das Forschungsmaterial wird in der qualitativ ausgerichteten Sozialforschung überwiegend mithilfe nicht standardisierter Methoden bzw. in Form eines Methodenmix erhoben. Dies hat zur Konsequenz, dass die methodischen Vorgehensweisen nicht nur auf etablierten Verfahren und Konzepten aus der Literatur beruhen. Daher geht in besonderer Weise das 'Situierte Wissen' von SozialforscherInnen in die Konzeption qualitativer, empirischer Studien ein. Mein 'Vorwissen', wie Witzel (1985) es nennen würde, zeigt sich vor dem Hintergrund des epistemologischen Konzepts des 'Situierten Wissens' also als partiale Perspektive auf eine zu untersuchende Fragestellung. Für die erste Phase der Konzeption meiner empirischen Untersuchung habe ich einerseits das Verfahren des 'Problemzentrierten Interviews' von Witzel (1985) herangezogen und andererseits meine Erfahrungen als Physikstudentin zum Ausgangspunkt für die Formulierung der zu bearbeitenden Fragestellung genommen. Mein 'Vorwissen' beinhaltete u. a., dass ich zu Beginn meiner Untersuchung beispielsweise eine Unterteilung der Disziplin der Physik in verschiedene Forschungsgebiete nicht infrage gestellt, sondern diese Unterteilung als gegeben angenommen habe. Im Verlauf der Untersuchung wechselte ich zu der Perspektive, die Unterscheidung physikalischer Forschungsgebiete als soziokulturelle Konstruktionen zu betrachten. Dies hatte zur Konsequenz, auf sprachlicher Ebene nicht mehr von unveränderlichen 'Gebieten' sondern von veränderbaren '*Grenzziehungen*' zwischen verschiedenen Forschungsgebieten auszugehen. Hierzu habe ich das theoretische Konzept der 'Boundary Work' von Gieryn (1999a) für meine Studie herangezogen (vgl. Kap. 1).

Die Konzeption einer empirischen Untersuchung verstehe ich also als eine Übersetzung von Literaturkenntnissen und partialem Erfahrungswissen in eine zu untersuchende Fragestellung bzw. ein Forschungsdesign. Die Übersetzungsarbeit besteht während dieser Phase des Forschungsprozesses darin, ein Forschungskonzept zu entwickeln, das den Prinzipien qualitativer Forschung folgt. Im Verlauf der Untersuchung kann sich der theoretische Ausgangspunkt für die gesamte Konzeption jedoch u. U. grundlegend verschieben.

Datenerhebung

Während der Phase der Ankündigung einer sozialwissenschaftlichen Studie wird vorausgesetzt, dass potentielle TeilnehmerInnen ein Vorverständnis von sozialwissenschaftlichen Untersuchungen mitbringen. Im weiteren Verlauf einer Untersuchung verdichten sich die Kommunikationen zwischen Teilnehmenden und Forschenden und damit ihre wechselseitigen Übersetzungen dessen, was in der geplanten Studie untersucht werden wird bzw. was die eventuell teilnehmenden Personen äußern werden. Möglicherweise kommen beispielsweise InterviewerIn und Interviewte während eines Interviewgesprächs noch einmal auf diesen Aushandlungsprozess zurück, so dass u. U. auch Aspekte dieser ersten Phase der gegenseitigen Kontaktaufnahme einer Studie in die Auswertung der Untersuchung einbezogen werden können.

Während der zeitlich begrenzten Dauer eines Interviews finden gegenseitige Interpretationen der Äußerungen des Gegenübers statt. InterviewerIn und auch TeilnehmerIn übersetzen Äußerungen des jeweils anderen Subjekts ad hoc: In halbstrukturierten Interviews beispielsweise werden zunächst offen formulierte Fragen von den Interviewten mit Erzählungen beantwortet.[181] Seitens der InterviewerIn werden diese während der interaktiven Gesprächssituation ad hoc analysiert, so dass sie weitere Nachfragen stellen kann. Ich gehe zum einen davon aus, dass die erzählten Antworten und gestellten Nachfragen darauf hinweisen, dass es möglich ist, in einer solchen Interviewsituation eine partiale, situative Kommunikation herzustellen; zum anderen setze ich voraus, dass die gegebenen Antworten partiale Analysen der Alltagswelt darstellen, die in der Forschungssituation aktualisiert und für das Gespräch mit der InterviewerIn übersetzt werden. Eine solche Reflexion über die Art der eigenen Darstellung wurde in meiner

---

[181] Den Begriff der 'Erzählung' lehne ich in dieser Arbeit an Rogers (1994) an. Als Erzählungen fasse ich diejenigen Interviewausschnitte auf, deren Anfang und Ende durch Bezüge zu den gestellten Fragen markiert werden. Weiterhin habe ich Riessman (1993) für die Narrationsanalysen der Interviews herangezogen.

Studie beispielsweise durch die Bemerkung „Dies könnte interessant für Dich sein." gekennzeichnet, die ich als reflexives 'Metastatement' werte. Als 'Metastatement' werte ich im Anschluss an Anderson und Jack (1991, 22) eine Äußerung, die Hinweise auf Kategorien gibt, mit denen eine interviewte Person ihre Gedanken strukturiert oder reflektiert.

Während der Phase der Datenerhebung finden vielfältige Übersetzungsprozesse statt. Ich habe mich hier auf zwei Ebenen konzentriert: zum einen auf die Übersetzung des Anliegens und der Fragestellung einer angekündigten sozialwissenschaftlichen Untersuchung seitens der Teilnehmenden und zum anderen auf die Übersetzungen von Äußerungen der Interviewten seitens der Forschenden in interaktiven Gesprächssituationen, wie sie in qualitativ orientierten Interviews vorliegen.

Auswertung

Welche Konstruktionen sozialer Ordnungen für die Subjekte bedeutsam sind, wird im Anschluss an die Erhebungsphase in einem weiteren Übersetzungsprozess rekonstruiert. Diese Rekonstruktionen sind in stärkerem Maße von den Perspektiven der SozialforscherIn geprägt als dies während der Erhebungsphase und insbesondere für die Dauer eines Interviews der Fall ist. Für eine Interviewsituation wird beispielsweise angestrebt, eine asymmetrische Interaktionsbeziehung zu ermöglichen, die den TeilnehmerInnen erlaubt, die „Bühne zu betreten"[182] und ihre Erzählungen als Antworten auf gestellte Fragen selbst zu strukturieren. Als Forschende besteht die Aufgabe darin, selbst zurückzutreten und nur wenige Regieanweisungen zu geben. Diese Asymmetrie der Rollenverteilung zwischen InterviewerIn und Interviewten während interaktiver, qualitativer Interviews[183] garantiert jedoch nicht die von Haraway geforderte und zu verantwortende Parteilichkeit des forschenden Subjekts. Bereits mit Beginn der Transkription und der späteren Auswertung der Interviews verschiebt sich das Machtgefüge zwischen Forschenden und TeilnehmerInnen erheblich. Die Erstellung und Bearbeitung der Interviewtranskripte mit verschiedenen Auswerteverfahren der qualitativen Forschung ist eine weitere Form der Übersetzungsarbeit, in der partiales Wissen über die beteiligten Subjekte hergestellt wird.

---

[182] Die Metapher des Theaterstücks habe ich von Minister (1991, 31) entliehen, die dieses Bild für eine Interviewsituation verwendet, um über die Konsequenzen der Geschlechtszugehörigkeit der Interviewten für deren Bühnenauftritte zu reflektieren.

[183] Fontana u. Frey 1994.

Zu dieser Form der Übersetzungsarbeit möchte ich anmerken, dass einer Parteilichnahme *für* die Interviewten, sofern sie seitens der Forschenden angestrebt wird und dies auf der methodischen Ebene qualitativer Erhebungsverfahren etabliert werden kann, aufgrund struktureller Asymmetrien im gesamten Forschungsprozess Grenzen gesetzt werden. Die Betonung des *Prozess*charakters qualitativer Forschung – oder ein „Zu-Wort–kommen-lassen" der Interviewten – kann für sich gesehen soziokulturelle Strukturen und Machtverhältnisse, die fortdauernd soziale Ungleichheiten stabilisieren, nicht verändern. Wie stark dieses Vorverständnis von sozialwissenschaftlicher Forschung eine Interviewsituation geradezu bestimmen kann, beschreibt Hale (1991, 133): Ihre Interviews mit sudanesischen Frauen verliefen ganz anders, als sie erwartet hatte. Sozialwissenschaftliche Forschung einer weißen Frau aus dem Westen sei von den interviewten sudanesischen Frauen eher als Plattform für politische Anliegen aufgefasst worden denn als Gelegenheit, Klärung für Begrifflichkeiten wie Privatheit und Öffentlichkeit zu erreichen. Letzteres ist Hale Forschungsinteresse gewesen. Gemeinsame feministische Ausgangspunkte – von Hale zu Beginn ihres Forschungsprozesses angenommen – hätten sich als ihre eigenen Standpunkte erwiesen, die von ihren InterviewpartnerInnen nicht geteilt wurden. Daher gehe ich davon aus, dass, wie die Widerstandskämpferin Riguberta Menchú es formuliert, auch in der qualitativ ausgerichteten Sozialforschung ungesagte Geheimnisse einer Verschriftlichung vorenthalten bleiben.[184]

Veröffentlichung

In der Phase der Veröffentlichung tritt die SozialforscherIn als AutorIn in Erscheinung, die die Ergebnisse des Forschungsprozesses verschiedenen AdressatInnen präsentiert und hierfür unterschiedliche Erzählformen wählt. Insbesondere in dieser Phase des Forschungsprozesses wird die Übersetzung von Begriffen geprägt sein, die in den angesprochenen Communities als bekannt vorausgesetzt werden. Versatzstücke des empirischen Materials können in diese Übersetzungen in Form von Zitaten und Paraphrasierungen integriert werden und vermitteln partiale Belege der empirischen Untersuchung bzw. der Äußerungen der beteiligten Subjekte.

Ein Problem, das für eine Veröffentlichung von Ergebnissen zutage tritt, ist, diese nicht in Form einer Metaerzählung der Moderne zu präsentieren, die in der Sozialforschung beispielsweise durch eine inhaltliche Abfolge von Gliederungs-

---

[184] Menchú, zitiert in Salazar 1991, 101.

punkten wie „Theorie – Empirie – Ergebnisse" charakterisiert ist.[185] Dieses Schema etwa impliziert nach wie vor einen wissenschaftlichen Erkenntnisfortschritt im Sinne der Moderne und vermittelt, dass die Auswertung und Veröffentlichung einer Untersuchung doch eine vollständige Übersetzung sei. Stattdessen ist das Bemühen, sich als *postmoderne* ÜbersetzerIn zu verstehen, dadurch geprägt, Erwartungen der LeserInnen auf eine Metaerzählung konsequent zu enttäuschen. Dies bedeutet, als SozialforscherIn keine vollständigen Erklärungen bereit zu stellen und stattdessen Veröffentlichungen eines Forschungsprojekts so zu gestalten, dass sie Unvollständigkeit[186], Partialität und Situiertheit vermitteln.[187] Aber auch in diesem Bemühen zeigt sich ein Rekurs auf die Moderne, die die negative Folie für diese Begriffe liefert: Vollständigkeit, Universalität und Objektivität. Mit Hayles (1990) bin ich daher skeptisch, dass postmoderne Repräsentationsformen für wissenschaftliche Forschungsprozesse als Ausdruck von ganz *neuen* epistemologischen Voraussetzungen zu werten sind.[188] Als *Verschiebungen* verweisen sie aber durchaus auf Veränderungen, denen mit diesen postmodernen (literarischen) Repräsentationsformen im Gegensatz zur modernen Metaerzählung Rechnung getragen werden kann.

Auch nach der Veröffentlichung einer Untersuchung kann der Übersetzungsprozess noch fortgesetzt werden. Wie Traweek in ihrer ethnographischen Studie über Hochenergiephysiklabors schreibt, sind gerade in der (Natur-)Wissenschaftsforschung die „beforschten" NaturwissenschaftlerInnen u. U. am Reviewprozess von Veröffentlichungen von sozialwissenschaftlichen Studien beteiligt:

> Most significantly, we have become informants ourselves; our reports and interpretations are read and debated in the communities we study. The anthropologist no longer has the last word in the dialogue of fieldwork: when I submit a manuscript for publication, those who are asked to review its merit always include physicists. (Traweek 1988, 6)

---

[185] So schließt Lyotards (1986) Postulat vom Tod der Metaerzählung insbesondere *wissenschaftliche* Metaerzählungen der Moderne über den Fortschritt von Erkenntnis mit ein.

[186] Stacey 1991, 115.

[187] In dem Mitte der 1990er Jahre erschienenen „Handbook of Qualitative Research" (Denzin u. Lincoln 1994) werden diese Prämissen der Postmoderne und ihre Konsequenzen für die qualitative Sozialforschung anhand zahlreicher Beispiele illustriert. Einen Überblick über die Suche nach adäquaten Repräsentationsformen im „postmodernen Kontext" gibt darin Richardson (1994, 517 ff.). Als Beispiele für postmoderne Repräsentationsformen ziehen Fontana und Frey (1994) Mischformen aus visuellen und narrativen Darstellungen heran.

[188] Vgl. hierzu auch Abschnitt 2.2.2.

Die Vorstellung, dass SozialwissenschaftlerInnen nicht mehr das „letzte Wort" hätten, wie Traweek schreibt, ist ein Element eines postmodernen Wissenschaftsverständnisses, welches für die Legitimation einer abgeschlossenen Untersuchung und den Fortschritt wissenschaftlicher Erkenntnis über eine untersuchte soziale Ordnung herangezogen wird. Stattdessen können Forschungsergebnisse nicht selten durch fortgesetzte Übersetzungen des Gesagten und Geschriebenen weiter verändert werden. Im vorliegenden Fall kann diese Untersuchung in Anlehnung an Reflexionen von Traweek (1992) über ihre ethnographischen Untersuchungen der Hochenergiephysik als eine „Grenzüberschreitung" („Border Crossing") verstanden werden, die darin besteht, dass die Autorin den Geschichten von PhysikerInnen zuzuhört, um auf der Basis des so erhobenen Datenmaterials eine weitere „Geschichte über die Physik" zu schreiben. Diesem Anspruch stelle ich mich auch in der vorliegenden Untersuchung.

Abschließend meine ich, dass auch das Wissen der SozialforscherIn als ein situiertes aufzufassen und zu präsentieren ist. Bezogen auf die zeitliche Dimension dieses Wissens wie beispielsweise seiner Veränderungen in einem sozialwissenschaftlichen Forschungsprozess, wird dieses Wissen fortlaufend verändert[189] und jeweils für die entsprechenden AdressatInnen übersetzt. Aus dieser Perspektive heraus sind prozesshafte, induktive Vorgehensweisen der qualitativen Sozialforschung, wie beispielsweise das der 'Grounded Theory', gerade für postmoderne, erkenntnistheoretische Ansätze anschlussfähig. Die skizzierten Übersetzungsschritte eines qualitativen Forschungsprozesses einschließlich des letzten Schritts der Veröffentlichung sind insofern nicht beliebig, als sie sich beständig auf das erhobene Datenmaterial beziehen, das in nachvollziehbarer Weise erhoben, ausgewertet und präsentiert werden muss. Damit werden die jeweils erwähnten bzw. zitierten Interviewpassagen aufgrund ihrer Nennung im Rahmen meiner Erzählungen stabilisiert. Zugleich verbinde ich mit der Analyse der Interviews das Anliegen, an die Reflexionen der InterviewteilnehmerInnen über ihre Disziplin anzuknüpfen.[190]

---

[189] So betont beispielsweise Wiesner (2002a, 7) eine „deutliche Verbindung" des Haraway'schen erkenntnistheoretischen Konzepts des 'Situierten Wissens' und der fortlaufenden Konzeptbildung während der Phase der Datenerhebung im Rahmen der 'Grounded Theory'.
[190] Für meine Verwendung der Begriffe der 'Reflexion' bzw. der 'Reflexivität' siehe das abschließende, siebte Kapitel der vorliegenden Arbeit.

3.2.2 Phasen des Forschungsprozesses

Im Folgenden stelle ich dar, auf welche Methoden und konzeptionellen Kontexte ich während unterschiedlicher Phasen des Forschungsprojektes Bezug genommen habe. Zwischenergebnisse der Untersuchung sind in die veränderte Fragestellung der nächsten Phase des Projekts integriert worden. Die Anfangsphase meiner Untersuchung war durch den konzeptionellen Kontext der Frauenforschung über die Physik geprägt. Die vor diesem Hintergrund formulierte Ausgangsthese ist im Zuge der Auswertung der erhobenen Daten jedoch in den Hintergrund gerückt, da sie sich an der untersuchten Universität nur teilweise hat belegen lassen. In der Phase der Analyse des erhobenen Materials habe ich mich an den methodischen Zugängen der 'Voice Centered Method' (Brown u. Gilligan 1990, Rogers 1994) und der 'Grounded Theory' (Glaser u. Strauss 1967, Strauss 1987) orientiert. Für eine Rückbindung an die Literatur aus der Wissenschaftsforschung habe ich mich insbesondere auf das Konzept der 'Boundary Work' von Gieryn (1994, 1999a) und auf das von 'Boundary Objects' von Star und Griesmer (1989) bezogen. Abschließend habe ich diese Konzepte mit einem Ansatz von Douglas ([1986] 1991) über das „Denken der Institution" zusammengeführt, um Stabilität und Wandel von Wissensterritorien konzeptionell zu fassen. Anhand des Datenmaterials und seiner Analysen arbeite ich in dieser Arbeit heraus, wie sich dieses „Denken der Institution" in das Wissenschaftsverständnis von Physikerinnen und Physikern einschreibt.

3.2.2.1 Das Erhebungsdesign

Konzeptioneller Ausgangspunkt: Die geringe Beteiligung von Frauen an der Physik

Meine Motivation, die Ursachen für die Unterrepräsentanz von Frauen in der Physik zu untersuchen, speiste sich zu Beginn dieser Arbeit aus meinem persönlichen Erfahrungshintergrund, in der Frauenbewegung der 1990er Jahre in den Natur- und Technikwissenschaften als Physikstudentin aktiv gewesen zu sein. Der konzeptionelle Hintergrund für die Entwicklung des Erhebungsdesigns der empirischen Studie war daher der Forschungsstand zur Frauen- und Geschlechterforschung in den Natur- und Technikwissenschaften mit der Einschränkung, vorwiegend Untersuchungen über die Physik zu berücksichtigen. Die Untersuchung der Physik erschien darüber hinaus deshalb besonders reizvoll, weil Ansätze der Geschlechterforschung bis Mitte der 1990er Jahre überwiegend für die

Biologie und die Medizin entwickelt worden waren.[191] Die Ausgangsthese für das zu entwickelnde Erhebungsdesign war die folgende:

Frauen fertigen ihre Examensarbeiten vorwiegend in peripheren, angewandten und interdisziplinären Forschungsgebieten der Physik an. Außerdem könnten sie stärker motiviert sein, in Gebieten der Physik zu arbeiten, die nützlich für die Gesellschaft sind.

Diese differenztheoretische These speiste sich aus den Ergebnissen einzelner Forschungsarbeiten zur Unterrepräsentanz von Frauen in der Physik und aus Erfahrungsberichten von Frauen der Naturwissenschaftlerinnen- und Technikerinnenbewegung der 1990er Jahre. Es wurde ein Zusammenhang von Unterrepräsentanz mit Marginalität von Frauen gesehen. Hinweise auf die vorwiegende Beteiligung von Frauen in peripheren Bereichen ihrer wissenschaftlichen Disziplin wurden im bundesdeutschen Kontext auf dem Kongress von Frauen in Naturwissenschaft und Technik sowie auf den Physikerinnentreffen thematisiert.[192] So gab es auch von Naturwissenschaftlerinnen selbst durchgeführte Fragebogenerhebungen, um die eigene soziale Situation in ihren Professionen zu analysieren. Auf dem „Bundesweiten Kongress von Frauen in Naturwissenschaft und Technik" etwa thematisierte Wenzel (1996) in ihrer Veranstaltung „Randgebiete – typisch weiblich?" die Kriterien, mit denen ein Fachgebiet als 'Randgebiet' definiert wurde.[193] Ihr Eindruck war, dass zu ihrer Diskussionsveranstaltung überwiegend Frauen gekommen waren, die interdisziplinäre Forschungsgebiete gesucht und sich damit „bewußt für Randgebiete zwischen verschiedenen Fächern oder zwischen Fach und Mensch entschieden" hatten.[194] Die Annahme, dass Frauen eher an angewandten Forschungsgebieten als an Grundlagenforschung Interesse hätten, wurde von der These Rübsamens (1983) gestützt, dass es eine Analogie zwischen den „(un)-heimlichen Inhalten" von Naturwissenschaft und Technik und der Beteiligung von Frauen gäbe (vgl. 2.2.3). Auch im US-amerikanischen Kontext, in dem ich meine empirische Erhebung durchgeführt habe, gab es Forschungsbeiträge, die die Vermutung stützten, dass Frauen vorwiegend in peripheren Bereichen ihrer Disziplinen zu finden seien, wie be-

---

[191] Vgl. Kap. 1.

[192] Rübsamen 1993a, 293.

[193] Aus Sicht der Teilnehmerinnen der Veranstaltung von Wenzel (1996) auf dem Kongress wurden für das Merkmals 'Randgebiet' beispielsweise die Kriterien „Ansehen", „Geld", „Interdisziplinarität", „Grad der Etabliertheit" genannt.

[194] Wenzel 1996, 216. Wenzel bewertet ihre Umfrage selbst als ein Meinungsbild und nicht als eine sozialwissenschaftliche Erhebung, die einer entsprechenden methodischen Strenge folgen würde.

reits der Titel „The Outer Circle" eines einschlägigen Sammelbands von Zuckermann et al. (1991) vorweg nimmt.

Ziel der empirischen Studie sollte es jedoch zunächst sein, von den genannten Ausgangsthesen zurück zu treten, um den befragten ExamenskandidatInnen zu ermöglichen, andere Relevanzstrukturen ihrer sozialen Wirklichkeit zu formulieren. Hierbei ging ich von der Konzeption sozialer Wirklichkeit im Sinne von Berger und Luckmann ([1966] 1989, 82) aus, nach der Subjekte eine subjektive Sichtweise auf ihre Alltagswelt entwickeln, die sie jedoch als eine objektive wahrnehmen. Diese objektive Alltagwelt wird von Berger und Luckmann als Institution beschrieben. Institutionen überdauern dabei individuelle Zeitspannen von Erfahren und Erleben. Sie werden damit als ahistorisch und unabhängig von der eigenen Biographie erlebt.

Im Verlauf der Studie zeigte sich, dass sich weder die aus der Frauenforschung über die Physik abgeleitete Ausgangsthese bestätigen ließ, noch dass der theoretische Hintergrund der Deutung einer Institution als objektiver Gegebenheit beibehalten werden konnte. Trotzdem hat sich das zu Beginn der Untersuchung entwickelte qualitative Erhebungsdesign als tragfähig für die gesamte Untersuchung erwiesen. Die Offenheit des Forschungsdesigns ermöglichte es, das erhobene Datenmaterial im Verlauf der Untersuchung von unterschiedlichen theoretischen Konzepten her zu bearbeiten.

Beschreibung der ausgewählten Institution: Die Waterside University

Das Wissenschaftsverständnis von DoktorandInnen der Physik zu untersuchen erscheint vor dem Hintergrund des Forschungsstandes interessant und vielversprechend, da in dieser Phase der Ausbildung zur ForscherIn zunehmend Bedingungen der Produktion und Reproduktion wissenschaftlichen Wissens vermittelt werden. Aus sozialisationstheoretischer Perspektive gehört der Doktortitel darüber hinaus zu den interkulturell ähnlichen Merkmalen[195] innerhalb der Profession der Wissenschaft (vgl. Abschnitt 3.1.1). Für die vorliegende Untersuchung ist eine sehr renommierte Universität in den USA ausgewählt worden. Mit der Wahl einer Universität bzw. ihres Physikdepartments als Untersuchungseinheit ist, angestrebt worden, in der vorliegenden Studie die Ebene der *Institution* zu betrachten[196], also eine Mesoebene, die zwischen Individuen und Makroebenen

---

[195] Auch der Schulbeginn kann als ein interkulturell ähnliches Merkmal der Sozialisation durch eine Institution im Bildungsbereich gewertet werden (vgl. Tillmann [1989] 1993).

[196] Andere Ebenen der Sozialisation sind interaktionistische oder gesamtgesellschaftliche Theorien (Tillmann [1989] 1993, 18).

gesellschaftlicher Strukturen angesiedelt ist. Im Untersuchungszeitraum waren an der untersuchten Institution, der Waterside University[197], ca. 2 % aller US-amerikanischen DoktorandInnen der Physik eingeschrieben.[198]

Die untersuchte Universität ist eine der renommiertesten privaten, technisch-naturwissenschaftlich ausgerichteten Universitäten in den USA, die Mitte der 1990er Jahre im US-amerikanischen Ranking-System zu den zwanzig besten gerechnet worden ist. Sie gehört zu den zentralen Forschungsinstitutionen der Physik. Wie Traweek beschreibt, ist es für die wissenschaftliche Karriere von (Hochenergie-)PhysikerInnen von Bedeutung, im Verlauf der Ausbildung an einer solchen zentralen Forschungsinstitution zu arbeiten, um Erfolgsaussichten zu haben, in der Forschung verbleiben zu können.[199] Dies könnte im Anschluss an Merton auch als 'Matthew-Effekt'[200] für Institutionen gewertet werden.[201]

Die Waterside University ist primär auf Forschung ausgerichtet, was sich auch auf die in diese Institution integrierten ForscherInnen und Studierenden auswirkt. Ein Indiz für den Schwerpunkt der Ausbildung auf die Mitarbeit in der Forschung ist, dass der überwiegende Anteil von DoktorandInnen der Physik mit Forschungsstipendien unterstützt wird (84 %); nur ein geringer Anteil der DoktorandInnen erhält dagegen finanzielle Mittel für die Mitarbeit an der Lehre (16 %). Der größte Anteil der finanziellen Mittel für Research Assistants wurde im Untersuchungszeitraum von dem US-amerikanischen Energieministerium zur Verfügung gestellt („Department of Energy"), gefolgt von dem Anteil des Verteidigungsministeriums („Department of Defense"), der „National Science Foundation" (NSF), der „National Aeronautics and Space Administration" (NASA), dem „US Department of Health and Human Services" (HHS) u. a. Wie die Auswertung der empirischen Studie zeigt, wird die Priorität der Forschung gegenüber der Lehre auch von den befragten DoktorandInnen betont: BetreuerInnen

---

[197] Der Name der Universität ist frei erfunden.

[198] Dies wurde anhand der jährlich veröffentlichten Berichte des „American Institute of Physics" (AIP) ermittelt: In den USA gab es im Untersuchungszeitraum ca. 13.000 DoktorandInnen der Physik, von denen ca. 300 an der untersuchten Universität eingeschrieben waren.

[199] Traweek 1988.

[200] Der Wissenschaftssoziologe Thomas Merton bezeichnet als „Matthew-Effekt" in den Wissenschaften, dass WissenschafterInnen, die bei erfolgreichen WissenschaftlerInnen ausgebildet werden bzw. in deren Arbeitsgruppen forschen, mit größerer Wahrscheinlichkeit selbst wiederum erfolgreich sein werden. Er weist dies anhand einer Studie über NobelpreisträgerInnen aufeinander folgender Generationen nach (vgl. Merton [1968] 1973). Rossiter (1993) hat in diesem Zusammenhang auf den blinden Fleck dieser Untersuchung hinsichtlich der Beteiligung von Frauen an den Naturwissenschaften hingewiesen (vgl. auch Fußnote 105).

[201] Vgl. Kap. 2.3.1 sowie auch Gumport (1994, 312), die ebenfalls auf diesen Effekt für bestimmte Institutionen in der US-amerikanischen Hochschullandschaft hinweist.

bewerten den Besuch von Lehrveranstaltungen gering gegenüber der Mitarbeit an Forschungsprojekten.[202] Auch ein gewisses Eigentumsrecht an wissenschaftlicher Forschung wird an der Waterside University vermittelt. Sie gehört zu den ersten, an denen das Konzept der „Venture Capital Firm" umgesetzt wurde, d. h. einer aus der Universität heraus gegründeten Firma. Aufgrund der herausgehobenen Stellung dieser Institution im Wissenschaftsbetrieb der Physik gehe ich davon aus, dass sich die lokalen Kontexte dieser Institution auch an anderen Physikinstituten wieder finden lassen, ohne deren Allgemeingültigkeit anzunehmen.

Zu Beginn der Untersuchung habe ich zunächst zwei Formen von Daten an der Waterside University erhoben: Zum einen ist es möglich gewesen, statistische Daten über die Bewerbungen und Abschlussarbeiten von Promovierenden in der Physik zu analysieren. Zum anderen ist eine qualitative Interviewstudie konzipiert und durchgeführt worden, die den Schwerpunkt meiner Forschungsarbeit gebildet hat.

Quantitative Analyse von Daten über bestandene Promotionen in der Physik

Während der Ausarbeitung der Literaturübersicht zur Frauen- und Geschlechterforschung im US-amerikanischem Kontext hat sich gezeigt, dass es zwar Erhebungen über den Anteil von Frauen in verschiedenen naturwissenschaftlichtechnischen Disziplinen und für unterschiedliche Hierarchieebenen des Wissenschaftsbetriebs gibt, aber dass Daten getrennt nach Forschungsgebieten der Physik *und* nach Geschlecht nicht auf breiter Basis vorliegen.[203] Solche Daten wären die Basis dafür, die Ausgangsthesen des Erhebungsdesigns auf fundierte Weise quantitativ zu untersuchen, indem die jeweiligen Anteile in verschieden zu charakterisierenden Forschungsgebieten mit dem mittleren Anteil von Doktorandinnen in der Physik verglichen würden. Aufgrund der Daten, zu denen ich an der Waterside University im Rahmen dieser Fallstudie Zugang erhalten habe,[204] können aber zumindest für diese Universität einige Vermutungen ausgesprochen werden.

Zum einen sind dies Daten darüber gewesen, wie viele Doktorandinnen und Doktoranden innerhalb eines Zeitraumes von elf Jahren von Mitte der 1980er bis Mitte der 1990er Jahre in einzelnen Forschungsgebieten der Physik ihr Examen abgelegt haben, zum anderen geben diese Daten für ein ausgewähltes Jahr Mitte

---

[202] Vgl. Kap. 4.
[203] Fox 1994, Fehrs u. Czujko 1992.
[204] Diese Daten sind nicht permanent zugänglich, sondern wurden von der Verwaltung nur temporär erhoben.

118

der 1990er Jahre an, wie viele Bewerbungen es für die unterschiedlichen Forschungsgebiete der Physik an der Waterside University gegeben hat. Beide Da-
tensätze sind differenziert nach Geschlecht und ethnischer Zugehörigkeit erhoben
worden. Darüber hinaus ist für den überwiegenden Teil der Forschungsgebiete
zwischen einem experimentellen und einem theoretischen Teilgebiet unterschieden worden.

Die in der Forschungsfrage für die Erhebung angenommenen Unterscheidungen physikalischer Forschungsgebiete in periphere und zentrale, interdisziplinäre
und disziplinäre, angewandte und reine Forschungsgebiete ließen sich nur z. T.
operationalisieren. Die Unterscheidung in angewandte und reine Forschungsgebiete sowie eine postulierte, gesellschaftliche Relevanz ließ sich allein aus der
Angabe der Zahlen nicht belastbar herleiten. Folgende Kriterien habe ich für die
Kategorisierung der verbliebenen Unterscheidungen zugrunde gelegt: Periphere
Gebiete waren durch eine geringe, zentrale durch eine hohe Anzahl von qualifizierenden Abschlüssen gekennzeichnet. Obwohl von einem gewissen Ausmaß an
Interdisziplinarität in allen Gebieten ausgegangen werden kann, habe ich nur
diejenigen Gebiete als interdisziplinär betrachtet, in deren Bezeichnung explizit
eine andere Disziplin sichtbar wurde: Für die vorliegenden Daten war dies für die
Biophysik und die Medizinische Physik der Fall. Da die Daten getrennt nach
theoretischen und experimentellen Forschungsgebieten erhoben worden waren,
habe ich diese Unterscheidung als Analysekategorie hinzugenommen.[205]

Auf der Grundlage dieser Daten habe ich die entsprechenden Anteile von
Frauen mit dem mittleren Anteil von Physikdoktorandinnen von 12 % an der
Waterside University verglichen. Für die Anteile von Frauen in den so definierten Kategorien von peripheren gegenüber zentralen, interdisziplinären gegenüber
disziplinären Gebieten konnten keine signifikanten Abweichungen vom mittleren
Anteil von Frauen unter den Promovierenden nachgewiesen werden. Die Abwei-
chung der Anteile von Frauen in experimentell und in theoretisch ausgewiesenen
Gebieten vom mittleren Anteil ist jedoch signifikant und wird in Abschnitt 4.2
diskutiert werden.

---

[205] Meine Recherchen im Archiv des „American Institute of Physics" (AIP) in Washington D.C.
im Jahr 1998 sowie neuere Literaturrecherchen (vgl. Fox 2000, 2001) haben ergeben, dass
bis zum Zeitpunkt der Veröffentlichung dieser Studie keine Daten über den Anteil von Frau-
en und Männern in theoretischen und experimentellen Forschungsgebieten der Physik in
größerem Umfang erhoben worden sind.

Konzeption der qualitativen Interviewstudie

Für die qualitativ ausgerichtete, empirische Studie wurde eine Datenerhebung in Form halbstrukturierter, durch einen Leitfaden gestützte Interviews gewählt. Die Form offener Fragen zu wählen hat zum Ziel, dass InterviewteilnehmerInnen auf vorgegebene Begriffe und Formulierungen auf dezidierte Weise eingehen, sie kritisieren oder weitere Begrifflichkeiten einführen können. Die Offenheit dieses Interviewtyps ermöglicht es einerseits, von vorgegebenen Ausgangsthesen zurück zu treten.[206] Durch die Vorgabe von Fragen wird andererseits aber auch der Gegenstandsbezug stärker vorstrukturiert als dies beispielsweise beim narrativen Interview der Fall ist. Während der Entwicklung des Leitfadens habe ich mich auf das Konzept des problemzentrierten Interviews von Witzel (1985) bezogen. Für diesen Interviewtyp werden biographisch konnotierte Fragen formuliert, ohne auf Rekonstruktionen der Biographien der TeilnehmerInnen abzuzielen. Gleichzeitig ranken sich diese Fragen um ein „Problem" wie z. B. im Falle Witzels eigener Untersuchung um den Übergang von der Schule in das Berufsleben für Jugendliche. Bei Witzel wird auf diese Weise angestrebt, „Selbstreflexion" und „Verhältnisreflexion" über die soziale Verortung der TeilnehmerInnen an der Studie zu erreichen. Ich habe mich nicht streng an die formalen Vorgaben dieses Interviewtyps gehalten. Die von mir formulierten Leitfragen dienten als Ausgangspunkt für längere Erzählsequenzen der Teilnehmenden. Erst dann habe ich begonnen, Nachfragen zu den Antworten auf die gestellten Leitfragen zu formulieren. Diese Nachfragen wurden in Form von Verständnisfragen, Konfrontationen mit Widersprüchen, Bitten um detaillierte Darstellungen für allgemeine Aussagen oder auch ad hoc als neue, inhaltliche Fragen gestellt.[207] Diese während einzelner Interviews oder aufgrund von Analysen bereits geführter Interviews neu entwickelten Fragen habe ich z. T. in später geführte Interviews integriert. Da die zentralen zehn Leitfragen in meiner Untersuchung gleich geblieben sind, ist die Ausrichtung der Fragen nicht grundlegend verändert worden.

---

[206] In die Leitfragen des Interviews wurden Kategorisierungen der Ausgangsthesen integriert, wie z. B. 'peripher-zentral' oder auch die Frage nach Forschungs*gebieten* in der Physik.

[207] Im problemzentrierten Interview Witzels (1985) werden Nachfragen in Form von Verständnisfragen und Konfrontationen mit Widersprüchlichkeiten als allgemeine und spezifische Sondierungen bezeichnet. Zu den neuen, inhaltlichen Fragen zählen hier die nach Witzel während eines Interviews neu formulierten Ad-hoc-Fragen. Rubin und Rubin (1995) fassen spontane Ad-hoc-Fragen und Fragen aufgrund von bereits geführten Interviews demgegenüber zu „Follow-up"-Fragen zusammen.

Der Leitfaden für das Interview

Das Interview ist in vier Phasen verlaufen: (1) Vorbesprechung des Verlaufs des Interviews und Vereinbarungen über diesen Prozess, (2) biographischer Einstieg in die Thematik, (3) detaillierte Diskussion über den Problemzusammenhang und (4) reflexive Fragen zum Interview und zur Teilnahme an der Studie. Phasen zwei und drei sind diejenigen, in denen das Interview durch einen halbstrukturierten Leitfaden gestützt worden ist.

Bevor die erste Frage gestellt wird, ist es erforderlich, die TeilnehmerInnen auf die bevorstehende Gesprächssituation vorzubereiten und zu klären, was die Ziele des Interviews sind. In der Einleitung zum Interviewgespräch habe ich daher mein Forschungsvorhaben auf der Grundlage der damaligen Konzeption kurz vorgestellt und einiges zur Art und Weise des Interviews gesagt, da ich nicht davon ausgegangen bin, dass den TeilnehmerInnen die Form eines qualitativen Interviews vertraut sein würde.[208] Dieses wurde in der Einleitung z. B. auch durch die Formulierung "I am curious about your personal story of becoming a physicist." vorbereitet.

Den Abschluss des Interviews bildeten Fragen, die darauf abzielten, Reflexionen der Interviewten über das gerade geführte Interview in die Studie einbeziehen zu können. Unter der Überschrift „Comments on and critique of the Interview" habe ich gefragt: "What reasons did you have to participate in the study?" Diese 'Metastatements' (Anderson u. Jack 1991) können Aufschluss über die Interviewsituation geben und besondere Aspekte noch einmal hervorheben (vgl. Abschnitt 3.2.1.3).

Der problemzentrierte Teil des Interviews ist in zwei Teile untergliedert: Im ersten Teil, überschrieben mit „Life before and during the studies of physics", werden Fragen gestellt, die sich auf zurückliegende Erfahrungen vor und während des Physikstudiums beziehen. Sie richten sich darauf, Erzählimpulse für die Darstellung von Gründen für die Studienfachwahl, für eine Beschreibung des „Lebens als PhysikstudentIn" sowie für eine Bewertung der Lehre zu geben. Im zweiten Teil des Interviews richten sich die Leitfragen detaillierter auf einzelne Aspekte des Forschungsbetriebes der Universität. In dieser Interviewphase, die mit „Research interests in graduate school" betitelt ist, rückt das Problem, um das es in dem Interview geht, stärker in den Mittelpunkt: Diese Fragen richten sich auf das Forschungsinteresse, die Bewertung des eigenen Gebiets, die Unterteilungen der Disziplin der Physik in verschiedene Forschungsgebiete, die gesell-

---

[208] Vgl. Anhang 9.2.4.

schaftliche Bedeutung physikalischer Forschung und die Zukunftsvorstellungen der Promovierenden über physikalische Forschung.

Die Interviewfragen enthalten somit zahlreiche kategoriale Bestimmungen, die zum Ausgangspunkt von Erzählsequenzen der DoktorandInnen werden können. Über die Bedeutung der Fragen als singuläre Impulse für Erzählungen, erhalten sie darüber hinaus eine Bedeutung durch ihren inhaltlichen Zusammenhang und ihre gewählte Reihenfolge. Fragen mit direkterem Bezug zu den Anfangshypothesen wurden zeitlich während des zweiten Drittels des Interviews gestellt.[209]

Inhaltlich orientierten sich die enthaltenen kategorialen Bestimmungen an meinem Vorverständnis über die institutionellen Zugehörigkeiten von Physik-DoktorandInnen und über ihre beruflichen Karrieren bis zu diesem Zeitpunkt. Sie beziehen sich auf die Physikausbildung, also auf die Schule, das College und die Graduate School. Verbunden mit diesen institutionellen Zugehörigkeiten sind es Entscheidungsprozesse im Rahmen der persönlichen Geschichte der Promovierenden, auf die die Fragen ausgerichtet sind.[210] Die erste Interviewfrage zielt darauf ab, an die Vergangenheit anzuknüpfen, sich zu erinnern, welche Einflüsse nach eigener Einschätzung dazu beigetragen haben, dass die Teilnehmenden ein Physikstudium aufgenommen haben. In dieser Frage spiegelt sich zum einen meine zu Beginn der Studie antizipierte Vorstellung wider, dass in einer Folgestudie nach bestimmten Faktoren im Rahmen einer standardisierten Erhebung gefragt werden würde. Zum anderen wird hier von der Annahme ausgegangen, dass die Promovierenden selbst die Freiheit der Entscheidung für oder gegen ein Physikstudium hatten. Selbst- und Verhältnisreflexion der TeilnehmerInnen werden gleichzeitig angesprochen, da nach bestimmten Faktoren gefragt wird, die zu einer persönlichen Entscheidung beigetragen haben. Implizit wird damit von der Möglichkeit einer Trennung des Selbst – des Subjekts – von externen Einflüssen – Faktoren – ausgegangen. Die spätere Analyse wirft auf diese Unterscheidung ein kritisches Licht, da sich die Frage stellt, inwieweit äußere Faktoren von subjektiven Entscheidungen trennbar sind. Mit der zweiten Frage war intendiert, Erzählungen über das Physikstudium anzuregen. Gleichzeitig wurde aber auch im-

---

[209] Vgl. Anhang 9.2.4.

[210] An dieser Stelle möchte ich meinen Dank an diejenigen richten, die in der Phase der Interviewentwicklung konstruktive Kritik geübt haben: Leslie Barber, Evelyn Fox Keller, Vera Kistiakowsky, Mary Parlee, Karen Rader, Heinrich Schwartz, Sherry Turkle, Nadine Weidman und Heike Wiesner. Sherry Turkle stand mir in dieser Zeit mit Hinweisen für das Vorgehen im qualitativen Forschungsprozess zur Seite. Die Arbeitsgruppe „WoGGS" (Working Group on Gender and Science) am „Massachusetts Institute of Technology" (M.I.T.) ist für mich in dieser Zeit ein kontinuierliches Diskussionsforum für Ansätze aus der Frauen- und Geschlechterforschung in den Naturwissenschaften in den USA gewesen.

pliziert, dass das Physikstudium möglicherweise sehr verschieden von anderen Studiengängen sein könnte. Die Formulierung hat in einigen Fällen Unsicherheit hervorgerufen oder als Ausgangspunkt für die Darstellung bereits durchdachter Vorstellungen und Bewertungen von Ausbildungsstrukturen gedient. So wurde anhand dieser Frage die große Bedeutung der Grenzziehung zwischen Undergraduate- und Graduate-Studium für die Promovierenden deutlich, die in Abschnitt 4.1 beschrieben wird. Den ersten Interviewteil schließt die dritte Frage mit einer Rückblende auf das Physikstudium ab. Hier wurde nach der Bewertung dieser Ausbildungsphase gefragt.

Die Interviewfragen vier bis sechs des zweiten Interviewteils zielen darauf ab, den TeilnehmerInnen zu ermöglichen, ihre Erfahrungen mit einer möglicherweise speziellen institutionellen Struktur des Wissenschaftsbetriebes der Physik zu schildern. Die Forschungsarbeiten, die DoktorandInnen für den Erwerb ihres Titels anfertigen, sind in einem bestimmten Forschungsgebiet der Physik angesiedelt. Sie sind i. d. R. in eine Forschungsgruppe einer ProfessorIn eingebunden, haben einen Arbeitsplatz in den Räumen oder den Labors der Gruppe. Diese Gruppe gehört dem physikalischen Institut an und dieses wiederum der Universität. Die Dissertation entsteht i. d. R. im Rahmen dieser institutionellen Zugehörigkeiten: Welche Verbindungen zwischen ihrem Forschungs*projekt*, ihrer Arbeits*gruppe*, ihrem Forschungs*gebiet* und ihrer *Disziplin* sehen Promovierende als relevant an? Gleichzeitig zielen diese Fragen darauf ab zu erfahren, welche Prozesse die Promovierenden in der Retrospektive als entscheidend dafür ansehen, dass sie in der jeweiligen Gruppe ihr Thema bearbeiten. Nach dieser Reflexion über *institutionelle Strukturen* wird mit der sechsten Frage ein Wendepunkt im Interview-Verlauf markiert. Mit ihr wird thematisiert, in welcher Weise das bearbeitete Forschungsprojekt Teil eines *Forschungs*gebietes ist. In Frage sieben wurde – ausgehend von den kategorialen Bestimmungen der Ausgangsthese – nach der Einordnung des eigenen Forschungsgebietes gefragt. Hier werden die Grenzziehungen zwischen angewandter Forschung und Grundlagenforschung, disziplinärer und interdisziplinärer sowie zentraler oder peripherer Forschung als kategoriale Bestimmungen für ein Forschungsgebiet vorgegeben bzw. als Nachfrage formuliert. Grenzen zwischen dem „Wissenschaftsbetrieb der Physik" und „der Gesellschaft" werden mit der achten Frage thematisiert: Gefragt wird in diesem Zusammenhang nach dem möglichen gesellschaftlichen Nutzen eines Forschungsgebietes. Frage neun schließt thematisch an die achte Frage insofern an, als sie sich auf die Möglichkeiten der Kommunikation über Forschung bezieht. Wie würde Laien das eigene Forschungsgebiet erklärt werden? Diese Frage war durch neuere Ansätze in der Geschlechterforschung über die Physik motiviert, in denen anhand der Analyse von Metaphern Rückschlüsse auf Forschungskonzepte und Fragen gezogen werden.[211]

Die von Witzel (1985) für das problemzentrierte Interview intendierte Selbst- und Verhältnisreflexion wurde auf folgende Weise in die Formulierung der Fragen mit einbezogen: die ersten zwei Fragen sind auf Selbstreflexion vor und während des Physikstudiums ausgerichtet, die dritte Frage leitet eine stärkere Verhältnisreflexion ein, indem nach der Bewertung des physikalischen Lehrbetriebs gefragt wird. Dieses Spannungsverhältnis zwischen Selbst- und Verhältnisreflexion wird auch mit den Fragen des zweiten Teils aufrechterhalten. Diese Fragen sind allerdings auf den Forschungsbetrieb ausgerichtet. Am Schluss des Interviews folgt noch einmal eine stärkere Selbstreflexion vor dem Hintergrund des gesamten Interviews, indem nach den persönlichen Vorstellungen von zukünftiger Mitarbeit an oder Konzeption von Forschungsprojekten gefragt wird.

Durchführung der Erhebung

Die Erhebung der Interviews ist Mitte der 1990er Jahre während einiger zusammenhängender Sommermonate durchgeführt worden. In dieser Zeit sind mehrere Probeinterviews erhoben, eine Genehmigung der Studie beim zuständigen Ethik-Komitee beantragt sowie mögliche TeilnehmerInnen mit verschiedenen Ankündigungen geworben worden. Auch die vollständige Transkription der Interviews rechne ich dieser Erhebungsphase zu.

Vor dem Beginn der eigentlichen Erhebung habe ich vier Probeinterviews durchgeführt, um mich auf die Gespräche vorzubereiten. Wichtigstes Resultat dieser Probeinterviews ist es gewesen, sehr aufmerksam gegenüber meinen eigenen Reaktionen auf Äußerungen der Interviewten zu sein. Das Anliegen, in der Interviewstudie ausführliche Erzählungen erheben zu wollen, musste gegenüber den Teilnehmenden deutlich betont werden, um von Beginn an auf die qualitative Form des Interviews vorzubereiten.

In den USA muss jede Studie, an der Personen teilnehmen, von einem Ethik-Komitee vorab geprüft und genehmigt werden.[212] Die formalisierten Verfahren

---

[211] Vgl. Abschnitt 2.2.2.

[212] Für jede Institution, die in den USA staatliche Forschungsgelder erhält, ist es gesetzlich vorgeschrieben, ein „Institutional Review Board" (IRB) einzurichten, das die Einhaltung der vorgeschriebenen gesetzlichen Regelungen für die Durchführung von wissenschaftlichen Studien mit Personen beurteilt. Diese Komitees werden mit Fakultätsmitgliedern besetzt. Die meisten sozialwissenschaftlichen Studien sind von detaillierten Beurteilungen durch diese Komitees ausgenommen, wenn sie aufgrund ihrer Konzeption kein großes gesundheitliches, finanzielles oder berufliches Risiko für die TeilnehmerInnen darstellen (Babbie 1995, 456).

für die Genehmigung von wissenschaftlichen Untersuchungen seitens der Ethik-Komitees werden vorwiegend auf standardisierte Studien im medizinischen Bereich angewendet.[213] Einige AutorInnen zweifeln die Übertragbarkeit auf qualitative, sozialwissenschaftliche Studien an, da vorab keine detaillierten, endgültigen Angaben über die Verfahrensweise qualitativer Sozialforschung gemacht werden können. Zudem wird das formale Vorgehen als störend für die durch Vertrauen und Langfristigkeit geprägten Beziehungen zwischen ForscherInnen und Beforschten angesehen. Da jedoch gerade die qualitative Forschungsbeziehung durch Asymmetrie bzgl. der Interpretation und Veröffentlichung des Datenmaterials geprägt ist, kann m. E. ein formalisiertes Verfahren auch hilfreich sein, um die machtvollen Beziehungen zwischen ForscherInnen und TeilnehmerInnen im Rahmen qualitativer Forschungsprojekte vorab einzuschätzen und für das methodische Vorgehen zu berücksichtigen.[214] Der Prozesscharakter qualitativer Forschung wirkt sich hier insofern erschwerend aus, als auch veränderte Vorgehensweisen, für die sich die ForscherIn im Verlauf des Forschungsprozesses entscheidet, dem Ethik-Komitee zur Genehmigung vorgelegt werden müssen. Zu den Angaben, die im Rahmen dieses Verfahrens über das Forschungsdesign gemacht werden müssen, gehören u. a. die Art und Weise der Kontaktaufnahme mit potentiellen TeilnehmerInnen an der Untersuchung, die Form der Anonymisierung sowie der Ort und die Dauer der Aufbewahrung der auf Tonband aufgezeichneten Interviews.

Nach der Entwicklung des Interviewdesigns wurde die Durchführung der qualitativen Studie beantragt und von dem zuständigen Ethik-Komitee genehmigt. Dafür ist der Interviewleitfaden ebenso wie der spätere Nutzungszusammenhang für das erhobene Material angegeben worden. Vor dem Hintergrund feministischer Kritik an empirischer Forschung erscheint es an dieser Stelle auch erwähnenswert, dass im Rahmen dieses Genehmigungsverfahrens in begründeter Form erläutert werden musste, ob Frauen oder Minderheiten für eine Teilnahme an der jeweiligen Untersuchung gewonnen werden sollten. Auch wenn dies nicht der Fall gewesen wäre, hätte dies begründet werden müssen. In der Folge hat mir dieses formalisierte Vorgehen meine Kontaktaufnahmen sowohl mit möglichen Interviewpartnerinnen und -partnern als auch mit der Verwaltung des physikalischen Fachbereiches der Waterside University erleichtert. Für dieses Verfahren

---

Die Historie der Einrichtung dieser Komitees geht auf Forschungen zurück, in denen TeilnehmerInnen missbraucht oder gesundheitlichen Risiken ausgesetzt worden sind, insbesondere in der medizinischen Forschung.

[213] Vgl. Babbie 1994.
[214] Vgl. Abschnitt 3.2.1.

ist außerdem vorgesehen, dass die TeilnehmerInnen an einer empirischen Studie eine Einverständniserklärung („Informed Consent") unterzeichnen, aus der hervorgeht, dass sie über die involvierten Risiken aufgeklärt worden sind und dass ihre Teilnahme an der Untersuchung freiwillig ist, d. h. dass sie sie jederzeit beenden können. Sie wurde den Teilnehmenden jeweils nach der Einleitung zum Interview und vor Beginn der Tonbandaufzeichnung vorgestellt.[215]

Die Studie wurde zunächst mit Aushängen auf den Schwarzen Brettern der Waterside University auf dem Campus, der Cafeteria, den naturwissenschaftlichen Bibliotheken, in den Gebäuden des Fachbereichs der Physik und in den Hauptgebäuden angekündigt (vgl. Anhang 9.2.1 Ankündigung der Studie).

Acht Personen antworteten auf die erste Ankündigung, sechs von ihnen waren Doktoranden. Der Aufruf, an der Studie teilzunehmen, wurde in einem zweiten Schritt an etwa vier Fünftel aller immatrikulierten DoktorandInnen der Physik per E-Mail verschickt, da diese auf einem Verteiler der Verwaltung des Physikdepartments eingetragen waren. Diese zweite Ankündigung unterschied sich von der ersten wesentlich, da sie nur über die universitäre Verwaltung verschickt werden konnte. Ich selbst hatte keine Möglichkeit, eine E-Mail an diese Liste zu verschicken. Die Person, die in der Verwaltung des Graduate Programs arbeitete, genoss nach meiner Einschätzung großes Vertrauen bei den DoktorandInnen, was z. T. im Verlauf der später geführten Interviews deutlich wurde. Einer der Teilnehmer bemerkte, dass er erst nach Erhalt der E-Mail die Ankündigung der Studie wirklich ernst genommen und nicht mehr für einen Witz gehalten hätte. Alle teilnehmenden Frauen antworteten erst, nachdem diese E-Mail mit offiziellerem Status verschickt worden war. Insgesamt konnten mit diesen beiden Ankündigungen einundzwanzig InterviewpartnerInnen gewonnen werden; vierzehn von ihnen reagierten auf die Ankündigung per Aushang, sieben auf die Ankündigung per E-Mail. Für die Auswertung der Studie wurden insgesamt neunzehn Interviews berücksichtigt.[216]

Die Auswahl der InterviewpartnerInnen geschah also auf selbst-selektiver Grundlage. Von den neunzehn Interviews wurden fünf mit Frauen und vierzehn mit Männern geführt. Die TeilnehmerInnen waren in unterschiedlichen Forschungsgebieten der Physik tätig: drei DoktorandInnen arbeiteten jeweils in der Plasmaphysik, der Medizinphysik und der Atomphysik, zwei in der Astrophysik und jeweils eine TeilnehmerIn in der String-Theorie, der Biophysik, der Hoch-

---

[215] Für den Wortlaut dieser Einverständniserklärung vgl. Anhang 9.2.2.

[216] Zwei Interviews wurden nicht mit einbezogen, da ein Teilnehmer bereits die Doktorprüfung abgeschlossen hatte, wie sich im Verlauf des Interviews herausstellte, und einer der Teilnehmenden nicht im Graduate Program immatrikuliert war.

energiephysik, der Festkörperphysik, der Kernphysik, der Chaostheorie und der Quantenfeldtheorie. Eine der Teilnehmerinnen gab an, dass ihr Forschungsprojekt nicht eindeutig einem einzigen Gebiet zugeordnet werden könne, es laufe unter verschiedenen Bezeichnungen. Sechs der TeilnehmerInnen hatten keine US-amerikanische Staatsbürgerschaft. In den meisten Fällen waren sie mit Beginn der DoktorandInnenausbildung in die USA gekommen, um diese speziell an der Waterside University zu durchlaufen. Zwei Interviews mit Doktoranden deutscher Herkunft wurden auf Deutsch geführt.[217] In drei Fällen hatten die Promovierenden vorher in dritten Ländern studiert. Mehrheitlich gehörten die Interviewten der Gruppe der „Caucasians" (Weiße) an. Zwei TeilnehmerInnen gehörten der Gruppe der „Asian-Americans", eine der Gruppe der „African-Americans" (Schwarze) und eine der Gruppe der „Hispanics" (LateinamerikanerInnen) an. Die TeilnehmerInnen waren Mitte zwanzig bis Anfang dreißig, sie gehören somit zu derjenigen Alterskohorte, deren Kindheit etwa zwischen Mitte der 1970er und Mitte der 1980er Jahre gelegen hat.

Einheitliches Auswahlkriterium für mich war, ob die InterviewpartnerInnen den Erwerb des Doktortitels anstrebten und formal Graduate-Studierende der Physik an der Waterside University waren.[218] Vierzehn TeilnehmerInnen hatten die mündlichen Zwischenprüfungen nach etwa zwei Studienjahren bereits bestanden, fünf noch nicht. Vierzehn der neunzehn InterviewpartnerInnen bearbeiteten zum Zeitpunkt der Studie das Dissertationsprojekt. Zehn der TeilnehmerInnen gaben an, in der theoretischen Physik zu arbeiten, neun, in der experimentellen Physik verankert zu sein. Die ersten sechzehn Interviews wurden innerhalb von drei Wochen geführt. Nach einer vierwöchigen Pause wurden die letzten drei Interviews geführt.

Um alle Interviews mit verschiedenen Methoden der Textanalyse auswerten zu können, wurden sie vollständig transkribiert.[219] Die bereits anonymisierten Transkripte wurden den jeweils interviewten TeilnehmerInnen zugeschickt, um sie um Korrektur- und Änderungswünsche zu bitten. Sämtliche TeilnehmerInnen erklärten sich mit der Verwendung ihrer Interviews für spätere Veröffentlichungen einverstanden. Dieses bezieht sich somit auch auf den Grad der Anonymisierung und die gewählten Pseudonyme.

---

[217] Glenn u. Peter.

[218] Nur eine Teilnehmerin war zum Zeitpunkt des Interviews noch unentschieden, ob sie nur den Master- oder auch den Doktortitel erwerben wollte; nach Abschluss der Studie entschied sie sich für das Graduate-Studium.

[219] Für die in den Interviewtranskripten verwendeten Abkürzungen vgl. Anhang 9.1.2 Abkürzungen und Hervorhebungen in Interview-Transkripten.

Die Lage des Raums in den Gebäuden der Waterside University, in dem die Interviews geführt worden sind, trägt aus der Retrospektive symbolischen Charakter:[220] Der Raum lag außerhalb des Physikinstituts aber innerhalb der Universität in den Gebäuden der Sozial- und Geisteswissenschaften. Die Bereitschaft zum interdisziplinären Gespräch über die 'Two Cultures' hinweg überrascht im Nachhinein möglicherweise, da Mitte der 1990er Jahre postmoderne Ansätze aus der Wissenschaftsforschung in die Kritik geraten und ihre Wissenschaftlichkeit angegriffen worden ist. Im Rahmen meiner empirischen Erhebung ist dies jedoch nicht zum Problem geworden. Im Gegenteil, eine sozialwissenschaftliche Studie ist von den TeilnehmerInnen im Hinblick auf ihre Reflexionsmöglichkeiten über das eigene Fach der Physik positiv gewertet worden. Für diese befürwortende Haltung spricht auch der Verlauf der Erhebung: Die Interviews dauerten zwischen einer dreiviertel Stunde und sechs Stunden an. In zwei Fällen wurde ein zweiter Termin vereinbart, da diese TeilnehmerInnen sehr ausführlich geantwortet haben und drei Stunden Interviewdauer überschritten worden waren. Obwohl die Form des qualitativen Interviews für einige TeilnehmerInnen unerwartet gewesen ist, kann aufgrund der ausführlichen Erzählungen festgestellt werden, dass die TeilnehmerInnen überwiegend positiv auf diese Form des Interviews reagiert haben. In keinem einzigen Fall wurde das Interview unterbrochen oder vorzeitig beendet. Auch während des späteren Verlaufs der Studie hat keine/r die gegebene Einwilligung zurückgezogen. Irritationen über das qualitative Interviewformat haben die Promovierenden eher in der Form geäußert, wie eine Frage beantwortet werden solle oder wie das Gespräch ausgewertet werden würde.

Zwischenfazit aufgrund des Erhebungsdesigns

Als Ausgangspunkt für die Erhebung von qualitativen Interviews wurden Ergebnisse aus der Frauenforschung über die Physik im bundesdeutschen und US-amerikanischen Kontext gewählt. Für die Erhebung wurde eine angesehene, technisch-naturwissenschaftlich ausgerichtete Universität in den USA gewählt. Die These, dass Frauen in der Physik ihre Examensarbeiten überwiegend in peripheren, angewandten, interdisziplinären und gesellschaftsrelevanten Gebieten anfertigen, konnte im Rahmen der Fallstudie mit Doktorandinnen und Doktoranden an der Waterside University nicht bestätigt werden. Die im Folgenden skiz-

---

[220] Im Rahmen der vorliegenden Analyse halte ich es auch für relevant, den Ort, an dem ein Interview geführt worden ist, zu benennen und zu überlegen, welche symbolische Bedeutung dieser Ort für das geführte Interview haben kann. Bestandteil einer Interviewstudie sollte es daher sein, eine Beschreibung einer typischen Interviewstituation in die Darstellung der empirischen Erhebung zu integrieren (vgl. auch Rossman u. Rallis 2003).

zierte Analyse der erhobenen, qualitativ orientierten Interviews erlaubte es jedoch, eine weiterentwickelte Fragestellung zu verfolgen.

3.2.2.2 Auswertung der Interviews

Textanalyse anhand des 'Leitfadens zum Zuhören' ('Voice Centered Method')

Nach der Erhebungsphase formulierte ich aufgrund der Ergebnisse der statistischen Analyse eine veränderte Forschungsfrage, die mit einem Wechsel meiner Forschungsperspektive und der theoretischen Konzeption verbunden war: Anstatt von unveränderlichen Forschungsgebieten der Physik auszugehen, fokussierte ich mit der fortentwickelten Fragestellung auf soziale Konstruktionsprozesse für ihre Unterscheidung, d. h. auf veränderbare „Grenzziehungen" anstelle von festen „Grenzen" zwischen verschiedenen Forschungsgebieten der Physik. Für eine erste Auswertung der Interviews war eine modifizierte Analysemethode der 'Voice Centered Method' (Brown et al. 1988) (dt. „Ein Leitfaden zum Zuhören", Brown u. Gilligan 1994, 34) geeignet, da sie ermöglicht, eine detaillierte Analyse von Argumentationen für Grenzziehungen[221] durchzuführen. Der methodische Zugang der 'Voice Centered Method' wurde im Zusammenhang mit psychologischen Untersuchungen zu moralischen Dilemmata von Gilligan (1982) bekannt. Gilligan kritisierte Kohlbergs Modell moralischer Entwicklungsstufen und zeigte auf der Basis einer Re-Evaluation von Kohlbergs empirischem Material und eigener empirischer Untersuchungen auf, dass Mädchen überwiegend anhand einer 'Care'-Perspektive nach Lösungswegen für moralische Dilemmata nachdächten, während Jungen eher Prinzipien von 'Gerechtigkeit' folgten (Conradi 2001). Die Kritik an dieser geschlechtsspezifischen Zuordnung ist weitgehend gewesen. Stellvertretend möchte ich hier auf die Auseinandersetzung mit Gilligans Thesen und der Kritik an ihnen auf Conradi (2001) verweisen, die bei aller Kritik an differenztheoretischen Implikationen von Gilligans Untersuchungen für eine Integration der 'Care'-Perspektive in die Ethik eintritt. Auf die von Gilligan verwendete Methode des 'Leitfadens zum Zuhören' wurde verhältnismässig wenig in den Repliken auf ihre Ergebnisse eingegangen. Dieses Verfahren zur Textanalyse führt m. E. jedoch nicht per se zu einer „Fehlvermessung des Menschen", wie Nails (1991) polemisiert. Die thematisch modifizierte Verwendung dieses Verfahrens für meine Untersuchung zeigte, dass sie auch Möglichkeiten birgt, geschlechterstereotype Zuschreibungen zu dekonstruieren.[222]

---

[221] Zum Konzept der Grenzziehungen von Gieryn (1994) vgl. Kap. 2.1.

[222] Darüber hinaus wurde durch den Vergleich verschiedener Abwandlungen dieses methodischen Zugangs deutlich, dass es gerade die Situiertheit der Interviewsituation ist, auf die

Die Bezeichnungen „Stimmenzentrierte Methode" oder „Ein Leitfaden zum Zuhören" (Brown u. Gilligan 1994) erscheinen zunächst irreführend, da es sich um ein Verfahren zur Analyse von *Texten* handelt. Die AutorInnen verweisen damit jedoch zum einen auf den Entstehungszusammenhang dieser Texte, nämlich auf vorausgegangene Interviewsituationen, die durch Interaktionen und Zuhören seitens der Interviewerinnen gekennzeichnet sind, und zum anderen auf den Prozess der Analyse, der durch das Hören auf verschiedene „Stimmen" in den Erzählungen der Interviewten geleitet werden soll. Darüber hinaus ist für dieses Verfahren explizit vorgesehen, auch während der Phase der Textanalyse die bereits transkribierten Interviews oder Ausschnitte erneut abzuhören und damit die interaktiven Interviewsituationen unter veränderter Perspektive zu rekapitulieren.

Die Methode des „Leitfadens zum Zuhören" sieht vor, ausgewählte Interviewpassagen mehrfach unter jeweils veränderten Fragestellungen zu analysieren. Ursprünglich wurde für dieses Verfahren vorgeschlagen, Interviewtexte vierfach zu lesen. Das erste Lesen richtet sich auf die Identifizierung der 'Story', das zweite Lesen auf die Stimme des 'Selbst', das dritte Lesen auf das Thema der 'Gerechtigkeit' und das vierte Lesen auf das Thema der 'Fürsorge'. Spätere Verwendungen dieses Verfahrens wandelten das dritte und vierte Lesen – sowie weitere Lesephasen – ab und ersetzten sie mit anderen Themen, die anhand der jeweiligen Forschungsfragen entwickelt wurden. Die Orientierungen für das erste und das zweite Lesen wurden i. d. R. beibehalten.[223] Auch für meine Analyse habe ich diese ersten beiden Ausrichtungen beibehalten.

Wie Brown und Gilligan (1990) ausführen, kann die 'Story' oder der 'Plot' die Form eines Dramas haben, sie legt den Kontext fest. Die LeserIn fragt für die Identifizierung der 'Story' sowohl nach „sich wiederholenden Worten, zentralen Metaphern, emotionalen Klängen [der Stimme, P.L.], Widersprüchen oder Inkonsistenzen". Zusätzlich ist die LeserIn u. a. angehalten, ihre privilegierte Position als InterpretIn der Interviews zu reflektieren. Vor diesem Hintergrund erscheint es den AutorInnen dieser Methode wichtig, dass die ForscherIn aufmerksam auf ihre spontanen Gefühle und Gedanken über die ErzählerIn und die Geschichte achtet, sowie diese reflexiv als Teil der Auswertung bearbeitet: „In welcher Weise identifiziert oder distanziert sie sich von der ErzählerIn? In welcher

---

mithilfe dieser Methode Rückschlüsse gezogen werden kann: So analysierte Tai (1997) die machtvollen Beziehungen zwischen Studentinnen und ihren Betreuerinnen, indem sie sie jeweils einzeln und in einem dritten Gespräch gemeinsam über ihr Verständnis des ihrer Beziehung innewohnenden Machtverhältnisses interviewte.

[223] Macinika 1992, 237.

Weise ist sie verschieden oder ähnlich? Wo ist sie verwirrt oder verblüfft? Wo ist sie sicher? Gefällt ihr die Geschichte oder regt sie sich über sie auf?" (Brown u. Gilligan 1990, 5-6).

Das zweite Lesen folgt den Stimmen des 'Selbst' in den Erzählungen: In Verbindung mit den zugehörigen Verben bzw. Kontexten wird deutlich, wie das Subjekt des 'Selbst' sich in der Geschichte verortet und in der jeweiligen Interviewstituation darstellt. Letzteres kann beispielsweise durch eine Verschiebungen der narrativen Position gekennzeichnet sein, also durch einen Wechsel von der ersten in die zweite oder dritte grammatikalische Person.

Für meine Untersuchung modifizierte ich die Themen für das dritte und vierte Lesen so, dass ich nicht nach den thematischen Ausrichtungen von 'Gerechtigkeit' und 'Moral', sondern nach den Themen des 'Sozialen' und der 'Physik als Wissenssystem' gefragt habe.[224] Die so modifizierten Fragen lauten:

Erstes Lesen: „Die 'Story'"

Welche Art von Geschichte wird erzählt? Was sind die Motivationen für den Doktoranden oder die Doktorandin, ein Forschungsgebiet zu wählen? Ist es eine Geschichte über die Physik, über soziale Einflüsse oder über etwas anderes? Wie viele und welche Geschichten werden über den Entscheidungsprozess erzählt? Sind diese Erzählungen konsistent oder haben sie Lücken? Welche Widersprüche kann ich heraushören?

Zweites Lesen: „Die Stimmen des 'Selbst'"

Welches sind die hauptsächlichen Ausdrucksformen, die beim Lesen für die erste und zweite Person auftauchen? Welche Ereignisse in der Geschichte stehen in Verbindung mit einem Entscheidungsprozess für ein physikalisches Forschungsgebiet und wie wird das 'Ich' in der Erzählung beschrieben: als fühlend, denkend oder handelnd? Mit welcher Art von Arbeit in der Wissenschaft wird dieses 'Selbst' in Verbindung gebracht?

---

[224] An dieser Stelle danke ich Enid Maderas, die als Tutorin einer Lehrveranstaltung von Prof. Annie Rogers an der „Harvard Graduate School of Education" meine Seminararbeiten zur Verwendung der 'Voice Centered Method' mehrfach konstruktiv kommentiert hat. Die besondere Form der Seminarleitung und der Konzeption dieser Veranstaltung durch Annie Rogers, für die u. a. Techniken des kreativen Schreibens und der Entwicklung qualitativer Forschungsdesigns berücksichtigt worden sind, hat die ersten Analysen des Interviewmaterials sehr geprägt. Dies gilt auch für Diskussionen über das methodische Vorgehen mit Seeta Pai und Bonnie Tai.

Drittes Lesen: „Soziale Einflüsse"

Welche Einflüsse aus „sozialen Sphären" wie beispielsweise Rollenmodelle, die Persönlichkeit des/r Betreuers/in, Bezugsgruppen kommen vor? Welche Argumentationen bezogen auf spätere Berufschancen und Karrieremöglichkeiten und -einschränkungen werden im Zusammenhang mit Entscheidungsprozessen für ein bestimmtes Forschungsgebiet angeführt? Welche Argumentationen beziehen sich auf politische Entwicklungen in der Gesellschaft, die Nützlichkeit für die Gesellschaft u. ä.?

Viertes Lesen: „Physik als Wissenssystem"

Wie verknüpfen die DoktorandInnen Aspekte ihres Entscheidungsprozesses mit Argumenten, die sich auf die Physik als wissenschaftliches Feld beziehen, wie z. B. auf ihr Wissenssystem, auf physikalische Entdeckungen u. ä? Welche Vorstellungen haben die Befragten von der Physik? Welches Wissenschaftsverständnis von ihrer Disziplin prägt ihre Erzählungen?

Für die Textanalyse mit diesem Verfahren wählte ich Erzählungen aus den Interviews aus, die als Antworten auf die Interviewfrage „Welches Forschungsgebiet der Physik hast Du gewählt, um Dein Forschungsprojekt für die Promotion durchzuführen und warum hast Du dieses Gebiet gewählt?" gegeben worden waren. Diese Frage richtete sich zugleich auf einen Entscheidungsprozess, der von den DoktorandInnen vollzogen worden ist, und auf die Frage der Grenzziehungen zwischen verschiedenen Forschungsgebieten der Physik mit Bezug auf meine Ausgangsfragestellung.

Für die Analyse mit dieser Methode wurden Ausschnitte aus drei verschiedenen Interviews gewählt: Zwei der Interviews wurden mit Frauen, eines mit einem Mann geführt: Eine der Frauen, Sarah, arbeitete in einem theoretischen und die zweite, Ann, in einem experimentellen Gebiet der Physik. Der Mann, Ben, orientierte seine Entscheidung für ein Forschungsgebiet an dem Kriterium, dass dieses Feld anwendungsbezogen und gesellschaftsrelevant sein solle. Diese Auswahl folgt somit gleichzeitig den Maßgaben des 'Theoretical Sampling' aus der 'Grounded Theory', das vorsieht, möglichst gegensätzliche Fälle bzgl. der aufgestellten Hypothesen zu untersuchen.[225] Somit wurde für diesen Analyseschritt zu Beginn der Auswertung der qualitativ erhobenen Interviews noch einmal auf die Ausgangsthese rekurriert. Die Analyse der ausgewählten Interviewpassagen mit

---

[225] Auf die Verwendung des 'Grounded Theory'-Ansatzes im Rahmen dieser Arbeit wird im folgenden Abschnitt ausführlich eingegangen.

Sarah[226], Ben[227] und Ann[228] hat ergeben, dass eine Trennung von „Sozialen Einflüssen" und der „Physik als Wissenssystem" innerhalb der Erzählungen nicht durchgängig aufrechterhalten worden ist. Dies illustrierten die gewählten Beispiele auf unterschiedliche Weise:

Sarahs Erzählung passt zu dem gewählten Analysekonzept in der Hinsicht gut, als sie direkt nacheinander zwei verschiedene Geschichten über ihren Entscheidungsprozess für ein bestimmtes Forschungsgebiet erzählt. Ihre spontane Antwort auf meine Frage, welches Forschungsgebiet der Physik sie gewählt habe, um darin ihre Doktorarbeit anzufertigen, wird von Aspekten geprägt, die ich der dritten Stimme, den „Sozialen Einflüssen" zugeordnet hatte. Sie erwähnt ihr Forschungsgebiet der Plasmaphysik zu Beginn nur beiläufig und nennt zunächst zwei Gründe, dieses Gebiet gewählt zu haben: Zum einen hätte sie in die USA gehen wollen und zum anderen hätte sie gern bei einer bestimmten „Person" an der Waterside University arbeiten wollen. Bereits die Wahl ihres Studienschwerpunkts am College in Europa sei auf die Plasmaphysik gefallen – auch zu diesem früheren Zeitpunkt, weil ein neu an die Universität gekommener Professor eine gute Reputation gehabt hätte, sie seine Kurse besucht und diese sehr gern gemocht hätte. Er sei sehr gut gewesen und hätte „Verbindungen" an die Waterside University gehabt. Im Gegensatz zu dieser Erzählung, in der die Stimme der „Sozialen Einflüsse" überwiegt, vermittelt Sarah demgegenüber in ihrer anschließenden zweiten Erzählung den Eindruck, dass sie sich während ihres Entscheidungsprozesses vorwiegend an Überlegungen orientiert hätte, die ich der Stimme der „Physik als Wissenssystem" zugeordnet habe, wobei auch in der zweiten Erzählung „Soziale Einflüsse" präsent sind. Ihre primäre Überlegung am Ende der College-Zeit sei gewesen, dass sie gern weiterhin in der theoretischen Physik habe arbeiten wollen, aber „bis zur letzten Minute" habe sie sich nicht zwischen zwei verschiedenen theoretischen Gebieten entscheiden können, die beide interessant und neu gewesen seien. Den Ausschlag für die endgültige Entscheidung habe dann der Professor der Plasmaphysik gegeben, der voller Energie und eine interessante Person gewesen sei. Nach dieser Erwähnung „sozialer Ein-

---

[226] Sarah, 5-6. Alle hier und im Folgenden verwendeten Personennamen sind Pseudonyme. Ich verwende sowohl für die TeilnehmerInnen an meiner Studie als auch für mich selbst Vornamen, um den Sprachgebrauch im soziokulturellen, US-amerikanischen Kontext wiederzugeben, da das interaktive Gespräch bereits als eine der wichtigsten Interpretationsebenen einer qualitativen Interviewstudie aufzufassen ist. In qualitativen Studien stellt sich die Validitätsfrage u. a. anhand des Kriteriums der Nachvollziehbarkeit, dem ich mit diesem Vorgehen zur Charakterisierung der Interviewsituation Rechnung trage.

[227] Ben, 9-11.

[228] Ann, 8-11.

flüsse" fährt sie in ihrer Erzählung mit Bezügen zur „Physik als Wissenssystem" fort – in dem von ihr schließlich ausgewählten Gebiet würde neue Forschung gemacht und es würden noch ungelöste Fragen bearbeitet werden –, um dann zur aktuellen Förderungspolitik physikalischer Forschung zurückzukehren, die wiederum den „Sozialen Einflüssen" zugeordnet worden waren. Zukünftige Finanzierungen schätzt Sarah in ihrem Gebiet als aussichtsreicher gegenüber dem anderen theoretischen Gebiet ein.

Die Motivation, die *Ben* für seine Entscheidung, in einem bestimmten theoretischen Forschungsgebiet zu arbeiten, angibt, ist, dass es Anwendungen für die Energieproduktion habe. Er habe dieses Gebiet außerdem deshalb attraktiv gefunden, weil es „sehr interdisziplinär" sei und nicht zum Ziel habe, ein weiteres Naturgesetz zu finden. Er habe nicht zu sehr in die „rein obskuren Dinge" involviert werden wollen, die „mit der Theorie zu tun hätten, aber nicht damit, wie diese Dinge in reale Dinge übersetzt werden würden". Er ist der Meinung, dass diese realen Dinge die Leute ohnehin mehr interessieren würden als ein bestimmtes neues Elementarteilchen. Seine Entscheidung sei von dem Eindruck geprägt worden, dass er in diesem Gebiet einen „positiven Einfluss" haben könne, obwohl er diese Einschätzung inzwischen revidiert habe: Inzwischen habe er Zweifel daran, dass es in näherer Zukunft eine technisch realisierbare Anwendung seines Forschungsgebietes für die Energieproduktion geben werde.

Ann beginnt ihre Antwort mit der Aussage, dass in der Graduate School die wichtigere Entscheidung gegenüber der, welches Gebiet gewählt werde, diejenige für einen möglichst guten Betreuer oder eine Betreuerin sei. Sie kritisiert damit die Formulierung dieser Interviewfrage im Hinblick auf die Annahme, dass es das Forschungsgebiet sei, das vorrangige Relevanz für diesen Entscheidungsprozess habe. Es wäre nicht so gut, zu einer Gruppe zu gehen, mit deren „LeiterIn" man nicht gut auskomme. Insgesamt sind in ihrer Erzählung „Soziale Einflüsse" und Argumentationen, die sich auf die „Physik als Wissenssystem" beziehen, eng miteinander verwoben und gehen ineinander über. Ihre Entscheidung sei auf ein experimentelles Gebiet gefallen, weil sie gern Dinge baue und das zufriedenstellend finde. Experimente lieferten definitivere Ergebnisse als theoretische Arbeiten. Dieser Einschätzung liegt bei Ann ein positivistisches Wissenschaftsverständnis zugrunde, das sich auf empirische Forschung bezieht. Sie sagt: „[W]enn wir die reale Welt untersuchen, sollten wir auch die reale Welt messen und nicht diese andere [...]." Gleichzeitig haben auch „Soziale Einflüsse" dazu beigetragen, dass Ann einige experimentelle Forschungsfelder nicht attraktiv gefunden habe. Sie bevorzuge die Arbeit an kleinen Experimenten, denn große Experimente würden politische Konsequenzen nach sich ziehen. Als solche nennt

Ann, dass man über viele Aspekte des Experiments keine Kontrolle mehr habe. Bei kleinen Experimenten könne man dagegen die Hoffnung haben, Fehler selbst zu finden, anstatt darauf warten zu müssen, bis es eine andere Person tue. Auf meine Nachfrage hin erläutert Ann, dass zu den politischen Konsequenzen großer Experimente auch gehören würde, dass über ihre Finanzierung auf höherer politischer Ebene entschieden werden müsse. Sie fasst zusammen, dass die Wahl ihres Forschungsgebietes teilweise eine Wahl des Betreuers, teilweise die Wahl eines interessanten Gebietes und seiner Fragestellungen und teilweise die Wahl gewesen sei, experimentelle Techniken kennen zu lernen, die auch in anderen Forschungsfeldern der Physik Anwendung finden würden. Somit ist ihre Wahl auch an späteren Karrierechancen orientiert gewesen. Auch Ann schätzt ihr Forschungsgebiet so ein, dass seine Ergebnisse in relativ naher Zukunft in technische Anwendungsmöglichkeit münden könnten, aber für sie ist dies kein expliziter Grund, dieses Forschungsgebiet gewählt zu haben.

In den ausgewählten Erzählungen wird deutlich, dass Argumentationen, die ich der Stimme „Soziale Einflüsse" und der Stimme „Physik als Wissenssystem" zugeordnet hatte, nicht voneinander zu trennen sind. Die Argumentationsstrukturen sind dabei jedoch verschieden:

Ben führt in seiner Argumentation Aspekte von „Sozialen Einflüssen" als Beweggründe für seine Entscheidung für ein Forschungsgebiet an. Er durchbricht eine Trennung dieser Aspekte von der „Physik als Wissenssystem", indem er eine kausale Verbindungsmöglichkeit zwischen physikalischer, theoretischer Grundlagenforschung und späteren Anwendungsmöglichkeiten herstellt. Diese Argumentation ist durchaus diejenige, die für die Förderung von Grundlagenforschung verwendet wird. Überraschend fand ich die umgekehrte Lesart von Ann, dass große Experimente politische Konsequenzen nach sich ziehen würden. Diese Argumentation findet sich auch als Teil der Diskussionen über Großforschungsprojekte innerhalb der Science Studies wieder.[229] Die „Größe" eines Experiments hat somit untrennbar auch soziale Aspekte und ist wiederum mit deren Bewertung konnotiert: Positiv besetzt sind für Ann kleine Experimente, mit denen sie Karrierechancen assoziiert, die sie als von ihr selbst beeinflussbar erlebt. Negativ sind dagegen für sie große Experimente besetzt, die sie mit aufwendigeren politischen Prozessen und großen Kollaborationen im Forschungsalltag assoziiert. Auch wenn die beiden Erzählungen von Sarah zunächst noch so erscheinen, als sei die eine überwiegend von „Sozialen Einflüssen" und die

---

[229] Vgl. Capshew u. Rader 1992, 12f. Einen der frühen Beiträge zu der Unterscheidung zwischen „Little Science" und „Big Science" verfasste Price ([1963] 1974).

andere von der „Physik als Wissenssystem" bestimmt, so stehen diese Argumentationen doch eng nebeneinander, so dass ich auch hier von einer Verwobenheit dieser Aspekte ausgehe.

Für die Frage nach der Grenzziehungsarbeit innerhalb des Forschungsbetriebs lassen sich mithilfe dieser detaillierten Textanalysemethode des 'Leitfadens zum Zuhören' folgende Zwischenergebnisse für diese Analysephase festhalten:

Der 'Leitfaden zum Zuhören' ermöglicht einen ersten Zugang zur Analyse des Interviewmaterials. Das mehrfache Lesen kurzer Textausschnitte ist eine Methode, mit der die ForscherIn aufmerksam auf verschiedene 'Stimmen' in einer Erzählpassage werden kann. Die in der Anfangshypothese aufgestellten Annahmen bzgl. einer Geschlechterdifferenz wurden brüchig, da sie sich für die untersuchten Fälle nicht bestätigen ließen: Die beiden Frauen waren nicht deswegen motiviert, in ihren Gebieten zu arbeiten, weil deren gesellschaftliche Relevanz und Anwendungsbezogenheit sie zu einer Entscheidung bewogen hatte, sondern weil sie sich für interessante Fragestellungen in der Physik interessierten, ihre Karrierechancen abwogen u. ä. Die in der Ausgangsthese vorwiegend Frauen zugeschriebene Motivation, Forschungsgebiete der Physik zu wählen, die interdisziplinär oder gesellschaftsrelevant seien, fand sich explizit und in ausgeprägter Weise bei Ben.

Überhaupt eine Trennbarkeit von „Sozialen Einflüssen" und der „Physik als Wissenssystem" vorauszusetzen, erscheint nach der Analyse der vorgestellten Interviewpassagen zweifelhaft. Stattdessen ist mit Bezug auf die Frage nach Grenzziehungen innerhalb des Wissenschaftsbetriebs der Physik davon auszugehen, dass mit unterschiedlichen Dimensionen der „Physik als Wissenssystem" zugleich verschiedene Dimensionen „Sozialer Einflüsse" verknüpft sind bzw. assoziiert werden. Die anschließende Analyse aller Interviews hatte zum Ziel, diese Gleichzeitigkeiten und Verknüpfungen herauszuarbeiten.

'Grounded Theory'-Ansatz

Die Analyse der Interviewausschnitte anhand des Leitfadens zum Zuhören ergab, dass sowohl Grenzziehungen, die sich auf Argumentationen über die Physik als Wissenssystem stützen als auch Grenzziehungen, die sozial konstruiert sind, d. h. sich auf die Gemeinschaft der Physik-Community beziehen, herausgearbeitet werden konnten.

Welche Grenzziehungen innerhalb des Wissenschaftsbetriebes relevant für die Interviewten erscheinen, weicht jedoch von denjenigen Grenzziehungen ab, die ich für die Formulierung der ersten Ausgangsthese gewählt hatte. Der „Leitfaden zum Zuhören" stellte damit neben der Analyse quantitativer Daten einen entscheidenden methodischen Zugang dar, diese Ausgangsthese infrage zu stellen.

Für die Analyse aller Interviewtranskripte wurde für die Auswahl der Textstellen auf verschiedene Verfahren der 'Grounded Theory' zurückgegriffen.[230] Dieser aus der Tradition der Chicagoer Schule kommende und als Gegenprogramm zur deduktiven Theoriebildung entworfene Ansatz orientiert sich vorwiegend an der Perspektive der beteiligten AkteurInnen, deren Alltagswelt erforscht werden soll. Er wird somit zumeist innerhalb des interpretativen Paradigmas verortet. So bestehen Strauss und Corbin (1994, 274) darauf, dass es unerlässlich sei, in einer Studie, die sich auf die 'Grounded Theory' berufe, Interpretationen der „Perspektiven und der Stimmen" derjenigen zu integrieren, die untersucht werden. Seit der Erstveröffentlichung von „The Discovery of Grounded Theory" (Glaser u. Strauss 1967) ist dieser Ansatz in vielfältiger Weise rezipiert, umgesetzt und modifiziert worden. Er hat Eingang in unterschiedliche Disziplinen und erkenntnistheoretische Ansätze und Schulen gefunden.[231] Kelle bewertet die 'Grounded Theory' daher nicht als eine „einheitliche Methodologie" sondern als einen Begriff, der sich auf unterschiedliche „Verfahren und Strategien" zur „empirisch begründeten Theoriebildung" bezieht.[232] Die 'Grounded Theory' läßt sich m. E. nicht nur so verstehen, dass mithilfe ihrer Methoden Zugang zu Perspektiven der Befragten gewonnen werden kann. Wie ich in Abschnitt 3.2.1 herausgearbeitet habe, verstehe ich die Analysephase des Interviewmaterials vielmehr als einen Forschungsprozess in dem Sinne, dass dessen Ergebnisse partiale, situative Übersetzungen der Äußerungen der Interviewten darstellen. Bezüglich der Forderung nach der Verantwortung der ForscherIn treffen sich Haraway und VertreterInnen der Grounded Theory wiederum mit diesem Anliegen: So fordern Strauss und Corbin (1994, 274), dass es nicht ausreiche, die Stimmen der AkteurInnen zu zitieren; vielmehr habe die ForscherIn Verantwortung für das, was beobachtet, gehört oder gelesen worden sei, zu übernehmen. Für die theoretische Deutung des Datenmaterials gehen Strauss und Corbin von einer handlungstheoretischen Perspektive aus, so dass die Theoriebildung für sie zum Ziel hat, plausible Erklärungen für das Handeln der AkteurInnen zu finden. In ihrer Rückschau auf die Rezeptionsgeschichte und Verbreitung der 'Grounded Theory' betonen Strauss und Corbin zwar, dass diese auch vor der Folie postmoderner

---

[230] Wie Kelle (1994) ausführlich diskutiert, stellt die Theorie der Grounded Theory keine einheitliche Methodologie dar. Vielmehr wurden seit der Erstveröffentlichung viele Modifikationen und Erweiterungen dieses Ansatzes etabliert.

[231] Für eine Übersicht vgl. Strauss und Corbin 1994.

[232] Kelle 1994, 283f.

Theorien verwendet worden sei, grenzen sich aber von dieser Auslegung ab. Mein theoretischer Rahmen weicht in diesem Sinne von den Intentionen der Begründer der 'Grounded Theory' ab.

Für meine Studie habe ich mich auf die Erstveröffentlichung der 'Grounded Theory' von Glaser und Strauss (1967) sowie auf die Weiterentwicklung dieses Ansatzes durch Strauss (1987) und Strauss und Corbin (1990) bezogen. Vielfach wird an der 'Grounded Theory' kritisiert, dass sie vorgebe, empirisch erhobene Daten könnten ohne theoretisches Vorwissen oder Konzept interpretiert bzw. analysiert werden. Auch wenn diese Möglichkeit von Strauss und Corbin (1994, 273) noch bis in jüngste Zeit prinzipiell in Betracht gezogen wird, wird doch deutlich, dass sich sowohl Glaser als auch Strauss und Corbin in ihren späteren Arbeiten diesem „Induktionsproblem" ausführlich gewidmet haben. Daher gehe ich mit Kelle (1994, 284) nicht davon aus, dass sie die Ansicht vertreten, eine Theorie könne quasi wie von selbst aus dem Datenmaterial „emergieren", auch wenn sie dies programmatisch formulieren. Die verschiedenen Vorschläge, wie mit theoretischem Vorwissen im Rahmen der 'Grounded Theory' umgegangen werden kann, hat Kelle (1994) ausführlich dargelegt.[233] Er kritisiert gleichzeitig, dass die methodologische Lücke zwischen dem Emergieren von Kategorien aus den Daten und der angenommenen theoretischen Sensitivität des Forschers nicht geschlossen werde. Aus den Arbeiten der beiden Autoren Glaser und Strauss leitet er zwei mögliche Wege für den Umgang mit diesem Problem ab. Zum einen könne das theoretische Vorwissen vor dem Kontakt mit dem empirischen Feld zwar nicht expliziert werden. Es stünde den Forschenden aber als Hintergrundwissen zur Verfügung. Der zweite Weg sei die Formulierung eines „heuristischen Rahmens" vor dem ersten Kontakt mit dem empirischen Feld. Für die vorliegende Untersuchung habe ich diese zweite Option gewählt und jeweils anhand der Zwischenergebnisse einen veränderten theoretischen Ausgangspunkt explizit in Form von Forschungsfragen formuliert. Vor dem Beginn des Kodierens im Rahmen des 'Grounded Theory'-Ansatzes bin ich davon ausgegangen, dass die Forschungsfrage nach den Grenzziehungen innerhalb des Wissen-

---

[233] Wie Kelle (1994) bemerkt, gingen Glaser und Strauss bereits in ihrer Studie über Interaktionen mit Sterbenden (Glaser u. Strauss 1974) nicht von einer „Tabula rasa" aus, sondern interpretierten die erhobenen Daten vor der Folie eines „heuristischen Rahmens" oder auch des „Bewusstheitskontextes" (Kelle 1994, 308). Auch die Ausführlichkeit, mit der sich die beiden Autoren in ihren späteren Arbeiten dem Problem des Umgangs mit theoretischem Vorwissen beschäftigt haben, spricht dafür, dass sie nicht an der Vorstellung festgehalten haben, dass Daten ohne theoretisches Vorwissen interpretiert werden könnten. Kelle (1994) gibt eine detaillierte Darstellung der von den Autoren vorgeschlagenen Lösungen für dieses Problem.

schaftsbetriebs mein theoretisches Vorwissen beinhaltet. Die Analyse des empirisch erhobenen Datenmaterials wird dann auf der Grundlage dieses Vorwissens vorgenommen.

Ein weiteres Missverständnis, gegen das die Autoren der 'Grounded Theory' sich wenden, ist, dass ausschließlich qualitatives Datenmaterial in die Analyse einbezogen werden könne. Aufgrund der Entstehungsgeschichte der 'Grounded Theory' beziehen sich in der Praxis überwiegend ForscherInnen auf diesen Ansatz, die qualitativ ausgerichtete Projekte bearbeiten. Glaser und Strauss betonen jedoch ausdrücklich, dass sowohl qualitative als auch quantitative Daten in die Theoriebildung einbezogen werden könnten. Dies war für mich ein weiterer Grund, für die Analyse des gesamten erhobenen Datenmaterials von diesem Ansatz auszugehen, da ich zu Beginn der Untersuchung auch quantitative Daten erhoben hatte. Die Zwischenergebnisse, die auf der Auswertung quantitativer Daten (vgl. Abschnitt 3.2.2.1) und auf einer Detailanalyse von ausgewählten Interviewerzählungen anhand eines modifizierten 'Leitfadens zum Zuhören' (vgl. Abschnitt 3.2.2.2) basieren, haben dazu beigetragen, eine weiterentwickelte Forschungsfrage zu formulieren. Die für die ursprüngliche Ausgangsthese angenommenen kategorialen Bestimmungen von Forschungsgebieten als „angewandt vs. Grundlagenforschung", „zentral vs. peripher", „interdisziplinär vs. disziplinär" mögen zwar als Unterscheidungskriterien für Forschungsgebiete innerhalb der Physik herangezogen werden. Für die Argumentationen der interviewten DoktorandInnen spielen diese Kategorien jedoch eine nachgeordnete Rolle. Die neu formulierte Forschungsfrage zur Bearbeitung des gesamten Interviewmaterials lautete:

Welche Grenzziehungen sind in den Erzählungen von Doktorandinnen und Doktoranden für die Konstruktion des Wissenschaftsverständnisses der Physik an der Waterside University von Bedeutung?

'Offenes Kodieren'

Für den Prozess des 'Offenen Kodierens' bin ich mit Strauss und Corbin (1990, 63) so vorgegangen, im Text auftauchenden Äußerungen, die in Bezug zur Forschungsfrage stehen, 'konzeptionelle Bezeichnungen' ('conceptual labels') zuzuordnen.[234] Das Kodieren der Texte habe ich mit Beginn der vollständigen

---

[234] Auf diese Möglichkeit der Auswahl von Textstellen aus dem Datenmaterial während des 'Offenen Kodierens' hat mich zuerst Annie Rogers hingewiesen (Persönliche Kommunikation).

Transkription begonnen, denn während des Abhörens der Interviews habe ich deren Verschriftlichung unterbrochen, um anhand kurzer Memos[235] festzuhalten, welche Kategorien die Antworten auf die gestellten Fragen strukturieren. In einem zweiten Arbeitsschritt wurden diese konzeptionellen Bezeichnungen zu Kategorien zusammengefasst. Überwiegend habe ich mich in dieser Phase an In-vivo-Kodes der Interviewten orientiert. Meine Intention mit diesem Vorgehen ist, den – im Haraway'schen Sinne partialen, situativen – Konzepten der Interviewten von ihrer Alltagswelt in meiner Darstellung Raum zu geben und andererseits damit zu explizieren, auf welche Äußerungen der AkteurInnen sich weitere Analyseschritte und Bewertungen beziehen.

'Axiales Kodieren' von Erzählungen der Interviewten

Strauss und Corbin führen im Rahmen eines „Kodierparadigmas" (Kelle 1994) zwischen dem 'Offenen Kodieren' und dem 'Selektiven Kodieren' den Schritt des 'Axialen Kodierens' ein, der darauf ausgerichtet ist, Zusammenhänge zwischen verschiedenen Kategorien herzustellen. Diese Integration ist auf einen theoretischen Rahmen angewiesen. Bei Strauss und Corbin sind dies handlungstheoretische Modelle, so dass aufgrund der Daten Handlungs- und Interaktionssequenzen abgeleitet werden. In meiner Untersuchung gehe ich nicht von einem handlungstheoretischen Modell aus, sondern von einer Herstellung des soziokulturellen Raumes von Wissenschaft durch 'Boundary Work' (Gieryn 1994). Erzählungen der Interviewten bilden daher für mich Ausgangspunkte für die Analyse von argumentativen Narrationen über Grenzziehungen, die auf ihre Disziplin bezogen sind. Als Erzählungen fasse ich im weitesten Sinne die von den Interviewten gegebenen Antworten auf die von mir gestellten Leitfragen auf. Enthalten diese gewählten Erzählungen Argumentationen mit Bezug auf meine Fragestellung oder auch zwischenzeitlich erarbeitete und relevante Kategorien, so werden sie in die Auswertung einbezogen. Wie Strauss und Corbin (1994, 274) ausführen, reichte es nicht aus, einer AkteurIn eine „Stimme zu verleihen"; vielmehr müssten ihre Argumentationen und Perspektiven Teil der Analyse sein. Dieser Anspruch soll in meiner Arbeit insbesondere durch das Zitieren von 'Schlüsselerzählungen' eingelöst werden, wenn auch der theoretische Rahmen dazu führt, dass diese Analysen nicht als Interpretationen der den AkteurInnen eigenen Perspektiven angesehen werden, sondern als fragmentarische, partiale

---

[235] Strauss (1987, 127) gibt als Faustregel an, für die Praxis des Verfassens von Memos die Aufzeichnung von Daten oder das Kodieren unmittelbar zu unterbrechen, da sonst die zugehörigen Ideen zu leicht wieder vergessen werden.

Perspektiven auf die Alltagswelt der Interviewten. In der Phase des 'Axialen Kodierens' habe ich daher ausgewählte Interviewpassagen als 'Schlüsselerzählungen' kodiert. Darunter verstehe ich diejenigen Erzählungen, die Aufschluss über die Bezüge zwischen Kategorien geben. Sie tragen damit in besonderer Weise zu meinen Analysen des Interviewmaterials bei, da diese Argumentationen der beteiligten AkteureInnen in stärkerem Maße in meiner „Übersetzung" der Interviews und damit in meiner Darstellung der Ergebnisse berücksichtigt werden als beispielsweise die bloße Nennung einer Kategorie.

In der Praxis habe ich während des 'Offenen Kodierens' und des 'Axialen Kodierens' mit verschiedenen Mitteln gearbeitet, um Textausschnitten Kodes und Kategorien zuzuweisen. Zu der traditionell vorgeschlagenen Vorgehensweise, Kodes und Kategorien an den Rand des verschriftlichten Datenmaterials zu schreiben, ist hinzugekommen, ein computergestütztes Textverarbeitungssystem zu verwenden, um Textausschnitte zu den verschiedenen Kategorien in eigenen Dateien zusammenzustellen und diese anschließend erneut thematisch zu gruppieren.[236] Ich unterscheide zudem zwischen Kategorien und 'Hauptkategorien'. Letztere sind ersteren übergeordnet und nehmen In-vivo-Kodes der Interviewten zum Ausgangspunkt. Die Ergebnisse des Offenen Kodierens und des Axialen Kodierens fasse ich als das Auffinden dieser 'Hauptkategorien' auf, die in den folgenden drei Kapiteln 4 bis 6 vorgestellt werden.

'Selektives Kodieren' als analytische Erzählung über aufgefundene Kategorien

'Selektives Kodieren', so Strauss und Corbin (1990) ist darauf ausgerichtet, die Hauptkategorien auf theoretischer Ebene miteinander zu integrieren und eine 'Kernkategorie'[237] zu finden. Die 'Kernkategorie' der »Herstellung epistemischer Autorität«, die aus der Analyse der empirisch erhobenen Daten vor dem Hinter-

---

[236] In jüngerer Zeit sind verschiedene Softwareprogramme entwickelt worden, die die Analyse von Datenmaterial anhand der 'Grounded Theory' unterstützen. Trotz verschiedener Funktionen dieser Programme weist Kelle (1997, 5) darauf hin, dass AnwenderInnen dieser Programme häufig auch dann nur diese 'Cut-and-Paste'-Funktion verwenden würden. Inwieweit weitere Funktionen dieser Programme zur Theoriebildung beitragen könnten, weil sie beispielsweise erlauben, verschiedene Kategorien bzw. ihre zugehörigen Textstellen innerhalb eines Dokuments miteinander in Beziehung zu setzen, ist im Rahmen dieser Arbeit nicht berücksichtigt worden, da die Analyse nicht mit einem solchen Programm durchgeführt worden ist. Ihre Möglichkeiten und Grenzen für die Anwendung werden z. Z. noch kritisch diskutiert (ebd.).

[237] Abweichend von der üblichen Übersetzung der 'Core Category' als 'Schlüsselkategorie' verwende ich hier die Übersetzung von „Kernkategorie", um falsche Zuordnungen der Schlüsselerzählungen zur Kernkategorie zu vermeiden.

grund der 'Boundary Work' von Gieryn (1994) abgeleitet wurde, setzt sich zum einen aus dem Konzept der 'Epistemischen Autorität' von Gieryn (1999a) und zum anderen aus dem Begriff der 'Herstellung' zusammen. Letzterer bezeichnet die komplexe Prozesshaftigkeit des Konzepts der 'Epistemischen Autorität'. Die Rückbindung der Kategorien an theoretische Konzepte ist ausdrücklich im Rahmen der 'Grounded Theory' vorgesehen.[238] Strauss und Corbin (1990, 120) geben als Anleitung für das Auffinden der Kernkategorie den Hinweis, dass das 'Selektive Kodieren' dem Verfassen einer „analytischen" Erzählung über die gefundenen Kategorien gleiche. Diese analytische Erzählung führe von einer Deskription der Kategorien über zu einem analytischen „Gang der Handlung", die die einzelnen Kategorien mit der 'Kernkategorie' in Beziehung setze. Die 'Kernkategorie' solle alle Kategorien umfassen. Für den Aufbau dieser Arbeit bedeutet dies, dass im Schlusskapitel eine analytische Erzählung zu finden ist, in der Beziehungen zwischen den Hauptkategorien, die in den Kapiteln 4 bis 6 dieser Arbeit beschrieben werden, und der 'Kernkategorie' der »Herstellung epistemischer Autorität« plausibel werden sollen. Das Schlusskapitel meiner Arbeit kann also als Ergebnis des Prozesses des 'Selektiven Kodierens' aufgefasst werden, in dem ich die Hauptkategorien der vorangegangenen Kapitel wieder aufgreife.

Die so entwickelte „Theorie" stellt Plausibilitäten her. Sie ist damit selbst im Sinne Haraways als situiertes und partiales Wissen zu verstehen, das im vorliegenden Fall als Übersetzung des Interviewmaterials im Rahmen des untersuchten Settings der Waterside University aufzufassen ist.

3.2.3   Zwischenfazit zum methodischen Vorgehen

Ausgehend von einer postmodernen Position, die Perspektiven der Subjekte im qualitativ ausgerichteten, sozialwissenschaftlichen Forschungsprozess als situiert und partial zu verstehen, habe ich in diesem Kapitel formuliert, dass ich die Ergebnisse dieses Prozesses als permanent zu vollziehende, partiale, situative Übersetzungen auffasse. Dieses Verständnis setze ich auch für die einzelnen, einander überlagernden Phasen der Bearbeitung eines Projekts voraus, wie die der Konzeption, der Datenerhebung, der Auswertung und der Veröffentlichung von Ergebnissen. Die Umsetzung der vorliegenden Studie ist in zwei Bearbeitungsschritten erfolgt, da deren Fragestellung und theoretische Ausgangspunkte im Verlauf des Forschungsprozesses in Reaktion auf den Fortgang der Analyse

---

[238] Vgl. u. a. Kelle 1994, 324.

weiterentwickelt wurden: Für das „Erhebungsdesign" ist von einer These aus der Frauenforschung über die Physik ausgegangen worden, deren Kategorien anhand des erhobenen Materials aber nicht als die diejenigen bestätigt werden konnten, die das Wissenschaftsverständnis der Interviewten oder ihre Zuordnung zu bestimmten Forschungsgebieten primär strukturieren. Für die Auswertung des erhobenen Materials ist daher mit einer weiterentwickelten Fragestellung unter veränderten theoretischen Prämissen gearbeitet worden: Die Auswertung nimmt ihren Ausgangspunkt in der Frage nach Grenzziehungen in Erzählungen von Doktorandinnen und Doktoranden, die für die Konstruktion des Wissenschaftsverständnisses der Physik relevant erscheinen. Die entsprechende Bearbeitung des erhobenen Materials ist mit der 'Voice Centered Method' begonnen und in Anlehnung an das Kodierparadigma der 'Grounded Theory' fortgesetzt worden. In den folgenden Kapiteln 4 bis 6 werden die 'Hauptkategorien' dieser Auswertung vorgestellt. Im letzten Kapitel dieser Arbeit stelle ich die Kategorie der »Herstellung epistemischer Autorität« vor, die zugleich als Ergebnis des 'Selektiven Kodierens' aufgefasst werden kann, da diese Kategorie aufgrund einer analytischen Erzählung erarbeitet wurde. Auf diese Weise werden Plausibilitäten für die Bezüge zwischen den 'Hauptkategorien' hergestellt.

3.3   Fazit

In den unterschiedlichen Ausrichtungen der Wissenschaftsforschung gibt es nur wenige empirische Studien über angehende NaturwissenschaftlerInnen, die sich noch in der Ausbildung befinden. Eine Bearbeitung dieses blinden Flecks könnte – so beispielsweise auch die Vermutung der Autorin Delamont (1987) – Aufschluss über die Produktion und Reproduktion von Wissen in diesen Disziplinen geben. Für die Aufarbeitung des Forschungsstands sind daher sowohl aus dem Bereich der Wissenschaftsforschung als auch aus der Schul- und Hochschulforschung empirische Erhebungen sondiert und aufgearbeitet worden, die sich mit Vorstellungen von der Physik bzw. der Naturwissenschaften von SchülerInnen, Studierenden und angehenden NaturwissenschaftlerInnen im US-amerikanischen Kontext befassen. Zu den wenigen Studien aus der Wissenschaftsforschung, die sich der Ausbildung von PhysikerInnen widmen, gehören die ethnographisch orientierten Arbeiten von Traweek (1988) und Gusterson (1995), an deren Ergebnisse ich mit der vorliegenden Untersuchung anschließe. Die AutorInnen arbeiten heraus, in welcher Weise formale und informelle Ausbildungs- und Forschungsstrukturen einer Institution zur Konstruktion des Wissenschaftsverständnisses der Disziplin der Physik beitragen. Für die Aufarbeitung des Forschungsstandes aus dem Bereich der Schul- und Hochschulforschung habe ich Studien aufgearbeitet, die sich mit Vorstellungen von SchülerInnen und Studierenden von der Disziplin der Physik befassen und diese vor dem Hintergrund unterschiedlichster theoretischer Positionen, Fragestellungen und Ziele untersuchen. Die Ergebnisse sind aufgrund sehr verschiedener Ansätze und Vorgehensweisen sehr disparat, aber sie geben dennoch einige Hinweise darauf, welche Aspekte für eine Untersuchung des Wissenschaftsverständnisses von PhysikerInnen berücksichtigt werden sollten. So ergeben sowohl quantitativ als auch qualitativ angelegt Untersuchungen, dass das innerhalb verschiedener Statusgruppen vertretene Wissenschaftsverständnis vielfältig ist. Diese Vielfalt nimmt jedoch mit zunehmendem Ausbildungsgrad u. U. ab, so dass in höheren Statusgruppen einheitlichere Vorstellungen von einer Wissenschaft vorherrschen als in niedrigeren Statusgruppen. Auch geht mit veränderten Unterrichtspraxen ein verändertes Wissenschaftsverständnis einher. Im Vergleich zu der Erhebung von Mead und Métraux (1957) kann zudem anhand der sondierten Untersuchungen aus den 1990er Jahren vermutet werden, dass die Physik im Verlauf des 20. Jh. eine Entzauberung erfahren hat: Schülerinnen und Schüler der Physik reflektieren diese Disziplin und ihre Vermittlung im Schulunterricht durchaus kritisch. Erkenntnistheoretische Positionen, wie sie anhand der historischen Skizze der Wissenschaftsforschung in Kapitel 2 herausgearbeitet worden sind, sind in unterschiedlicher Ausprägung – zumeist aber lediglich implizit – als Ausgangspositionen oder für die Konstruktion von Erhebungsinstrumenten in den Studien der Schul- und Hochschulforschung zu finden.

Sowohl AutorInnen von qualitativ als auch von quantitativ orientierten Studien empfehlen, qualitativ ausgerichtete Forschungsdesigns zu entwickeln, um einen Eindruck von den Vorstellungen der SchülerInnen und Studierenden von einer wissenschaftlichen Disziplin gewinnen zu können. Kritisiert wird an quantitativen Studien, dass sie beispielsweise widersprüchliche Auffassungen einer Person nicht adäquat erfassen könnten. Als ein weiteres Problem quantitativer Untersuchungen erachte ich darüber hinaus die Bewertung der erhobenen Vorstellungen von der Physik. In einigen Fällen wird hierfür ein Expertenpanel herangezogen, dessen Auffassungen über die Physik als „richtig" gesetzt werden. Abweichende Auffassungen der SchülerInnen oder Studierenden von jenen des Expertenpanels werden entsprechend dieser Referenz als falsch oder naiv eingestuft anstatt sie differenziert hinsichtlich ihrer epistemologischen Position zu bewerten.

Die sondierten Studien sind im Rahmen der Aufarbeitung des Forschungsstands hinsichtlich ihrer wissenschaftstheoretischen Implikationen betrachtet worden: So finden sich positivistische und antipositivistische Vorstellungen von der Physik als Statements in quantitativen Erhebungsinstrumenten, zu denen SchülerInnen in skalierter Form Stellung beziehen sollen. In einigen Studien zeigt sich anhand der Anlage der Forschung ein positivistisches Wissenschaftsverständnis daran, dass ExpertInnen-Wissen als Referenz für die Bewertung von Auffassungen über die Physik herangezogen wird. Zugleich sind auch Positionen, die von einer Konstruktion naturwissenschaftlichen Wissens oder von einem Interessensmodell ausgehen, in der Schul- und Hochschulforschung zu finden. Das Ergebnis, dass eine bestimmte Form der Didaktik ein bestimmtes Wissenschaftsverständnis fördert oder dass die formalen und informellen Unterrichtsstrukturen zur Konstruktion von Vorstellungen von der Physik beitragen, ist unterschiedlichen Ausprägungen eines konstruktivistischen Wissenschaftsverständnisses zuzurechnen.Insbesondere die Ergebnisse der Untersuchung des Physikunterrichts in der High School von Hughes-McDonnell (1996) sind für meine Studie von Relevanz. Hughes-McDonnell arbeitet in qualitativen Interviews heraus, dass auch sehr gute Schülerinnen und Schüler den Physikunterricht kritisch reflektieren. Gute Schulnoten allein reichen für diese SchülerInnen offenbar nicht aus, um sie für ein Physikstudium zu motivieren. Sie kritisieren autoritäre Unterrichtsstrukturen oder die einseitige Ausrichtung des Unterrichts auf Jungen, wie sie sich in den Interaktionen des Unterrichts manifestieren.

Ausgangspunkt für meine Untersuchung sind insbesondere die Ergebnisse über die physikalische Ausbildung anhand der Studien von Hughes-McDonnell (1996) über den Schulunterricht, von Traweek (1988) über die Hochenergiephysik und von Gusterson (1995) über physikalische Forschung an Atomwaffen: Für den Physikunterricht in der High School zeichnet Hughes-McDonnell (1996) Reflexionen von SchülerInnen über vorgegebene Unterrichtsstrukturen nach. Diese führen zu Vorstellungen von der Physik als einem Fach, das auf autoritäre Weise gelehrt werde. Vorgegebene Inhalte des Lehrkanons der Physik werden auch im College an Studierende vermittelt (Traweek 1988). Erst mit Beginn des Graduate-Studiums werden zunehmend informelle Ausbildungsstrukturen etabliert, so dass die Physik in stärkerem Ausmaß im Rahmen sozialer Interaktionen in der Scientific Community vermittelt und erlernt wird. Der Expertenstatus von etablierten PhysikerInnen wird jedoch auch im Rahmen dieser fortgeschrittenen Phasen der physikalischen Ausbildung nicht infrage gestellt, wie die Untersuchungen von Traweek (1988) und Gusterson (1995) zeigen. Es erscheint daher viel versprechend, die Vorstellungen von PhysikerInnen in der Ausbildung zu erheben, die sich in der Übergangsphase zwischen dem formal organisiertem

Studium im College und der informell organisierten Ausbildung während des Graduate-Studiums befinden.

Die in Abschnitt 3.2.1 in Anlehnung an das Konzept des 'Situierten Wissens' von Haraway ([1988] 1991) formulierte theoretische Ausgangsposition stellt zunächst eine Verschiebung gegenüber der überwiegenden Anzahl der in Abschnitt 3.1 vorgestellten Untersuchungen zum Wissenschaftsverständnis von der Physik dar. Ausgehend von den Prämissen eines postmodernen Subjektverständnisses lege ich im zweiten Teil dieses Kapitels dar, in welcher Weise die Durchführung einer qualitativ orientierten Interviewstudie als ein fortlaufender Prozess von fragmentarischen und situativen Übersetzungen aufgefasst werden kann. Für einzelne Phasen dieses Prozesses, wie die der Konzeption, der Erhebung, der Durchführung und der Veröffentlichung, werden unterschiedlichste Materialien übersetzt. Diese Übersetzungen wiederum sind an verschiedene AdressatInnen gerichtet. Fragmentarische Übersetzungen einer SozialforscherIn sind davon geprägt, dass sie von den jeweiligen AdressatInnen verwendete Begriffe antizipiert.

Im Verlauf der Bearbeitung des Projekts ist eine Verschiebung der Fragestellung notwendig geworden, da die zunächst formulierte Forschungsfrage nicht anhand des erhobenen Datenmaterials beantwortet werden konnte: Für die Erhebung des Materials ist vor dem Hintergrund von Ergebnissen aus der Frauenforschung über die Physik im bundesdeutschen Kontext ausgegangen worden - unter der Annahme, dass sich ähnliche Konstellationen für die Beteiligung von Frauen an dieser Disziplin auch im US-amerikanischen Kontext auffinden lassen würden. Die aufgestellte Ausgangsthese, dass Examenskandidatinnen vorwiegend in angewandten, interdisziplinären, peripheren und gesellschaftlich relevanten Forschungsgebieten der Physik anzutreffen sein würden, hat anhand der zur Verfügung stehende Daten an der Waterside University nicht bestätigt werden können. Allerdings sind anhand dieser Daten Hinweise darauf gefunden worden, dass die mittleren Anteile von Promovendinnen in theoretischen bzw. experimentellen Forschungsgebieten der Physik von dem mittleren Anteil der Promovendinnen der Physik (12 %) abweichen. Sie liegen in der theoretischen Physik unterhalb und in der experimentellen Physik oberhalb dieses mittleren Anteils. Dieses Ergebnis müsste jedoch anhand von systematischen und in größerem Umfang zu erhebenden Daten untermauert werden. Auf nationaler Ebene werden entsprechende Daten in den USA m. W. bislang nicht erhoben.

Für die Auswertung des qualitativ erhobenen Interviewmaterials ist mit einer veränderten Forschungskonzeption gearbeitet worden, da sich der theoretische Ausgangspunkt und die Fragestellung für die Bearbeitung des Materials gegenüber dem Erhebungsdesign verändert haben. Mit Gieryn (1994, 1999a) gehe ich davon aus, dass die Wissenschaften als soziokultureller Raum aufgefasst werden können, deren disziplinäre Grenzen flexibel konstruiert werden können. Die Fragestellung, die ich vor diesem theoretischen Hintergrund formuliere, geht also nicht mehr von unveränderlichen Grenzen zwischen verschiedenen physikalischen Forschungsgebieten aus, sondern betrachtet deren Konstruktion anhand von Äußerungen von DoktorandInnen des Faches. Mit der Verwendung des Begriffs der 'Grenzziehung' anstatt des Begriffs der 'Grenze' wird diese Verschiebung meiner Betrachtungsweise markiert, da sich 'Grenzziehungen' auf die Herstellung von Grenzen im Rahmen von Argumentationsweisen vollziehen. Diese Grenzziehungen betrachte ich, indem ich diejenigen Bezüge des Interviewmaterials herausarbeiten werde, die vorwiegend auf Studien- und Forschungsstrukturen der Waterside University rekurrieren.

Unter der veränderten Ausgangsposition des 'Situierten Wissens' in Anlehnung an Haraway habe ich mich auf methodische Vorgehensweisen der 'Voice Centered Method' und der 'Grounded Theory' in modifizierter Form bezogen. In den folgenden Kapiteln vier bis sechs stelle ich die herausgearbeiteten 'Hauptkategorien' dieser Analysearbeit dar. Zu diesen 'Hauptkategorien' gehören institutionalisierte Studien- und Forschungsstrukturen an der Waterside University (4. Kapitel), die Betrachtung der Äußerungen der Interviewten im Hinblick auf ihre Plausibilisierung der Physik als Zunft (5. Kapitel) sowie Bezüge zu unterschiedlichen Genres von Erzählungen über die Naturwissenschaften (6. Kapitel). Das abschließende Kapitel dieser Arbeit zur Kategorie der »Herstellung epistemischer Autorität« stellt eine analytische Erzählung über Bezüge der 'Hauptkategorien' zueinander dar – ein Vorgehen, das im Rahmen der 'Grounded Theory' für das 'Selektive Kodieren' vorgeschlagen wird.

Teil II

Ergebnisse der empirischen Erhebung

4 Institutionalisierte Grenzziehungen in Studium und Forschung

Vor dem theoretischen Hintergrund der Grenzziehungsarbeit, den ich im ersten Kapitel ausgeführt habe, gehe ich in diesem und den folgendem Kapiteln „argumentativen Narrationen"[239] der Interviewten in Bezug auf das von ihnen vertretene Wissenschaftsverständnis nach. Gieryn (1994, 1999a) widmet sich Grenzziehungsprozessen, um aufzuzeigen, wie Kriterien zwischen Wissenschaft und Nicht-Wissenschaft etabliert werden. Auch ich betrachte Herstellungsprozesse von Grenzen, allerdings mit einem verschobenen Blickwinkel. In diesem Kapitel geht es zunächst um diejenigen *inner*disziplinären Grenzziehungen, die sich auf institutionalisierte Strukturen der Physik in Studium und Forschung beziehen. Anhand der Interviewanalysen kann aufgezeigt werden, dass Unterschiede zwischen Undergraduate- und Graduate-Studium sowie zwischen theoretischer und experimenteller Physik für das Wissenschaftsverständnis der Physik von Relevanz sind. Aufgrund von Betrachtungen der institutionalisierten Strukturen an der Waterside University sowie der unterschiedlich hohen Anteile von Frauen und Männern in den genannten Ausbildungsphasen bzw. Teilbereichen physikalischer Forschung können folgende Schlussfolgerungen gezogen werden: Beginnend mit diesem Kapitel wird anhand der Analyse des Interviewmaterials aufgezeigt werden, dass das Wissenschaftsverständnis von der Physik vielfältig ist und nicht als ein einheitliches, monolithisches verstanden werden kann. Gestützt wird diese Vielfalt durch unterschiedlichste institutionelle Strukturen in Ausbildung und Forschung. Diese vielfältigen Auffassungen werden nachfolgend hinsichtlich folgender Überlegungen diskutiert: Inwieweit stehen geschlechtskonnotierte Zuweisungen zu verschiedenen Ausbildungsphasen und zu unterschiedlichen Forschungsausrichtungen in einem Erklärungszusammenhang mit der Beteiligung von Frauen an diesen Bereichen? Welche Konsequenzen hat die institutionelle Trennung von experimenteller und theoretischer Physik sowohl für die Beteiligung von Frauen an diesen Forschungsausrichtungen als auch für das Wissenschaftsverständnis der Physik? Ergeben sich hier zwischen institutionalisierten Strukturen und geschlechtskonnotierten Zuweisungen von Eigenschaften zu Frauen und Männern eher Korrespondenzen oder eher Brüche? Und schließlich: Stellen DoktorandInnen der Physik vorgefundene, institutionalisierte Strukturen

---

[239] Vgl. Kap. 1.

ihrer Disziplin infrage oder unterziehen sie sie einer Reflexion? Wie sind gegebenenfalls diese Reflexionen anhand des Datenmaterials aufzufinden und einzuordnen?

4.1 Grenzziehung zwischen Undergraduate- und Graduate-Studium: Der Übergang von einer formal zu einer informell strukturierten Ausbildungsphase

Nach einer historischen Einordnung der Institutionalisierung des Undergraduate- und Graduate-Studiums in den USA stelle ich im Folgenden meine Auswertung der Aussagen der Interviewten zu dieser Unterscheidung von zwei aufeinander folgenden Studienabschnitten dar. Viele der DoktorandInnen beschreiben die Veränderungen, die sie beim Übergang von Undergraduate- zu Graduate-Studium erlebt hätten, sehr ausführlich. Darüber hinaus reflektieren einige von ihnen, welche Vorstellungen von der Physik mit diesen beiden Qualifizierungsphasen einhergingen. Wie sie sagen, werde die Physik während des College-Studiums als eine analytische Lehrbuchwissenschaft vermittelt, die es ermögliche, zu vorgegebenen Problemen Analysen und Lösungen anzubieten. Während der Anfertigung der Doktorarbeit dagegen herrsche eine andere Vorstellung von der Physik vor: In dieser Phase werde die Physik als eine gestalterische Wissenschaft gelehrt, so dass sie der Anforderung gerecht werden müssten, ihr Forschungsprojekt als Design zu konzipieren und umzusetzen. Aufgrund dieser Deutung wird die Schlussfolgerung gezogen, dass Zuschreibungen zur Physik wie „Kreativität" oder „Gestaltung" nicht als Kriterien für „Nicht-Physikalisches" gewertet werden können. Vielmehr werden Kreativität und Gestaltung von DoktorandInnen als Subjektivität gewertet, die einen konstituierenden Beitrag zum Forschungsprozess darstellt, da weder Problemstellungen noch deren Lösungen in so eindeutiger Weise vorgegeben sind, wie es während des College-Studiums der Fall war.

Dieser Interpretation aus der Perspektive der interviewten DoktorandInnen wird von mir gegenübergestellt, dass die Grenzziehung zwischen Undergraduate- und Graduate-Studium einen Übergang von einer formal strukturierten zu einer informell strukturierten Ausbildungsphase markiert. Die Zuschreibungen von Analyse und Design können als Folge dieser unterschiedlichen Strukturierungen aufgefasst werden. Die geringere Beteiligung von Minderheiten an der Physik während der Phase des Graduate-Studiums wird am Beispiel der Beteiligung von Frauen vor diesem Hintergrund gedeutet.

152

4.1.1 Zur Historie des Promotionsstudiums in den USA

Im ausgehenden 19. Jh. sind in den USA zunehmend Graduate Programs an bereits vorhandene Colleges angebunden oder im Rahmen von Neugründungen von Universitäten etabliert worden. Als ein wichtiges Vorbild für diese breite Institutionalisierung des Promotionsstudiums[240] diente i. d. R. das 1876 an der John Hopkins University begründete Graduate Program.[241] In Anlehnung an das Humboldt'sche Bildungsideal[242] wurde für diese Ausbildungsphase vorgesehen, dass zunächst einige Jahre Lehrveranstaltungen in einer Disziplin besucht und anschließend eine eigenständige, über mehrere Jahre angelegte Forschungsarbeit angefertigt werden sollte. Auch heute noch wird die Phase des Promotionsstudiums in den USA in diese zwei Phasen von Studium und Forschung untergliedert. An der Waterside University ist es beispielsweise erforderlich, dass Promovierende zwei Jahre lang Lehrveranstaltungen besuchen, eine Zwischenprüfung ablegen und dann in der Forschungsgruppe ihres Betreuers oder ihrer Betreuerin eine Dissertation in Form eigenständig durchgeführter Forschungsarbeiten anfertigen. Mit der Begründung von Graduate Programs wurde ein größeres Ausmaß an Spezialisierung für verschiedene wissenschaftliche Disziplinen gegenüber der vorhergehenden Phase des Undergraduate-Studiums ermöglicht.[243] Der Besuch eines College oder Undergraduate Programs umfasst i. d. R. ein vierjähriges, breit gefächertes Studium. Gumport (1994) weist darauf hin, dass die Organisation des Studien- und Forschungsbetriebs, wie beispielsweise die Festlegung von Curricula und Prüfungsordnungen oder die Zulassung von Studierenden, von den einzelnen Instituten an den Universitäten geregelt wird.

Zu den formalen Kriterien für die Zulassung zu einem Promotionsstudium, die die Fakultätsmitglieder gemeinsam im Rahmen ihrer Gremienarbeit festlegen, kommen informelle Zulassungskriterien hinzu. Zu diesen gehört an der Water-

---

[240] Um die Wende zum 20. Jahrhundert waren Frauen in den USA noch nicht durchgehend zum Studium zugelassen (vgl. Kap. 2).

[241] Vgl. u. a. Gumport 1994.

[242] Vor der Wende zum 20. Jahrhundert kamen viele angehende Forscher und einige Forscherinnen aus den USA nach Deutschland, um zu forschen und ggf. ihren Doktortitel zu erwerben, da es in den USA noch keine entsprechenden Institutionen dafür gab (vgl. u. a. Gumport 1994).

[243] Die beiden Phasen von Undergraduate- und Graduate-Studium im US-amerikanischen Hochschulsystem weichen in ihrer zeitlichen und inhaltlichen Gestaltung erheblich von den Phasen des Grund- und Hauptstudiums im bundesdeutschen Kontext ab. Dieser Unterschied wird jedoch durch die gegenwärtigen Neustrukturierungen der universitären Studiengänge infolge des Bologna-Prozesses in Zukunft u. U. nivelliert werden, da Diplom-, Magister- und Lehramtsstudiengänge mittelfristig durch Bachelor- und Masterstudiengänge ersetzt werden.

side University, dass die Zulassung einer Bewerberin oder eines Bewerbers für das Graduate Program der Physik u. a. davon abhängt, ob ein Fakultätsmitglied eine Bewerberin oder einen Bewerber als Doktorandin oder Doktorand betreuen will. Diese Form der kombinierten Ausbildung in Forschung und Lehre, die in der Verantwortung der Fakultätsmitglieder liegt, bedeutet eine Kontinuität der disziplinären Felder trotz ihrer zunehmenden Spezialisierung (Gumport 1994).

Im folgenden Abschnitt stelle ich dar, wie die von mir interviewten Doktorandinnen und Doktoranden aus der Retrospektive in umfassender Weise Differenzen zwischen den beiden Ausbildungsphasen von Undergraduate- und Graduate-Studium thematisieren. Sie schildern die Fortsetzung ihres Physikstudiums an der Graduate School nicht als Kontinuität, sondern als einen *Bruch* mit dem, was ihnen während des Undergraduate-Studiums der Physik vermittelt worden sei. Dieser Bruch steht im Gegensatz zur der Schlussfolgerung Traweeks (1988), dass emotionale und kognitive Fähigkeiten, die während einzelner Ausbildungsphasen der Physik erlernt werden, in die jeweils nachfolgende Phase integriert werden.[244] Vielmehr wandelt sich das Bild der Physik beim Übergang vom College- zum Graduate-Studium aus der Perspektive der hier Interviewten grundlegend von einer analytischen Wissenschaft zu einer Wissenschaft, in der Gestaltung und Kreativität gefordert würden.

4.1.2 *"It's been a real education for me, to make that transition."*[245] – *Grenzziehungen zwischen Undergraduate- und Graduate-Studium aus der Perspektive der interviewten Doktorandinnen und Doktoranden*

4.1.2.1 Die Differenz von Undergraduate- und Graduate-Studium als In-vivo-Kode

Die Interviewfrage: "How would you describe your life as a student of physics?" veranlasste mehrere DoktorandInnen, auf verschiedene Phasen ihres Studiums bzw. ihrer bisherigen Ausbildung zurückzublicken. In den meisten Fällen orientieren sich die TeilnehmerInnen an institutionalisierten Ausbildungsphasen wie der Vorschule, der Highschool, dem College, der Graduate School und einer zukünftigen Postdoc-Zeit. Eine der von mir als 'Schlüsselerzählung'[246] gewertete Antwort auf diese Frage gab Helen, die ihr Leben als Physikstudentin anhand der verschiedenen Ausbildungsphasen resümiert. Die institutionalisierten Phasen von

---

[244] Vgl. Abschnitt 3.1.1.
[245] Zur Verwendung von Pseudonymen und Vornamen vgl. Fußnote 226. Andrew, 3-6.
[246] Vgl. Abschnitt 3.2.2.2.

Undergraduate- und Graduate-Studium sowie die Unterteilung des Promotions-studiums in eine Phase vor den Zwischenprüfungen und eine Phase danach ist der erzählerische Rahmen für ihre Retrospektive auf ihr bisheriges Leben als Physikstudentin:

Petra: How would you describe your life as a student of physics?

Helen: Now or when I was in college or in general?

Petra: In general.

Helen: Well, it's definitely varied and I guess that it went through *different stages.* When I was in *college* I think that *I did view physics as being very broad and general.* So, I tried to look at the world around me and see [...] what physics problems I could explain and solve in the **real** world with the basic knowledge that I had. [...] College definitely gave me a lot of time to explore different things. I had a very solid background in math and science when I entered. So, I had received many credits for classes. So, I got a chance to study fields outside of physics. So, I took a lot of humanities courses and I wrote a lot of poetry, I took a lot of philosophy classes, and so, *I would say that as an undergraduate physics was **not** the main part of my life although it was certainly an influence.* [...] When I was in college I did several internships at the laboratories of <telephone company ___>. I did three sum-mer works at the labs and that really influenced me to continue being a physicist and to go to graduate school, because I really enjoyed doing it. I thought it was a lot of fun. *So, that was nice to have research experience and see what doing research is like as opposed to solving problems and problem sets. You know, an-swering something that the answer is **not** known about.* So, I really enjoyed that. And then when I started in *graduate school here at Waterside University things were very **different** than they were as an undergraduate* [...], because it's much *more high pace here and people are much more serious and I [was] required to be much more serious about studying physics*, because there were certain exams that I had to pass in order to qualify for a Ph.D. and I really did not have a great background when I started graduate school, because I didn't concentrate intensely on physics as an un-dergraduate. So, I got here and suddenly physics became a much **more** [...] [central] part of my life. *So, the first two years I was here I was [taking] really very many classes and working on problem sets and I learned a **lot** about physics at that time. So, that was good and **now** I passed all those exams and I moved on* *to doing **research** which I definitely enjoy.* So, **now** my life as a student of physics involves more doing research. So, I work on something very independently and can formulate my questions what I should investigate and then I carry out these investigations. *So, those definitely were different stages of my life as a student of physics.*[247]

Helen unterscheidet die Phase des College-Studiums von der des Graduate-Studiums anhand folgender Kriterien: Während des College-Studiums habe sie die Physik als „breit" und „allgemein" angesehen.[248] Sie habe Lehrveranstaltungen in anderen Disziplinen besucht. Die Physik sei zwar Teil ihres Lebens, aber nicht so zentral wie „jetzt" im Graduate-Studium gewesen. Wichtige Erfahrungen seien für sie Praktika ('Internships'), die sie bereits als College-Studentin in den Forschungslabors einer Telefongesellschaft absolviert hat, gewesen. Dort sei sie an Forschungsprojekten beteiligt gewesen. Im Rückblick wertet Helen diese Praktika, in denen sie Forschungserfahrungen gesammelt habe, als einen wichtigen Beitrag zu ihrer Entscheidung, zu promovieren. An der Waterside University herrsche jetzt allerdings „ein sehr viel höheres Tempo", die Physik sei sehr viel zentraler in ihrem Leben geworden. Durch den Besuch von Lehrveranstaltungen habe sie viel über die Physik gelernt und jetzt habe sie mit einem Forschungsprojekt begonnen. Sie beschreibt diese Forschungsarbeit als Möglichkeit, „unabhängig" zu arbeiten, ihre „eigenen Fragen" formulieren zu können, die sie untersuche und deren Antworten vorher nicht bekannt sei.

In ähnlicher Weise wie Helen betont etwa die Hälfte der InterviewteilnehmerInnen die Unterschiede zwischen Undergraduate- und Graduate-Studium. Nur zwei Doktoranden, Steven und Philip, nehmen eine Kontinuität der beiden Ausbildungsphasen von Undergraduate- und Graduate-Studium wahr. Dies könnte aber möglicherweise daran liegen, dass diese Doktoranden noch nicht an einem Forschungsprojekt gearbeitet hatten oder bereits während des College-Studiums stärker in Forschungsprojekte eingebunden gewesen sind. Für die Analyse in Anlehnung an das Kopierparadigma nach Strauss (1987) bin ich dieser von den Interviewten eingeführten Unterscheidung gefolgt und habe ihr diejenigen Aspekte zugeordnet, die entlang dieser Differenzierung beschrieben werden: unterschiedliche Formen von Zeitaufwand und -management, geforderte Fähigkeiten im Physikstudium, erhaltene Anerkennung sowie unterschiedliche Vorstellungen von der Physik als Wissenschaft.

---

[247] Helen, 2-4.
[248] Für alle folgenden Übersetzungen englischer Interviewpassagen bzw. Begriffe ist die Autorin verantwortlich.

4.1.2.2 Zeitaufwand und -management: "Well, [life] is pretty busy, but it's pretty free."[249]

Nicht besonders überraschend ist es wahrscheinlich, dass einer der Unterschiede zwischen der College-Ausbildung und dem Graduate-Studium darin gesehen wird, dass mehr und mehr Zeit für das Physikstudium aufgewendet werden müsse.[250] Ein wichtiges Ergebnis der Studie Traweeks (1988), die hier zum Vergleich herangezogen wird, ist, dass sie die Kategorie der 'Lebenszeit' in ihrer Studie stark hervorhebt und PhysikerInnen so beschreibt, dass diese große Angst vor Zeitverlusten hätten.[251] Demgegenüber wird von den DoktorandInnen in meiner Untersuchung die Kategorie des *Zeitverlusts* nicht so stark betont. Sie nehmen vielmehr auf unterschiedliche Möglichkeiten der *Zeiteinteilung* Bezug. So beziehen sich die Promovierenden v. a. auf alltägliche Möglichkeiten ihrer Zeiteinteilung oder sie berichten von ihren früheren Freizeitaktivitäten während ihres Undergraduate-Studiums wie z. B. der Teilnahme an einem Ruder-Team[252], Tanzen[253] und Gedichte schreiben, die sie während des Promotionsstudiums hätten einschränken müssen.[254] Zudem müssen und können sich DoktorandInnen nach den mündlichen Prüfungen nicht mehr nach wöchentlichen Stundenplänen richten, die durch Abgabetermine für Übungsaufgaben und den Besuch von Lehrveranstaltungen strukturiert werden. Stattdessen müssen Promovierende ihre Zeit selbst einteilen, um ihre Forschungsprojekte durchzuführen, was sie als Anpassungsprozess[255], als Unsicherheit und Stress[256] oder auch als Befreiung[257] empfinden. DoktorandInnen können über Zeitspannen von einigen Stunden[258], Tagen[259] oder Wochen[260] selbst verfügen. So führt James aus, dass sein Leben als Physikstudent „ziemlich arbeitsreich, aber ziemlich frei" sei:

---

[249] James (1. Interview), 3-4.
[250] Diesen allgemeinen Eindruck teilen Sarah, 2-3, Ben, 3, James (1. Interview), 4, Helen, 3-4, John, 3-4 und Bill, 3.
[251] Vgl. 3.1.1.1.
[252] Bill, 3.
[253] Sarah, 2-3.
[254] Helen, 2-4.
[255] Ben, 3-4 u. Ann, 4.
[256] Andrew, 13.
[257] James (1. Interview), 3-4.
[258] James (1. Interview), 3-4, Ben, 4 u. Helen, 4.
[259] Peter, 6-7.
[260] George, 7-8.

Petra: How would you describe your life as a student of physics?

James: Well, it's pretty busy, but it's pretty free. It's pretty busy in the
           sense that there's never really enough time to [do what] I want to
           do in the lab. There are too many projects [...] .You always have to
           choose the most important things to do. But at least now, I'm
           really feeling that, that *it's* some kind of heavy constraint. It's
           pretty busy in the sense that I could spend all my time early in the
           morning till late at night, but it's free in the sense that I [am not]
           obligated to do that. So, sometimes when I feel like [it] I take a
           little time off, do some laundry, (Laughs.), no, or watch a movie or
           something like that.[261]

Die Freiheit, kürzere Zeitspannen selbst gestalten zu können, wie James es hier
betont, besteht jedoch nicht, wenn es um die gesamte Dauer einer Doktorarbeit
geht. Einige DoktorandInnen äußern sich über ihre Unsicherheit und ihre Bedenken, dass sie zu viele Jahre in ihrem Graduiertenprogramm bis zur Erlangung des
Doktorgrades verbringen könnten.[262] Die unterschiedliche Strukturierung der
Zeit ist m. E. ein Symptom für das unterschiedliche Ausmaß, in dem Kreativität
und Gestaltung von Studierenden in den Lehr- bzw. den Forschungsbetrieb integriert wird (vgl. Abschnitt 4.1.3.1). Während also die Zeitplanung für das
Collegestudium in ähnlicher Weise vorstrukturiert ist wie die Lehrinhalte dieser
Studienphase, entspricht die nicht vorgegebene Zeiteinteilung den unstrukturier-
ten Lehrinhalten in der Phase des Promotionsstudiums.

4.1.2.3 Fähigkeiten

In den USA ist das College-Studium i. d. R. relativ breit angelegt. Die Physik-
doktorandInnen berichten, sie hätten während dieser vierjährigen Ausbildungsphase z. B. Philosophiekurse und andere geistes- und sozialwissenschaftliche
Veranstaltungen besucht.[263] Das eigentliche Fachstudium der Physik wird ebenfalls je nach Studienphase unterschiedlich wahrgenommen. Während des Undergraduate-Studiums kann die Physik mehr oder weniger als eine Lehrbuchwissen-

---

[261] James (1. Interview), 3-4.

[262] George, 7-8, Ben, 23, Peter, 18-19 u. Helen, 18. Über einen Zeitraum von 25 Jahren ist die
durchschnittliche Dauer des Promotionsstudiums der Physik in den USA von 5,3 (1969/70)
auf 6,5 (1994/95) Jahre angestiegen (Dodge u. Mulvey 1996, 6).

[263] Helen, 2-4, Ben, 3, George, 9-10 u. Ann, 4. Im Gegensatz dazu berichten John, 3-4, und Joe,
4-6, von einem eher streng mathematisch-naturwissenschaftlich orientierten Studium, welches sie an Universitäten durchlaufen haben, die am „Europäischen Bildungssystem" orientiert gewesen seien.

schaft charakterisiert werden.[264] Physikalische Inhalte würden, wie die Teilneh-merInnen berichten, vorwiegend aus dem Lehrbuch vermittelt und seien damit bereits vorgegeben: In Vorlesungen werde der etablierte Kanon der Physik abge-handelt. Dieser werde in Übungsaufgaben nachvollzogen, deren Lösungen be-reits bekannt seien. In Labor-Praktika würden vorbereitete Experimente durchge-führt, deren Messergebnisse ebenfalls bekannt seien. Die Fähigkeiten, die auf diese Weise erworben werden, werden von einigen DoktorandInnen als gegen-sätzlich zu späteren Forschungsarbeiten angesehen.[265]

Im Nachhinein wünscht sich Ann, dass es mehr Aufgabenstellungen hätte ge-ben sollen, die „kreatives Denken" erfordert hätten. Sie stellt sich vor, dass Fra-gen wie: „Wie würden Sie das messen?" oder: „Welche Art von Experiment würden Sie entwerfen?" bereits Teil des College-Studiums sein sollten. Helen mag an ihrer jetzigen Forschung, dass sie „sehr unabhängig" an etwas arbeiten und dass sie eigene Fragen stellen könne.[266]

4.1.2.4 Anerkennung

Die stark formalisierte Struktur des College-Studiums ändert sich mit dem Be-ginn des Promotionsstudiums. Obwohl weiterhin Vorlesungen sowie theoretische Übungen und Praktika besucht werden, sinkt der Stellenwert dieser Veranstal-tungen zugunsten der Mitarbeit von Doktorandinnen und Doktoranden an For-schungsprojekten mit Beginn des dritten Studienjahres. Die DoktorandInnen sind trotz intensiven Studiums häufig bereits mit Beginn ihres Graduate-Studiums fest in ihre Forschungsgruppen eingebunden.[267] Im Zusammenhang mit einer Ver-schiebung der zu erlernenden Fähigkeiten verändern sich auch die Anerken-nungsmechanismen beim Übergang vom College- zum Graduate-Studium. Ann sagt:

Ann: [...] And that's somewhat different here. Waterside University doesn't really have much in the way of course requirements for the Ph.D. program. So, --- you **take** courses, but they don't really **count**. [...] [T]here's much more of an emphasis on finding a group and doing research and [...] really sinking your teeth into a project

---

[264] Vgl. Traweek 1988.
[265] Helen, 2-4 u. Ann, 7.
[266] Helen, 2-4.
[267] Ben u. Sarah.

or problem and understanding it well and making a contribution.[268]

Der Standpunkt, dass die Mitarbeit an Forschungsprojekten wichtiger sei als die Teilnahme an Lehrveranstaltungen, wird den DoktorandInnen auf verschiedene Weise vermittelt. Innerhalb von institutionellen Strukturen an der Waterside University wird v. a. Forschung gefördert,[269] so dass auch die überwiegende Anzahl von Doktorandinnen und Doktoranden von Forschungsgeldern finanziert wird. So vermittelten Betreuer und Betreuerinnen, dass sie nicht wünschen, dass ihre DoktorandInnen in großem Umfang Lehrveranstaltungen besuchen.[270]

Die Anerkennung von Forschungsleistungen manifestiert sich weiterhin extern in Form von Veröffentlichungen,[271] an denen Promovierende beteiligt sind, was als zufriedenstellend oder auch als motivierend für die Arbeit empfunden wird.[272] Die DoktorandInnen beanspruchen zwar Autoren- bzw. Autorinnenschaft, diese wird ihnen aber nicht immer zugestanden. So berichtet Joe, dass sein erster Betreuer seine Forschungsbeiträge unter seinem eigenen Namen veröffentlicht habe ohne ihn, Joe, zu nennen.[273] Im Falle von Teamarbeit werde, so die Interviewten, in größeren Forschungsgruppen die Reihenfolge der AutorInnen ausgehandelt, zu denen dann die Beteiligten in der entsprechenden Gruppe gehörten.[274] Diese Art der Anerkennung manifestiert sich nicht als finanzielle Entlohnung, sondern liegt vielmehr in dem Privileg, überhaupt in der Wissenschaft arbeiten zu dürfen.[275]

4.1.2.5 Wissenschaftsverständnis: Von der 'Lehrbuchanalyse' zum 'Forschungsdesign'?

Zwei der interviewten DoktorandInnen, Andrew und George, verbinden mit den bisher eher deskriptiven Unterschieden zwischen dem Undergraduate- und dem Graduate-Studium nicht nur verschiedene Phasen ihrer Ausbildung. Sie schlussfolgern, dass sich mit den veränderten Anforderungen ihres Studiums auch ihr „Bild von der Physik"[276] bzw. ihre „Auffassung von der Physik als Wissen-

---

[268] Ann, 4.
[269] Maria, 7.
[270] Ben, 23.
[271] Peter, 20-24, Philip, 11 u. Maria, 7.
[272] Maria, 7.
[273] Joe, 13.
[274] Peter, 20-24.
[275] Robert, 21-22.
[276] Andrew, 4.

schaft"[277] verändert habe. Aufgabenstellungen hätten jetzt ein „offenes Ende". Die Physik stelle sich nicht mehr als eine Naturwissenschaft dar, die immer eine Lösung für vorgegebene Probleme bereithalte. Exemplarisch stelle ich hier Andrews Sichtweise auf diese Zusammenhänge vor.

Er stellt fest, dass seine „Vision davon, was Physik ist, kein realistisches Bild"[278] davon gewesen sei, was es bedeute, Physik als Beruf auszuüben. Darum betont er den „großen Unterschied" zwischen Undergraduate- und Graduate-Studium. Der Übergang von einem zum nächsten Studienabschnitt sei für ihn eine „Ausbildung" an sich gewesen:

Petra: [...] Can you remember what kind of picture you had [during undergraduate school]?

Andrew: Yeah, [...] -- it's hard to explain. [...] I thought [physics] would be these kinds of problems: [...] Any problem you do in undergraduate **has** a solution and you know it. Even if **you** don't know the answer you know it's been done or someone can do it. Whereas here, now, as a graduate student it's all open-ended. I have to make my own solution and what we're trying to do in my lab, me and my colleagues, no one has done before and we don't know if it's possible or not, but we **try**. [...] It's a **design** rather than an **analysis** approach. So, a design is so much more open-ended, because [for an] analysis you have the **beginning**, you know what you have to analyze and you have the end and it's sort of more clear-cut. [T]he **design** is up to you. You have to be **creative**. And that, I guess, is the big difference. You didn't really in some ways have to be all that creative as an undergraduate, you just had to do the problems. [...] It's the **real world** here. We have to buy equipment, we can't just get whatever we like. There's time, there's deadlines.[279]

Schließlich vergleicht Andrew seinen vorherigen Studienabschnitt mit einem Spiel, das gespielt werde, das aber „am Ende nicht sehr wichtig" sei. Das „Leben", meint Andrew, „besteht nicht darin, Kurse zu besuchen." Letztendlich müsse man seine Forschungen machen und das könne nicht wirklich unterrichtet werden.[280]

Die Darstellung der Physik kann hier als eine an Andrew vermittelte Auffassung oder auch als ein an ihn vermitteltes Wissenschaftsverständnis von der Phy-

---

[277] George, 5-6.
[278] Andrew, 4.
[279] Andrew, 4-5.
[280] Andrew, 5.

sik interpretiert werden. Die Vermittlung geschieht durch die institutionalisierte Unterrichts- bzw. Forschungspraxis, die er erfahren und in Vorstellungen von der Physik als (Natur-)Wissenschaft übersetzt hat, die mit verschiedenen Studienphasen assoziiert sind.

4.1.3 Der Übergang vom Undergraduate- zum Graduate-Studium: Grenzziehungen zwischen einer formalisierten und einer informell strukturierten Ausbildungsphase

4.1.3.1 Zur individuellen Gestaltung von Forschungsprozessen im Graduate-Studium

Die bereits angeführten Unterscheidungen der DoktorandInnen in den vorhergehenden Abschnitten zu Zeitmanagement, Fähigkeiten, Anerkennung und Wissenschaftsverständnis[281] betrachte ich jetzt nochmals unter einer veränderten Perspektive: Nicht die Unterscheidung zwischen Analyse und Design, die Andrew wählt, ist hier mein Ausgangspunkt, sondern die zwischen einer formalisierten und einer informell strukturierten Ausbildungsphase. Besonderes Augenmerk lege ich darauf, welche der bereits genannten Charakterisierungen des Graduate-Studiums als Kennzeichen einer informell strukturierten Ausbildung gewertet werden können.

Promovierende nehmen ihre beginnenden Forschungsarbeiten als eine kreative Tätigkeit wahr. Sie erleben sich selbst als Subjekte, die den Forschungsprozess individuell gestalten können: Sie betonen, dass sie unabhängig arbeiten könnten, eigene Lösungen finden müssten. Helen stellt in diesem Zusammenhang heraus, dass sie eigene Fragen und Problemstellungen in Bezug auf ihr Forschungsprojekt formulieren könne. Hiermit bringt sie m. E. zum Ausdruck, dass der Forschungsprozess in zentraler Weise individuell von angehenden Physikerinnen und Physikern gestaltet werden könne. Doktorandinnen und Doktoranden sehen ihre Kreativität als Möglichkeit des unabhängigen Forschens und Gestaltens eines Projekts und damit als einen integralen Bestandteil ihres wissenschaftlichen Arbeitens an. Im Rahmen der Argumentationen der Interviews mit Bezug auf den Übergang vom Undergraduate- zum Graduate-Studium ist es *gerade* diese Kreativität, die als ein Kennzeichen für den Beginn des Forschens angesehen wird. Diese Perspektive der Interviewten steht entgegen, dass das Kriterium der Individualität auch dazu dienen kann, etwas als unwissenschaftlich zu bezeichnen, während Allgemeingültigkeit mit Objektivität assoziiert wird und damit als Kri-

---

[281] Vgl. Abschnitte 4.1.2.2, 4.1.2.3, 4.1.2.4 u. 4.1.2.5.

terium für Wissenschaftlichkeit herangezogen werden kann. Die Gegenüberstellung von Objektivität gegenüber Individualität kann damit in einen wechselseitigen Verweisungszusammenhang für die Bewertung von Wissenschaftlichkeit bzw. Unwissenschaftlichkeit gestellt werden. In den Ausführungen der Interviewten wird dieser Verweisungszusammenhang nicht aufrechterhalten und zwar selbst dann nicht, wenn sich die Interviewten nicht in demselben Ausmaß wie beispielsweise Helen als autonome, selbstbestimmte Subjekte im Forschungsprozess erleben. James formuliert in seinen Ausführungen zu dem erhöhten Zeitaufwand, den er für die Physik im Rahmen seines Promotionsstudiums erbringen muss, dass er aufgrund der wenigen für einzelne Projekte zur Verfügung stehenden Zeit ständig entscheiden müsse, welche Aufgaben die wichtigsten seien.[282] Diese Entscheidungen sind Teil der individuellen Gestaltung des fortwährenden Forschungsprozesses. Ein weiteres Beispiel für die Bedeutung von Individualität vermittelt Andrew, der ausführt, dass er als Undergraduate-Student mehr über sich selbst und seine Zeit hätte bestimmen können: Er sei sein eigener Boss gewesen.[283] Als Graduate-Student dagegen sei er viel stärker eingebunden, müsse sich nach dem Team und seinem Betreuer richten. Hier zeigt sich, dass die Möglichkeiten des Lernens und Forschens während des Graduate-Studiums zwar individualisiert werden und damit damit nicht mehr formalisierten Strukturen wie in der Phase des Undergraduate-Studiums unterliegen, dass zugleich aber individuelle Gestaltungsmöglichkeiten auch aufgrund von intersubjektiv und informell zu erzielenden Übereinkünften in Forschungsteams eingeschränkt werden.

4.1.3.2 Der Ausschluss der „Anderen" aufgrund informeller Zugangs- und Qualifikationskriterien am Beispiel der Beteiligung von Frauen

Für die Bewertung der Konsequenzen, die die unterschiedlichen Strukturen des Undergraduate- und des Graduate-Studiums für angehende Physikerinnen und Physiker mit sich bringen, greife ich die im vorherigen Abschnitt dargelegte Bewertung des Graduate-Studiums als einer informell strukturierten Ausbildungsphase gegenüber der stark formalisierten Phase des Undergraduate-Studiums auf. Diese Unterscheidung schließt nicht nur Analyse und Design mit ein, sondern auch die formulierten Differenzen bzgl. Zeitmanagement, Fähigkeiten und Anerkennung. Doktorandinnen und Doktoranden wird häufig kein verpflichtender Stundenplan mehr vorgegeben, sondern sie müssen ihre Zeit selbst einteilen, d. h., dass es kaum formale Kontrollen gibt. Die aufgewendete Zeit und ihre

---

[282] James (1. Interview), 3-4.
[283] Andrew, 15-16.

Strukturierung werden entweder individuell festgelegt oder durch Rahmenbedingungen des Forschungsprozesses wie Teamarbeit, physikalische Experimente oder zur Verfügung stehende Geräte reglementiert. Die zu erlernenden Fähigkeiten sind nicht mehr einem standardisierten Curriculum untergeordnet, sondern werden durch persönlichen Kontakt mit Betreuerinnen und Betreuern und weiteren Mitgliedern einer Arbeitsgruppe auf informelle Weise vermittelt und erworben. Auch die wissenschaftliche Anerkennung beruht nicht, wie es zur Zeit des Undergraduate-Studiums noch der Fall gewesen ist, auf standardisierten – guten – Noten, sondern auf persönlichem Lob, Kontakten zu anderen Wissenschaftlerinnen und Wissenschaftlern, der Teilnahme an Konferenzen und dem Publizieren. Diese Aktivitäten im Rahmen der jeweilig als relevant erachteten Scientific Community sind in höchstem Maße informell organisiert. Andrew kontrastiert diese Art der nur informell erreichbaren Anerkennung mit der formalen während des Undergraduate-Studiums, indem er von einem seiner Konferenzbesuche berichtet:

Andrew: [...] When you are successful that's a really great feeling. You feel that, 'Wow, we've done something that no one has done.' And you get a lot of praise for that, too. You go to a conference and people will tell you, 'That's very good work,' and that's a nice feeling [when someone] who is a good research worker in their own right tells you, 'I'm impressed with what you did.' That's good. So that's kind of what keeps you going. [...] Whereas for a problem set you could (Laughs.) get the best grade on that problem set, but so what.[284]

Während der informell strukturierten Ausbildungsphase des Graduate-Studiums wird die Subjektivität der Promovierenden zunehmend in Lern- und Forschungsprozesse integriert – dies wird durch den größeren zeitlichen Aufwand und die Anforderung an selbststrukturiertes Arbeiten erreicht. Aus- und Einschlussmechanismen für angehende Physikerinnen und Physiker greifen hier auf informellen Ebenen, insbesondere deshalb, weil auch die wissenschaftliche Anerkennung überwiegend auf informelle Weise zugesprochen wird. Die z. T. paradoxen Verschränkungen und Widersprüchlichkeiten von dichotomen Zuschreibungen zu sozialen Gruppen und zu Wissenschaftlichkeit sollen anhand des Beispiels der Beteiligung von Frauen an dieser Disziplin im Folgenden aufgezeigt werden.

Innerhalb der Frauen- und Geschlechterforschung über die Naturwissenschaften ist die Zuschreibung der im abendländischen Denken verhafteten Dichoto

---

[284] Andrew, 4-5.

mien wie Subjektivität oder Objektivität, Privatheit oder Öffentlichkeit, Gefühl oder Vernunft kritisiert worden.[285] Die Kritik beruht darauf, dass Frauen und Männern eine vermeintlich einheitliche Weiblichkeit bzw. Männlichkeit zugeschrieben wird und Frauen entlang der Unterscheidungsachse dieser Dichotomien in Sphären wie Subjektivität, Privatheit und Gefühl verortet werden. Diese Sphären sind gleichzeitig diejenigen, die als unwissenschaftlich gelten, während die (Natur-)Wissenschaften als objektiv und männlich definiert werden. Mit den Zuschreibungen von Objektivität zu Männlichkeit und Subjektivität zu Weiblichkeit wird damit auch eine Mythos gestützt, der Frauen aufgrund der ihnen zugeschriebenen weiblichen Eigenschaften insbesondere von den 'harten' (Natur-)Wissenschaften ausschließt.[286]

Folge ich vor dem Hintergrund dieser Kritik also beispielsweise Andrews Wahrnehmung, dass während der College-Phase ein analytisches und während der DoktorandInnen-Ausbildung ein gestalterisches Wissenschaftsverständnis von der Physik vorherrsche, so ist ein Ansatzpunkt für Reflexionen über die von Andrew verwendeten Kategorien gegeben. Es können in diesem Zusammenhang Widersprüche und Brüche innerhalb von Erklärungsmustern, die Geschlechterstereotype und Kriterien für Wissenschaftlichkeit und Nicht-Wissenschaftlichkeit mit dichotomen Attributen versehen, aufgezeigt werden. So hat die Vorstellung, dass physikalische Forschung ein Prozess ist, der durch die Subjektivität der Beteiligten kreativ gestaltet wird, zur Konsequenz, dass auch die Zuschreibungen von Objektivität zu Männlichkeit und Subjektivität zu Weiblichkeit auf der Ebene des zu Anfang aufgezeigten dichotomen Denkmusters infrage gestellt werden.[287] Würden diese Zuschreibungen zutreffen, müsste sich konsequenterweise der relative Anteil von Frauen mit der zunehmenden Integration von Subjektivität in den Forschungsprozess während des Graduate-Studiums erhöhen. Dies ist aber nicht der Fall. Wie in anderen professionellen Bereichen auch, ist der Anteil von Frauen in der Statusgruppe der DoktorandInnen kleiner als in der der Col-

---

[285] Vgl. Scheich (1997), Palm (2001a) und Weber (2001). Scheich (1997) verwendet die Metapher des Kaleidoskops, um ihre These zu illustrieren, dass die in der feministischen Theorie debattierten, modernen Dichotomien von „Privatheit und Öffentlichkeit, Produktion und Reproduktion, Körper und Darstellung, Natur und Geschichte relevante Achsen einer feministischen Neubestimmung darstellen" und fragt: „Wie verlaufen die Linien für einen konzeptuellen Bezugsrahmen feministischer Theorie, dessen zentrale Kategorien die dichotomischen Strukturen der Moderne nicht festschreiben?" (Scheich 1997).

[286] Vgl. u. a. Keller 1985, 6-7.

[287] Zwar kann es sein, dass die DoktorandInnen die Disziplin der Physik als Ganzes weiterhin als eine analytische Wissenschaft betrachten, aber im Falle der Beschreibungen von College- und Graduierten-Phase werden diese Zuschreibungen zumindest brüchig.

lege-Studierenden.[288] Geschlechterstereotype Vorstellungen von Frauen und Männern, mit denen u. a. auch die geringe Beteiligung von Frauen an der Physik gerechtfertigt oder erklärt wird, führen also beim Übergang von der College- zur Graduiertenphase zu einem Erklärungsmangel bzw. werden brüchig oder sogar paradox.

Ich vermute, dass es eher die informellen Mechanismen sind, die dazu beitragen, dass der Anteil von Frauen während der Graduate-Phase geringer ist als während der College-Phase. Auf den Zusammenhang, dass Frauen in informell organisierten Professionalisierungsphasen zu geringeren Anteilen vertreten sind als in formalisierten Professionalisierungsphasen, gibt es auch Hinweise aus der Frauenforschung. Zugangs- und Weiterqualifizierungskriterien, die sich einer formalen Beurteilung entziehen, werden im herrschenden Wissenschaftsbetrieb zu einem Hindernis für Frauen, die sie von Männerbünden ausschließen.[289]

In meiner Studie verweist auch eine Aussage von Helen auf diesen Zusammenhang. Sie reflektiert über die Frage, warum so wenige Frauen PhysikerInnen werden und meint, dass es für Frauen wichtiger sei als für Männer, eine nette Forschungsgruppe zu finden, in der sie sich wohl fühlen könnten. Sie selbst hat sich mehrere Gruppen angesehen, sich mehrfach gegen eine Mitarbeit in experimentellen Gruppen entschieden, deren jeweiliges „soziales Klima" sie negativ bewertet hat, d. h. deren informelle Organisation ihr nicht zugesagt hat. Sie ist schließlich zur theoretischen Physik gewechselt.[290] Bezüglich des Frauenanteils kann die Motivation, zur Graduate-School zu gehen, aber auch das Ergebnis von Reflexionen über die Situiertheit in einer Minderheit sein, wie in Anns Fall:

Ann: [...] I liked the problem solving that goes along with physics. I like doing experiments, because I like being able to sort of work with my hands too, as well as just --- [...] When I was in college and thinking about going to graduate school I thought about the fact that there are so few women in physics and it will be kind of --- nice to contribute to there being more women. I, I don't --- I **really** don't know how much that was a factor or even **if** it was a factor in deciding to go to graduate school, but it was something I thought about. I don't know (Laughs.).[291]

---

[288] Mitte der 1990er Jahre betrug der mittlere Anteil von Frauen in der Physik während der College-Phase 16 %, unter den DoktorandInnen jedoch nur noch 12 %.

[289] Vgl. auch Wissenschaftsrat der Bundesrepublik Deutschland (1996), Brothun (1988), Metz-Göckel (1992) u. Wetterer (1992).

[290] Vgl. auch Abschnitt 4.2.

[291] Ann, 2.

4.1.4 Zwischenfazit

Um die Wende zum 20. Jh. wurden in den USA die Ausbildungsphasen von Undergraduate- und Graduate-Studium im Zusammenhang mit der Gründung von Universitäten und Colleges institutionell verankert. Die Strukturierung dieser Phasen konstituiert in ausgeprägter Weise die Vorstellungen der interviewten Doktoranden und Doktorandinnen von der Physik. Die von Traweek (1988) angenommene Vorstellung eines akkumulativen Lernmodells für die Physik impliziert, dass die im Rahmen einer Ausbildungsphase einmal erlernten Fähigkeiten in die jeweils nachfolgenden Ausbildungsphase integriert werden.[292] Dies stellt sich jedoch aus der Perspektive der von mir Interviewten nicht so dar: Einige TeilnehmerInnen nehmen den Übergang von den Lehr- und Lernformen des College- zu denen des Graduate-Studiums als ein von ihnen zu überwindendes Hindernis wahr. Die Reflexionen einiger Promovierender, dass die Physik im Rahmen der Umsetzung von Forschungsprojekten in Form von Doktorarbeiten eher als ein Design als eine Analyse betrachtet werden sollte, legt zudem nahe, dass Forschungsprozesse durch die Individualität der beteiligten Personen kreativ gestaltet werden. Dies werte ich als Kennzeichen einer informell strukturierten Ausbildungsphase. Eine Einordnung der Beschreibungen und Reflexionen der Interviewten hinsichtlich einer formalisierten gegenüber einer informell strukturierten Ausbildungsphase ermöglicht eine darüber hinausgehende Betrachtung der Aussagen der Interviewten über die Unterschiede zwischen Undergraduate- und Graduate-Studium: Die Konstruktion der „Anderen" und ihr Ausschluss aus der Scientific Community ist in informell strukturierten Ausbildungsphasen wirksamer als in formalisiert strukturierten. Dies habe ich anhand des Beispiels der geringen Beteiligung von Frauen an der Disziplin der Physik ausgeführt.

4.2 Zur Differenzierung von theoretischer und experimenteller Physik

In ihrer Untersuchung der Hochenergiephysik stellt Traweek (1988, 81) fest, dass zwar auf vielen Ebenen eine scharfe Grenze zwischen theoretischer und experimenteller Physik gezogen werde, dies aber für DoktorandInnen nicht der Fall sei.[293] Aus der Perspektive der von mir interviewten Promovierenden ist gerade

---

[292] Vgl. Abschnitt 3.1.1.1.

[293] Die Studie von Traweek (1988) habe ich zur Sondierung des Forschungsstands meiner empirischen Erhebung herangezogen (vgl. Abschnitt 3.1.1.1). Die Aussage, dass für DoktorandInnen die Unterscheidung in theoretische und experimentelle Physik keine besondere Be-

das Gegenteil der Fall: Wie ich im Folgenden aufzeigen werde, wird bereits in der Phase des Promotionsstudiums eine hierarchische Beziehung zwischen TheoretikerInnen und experimentellen PhysikerInnen in dieser Ausbildungsphase etabliert – eine Differenzierung, die aus der Retrospektive der Interviewten zudem bis in ihre Schulzeit zurückreicht. Theoretische und experimentelle Physik werden von den Teilnehmerinnen und Teilnehmern an meiner Untersuchung in scharfer Weise als getrennte und zumeist gegensätzliche Bereiche ihrer Disziplin angesehen. Sie können daher – in ähnlicher Weise wie die im vorherigen Abschnitt thematisierten Zuschreibungen von Analyse und Design – als dualistische und dichotome Kategorien aufgefasst werden, anhand derer DoktorandInnen ihre Auffassungen über ihre Disziplin strukturieren. Ihre Äußerungen über theoretische und experimentelle Physik weisen darauf hin, dass Thesen aus der Wissenschaftsforschung, die diese Differenz in Frage stellen, bisher keinen Eingang in das Curriculum der Physikausbildung gefunden haben. Ich gehe davon aus, dass die Aussagen zu dieser Differenz vor dem Hintergrund der Institutionalisierung von theoretischer und experimenteller Physik zu verstehen sind. Zudem wird der Physik wiederum – ähnlich wie im vorherigen Abschnitt zur Differenz zwischen Undergraduate- und Graduate-Studium – ein Spiegel mit einer Fragestellung aus der Frauenforschung vorgehalten: Aufgrund der Annahme, theoretische und experimentelle Physik als getrennte Forschungsgebiete anzusehen, konnte festgestellt werden, dass die mittlere Beteiligung von Frauen in theoretischen Gebieten im Vergleich zu ihrer mittleren Beteiligung an experimentellen Gebieten an der Waterside University zum Zeitpunkt meiner Untersuchung geringer gewesen ist. Ein wichtiger Unterschied zwischen der folgenden Betrachtungen der Differenzierung von theoretischer und experimenteller Physik und derjenigen zwischen Undergraduate- und Graduate-Studium im vorhergehenden Abschnitt besteht darin, dass letztere eine Besonderheit der US-amerikanischen Universitätsausbildung für alle Studiengänge darstellt, während erstere auch in anderen kulturellen Kontexten aufzufinden ist. Daher ziehe ich für die folgende Diskussion empirische Studien über die Physik auch aus anderen Ländern als den USA heran.

---

deutung habe, beruht auf der teilnehmenden Beobachtung von entsprechenden Lehrveranstaltungen für Promovierende.

4.2.1 Grenzziehungen zwischen theoretischer und experimenteller Physik aus der Perspektive der interviewten Doktorandinnen und Doktoranden

4.2.1.1 Die Differenzierung von theoretischer und experimenteller Physik als In-vivo-Kode

Zur Zeit des Graduate-Studiums spezialisieren sich Promovierende der Physik in einzelnen Teilgebieten der Forschung. In der Interviewstudie wurde deshalb u. a. nach den Gründen für diesen Ausdifferenzierungsprozess gefragt.[294] Im Rahmen der Antworten auf diese Frage ordnete sich etwa die Hälfte der Befragten einer theoretischen oder einer experimentellen Ausrichtung der Physik bzw. ihres Forschungsgebietes zu.[295] Nach meiner Einschätzung war diese Zuordnung die primäre, die Zuordnung zu fachspezifischen Forschungsgebieten war gegenüber der Differenzierung in theoretische und experimentelle Physik nachrangig. So erläutert Sarah:

Petra: OK, and have there [been] any other reasons maybe with respect to other fields that you preferred this field besides [the reason] that this one professor was so good?

Sarah: To tell you the truth: No. [...] OK, it's not completely true. I was anyway looking at something [in] theoretical physics. So, this was the first choice. *I liked theoretical physics, I wanted to do theoretical physics.* And then at that point there were few possibilities in theoretical physics: either particle physics or plasma physics, [...] or nuclear physics, but [...] I don't like that. These were the main possibilities. *And I was [not] very certain if I wanted to do particle physics or plasma physics until the last minute, because they seemed both interesting. It was in theoretical work in both cases.*[296]

Einschränkend ist zu sagen, dass detaillierte Erzählungen über die Forschungsarbeit nicht immer in so eindeutiger oder ausschließlicher Weise anhand dieser Differenz konstituiert werden und dass einige TeilnehmerInnen nicht ausschließlich experimentell oder theoretisch arbeiten möchten, sondern beides.[297] Trotzdem bleibt auch in diesen Aussagen die Differenz zwischen theoretischer und experi-

---

[294] Vgl. Anhang 9.2.4.

[295] Auch Erlemann (2001) findet im Rahmen einer empirischen Studie an einer österreichischen Universität, dass sich PhysikerInnen den zwei „Lagern" der theoretischen und der experimentellen Physik zuordnen.

[296] Sarah, 6.

[297] Peter, 16-17 u. Robert, 36.

menteller Physik das strukturierende Element der Narrationen, nämlich als Negation dieser Differenz. Die Institutionalisierung der Differenz im Rahmen des Promotionsstudiums in den USA ordnet Kaiser (2001) in die Entwicklung und Expansion der Physik nach dem Zweiten Weltkrieg ein. In dieser Zeit seien mehr und mehr DoktorandInnen in der theoretischen Physik ausgebildet worden, wodurch diese sich in dieser Zeit in den USA quasi zu einer eigenständigen Disziplin formiert habe.[298]

4.2.1.2 Das Selbstverständnis der Interviewten

Diejenigen Doktorandinnen und Doktoranden, die sich als theoretische oder als experimentelle Physikerinnen bzw. Physiker verstehen, begründen dies u. a. auf folgende Weise: DoktorandInnen, die in einem theoretischen Gebiet der Physik arbeiten oder die sich selbst als theoretische PhysikerInnen verstehen, sagen beispielsweise, dass sie theoretische Arbeit lieber mögen.[299] Theoretische Physik wird als Programmierarbeit am Computer[300] oder als stark mathematisch orientiert charakterisiert.[301] Mit experimenteller Arbeit verbinden theoretisch orientierte DoktorandInnen u. a., Geräte im Labor zu bauen.[302] Philip vertritt ein stärker ausdifferenziertes Selbstverständnis als theoretischer Physiker: Mathematische Modelle tragen seiner Ansicht nach unabhängig davon, wie stark sie mit der Realität übereinstimmen, dazu bei, zu verstehen, welche Möglichkeiten das Universum annehmen könne.[303] Doug hat Angst, dass Dinge im Labor „explodieren" könnten und denkt, dass er nicht geeignet sei, experimentelle Physik zu betreiben.[304] Nach seinen Zukunftsvorstellungen befragt, antwortet er daher, dass er wieder theoretischer Physiker werden wolle.[305]

Doktorandinnen und Doktoranden, die das experimentelle Arbeiten bevorzugen, betonen demgegenüber u. a., dass sie es genössen, mit der Ausstattung im Labor herumspielen zu können. Helen beschreibt so ihr früheres ausschließlich experimentelles Selbstverständnis.[306] Ann mag experimentelle Physik, weil sie es

---

[298] Kaisers (2001) Anliegen ist es darüber hinaus, zu zeigen, dass auch die theoretische Physik als eine kulturelle Praxis verstanden werden kann.

[299] Steven, 6, Sarah, 6 u. Joe, 3.

[300] Joe, 12.

[301] Philip, 12-13.

[302] Steven, 6.

[303] Philip, 10.

[304] Doug, 8-9.

[305] Doug, 16.

[306] Helen, 5.

„liebt, Dinge zu bauen", das sei zufriedenstellend.[307] George denkt, dass er als experimentell arbeitender Physiker auch die Theorie kennen müsse, während ein ausschließlich theoretisch arbeitender Physiker den „Luxus" habe, sich „ausschließlich auf die Idealisierung seines Gebietes" zu konzentrieren.[308] Er sei zum Zeitpunkt des Interviews nicht mehr so stark, wie noch in der Vergangenheit, von „mathematischen Strukturen der Theorie" angezogen.[309] Zu einem experimentellen Selbstverständnis kann außerdem gehören, etwas mit den Händen tun zu wollen[310] oder von sich zu denken, aufgrund mangelnder mathematischer Neigung nicht das „Temperament" für einen theoretischen Physiker zu haben.[311]

4.2.1.3 Wissenschaftsverständnis

Die eigene Verortung innerhalb der experimentellen oder der theoretischen Physik spiegelt sich häufig auch in einer bewertenden Haltung wider:[312] Mit wenigen Ausnahmen operieren Advokatinnen und Advokaten der einen oder anderen Ausrichtung dabei mit den unterschiedlichsten Begründungen, die auf die dualistische Differenz von Theorie und Experiment als konstituierende Elemente ihrer Vorstellungen von dem jeweils ‚Anderen' bzw. ‚Eigenen' rekurrieren.

Ein Advokat der theoretischen Physik

Philips Auffassung kann als die eines Advokaten der theoretischen Physik verstanden werden. Das Wissenschaftsverständnis, das er vertritt, ist von einer Kluft zwischen theoretischer und experimenteller Physik geprägt. Während des Interviews schlägt er vor zu fragen, welche anderen Forschungsinteressen andere Leute hätten und legt seine Ansicht dar, dass die Forschungsinteressen von theoretischen Physikern – wie ihm selbst – vielfältig seien.[313] Experimentelle Physik dagegen finde er nicht sehr spannend. Sie verifiziere theoretische Physik lediglich oder wende sie an.[314] Experimentelle Physik, so Philip, müsse getan werden,

---

[307] Ann, 8-9.
[308] George, 5-6.
[309] George, 23-24.
[310] James (2. Interview), 3.
[311] Andrew, 3.
[312] Eine detaillierte Analyse der entsprechenden Interviewpassagen mit der 'Voice Centered Method' könnte hier möglicherweise noch mehr Aufschluss darüber geben, wie sich die Interviewten in ihren Erzählungen in Bezug zu theoretischen bzw. experimentellen Ausrichtungen der Physik sehen (vgl. Abschnitt 3.2.2.2).
[313] Philip, 15-19.
[314] Ebd.

um die Theorie „zu testen".[315] Philips Haltung ist von Arroganz geprägt, wie seine Ablehnung von experimenteller Physik bestätigt. Er selbst würde experimentelle Arbeit nicht machen wollen:

Philip: -- Well, it's one of the things -- I don't think it's particularly exciting. [...] *In essence it* **needs** *to be done to* **check** *it,* [...] but I **can't** imagine that it would be all that satisfying to just put one more digit on to something we already **know**. *It's about knowing what the result is going to be before you actually* **do** *it. I* **can't** *imagine it being all that satisfying or that interesting.* I would never, *I would not be particularly* **happy** *with that.* If I had my choice I would actually rather going, -- I'm probably a lot happier [...], if I [...] [did] computer science and chose my own subfield [...], than having to do that experimental work.[316]

Hier wird deutlich, dass mit der zeitlichen Nachordnung von experimenteller Physik gegenüber vorhergehenden Entwicklungen in der theoretischen Physik auch eine niedrigere Bewertung von Experimenten gegenüber Theorien einhergeht. Experimentelle Physik wird von Philip als notwendige Überprüfung von Theorie angesehen, aber nicht als interessante Forschung an sich. Philips Erfahrungen mit experimenteller Physik beschränken sich zum Zeitpunkt des Interviews auf die, die in der universitären Ausbildung an Laborexperimenten verlangt werden. Er vertritt eine Vorstellung von der Physik, die komplett von der Theorie bestimmt ist. Selbst eine Falsifikation von Theorien ist nicht Bestandteil seiner Haltung, da Experimente zwar notwendig seien, um eine Theorie zu testen, aber in Philips Vorstellung sind die Ergebnisse dieser Tests vorab bekannt, könnten also gar nicht dazu dienen, eine Theorie zu widerlegen.

Eine Advokatin der experimentellen Physik

Ann vertritt als eine Advokatin der experimentellen Physik die Auffassung, dass hier die Ergebnisse nicht bekannt seien, bevor die Messungen nicht durchgeführt worden seien. Die Physik sei „im Kern" eine „experimentelle Wissenschaft", die „eindeutigere Antworten" gebe als die Theorie:

Ann: [...] Even if the experiment doesn't work or you don't end up measuring what you thought you would that can still be a signifi-

---

[315] Ebd. Dies scheint eine verbreitete Ansicht über das Verhältnis von theoretischer zu experimenteller Physik zu sein, wie auch Ergebnisse von Erlemann (2001) in einer Studie über das Physikstudium in Österreich belegen.

[316] Ebd.

cant result. [...] I also feel that physics is at the heart of it an experimental science [and] that if we're studying the real world [...]
we should be measuring the real world, not this different _.
(Laughs.) [...][317]

Diese Argumentation bettet Ann in die Erzählung über einen Vortrag eines bekannten theoretischen Physikprofessors ein, um zu untermauern, warum sie experimentell und nicht theoretisch arbeiten will. In jenem Vortrag habe der Physiker
die Weiterentwicklung von theoretischen Modellen vorgestellt, die in seiner Arbeitsgruppe entwickelt worden seien. Eines der Modelle sei von experimentell
arbeitenden PhysikerInnen überprüft und widerlegt worden. Dieses Modell sei so
gut gewesen, habe der Vortragende berichtet, dass sie es am liebsten gar nicht
hätten überprüfen lassen wollen. Nach dem erbrachten Gegenbeweis hätten sie
ein neues Modell entwickeln müssen.[318]

Ähnlich wie im vorherigen Abschnitt zum Verhältnis von Design und Analyse
zeigen die detaillierten Ausführungen der DoktorandInnen über ihre Auffassungen von theoretischer und experimenteller Physik, dass die Kategorien 'theoretisch' versus 'experimentell' verwendet werden, um voneinander getrennte, z. T.
als dichotom empfundene Bereiche der Physik zu charakterisieren. Während
Philip der Meinung ist, dass in der experimentellen Physik das Ergebnis bekannt
sei, bevor es tatsächlich gemessen worden sei, denkt Ann, dass die Ergebnisse in
der experimentell ausgerichteten Physik nicht vorab feststünden. Sowohl erwartete als auch unerwartete Messungen könnten zu einem signifikanten Ergebnis
führen. Der offene Ausgang solcher Messungen zeigt für sie an, dass hier die
„wirkliche Welt" untersucht werde, anstatt Modelle über sie zu entwerfen.

Mit dem von Ann und Philip wahrgenommenen Gegensatz wird nicht nur eine
Grenze zwischen Theorie und Experiment gezogen, sondern jeweils auch ein
hierarchisches Verhältnis zwischen diesen beiden Bereichen postuliert, indem die
Gegenseite abgewertet und die eigene Perspektive als die 'eigentlich gültige' angesehen wird.

*Grenzziehungen zwischen Theorie und Experiment in Erzählungen über die
Arbeit an Forschungsprojekten*

Auch für Erzählungen über die Arbeit an Forschungsprojekten im Rahmen des
Promotionsstudiums bildet die Differenz zwischen theoretischer und experimen-

---

[317] Ann, 8-9.
[318] Ebd.

teller Physik zumeist eine Art Grundmuster. Allerdings wird das Verhältnis von Theorie und Experiment unterschiedlich beschrieben. Vor dem Hintergrund der Wissenschaftsforschung können einige dieser Erzählungen einem positivistischen Wissenschaftsverständnis zugeordnet werden, während andere Erzählungen mit Thesen, wie sie im Zuge der antipositivistischen Wende formuliert worden sind, in einen Zusammenhang gestellt werden können.

Positivistisches Wissenschaftsverständnis

Unter einem positivistischen Wissenschaftsverständnis verstehe ich bezüglich der Differenz von Theorie und Experiment die Auffassung, dass Theorie und Experiment als voneinander unterscheidbar vorausgesetzt werden. Ihr Zusammenhang erschließt sich über kausale Erklärungsmuster, die Theorien für Beobachtungen oder experimentell gewonnene Daten liefern können. Umgekehrt werden experimentell gewonnene Daten im Rahmen dieses Wissenschaftsverständnisses als Beweise bzw. Gegenbeweise von Theorien gewertet. Auf diesen Prämissen beruht die Vorstellung, dass die Wissenschaft der Physik Erkenntnisfortschritte hervorbringt, mit denen physikalische Phänomene zunehmend besser erklärt werden können. Den drei folgenden Interviewpassagen, in denen retrospektiv der Verlauf von Forschungsprojekten geschildert wird, liegt ein solches positivistisches Wissenschaftsverständnis zugrunde.

Joe schildert für den Forschungsprozess ein deduktives Vorgehen, womit in diesem Fall ein Lern- und Forschungsprozess gemeint ist, der von theoretischen Annahmen ausgeht, um dann diese theoretischen Vorannahmen in einer experimentell ausgerichteten Phase umzusetzen. So beschließt Joe seine Erzählung über verschiedene Phasen der Arbeit an seiner Dissertation mit der Aussage, dass seine jetzigen Laborexperimente auf dem theoretischen Wissen der ersten Phase seines Forschungsprojektes aufbauen.

Petra: So, are you already working on your thesis project?
Joe: Yeah. [...] I mean, **this** is the **way** I would have, I always imagined a group should work. A graduate student arrives and he begins to work with a small project that's already in progress and I started at that. And then, there was another project which had sort of **just** begun. And this was the Monte Carlo.[319] So, the first one was just some theoretical work. [...] The second one was computer work [in] which I again had some but not much experience and I said,

---

[319] „Monte Carlo" ist ein Sammelbegriff für Computerprogramme, die zur Simulation von statistischen Verteilungen dienen.

'Yeah. This is a **great** opportunity to learn, because Monte Carlo is everywhere in physics. So, I'll learn it.' [...] And then I said, 'OK, but now it's time for **me** to start a project of my **own**.' And I'm doing that right now and it's based on all the knowledge. And now I'm in the lab doing experiments. I have an idea and I'm doing experiments to see how far it can go. And if it goes well it'll be my thesis topic.[320]

Auch John beschreibt verschiedene aufeinander folgende Phasen seines Forschungsprojektes, die entweder von experimentell oder von theoretisch ausgerichteter Arbeit geprägt gewesen seien. Allerdings lässt sich die Reihenfolge dieser Phasen als ein induktives Vorgehen im Forschungsprozess auffassen. Er habe, sagt John, mit der Erhebung experimentell gewonnener Daten begonnen und sie anschließend analysiert. Zum Zeitpunkt des Interviews sei er mit der Konstruktion eines theoretischen Modells befasst, um die erhobenen Daten zu erklären:

Petra: So, you built that experiment in the team, you took data out of it, and you evaluated them? Or what was the kind of work you did [...]?

John: Well, there were several stages. The first stage was to just collect experimental data. Then there was a stage of analysis, mostly image analysis. Then there was for ins[tance] to interpret the data and then I, I was doing, constructing models to explain the data. Uhm, that was and then _. The nice thing is, you can draw some very neat conclusions from the models that uhm, that explain some things, you know, explain more ---

Petra: But you are still working on, on that project, right? Or, or not?

John: I'm wrapping it up now.[321]

Georges Selbstverständnis ist zum Zeitpunkt des Interviews von experimenteller Physik geprägt, die für ihn sehr umfassend ist. Sie schließe nicht nur experimentelles Arbeiten mit ein – Ingenieursarbeit und das Wissen, wie ein Experiment konzipiert sein müsse –, sondern auch den Wechsel in die Theorie: Zwischen den „beiden Welten" der theoretischen und der experimentellen Physik müsse er sich sehr schnell hin und her bewegen können. Das Wissenschaftsbild von George ist somit von der Differenz von Theorie und Experiment geprägt, wobei die experimentelle Physik aber die theoretische mit einschließt:

---

[320] Joe, 16.
[321] John, 16.

George: [...] But as I've shifted more into the, my experiment in the laboratory you learn very quickly that an experimental physicist is not
at all like a theoretical one. I mean, in many ways *a theoretical
physicist has the luxury of concentrating purely on the idealization
of his subject matter. [An] experimental physicist doesn't have that
luxury. We have to understand everything* from the mechanical
engineering of how to build our experiment to tie back to the ob-
servations that we see, which may be full of noise and the vagaries
of what happened in the laboratory, *and bring that back to the
level of the theory which allows us to understand and explain it.*
So, we really have to know more than, than, than either one area
of theory or just how to make some machine work. *You have to be
able to move very fast between those two worlds.* So, in many
ways I found switching to being an experimental physicist very,
very difficult, because rapidly I needed to be everything from a
plumber to an electrical engineer to a laser person to whatever and
you have to know how to make it all work in order for your experiment to succeed. So, it's, it's much more of a blue-collar kind
of day-to-day existence right now as an experimental graduate
student. I guess [...] as a graduate student I'm doing a lot more
ground work than I might maybe as some other kind of experimental physicist later on, but it's certainly far [...] from when I be-
lieved physics was doing that next [...] problem in college. It's a
very different, I guess, more mature attitude about what physics is
about.[322]

Die Differenz zwischen theoretischer und experimenteller Physik wird für
George erst aus der Retrospektive deutlich, wenn er über die Veränderungen in
seinem Leben als Physikstudent nachdenkt. Er beschreibt in seiner Antwort auf
die Frage, wie er sein Leben als Physikstudent beschreiben würde, verschiedene
Phasen dieses Lebens.[323] Als Kind habe er seiner Neugierde folgen können,
Sciencefiction-Romane gelesen, Enzyklopädien studiert und die Welt um sich
herum erforscht. Auch seine Schulausbildung sei bzgl. der Physik nicht sehr
strukturiert gewesen. Im College habe er dann ein bestimmtes Bild von der Physik vermittelt bekommen. Rückblickend betrachtet sei dies von theoretischer
Physik und zu lösenden Übungsaufgaben geprägt gewesen. Seine Bewertung,

---

[322] George, 5-6.
[323] An dieser Stelle sei bemerkt, dass George zudem auf die Allgemeinheit dieser Frage irritiert
reagiert, diese Irritation aber dadurch löst, dass er sagt, dass er diese Frage für sich selbst de-
finiere und dann auf sie antworte (George, 5).

dass es in der theoretischen Physik den Luxus gebe, ein Problem zu idealisieren, ist das Ergebnis seiner Bewertung dieser Physikausbildung in Schule und College.

In allen drei angeführten Fällen gehe ich davon aus, dass von den Interviewten für den Forschungsprozess eine Akkumulation an Erkenntnis angenommen wird, also ein Fortschrittsdenken im Sinne der Moderne. So sagt Joe, dass alles das, was er jetzt erarbeite, auf seinen erlernten Programmierkenntnissen beruhe. Auf der Grundlage dieses Wissens habe er dann Ideen für Experimente und führe sie durch. Wenn diese experimentelle Arbeit gelänge, so werde das sein Dissertationsthema werden. John schildert ebenfalls, wie Erkenntnisse fortschreiten könnten, allerdings auf induktive Weise. Auch der schnelle Wechsel zwischen Theorie und Experiment, den George postuliert, geht m. E. von der Möglichkeit aus, dass so fortschreitende Erkenntnis über physikalische Phänomene gewonnen werden könne. Zunächst wirkt Georges Erzählung zwar so, dass er selbstbewusst eine Haltung als experimenteller Physiker einnimmt. Er beschreibt sich als einen „blue-collar worker", einen 'Arbeiter'[324]: Er sei alles – Klempner, Elektroingenieur und Laserexperte zugleich. Damit verweist er auf seine untergeordnete Stellung in der Hierarchie zwischen theoretischer und experimenteller Physik. Verstärkt wird dieser Eindruck noch von dem formulierten Anspruch, dass all das auf die „Ebene der Theorie" gebracht werden müsse, ohne dass experimentelle Physik den Luxus habe, physikalische Phänomene idealisierend betrachten zu können. Somit geht auch George davon aus, dass Theorien den Forschenden erlaubten, experimentell gewonnene Ergebnisse zu verstehen und zu erklären. In allen drei Erzählungen über verschiedene Phasen der Bearbeitung von Forschungsprojekten wird also *explizit* formuliert, dass Theorien experimentell gewonnene Daten erklären können bzw. dass die Konzeption von Experimenten auf der Kenntnis von Theorien beruhe. Damit liegt diesen Erzählungen ein positivistisches Wissenschaftsverständnis zugrunde.

Argumentationen jenseits kausaler Erklärungszusammenhänge von Theorie und Experiment

Anhand der folgenden Interviewausschnitte lässt sich zeigen, dass Promovierende der Physik nicht uneingeschränkt von einem positivistischen Wissenschaftsverständnis ausgehen. Ich übersetze diese Erzählungen vor dem Hintergrund der Wissenschaftsforschung so, dass in diesen Fällen nicht explizit davon ausgegan-

---

[324] Ggs. zu einem Angestellten („white-collar worker').

gen wird, dass Theorie und Experiment wechselseitige, kausale Erklärungsmuster bereitstellen. So sieht Helen den Grund für das Hin- und Herwechseln zwischen theoretischer und experimenteller Arbeit an ihrem Forschungsprojekt in ihrer eigenen Person begründet; Joe glaubt, dass in der experimentellen Physik viele Ergebnisse rein zufällig gewonnen werden. Insbesondere Bens Auffassung, dass Theorien als Motivation für die Konzeption von Experimenten dienen, ist m. E. für die 'These von der Theoriegeladenheit von Beobachtungen' anschlussfähig. Seine Erzählung impliziert für mich daher ein Wissenschaftsverständnis, wie es im Zuge der antipositivistischen Wende formuliert wurde.

Helen beschreibt sowohl theoretische als auch experimentelle Aspekte ihres Forschungsprojekts. Sie unterscheidet nicht zwischen verschiedenen Phasen dieses Projekts, sondern wechselt ähnlich wie George zwischen theoretischer und experimenteller Arbeit hin und her:

Helen: [...] And what I'm doing certainly has theoretical aspects, because I have to think about what the interactions that are going on are and it also has experimental aspects, because they do experiments on the computer. So, [...] I'm doing theory and experiment, which makes me happy, because then if I get stuck on the theory I can do some experiment and when I get sick at doing the experiment I can do theory. So, this is in line with my need to do many different things.[325]

Wie dieses Zitat belegt, begründet sie den Wechsel zwischen beiden Arbeitsmodi, allerdings im Gegensatz zu George nicht damit, dass die Theorie ihre experimentell gewonnenen Ergebnisse erklären müsse. Gründe für den Wechsel seien vielmehr, dass sie nicht mehr weiterkomme mit der Arbeit oder keine Lust mehr zu dem einen oder anderen habe.[326]

Auch Joe geht nicht von einem kausalen Erklärungszusammenhang zwischen Theorie und Experiment aus. Oft, so das Fazit seiner Erzählung über die Bildung von Kristallen „über Nacht", sei das Gelingen eines Experiments auch Glückssache:

Joe: But especially in experimental lab a lot of things happen by chance. A lot of things happened by chance and in fact it happened to me that -- I just did a trial run with one protein. And it didn't behave, it didn't behave quite the way I expected and then I thought about it and I said, 'Yeah, this is interesting.' Or some-

---

[325] Helen, 20-21.
[326] Knorr Cetina (1981) beschreibt dies auch als „Kontingenz" des Forschungsalltags.

times you leave something over night and the next day you say, 'Hey, crystals,' which is _. I know someone else in the group before me. That's how they did, they did it on the crystallization of these proteins. How did it all start? They were doing the **liquid** properties, the proteins of the solution was left in the holder[327] overnight, opened it up, '+Crystals!!! Thesis!!!' The thesis came out on that. *So it's, and especially in experiment, it's a lot of good luck.*[328]

Das Aufmerksamwerden auf ein unerwartetes Phänomen sei es, das entscheidende Beiträge zu einem Forschungsprojekt leisten könne. Der Zufall, so Joes Perspektive auf die Forschungsarbeiten in seinem experimentellen Labor, könne zum Ausgangspunkt für eine Dissertation werden. So sei es einer anderen Person im Labor gegangen. Dieses Ereignis schildert Joe mit der Kurzformel „Kristalle!!! Dissertation!!!". Auch ein neu beobachtetes Phänomen, das in den Rahmen der Ziele der experimentellen Arbeit passt – in diesem Fall das Gelingen einer Kristallisation von Proteinen bei niedrigen Temperaturen – kann aus Joes Perspektive zu einer Doktorarbeit führen.

Als drittes betrachte ich die Erzählung von Ben über das Verhältnis von Theorie und Experiment, weil sie besonders anschlussfähig für die These von der Theoriegeladenheit empirischer Beobachtungen ist. Ben spricht sich explizit dagegen aus, dass Experimente durch Theorien vorhergesagt werden könnten. Auf meine Frage, wie er die Verbindung seines Gebietes zur gesamten Physik beschreiben würde, antwortet er, dass die theoretische Seite seiner Arbeit sehr gut mit der gesamten Physik verbunden sei. Aber es sei nicht möglich, ein Experiment in seinem Gebiet theoretisch zu konzipieren und vorherzusagen, die Theorie diene eher als „Motivation" für die experimentelle Arbeit:

Ben: [...] --- The theory side it's, definitely, you know, just in there, it's _.There is sort of a, *it's not like if I do something it's gonna make an experiment work or otherwise it --- the separation is still kind of strong.* I mean, there's a lot of, there are a lot of people who think of the experimental side of plasma physics is just, well we just have to get this thing working. They think of it more as an engineering problem [...]. It's very messy kinds of problems, so there is a lot of sense in which *the theoretical work that gets done is more along the lines of motivation.* [...] You know, *no one can sit down with pen and paper and prove that something will work*

---

[327] Vermutlich ist mit „holder" ein Reagenzglashalter gemeint.
[328] Joe, 18.

or won't work. [...] If there are a hundred theoretical reasons that something would work, probably it won't work anyway. [Laughs.] Unless, and *that's just the way the field has been going.* So in that sense [...] *there is sort of a gap just in terms of the difficulty of, of fully working a theory all the way up to the level where the experiments are on. There's a gap between the theoretical work that gets done and the experimental side of research.* 'Cause most of the research isn't really basic research, 'cause there aren't that many basic questions about it. Most of the research is just sort of 'Let's get a reactor built.' And that's a much harder thing to do from theory.[329]

Somit ist zwar das Wissenschaftsbild der Physik von Ben von einer starken Trennung zwischen theoretischer und experimenteller Physik geprägt, aber die Theorie hat für ihn in seinem Forschungsgebiet keinen übergeordneten Charakter. Er wendet sich ganz explizit dagegen, dass Experimente „Beweise" von Theorien seien; umgekehrt lasse sich der Erklärungsgehalt von Theorien bestenfalls als „Rechtfertigungen, bestmögliche Vermutungen oder vernünftige Erklärungen" beschreiben.[330]

In Bezug auf die von diesen drei Interviewten vorausgesetzte Differenz zwischen Theorie und Experiment bietet die 'These von der Theoriegeladenheit von Beobachtungen' ein Konzept an, diese Kluft zu überbrücken bzw. die Grenzziehung zwischen theoretischer und experimenteller Physik infrage zu stellen. Diese These besagt, dass jede Beobachtung von theoretischen Vorannahmen geprägt ist. In der Konsequenz bedeutet das, dass Aussagen, die auf diesen Beobachtungen beruhen, ihrerseits bereits von den zuvor angenommenen theoretischen Voraussetzungen beeinflusst sind, einschließlich soziokultureller Prämissen. Diejenigen Beobachtungen, die mithilfe von Messmethoden und -instrumenten gewonnen werden, werden von Theorien vorgeformt. Unter der Voraussetzung dieser These, dass eine klare Grenzziehung zwischen Theorie und Experiment nicht möglich ist, kommt der Physik somit das für ihr Unterfangen des wissenschaftlichen Erkenntnisgewinns unabhängige Außenkriterium, nämlich die empirisch gewonnenen und von der Theorie unabhängigen Daten, abhanden.[331]

---

[329] Ben, 16-17.
[330] Ben, 18-19.
[331] Für diese verkürzte Darstellung der These der Theoriegeladenheit von Beobachtungen beziehe ich mich auf Felt et al. (1995, 124-125) und auf Heintz (1993, 534). Bildhaft illustriert der Wissenschaftshistoriker Peter Galison (1987) den Zusammenhang zwischen den Bereichen der theoretischen und der experimentellen (Hochenergie-)Physik. Er illustriert die Verbindung von Theorie und experimentellen Daten mit einer Metapher für künstlerisches

Zusammenfassend lässt sich festhalten, dass erkenntnistheoretische Konzepte aus der Wissenschaftsforschung, die sich mit dem Verhältnis von Theorie und Experiment in den Naturwissenschaften auseinandersetzen, bisher nicht in die physikalische Fachausbildung integriert worden sind. Die Annahme der Unterscheidbarkeit von Theorie und Experiment sowie ihr wechselseitiger kausaler Zusammenhang in den Äußerungen von Doktorandinnen und Doktoranden verweist auf ein positivistisches Wissenschaftsverständnis, während das Fehlen eines kausalen Erklärungszusammenhangs auf ein Wissenschaftsverständnis der Interviewten hinweist, das durch Thesen der antipositivistischen Wende plausibilisiert werden kann. Für die Promovierenden der Physik bleibt m. E. eine sprachliche Kluft zwischen TheoretikerInnen und ExperimentatorInnen aufrechterhalten, fast so, als ob dies zwei vollkommen voneinander getrennte Disziplinen wären.[332] Mit der Institutionalisierung dieser Kluft und deren Konsequenzen befasst sich der folgende Abschnitt.

4.2.2 Institutionalisierung von theoretischer und experimenteller Physik

Die Grenzziehung zwischen theoretischer und experimenteller Physik betrachte ich in diesem Abschnitt im Hinblick darauf, dass die Mehrheit der Promovierenden entweder der einen oder der anderen Ausrichtung innerhalb des untersuchten Physikinstituts zugeordnet wird. Ich gehe daher davon aus, dass die Differenz zwischen Theorie und Experiment hinsichtlich des Wissenschaftsverständnisses der Promovierenden eine Entsprechung in den institutionell etablierten Strukturen an der Waterside University findet. Dies plausibilisiere ich im Folgenden anhand von Daten, die von der Waterside University für meine Untersuchung zur Verfügung gestellt wurden.

Schaffen: Um eine Marmorskulptur aus einem Block herauszuarbeiten, so habe einst Michelangelo gesagt, müsse er nichts anderes tun, als „alles das zu entfernen, was nicht *David*" sei (Galison 1987, 256). In Analogie zu dieser Überlieferung verhalte es sich mit dem Verhältnis von theoretischer und experimenteller Physik ähnlich. Je nach theoretischen Vorannahmen würden bestimmte Phänomene zusammen gruppiert, als existent oder nicht existent angenommen. Es sei eine Sache, zu behaupten dass „David im Stein" vorhanden sei, aber eine andere, alles andere zu entfernen. In diesem Bild künstlerischen Gestaltens zum Verhältnis von Theorie und Experiment sind beide Bereiche nicht mehr voneinander zu trennen. Sie gehen vielmehr auseinander hervor.

[332] Erlemann (2001, 111-114) betrachtet die Experimentalphysik und die theoretische Physik im Kontext einer Untersuchung des Physikstudiums in Österreich ebenfalls als Subdisziplinen der Physik, deren Forschungsalltag und Arbeitsweisen sich voneinander unterscheiden. Dies führe zu unterschiedlichen Berufsbildern, „in denen unterschiedliche Neigungen erwünscht und verschiedene Fähigkeiten erwartet" würden.

4.2.2.1 Die Vergabe von Studienplätzen an der Waterside University an Promovierende der Physik

Statistische Betrachtungen

Für Promovierende, die sich um einen Studienplatz in der Graduate School der Physik an der Waterside University bewerben, kann die vorgegebene institutionalisierte Struktur zu Erfolg oder Misserfolg einer Bewerbung maßgeblich beitragen. Die Erzählung von Bill vermittelt einen Eindruck diesem Verfahren:

Bill: [...] I'm studying astrophysics. I'm doing, I'm studying X-ray data. So, I'm doing experiment as opposed to theory. Experiment is slightly differently defined in astrophysics as it is in different parts of physics. More perhaps properly called observation, but there's still the dichotomy between theory and experiment and I would be on the experiment side. --- Uh --- Let's see. Why, so why have I chosen this research field? Uhm, it's a, it's a bit of a long story. Perhaps it starts with why did I go to Waterside University? [...] I thought I wanted to go to graduate school in physics, because I didn't know what else to do. [...] So, I flew to graduate schools, I didn't know what area in physics I wanted to study. [...] Some of them I got into, some of them I didn't. [...] The physics department at Waterside University is very divided between the separate disciplines, solid state physics, particle physics, astrophysics and _. And in fact when you apply you're asked to say which field you want to study. I didn't really know. [...] My first choice was theory of plasma physics. I didn't [...] have any ideas theory versus experiment.

Petra: Could you remember why you had chosen that?

Bill: I liked plasma physics at the time. [...] I +thought I might be interested in stars actually. I took a [...] number of astrophysics classes as an undergraduate. One of them was stellar structure and evolution. I was very impressed [that] just by knowing some physical laws you could describe the whole evolution of a star and its collapse and so on and so forth. So, a star is a plasma and so I thought that was something I was interested in and --- I don't know why theory versus experiment. I think most people are interested in theory at the beginning, because that's what your classes are, they're theory. It's what you know or at least you think you know what I thought. Made sense to me. – So, I applied to Waterside University, waited and didn't hear anything. [...] [When] I visited here, I hadn't received mail acceptance or denial. So, I came here, visited, I talked to some people in plasma physics and I also talked to some people in astrophysics. I think at that point I thought plasma physics and astrophysics were two things I might be interested in. I talked to someone in astrophysics who was in charge of admissions that year and he said, 'Oh, gosh. I haven't **seen** your file.' [...] [...] And he said, 'Well, I'll take a look at it. I haven't seen your file, but I'll take a look at it.' And, so eventually he did. I found out – I think after this visit – that someone in the theory of plasma physics had been very competitive and they had held my file waiting to see if I won a fellowship. [...] But then [...] I heard back from this person, 'Wait a minute, I,' he said, 'wait a minute [...] I'm having your letter of denial being held. [...] I will, I'll tell you in a few days', or something. And so it was April 10th when I was told that I was accepted.[333]

Bills Erzählung über sein Bewerbungsverfahren an der Waterside University hat einen gewissen Krimicharakter. Obwohl eine Absage für ihn schon fast auf dem Postwege gewesen wäre, sei er sozusagen in letzter Minute und aufgrund seines persönlichen Einsatzes für seine Interessen doch noch als Promovend akzeptiert worden. Seine Geschichte ist geprägt von sich wiederholenden Bezügen auf die Differenz zwischen theoretischer und experimenteller Physik in verschiedener Form, obwohl diese Grenzziehung in keinem direkten Zusammenhang mit der Entscheidung über seine Aufnahme an der Waterside University zu stehen scheint. Diesen zusammenhangslos erscheinenden Einwürfen bin ich in meiner Betrachtung nachgegangen. Bill betont zunächst, dass er experimentell arbeite und nicht theoretisch. Gleichzeitig definiert er experimentelles Arbeiten in der Astrophysik anders als in anderen Forschungsgebieten, und zwar als „Beobachtung". Er erwähnt, dass die „Dichotomie" zwischen Theorie und Experiment nach wie vor bestehe, auch wenn er sich selbst nicht als einen Advokaten für die eine oder andere Seite darstellt. Es sei ihm nicht so wichtig gewesen, in welcher der beiden Ausrichtungen er promovieren werde. Er habe sich nur deshalb in einem theoretischen Gebiet beworben, weil es das sei, was man in den Kursen lerne und man es halt nicht besser wisse. Es habe ihn fasziniert, dass mit physikalischen Gesetzen die Entstehung, Evolution und Vergänglichkeit von Sternen erklärt werden könne. Die Begründung dafür, warum er in der theoretischen Plasmaphysik nicht akzeptiert worden sei, ist, dass sich dort ein Konkurrent beworben habe. Der Leiter des Bewerbungsverfahrens an der Waterside University, ein Professor aus der Astrophysik, habe aufgrund seines persönlichen Besuches dann

---

[333] Bill, 5-7.

aber seine Bewerbung gelesen und sich entschieden, ihn in seine Arbeitsgruppe der experimentell ausgerichteten Astrophysik aufzunehmen.

Die Unterscheidung in theoretische und experimentelle Physik ist im Gegensatz zu Bills beiläufigen Erwähnungen jedoch möglicherweise gerade diejenige Differenz, die für den Erfolg oder Misserfolg seiner Bewerbung entscheidend gewesen sein könnte. Er habe in der weniger am Wettbewerb orientierten experimentellen Astrophysik einen Studienplatz bekommen und nicht in der stärker von Konkurrenz geprägten theoretischen Plasmaphysik. Seine formulierte Neutralität gegenüber der Entscheidung, in die theoretische oder die experimentelle Physik zu gehen, steht im Widerspruch zu seinem Interesse an den Erklärungsmöglichkeiten physikalischer Gesetze. Möglicherweise überspielt er damit das Eingeständnis, dass es ihm nicht gelungen ist, sich erfolgreich in der theoretischen Physik zu bewerben.

Dieses institutionelle Zuordnungsverfahren könnte einen gewissen exemplarischen Charakter haben, wie ich anhand der folgenden Daten, die mir von der Verwaltung der Waterside University zum Zeitpunkt meiner empirischen Erhebung zur Verfügung gestellt worden sind, skizzieren werde. In einem Datensatz waren die Bewerbungen um Studienplätze in den verschiedenen Arbeitsgruppen für das laufende Studienjahr aufgeführt. In einem zweiten Datensatz waren alle erfolgreich abgeschlossenen Doktorarbeiten sowie ihre Zuordnung zu verschiedenen Forschungsgebieten an der Waterside University getrennt nach Geschlecht und ethnischer Zugehörigkeit für einen Zeitraum von elf Jahren erhoben worden. Auf der Basis dieses Erhebungszeitraumes ergibt sich, dass insgesamt in mehr als drei Viertel aller Forschungsgebiete der Physik an der Waterside University zwischen einer theoretischen und einer experimentellen Ausrichtung unterschieden wird, die jeweils durch verschiedene Arbeitsgruppen repräsentiert werden. So sind z. B. die Gebiete Plasmaphysik, Kernphysik und Festkörperphysik in die Teilgebiete „Theoretische Teilchenphysik" und „Experimentelle Teilchenphysik", „Experimentelle Plasmaphysik" und „Theoretische Plasmaphysik" sowie „Theoretische Festkörperphysik" und „Experimentelle Festkörperphysik" unterteilt. Andere gebietsübergreifende Klassifikationen von Forschung sind an der Waterside University nicht explizit institutionell verankert. Theoretische und experimentelle Gebiete werden dem Institut für Physik zugeordnet, während z. B. die interdisziplinären Gebiete Biophysik und Medizinphysik in zwei oder mehr Instituten gleichzeitig verankert sind. Innerhalb letzterer wird nicht zwischen theoretischer und experimenteller Ausrichtung unterschieden. Die Anzahl der Promovierenden ist hier zudem relativ klein gegenüber den als disziplinär klassifizierten Gebieten.

Forschungsgebiet	Alle BewerberInnen bzw. Promovieren-de			Frauen
Bewerbungen für ein ausgewähltes Jahr Mitte der 1990er Jahre				
Ungeteilte Gebiete	17 %		*)	*)
Theoretische und experimentelle Gebiete	83 % davon [	theoretisch	56 %	9 %
		experimentell	44 %	14 %
Gesamt	100 %			12 %
Abgeschlossene Promotionen, 11jähriges Mittel				
Ungeteilte Gebiete	16 %		*)	*)
Theoretische und experimentelle Gebiete	84 % davon [	theoretisch	32 %	9 %
		experimentell	68 %	14 %
Gesamt	100 %			12 %

Tabelle: Verteilung der Bewerbungen für ein ausgewähltes Jahr Mitte der 1990er Jahre (oberer Tabellenteil) sowie Verteilung abgeschlossener Promotionen im 11jährigen Mittel Mitte der 1980er bis Mitte der 1990er Jahre (unterer Tabellenteil) auf Forschungsgebiete, in denen zwischen theoretischen und experimentellen Teilgebieten unterschieden wird.

*) Für die ungeteilten Gebiete waren die erhobenen Daten nicht umfangreich genug, um Angaben über die mittleren Anteile von Bewerbungen und abgeschlossenen Promotionen in diesen Gebieten machen zu können.[334]

Bezüglich der Bewerbungszahlen in dem Studienjahr der Erhebung, Mitte der 1990er Jahre, hat sich folgendes Bild ergeben: Die Daten zeigen an, dass es für das ausgewählte Jahr mehr Bewerbungen für die theoretischen Gebiete als für die

---

[334] Die Anteile wurden auf der Basis von mir zur Verfügung gestellten Daten der Verwaltung der Universität berechnet. Zu dem Zeitpunkt meiner empirischen Erhebung waren gegenüber den in der Tabelle angegebenen mittleren Anteilen ca. 85 % aller eingeschriebenen DoktorandInnen in geteilten Forschungsgebieten angebunden. Innerhalb der geteilten Gebiete wiederum fertigten etwa 37 % der DoktorandInnen ihre Arbeiten in theoretischen und 63 % in experimentellen Arbeitsgruppen an. Diese aktuellen Zahlen für ein ausgewähltes Jahr Mitte der 1990er Jahre entsprechen in etwa dem mittleren Anteil über einen Zeitraum von 11 Jahren. Sie werden daher hier nicht nochmals in der Tabelle angeführt.

experimentellen Gebiete gegeben hat. Die Bewerbungen verteilten sich zu etwa 83 % auf geteilte und zu etwa 17 % auf ungeteilte Gebiete. Innerhalb der in Theorie und Experiment geteilten Gebiete wiederum bewarben sich 56 % der Studierenden in theoretischen Arbeitsgruppen und 44 % in experimentellen Arbeitsgruppen. Die Zuordnung der DoktorandInnen im Rahmen des Bewerbungsverfahrens zu den tatsächlich vorhandenen Forschungsgruppen bzw. -gebieten bewirkt dann aber, dass sich dieses Verhältnis fast umkehrt und ihre jeweiligen Anteile sich den historisch gewachsenen Institutsstrukturen anpassen. Über einen Zeitraum von elf Jahren von Mitte der 1980er bis Mitte der 1990er haben ca. 84 % aller DoktorandInnen ihr Examen in Forschungsgebieten der Physik absolviert, die an der untersuchten Universität entweder als ausschließlich theoretisch oder als ausschließlich experimentell klassifiziert werden. Innerhalb dieser differenzierten Gebiete wiederum haben 32 % der DoktorandInnen in theoretischen und 68 % in experimentellen Gebieten ihren Abschluss erhalten. Für eine Bestätigung dieses Zusammenhangs müsste allerdings diese Verschiebung der Zuordnung über einen längeren Zeitraum untersucht werden, als es im Rahmen meiner Studie möglich war.

Unter der Voraussetzung, dass das zufällig ausgewählte Jahr, für das mir die Bewerbungszahlen vorgelegen haben, exemplarischen Charakter hat, kann Folgendes geschlussfolgert werden: Die Zuordnung von Promovierenden zu einzelnen Forschungsgebieten erfolgt durch informelle, institutionalisierte Mechanismen des Physik-Instituts an der Waterside University und nicht nur aufgrund von individuellen Entscheidungen der DoktorandInnen, die evt. lieber in der theoretischen Physik als in der experimentellen Physik arbeiten würden.

Benachteiligung von experimentell arbeitenden Physikerinnen und Physikern

Peter spricht aus, was in Bills Erzählung nur als Subtext formuliert wurde: Er thematisiert das hierarchische Verhältnis zwischen theoretischer und experimenteller Physik im Kontext seiner Bewerbung um einen Studienplatz an der Waterside University von vornherein als ein zu berücksichtigendes Kriterium für die Chancen einer erfolgreichen Bewerbung:

Peter: [...] Theoretische Physik [...] hätte mir zugesagt, aber rein' Theorie wollt' ich nicht machen. Ich wollt' halt gern was machen, was Experiment **und** Theorie ist. Theoretische Physik war auch sehr wettbewerbsorientiert. Es war sehr wenig Geld da, es waren **sehr** viele Leute [...] aus aller Welt da, die schon [...] Gott was weiß ich wie lange Physik studiert haben und dann auch noch [...] die Auslese der Auslese von der Auslese sind und dann wirklich **nichts** anderes als Physik gedacht, wirklich, wie sagt man, 'Eating, drinking, sleeping, and physics.' Und das war nicht so mein Fall. Ich mach's halt gerne, aber --- [...].[335]

Die von Peter erwähnte höhere Wertschätzung von theoretischer Physik wird nicht erst in der Universität vermittelt. Anhand weiterer Aussagen der Interviewten wird deutlich, dass durchaus ein hierarchisches Verhältnis zwischen Theorie und Experiment in der institutionalisierten Physikausbildung besteht, in dem die Theorie höher bewertet wird:[336] Die TeilnehmerInnen berichten von fast ausschließlich theoretisch orientiertem Unterricht in der High School, dem College und dem Graduate-Studium. Ein überwiegender Anteil der experimentell arbeitenden DoktorandInnen fühlt sich gegenüber theoretisch arbeitenden benachteiligt, da Kurse und Examina[337] an theoretischer Physik orientiert seien, aber nicht an experimenteller Ausbildung und Forschung. In Bezug auf die Physikausbildung wurden Änderungswünsche geäußert, die sich auf die Einteilung der Physik in Theorie und Experiment bezogen: Sechs von zehn der interviewten DoktorandInnen, die in als experimentell eingestuften Forschungsgruppen arbeiteten, äußern sich zu diesem Unterschied, während nur zwei der theoretisch arbeitenden DoktorandInnen auf den Unterschied von Theorie und Experiment im Zusammenhang mit der Physikausbildung Bezug nehmen. Diese Wünsche beziehen sich darauf, dass der experimentelle Unterricht in der High School[338] und während des Undergraduate-Studiums[339] verbessert werden sollte. Einige der Interviewten erläutern außerdem, dass die theorielastige Ausbildung sich zu Ungunsten experimenteller Prüfungsfragen auswirke. Joe berichtet in diesem Zusammenhang von seinem Abschlussexamen in der High School, für das ein Experiment hätte durchgeführt werden müssen. Seine Erzählung erreicht ihren Höhepunkt, als er lachend sagt: „Ein Freund von mir verbrachte eine halbe Stunde damit, herauszufinden, wie das Ding anzuschalten war."[340] Auch experimentell arbeitende DoktorandInnen erleben eine Benachteiligung in den mündlichen

---

[335] Peter, 16-17. Dieses Interview ist auf Deutsch geführt worden.

[336] Erlemann (2001, 111-114) findet in ihrer Studie zur Wissenschaftskultur der Physik im universitären Lehrkontext ebenfalls die Tendenz, dass Grenzziehungen zwischen theoretischer und experimenteller Physik zu einer hierarchisierenden Anordnung führen, innerhalb derer theoretische Physik höher bewertet wird als experimentelle Physik.

[337] Von den 19 befragten DoktorandInnen in meiner Interviewstudie hatten sieben in theoretischen und sieben in experimentellen Teilgebieten ihr mündliches Examen bereits bestanden.

[338] Joe, 9 u. Ann, 6.

[339] Ann, 7 u. Ben, 7.

[340] Joe, 9.

Examina.[341] Darüber hinaus nehme der theoretische Unterricht Ergebnisse der in Praktika durchzuführenden Experimente vorweg.[342]

Zwei der Interviewteilnehmer berichten von umgekehrten Erfahrungen aus europäischen Ländern und eine schätzt den experimentellen Unterricht in den USA als besser ein als den in ihrem Herkunftsland in Europa: Glenn sagt, dass während der Schulzeit fast „alles Experimentalphysik" gewesen sei, wohingegen er erst während des Studiums in den USA in größerem Ausmaße theoretische Übungsaufgaben hätte lösen müssen.[343] Joe hat während des Undergraduate-Studiums in Europa eine ausgiebige experimentelle Ausbildung genossen und vermisst diese jetzt in den USA.[344] Aber auch solche Einschätzungen sind individuell verschieden, wie die Ansicht von Sarah deutlich macht, die gerade die experimentelle Ausbildung in den USA besser findet als die in dem europäischen Land, in dem sie vor ihrem USA-Aufenthalt studiert hat.[345]

Der mittlere Frauenanteil in der theoretischen und der experimentellen Physik an der Waterside University

Mit Fox (1994) gehe ich davon aus, dass nicht von einem einheitlichen Status von Naturwissenschaftlerinnen über die Disziplingrenzen hinweg und innerhalb einzelner Disziplinen ausgegangen werden kann.[346] Die Ergebnisse zahlreicher Untersuchungen zur Situation von Frauen in den Naturwissenschaften fasst Fox (1994) wie folgt zusammen:[347]

> [...] wie in anderen Beschäftigungssektoren auch, zeigen sich Unterschiede zwischen Frauen und Männern in den Naturwissenschaften bzgl. der Gebiete, in denen sie arbeiten, der Orte, an denen sie arbeiten, der Positionen, die sie innehaben, und den Gehältern, die sie erhalten. Das Geschlecht beeinflusst die Lokalisation, den Rang und die Anerkennung in den Naturwissenschaften.[348]

Die Betrachtung des mittleren Anteils von Frauen an der experimentellen bzw. der theoretischen Physik an der Waterside University eröffnet vor diesem Hin-

---

[341] George, 6-7.
[342] Ben, 6-7 u. George, 6-7.
[343] Glenn, 2.
[344] Joe, 9-10.
[345] Sarah, 6.
[346] Fox 1994, 209.
[347] Für einen Überblick über Studien zum Anteil von Frauen bzw. Doktorandinnen in den Naturwissenschaften in diesem Jahrhundert in den USA vgl. Fox (1994).
[348] Fox 1994, 208.

tergrund eine weitere Perspektive auf diese hierarchisch angeordnete institutionalisierte Struktur. Werden die mittleren Anteile von Frauen für alle gesamten nach Theorie und Experiment getrennten Forschungsgebieten betrachtet, die über einen ausgewählten Zeitraum von elf Jahren ihre Doktortitel an der Waterside University erhielten, so ergibt sich folgendes Bild: Der mittlere Anteil von Frauen, die innerhalb dieses Zeitraums ihren Doktortitel erwarben, beträgt an der untersuchten Universität 12 %.[349] In allen theoretischen Gebieten war der mittlere Anteil von Frauen unter den AbsolventInnen geringer und lag bei ca. 9 %, in allen experimentellen Gebieten lag der mittlere Anteil von Frauen unter den AbsolventInnen über dem Durchschnitt bei ca. 14 %. Unter den Bewerbungen für ein zufällig ausgewähltes Jahr betrugen die Anteile von Frauen ebenfalls 9 % in theoretischen und 14 % in experimentellen Gebieten. Sollte sich dieser Trend in systematischen Erhebungen bestätigen lassen, kann vermutet werden, dass dieser Unterschied nicht erst durch die Integration in die untersuchte Institution bewirkt wird, sondern bereits vorher besteht. Die unterschiedlich hohen Anteile von Frauen in theoretischen und experimentellen Gebieten liegen daher vermutlich im hierarchischen Verhältnis beider zueinander begründet.

Zu den Anteilen von Frauen und Männern in experimentellen und theoretischen Gebieten der Physik für die Statusgruppe der DoktorandInnen liegen m. W. keine statistischen Daten für den US-amerikanischen Kontext vor.[350] Diese Daten systematisch zu erheben, könnte Aufschluss über den Ausschluss von Frauen aus den Gebieten der theoretischen Physik, denen ein höherer Status gegenüber den experimentellen Gebieten zugewiesen wird, geben.

Die Wissenschaftsbilder, die im Zusammenhang mit der Ausübung von theoretischer und experimenteller Physik entworfen werden, korrespondieren mit der Institutionalisierung von Physikausbildung bzw. von physikalischer Forschung.

---

[349] Ich habe auch Anteile von Frauen und Männern anhand anderer Unterscheidungskriterien von Forschungsgebieten der Physik untersucht, sie aber aus unterschiedlichen Gründen nicht in meine Analyse aufgenommen. Für einige Klassifikationen von Forschungsgebieten konnten keine unterschiedlichen Anteile von Frauen und Männern nachgewiesen werden, da die Datenbasis dafür zu gering war. Hierzu zählen Unterscheidungen nach interdisziplinären und disziplinären Gebieten. Werden zentrale und periphere Gebiete anhand des höchsten Anteils von DoktorandInnen in diesen Gebieten angeordnet, ergibt sich, dass Frauen eher in denjenigen Gebieten angesiedelt sind, in denen proportional die meisten DoktorandInnen studieren und forschen. Für die in der Interviewstudie direkt befragte Gruppe der TeilnehmerInnen lagen keine Daten über den Anteil von Frauen und Männern in den jeweiligen Forschungsgebieten vor.

[350] Persönliche Kommunikation mit Mary Frank Fox. Für eine statistische Analyse der Beteiligung von Frauen an verschiedenen natur- und ingenieurswissenschaftlichen Fächern innerhalb der Statusgruppe der Doktorandinnen und Doktoranden vgl. Fox und Stephan 2001.

Es entstehen somit Assoziationsmuster, die Wissenschaftsbilder von der Physik mit Vorstellungen über jeweilige Ausbildungsschritte und Anteile von Frauen und Männern in Zusammenhang bringen. Entscheidend ist hier m. E., dass diese Bilder nicht gleichberechtigt nebeneinander stehen, sondern in hierarchischer Weise manifestiert werden. Es kann also vermutet werden, dass hier ein generelles Ergebnis aus der Frauenforschung ein weiteres Mal bestätigt wird: Der Anteil von Frauen ist auf höheren Hierarchieebenen geringer als auf niedrigeren.[351] Während es sich bei den im vorhergehenden Abschnitt thematisierten Ausbildungsabschnitten des College- und des Graduate-Studiums um vertikal zueinander angeordnete Hierarchieebenen handelt, vollzieht sich die Hierarchiebildung zwischen theoretischer und experimenteller Physik innerhalb gleicher Statusgruppen. Die Stratifikation von Frauen und Männern hinsichtlich dieser Differenz stellt somit an der Waterside University eine horizontale dar. Im Anschluss an Fox (1998, 203) ist diese Ungleichheit so zu werten, dass die unterschiedlichen Beteiligungen von Frauen an bestimmten Berufsfeldern als Anzeichen für die Stellung im hierarchischen Gefüge der Disziplinen und ihrer Subdisziplinen zu verstehen sind. Meine Perspektive richtet sich also auf die Frage, wie eine Institution so organisiert wird, dass die Beteiligung von Frauen gering ist. Darin und nicht in einem vermeintlichen Desinteresse oder mangelnden Fähigkeiten sehe ich das Problem der geringeren Beteiligung von Frauen an der theoretischen Physik. Dies wird auch anhand einer Erzählung von Helen deutlich.

In dem Interview mit ihr tauchen die verschiedenen Facetten zu Wissenschaftsbildern von theoretischer und experimenteller Physik in besonders verdichteter Form auf. Helen sagt, sie habe zu Beginn ihres Graduate-Studiums die Absicht gehabt, experimentell zu arbeiten. Ihr zum Zeitpunkt der Interviewstudie vertretenes Selbstverständnis als theoretische Physikerin habe sich erst im Laufe ihres Graduate-Studiums gebildet. Nachdem sie sich mehrfach gegen experimentelle Gruppen entschieden habe, habe sie gemeinsam mit einer anderen DoktorandIn für einen Wettbewerb erfolgreich ein theoretisches Forschungsprojekt konzipiert. Dieses Projekt, das sie außerhalb einer Forschungsgruppe eines Professors durchgeführt habe, habe ihr Selbstvertrauen gestärkt, in die theoretische Physik zu wechseln:

Helen: [...] [T]he **whole** time that I've studied physics I've always liked theoretical physics, but I just didn't think that I would have the **ability** to do theoretical physics, because it's a little more intellec-

---

[351] Für den Fall von theoretischer und experimenteller Hochenergiephysik deutet dies auch Traweek (1988) an.

tually challenging. You know, if you've built an experimental setup you can always play around with the, manipulate physical things. So, you have some way to proceed whereas with theory you might try and do some **math** and get stuck somewhere. So, I just, I thought that I didn't have the mental ability to do theoretical physics. And I was still very interested in it. So, at that point I started saying, 'Well, maybe I **can** do theory.'[352]

In der Wahrnehmung von Helen spiegelt sich noch einmal die starke Kluft zwischen theoretischer und experimenteller Physik wider, die auch bestimmend für ihre Entscheidung gewesen sei, innerhalb welcher Arbeitsgruppe an der untersuchten Universität sie eine Doktorarbeit habe durchführen wollen. Der Schritt, in „die andere Physik" zu wechseln, sei mit einer gründlichen Abwägung der eigenen Fähigkeiten verbunden gewesen. Sie hatte die Hierarchie zwischen theoretischer und experimenteller Physik auch in ihre Bedeutungswelt übernommen: Erstere sei „intellektuell anspruchsvoller". Helen habe sich selbst lange nicht für fähig genug gehalten, theoretisch zu forschen, obwohl sie es immer gern gemocht habe. Helen hat – wahrscheinlich ohne sich dessen explizit bewusst zu sein – Grenzen statistischer Verteilungen überschritten, sie hat sich an ihrer Universität innerhalb des physikalischen Fachbereichs in einen Bereich begeben, in dem weniger Frauen arbeiten.

4.2.3 Zwischenfazit: Institutionalisierter Positivismus

Zusammenfassend lässt sich festhalten, dass die in diesem Abschnitt vorgestellten Analysen der Institutionalisierung der Differenz zwischen theoretischer und experimenteller Physik zeigen, dass das positivistische Wissenschaftsverständnis durch die institutionellen Strukturen der Lehre und Forschung an der Waterside University gestützt wird. Promovierende werden an dieser Institution nicht nur zu thematisch ausgerichteten Forschungsgebieten zugeordnet, sondern primär zu theoretisch oder experimentell ausgerichteten Arbeitsgruppen. Der Doktorand Bill formuliert, dass es diese Unterscheidung gewesen sei, die für seine Zulassung zur Waterside University den Ausschlag gegeben habe. Sein Beispiel könnte exemplarisch sein für die Zuordnung von DoktorandInnen auf institutioneller Ebene im Rahmen des Bewerbungsverfahrens. Für ein Jahr Mitte der 1990er Jahre verändert sich das Verhältnis der BewerberInnen von theoretischer zu experimenteller Physik gegenüber ihrer späteren mittleren Verteilung auf die

---

[352] Helen, 11-12.

Teilfächer über einen Zeitraum von elf Jahren betrachtet. Während unter den BewerberInnen mehr als die Hälfte als erste Wahl explizit die theoretische Ausrichtung eines Forschungsgebiets angegeben hatten, promovierten über einen Zeitraum von elf Jahren zwei Drittel in experimentell klassifizierten Gebieten gegenüber einem Drittel der DoktorandInnen, die in theoretisch klassifizierten Gebieten ihre Examina bestanden. Dies hat u. U. zur Konsequenz, dass mehr BewerberInnen um Promotionsstellen in theoretisch klassifizierten Gebieten der Physik konkurrieren als in experimentell klassifizierten. Allerdings müsste dieser Zusammenhang für die Waterside University systematisch untersucht werden, da die mir vorliegenden Daten keine ausreichende Basis für eine signifikante Aussage darstellen.

Während es für experimentell ausgerichtete DoktorandInnen u. U. vorteilhaft sein kann, sich in diesen weniger von Konkurrenz geprägten Gebieten zu bewerben, können gleichzeitig die Ausbildungsstrukturen trotzdem zu ihrem Nachteil sein: Prüfungsordnungen von der High School bis zum Graduate-Studium seien von theoretischer Physik dominiert, so die Interviewten, was einen erheblichen Mehraufwand für sie nach sich ziehe.

Wie bereits ausgeführt, überrascht es zunächst, dass der Frauenanteil in der theoretischen Physik geringer ist als in der experimentellen Physik, da erstere der Mathematik als Disziplin nahe steht und dort die Beteiligung von Doktorandinnen höher ist als in der Physik. Dies ist m. E. jedoch als eine Konsequenz der höheren Bewertung der theoretischen gegenüber der experimentellen Physik anzusehen. Eine systematische Datenerhebung auf nationaler oder auch internationaler Ebene könnte diesen Zusammenhang möglicherweise bestätigen.

Es zeigt sich insgesamt, dass ein positivistisches Wissenschaftsverständnis aufgrund der Trennung von theoretischer und experimenteller Physik in der Disziplin durch institutionelle Strukturen und Grenzziehungen gestützt wird.

4.3 Fazit

In diesem Kapitel habe ich aufgezeigt, dass das Wissenschaftsverständnis der interviewten DoktorandInnen von hierarchischen, dichotomen Kategorien geprägt ist: Einem analytischen Verständnis von der Physik während des Undergraduate-Studiums steht die Auffassung von Forschungsprojekten als Design im Graduate-Studium gegenüber, einem experimentellen Wissenschaftsverständnis ein theoretischer Zugang zur „wirklichen Welt". Diese Differenzierungen sind zunächst als die dominanten Grenzziehungen zu verstehen, die in Anlehnung an die Grounded Theory als In-Vivo-Kodes anhand des erhobenen Interviewmaterials herausgearbeitet worden sind. Sie zeigen, welche entscheidende Rolle institutionalisierte Strukturen der Disziplin Physik für die Konstruktion des Wissenschaftsverständnisses von angehenden PhysikerInnen an der Waterside University spielen, da sich ihre Argumentationen auf institutionalisierte Ausbildungs- bzw. Forschungsstrukturen an der Waterside University beziehen oder auch auf diejenigen anderer Ausbildungs- und Forschungseinrichtungen. Insbesondere die Trennung von experimenteller und theoretischer Physik ist hier als ein „Institutionalisierter Positivismus" der Physik zu verstehen. Diese in das Selbst- und das Wissenschaftsverständnis integrierten Grenzziehungen der DoktorandInnen markieren eine vertikale Achse der Stratifikation im Falle der Grenzziehung zwischen Undergraduate- und Graduate-Studium sowie eine horizontale Achse der Stratifikation bezogen auf Differenzierungen zwischen experimenteller und theoretischer Physik. Dies habe ich anhand des Beispiels der Beteiligung von Frauen an den jeweiligen Teilbereichen der Ausbildung bzw. Ausrichtungen der Forschung aufgezeigt. Aufgrund der Gegenüberstellung von unterschiedlichen Wissenschaftsvorstellungen diesseits und jenseits der Grenzen von Undergraduate- und Graduate-Studium sowie von experimenteller und theoretischer Physik auf der einen Seite und der Beteiligung von Frauen an diesen Bereichen auf der anderen Seite werden mehrfach Brüche hinsichtlich gängiger Vorstellungen von der Physik sichtbar: Zunächst kann das Wissenschaftsverständnis der Physik nicht als ein einheitliches, monolithisches – z. T. als „männlich" interpretiertes – Konstrukt verstanden werden. Vielmehr ist es vielfältig ausgeprägt: So korrespondieren verschiedene Ausbildungsphasen und Forschungsausrichtungen mit unterschiedlichsten Vorstellungen von der Physik. Eine zweite Ebene von Brüchen bezieht sich auf die Annahme der Übereinstimmung von Geschlechterstereotypen mit Stereotypen über die Physik als Berufsfeld. Wird die Beteiligung von Frauen an der Physik zu verschiedenen Ausbildungsphasen und an verschiedenen Forschungsausrichtungen der Physik vor dem Hintergrund der jeweils zugehörigen, herausgearbeiteten Wissenschaftsauffassungen betrachtet, so stehen diese diesseits und jenseits der Grenzziehungen im Widerspruch zu den relationalen Beteiligungen von Frauen an diesen Ausbildungsphasen bzw. Teilbereichen der Disziplin. Die geringeren Anteile von Frauen an der Physik in späteren Ausbildungsphasen oder an der theoretischen Physik an der Waterside University sind daher als ein Effekt der ungleichen Bewertung von Ausbildungsphasen bzw. Forschungsausrichtungen aufzufassen, also als ein Effekt von Hierarchien innerhalb der Profession. Die Anteile von Frauen an den betrachteten Ausbildungsphasen bzw. Forschungsausrichtungen korrespondieren gerade *nicht* mit tradierten Zuschreibungen von geschlechtskonnotierten Zuschreibungen zu Frauen und Männern, sondern geben Hinweise auf die vielfälti-gen *Brüche* solcher konstruierter Korrespondenzen von Wissenschaftsvorstellun-gen mit geschlechterstereotypen Zuweisungen. Die dritte Ebene bezieht sich auf Wissenschaftsauffassungen von DoktorandInnen, die diese etablierte Dichotomie zu überwinden suchen: Eine Nivellierung und damit einhergehende Umdeutun-gen der Differenz von theoretischer und experimenteller Physik werden hier zwar von einigen der Interviewten formuliert, es fehlt jedoch an institutionalisierten Strukturen, um über eine Ablehnung der vorgefundenen Differenzierung hinaus-gehend zu intersubjektiven Übereinstimmungen hinsichtlich anderer Betrach-tungsweisen des Erkenntnis- bzw. Forschungsprozesses finden zu können.

5 Physik als Zunft

In dem vorhergehenden Kapitel werden zwei Differenzen zwischen Undergraduate- und Graduate-Studium herausgestellt: Zum einen werden von den Interviewten die zu bearbeitenden physikalischen Aufgabenstellungen für die Zeit des Undergraduate-Studiums als analytische mit bekannten Lösungen beschrieben, während zu bewältigende Aufgabenstellungen in der Phase des Graduate-Studiums demgegenüber ein „offenes Ende" hätten und unvorhersehbare Forschungsergebnisse lieferten; zum anderen ordne ich dem Undergraduate-Studium eine formale Ausbildungsstruktur zu, während ich das Promotionsstudium als informell strukturiert charakterisiere. In diesem Kapitel betrachte ich nun die Charakteristika des Promotionsstudiums eingehender, von folgender Frage ausgehend: Welche soziale Struktur liegt dieser Ausbildungsphase zugrunde, die gleichzeitig eine informelle Ausbildung *und* ergebnisoffene Forschungsprojekte von Promovierenden in der Physik ermöglicht? Zur Beantwortung dieser Frage orientiere ich mich für die Analyse der Interviews an der Vorstellung, die Physik als 'Zunft' zu verstehen. In Abschnitt 5.1 umreiße ich kurz die Konzepte der 'Lehrzeit' und der 'Zunft', um daran anschließend in Abschnitt 5.2 die Regeln der Zunft an der Waterside University anhand des erhobenen Materials zu rekonstruieren. Hier werden verschiedene Aspekte dieses Konzepts behandelt: Aussagen zum Empfehlungssystem in der Physik; zum Lehren, Lernen und Forschen; zu persönlichen Beziehungen zwischen Promovierenden und ihren BetreuerInnen; zur Finanzierung der Promotion und schließlich Aussagen über den Prozess des Promovierens anhand der Zuordnung zu verschiedenen Phasen dieses Prozesses. Mit der Sozialstruktur einer 'Zunft' korrespondiert, dass disziplininterne Grenzziehungen flexibel verhandelt werden. Für die Analyse des mir vorliegenden Materials bin ich so vorgegangen, dass ich die Regeln der Zunft aufgrund des erhobenen *Materials* rekonstruiert habe, anstatt sie mit den Regelungen von mittelalterlichen Zünften zu vergleichen. Der Begriff der 'Zunft' dient mir in diesem Sinne als heuristischer Rahmen[353], dessen Plausibilität anhand des erhobenen Materials aufgezeigt wird. Die Doktorarbeit selbst fasse ich vor diesem Hintergrund als 'Gesellenstück' auf, dessen Herstellung Teil der Aufnahmeprüfung in die 'Zunft' ist. Dieses 'Gesellenstück' verstehe ich zugleich als 'Grenzobjekt' (Star u. Griesmer 1989), das die Funktion hat, Kooperationen

---

[353] Für die Verwendung des Begriffs 'Heuristischer Rahmen' vgl. die Orientierung an der 'Grounded Theory', erläutert in Abschnitt 3.2.

zwischen verschiedenen Gruppen zu ermöglichen, die an einem bestimmten Forschungsgebiet beteiligt sind. Diese Interpretation der Dissertation als 'Grenzobjekt', das flexible Grenzziehungen innerhalb der Sozialstruktur der Physik als Zunft ermöglicht, führe ich in Abschnitt 5.3 aus.

5.1 Die Konzepte der 'Zunft' und der 'Lehrzeit'

Zum Ausgangspunkt für meine Betrachtungen der Physik als 'Zunft' habe ich das folgende Zitat von Andrew gewählt, das im Rahmen der Analyse der Interviews als 'Schlüsselerzählung'[354] gewertet worden ist:

Andrew: [...] One thing is that in the U.S. anyway, well and in <country
___>, too -- I don't know about other countries --, graduate school
is [...] *an apprenticeship kind of system. You could come like an
apprentice to your advisor and you study under him and work for
a time and then eventually you get your degree* [...]. You know,
when you graduate and so on *it's very much up to -- you and your
advisor, I mean, it's **not** a standardized formalized thing at all.*[355]

Andrew führt hier aus, dass die Ausbildungsphase des Promotionsstudiums[356] zwar einerseits durch informelle Strukturen geprägt sei, dass diese Phase aber andererseits durch eine ordnende und zugleich flexible Struktur gekennzeichnet ist. Er formuliert zunächst, dass er sich Sorgen über die zeitliche Dauer seines Promotionsstudiums mache. Die benötigte Zeit, so Andrew, hänge in großem Ausmaß von Entscheidungen seines Betreuers ab. DoktorandInnen können zwar nicht davon ausgehen, dass sie ihr Ziel, „den Titel zu erhalten", mit Sicherheit erreichen werden. Aber „letztlich", wie Andrew denkt, werde es passieren und es hänge von ihm und seinem Betreuer ab. Das Ganze sei „in keiner Weise formal oder standardisiert". Andrew argumentiert, dass ein/e Promovend/in „wie ein Lehrling" zu einem/r BetreuerIn komme. Seine Perspektive, dass das Promotionsstudium der Physik einer 'Lehrzeit' ('apprenticeship') sehr ähnlich sei, weist darauf hin, dass der informelle Charakter dieser Ausbildungsphase durchaus nicht gleichbedeutend damit ist, dass sie vollkommen unstrukturiert wäre. Ihre Strukturen sind lediglich flexibler als diejenigen des Undergraduate-Studiums und nicht für alle Promovierenden einheitlich. Darüber hinaus fängt die Vorstellung vom Promotionsstudium als Lehrzeit die Doppeldeutigkeit dieser Ausbil-

---

[354] Zur Verwendung des Begriffs der 'Schlüsselerzählung' vgl. Abschnitt 3.2.
[355] Andrew, 8-9.
[356] Vgl. Kap. 4.2.

dungsphase ein, nämlich einerseits von einem/r ProfessorIn zu *lernen* und anderseits für ihn oder sie zu *arbeiten.* Die Fokussierung auf individuelle Persönlichkeitsmerkmale der Beteiligten führt leicht zu einer statischen Betrachtung der Lehr- und Arbeitsbeziehungen von Promovierenden und BetreuerInnen, während mit dem Konzept der 'Lehrzeit' demgegenüber der *Prozess* des Promotionsstudiums besser erfasst werden kann.

Das Konzept der 'Lehrzeit', das Andrew für die Beziehungen zwischen BetreuerInnen und Promovierenden benennt, habe ich zum Konzept der 'Zunft' erweitert, das es erlaubt, weitere Aspekte des Promotionsstudiums in der Physik in die Analyse einzubeziehen: Die Beziehungen von Promovierenden zu ihren BetreuerInnen sind in ein ausgedehntes Zunftwesen eingebunden, auf dessen Regeln in Abschnitt 5.2 umfassender eingegangen wird.

Das Konzept der Lehrzeit ('apprenticeship') kann mindestens bis in die Zeit der babylonischen Gesetzgebung zurückverfolgt werden. Die auf das 18. Jh. v. Chr. datierten „Gesetzestafeln des Hammurabi" geben in schriftlich fixierter Form ein Regelwerk von insgesamt 282 Gesetzesfällen an, deren Hintergrund sumerische Gesetze bilden, unter denen zivilisierte Gemeinschaften seit hunderten von Jahren gelebt hatten.[357] Zwei dieser Gesetze beziehen sich auf die 'Lehrzeit' und lauten: "188. If an artisan has undertaken to rear a child and teaches him a craft, he cannot be demanded back," sowie "189. If he has not taught him his craft, this adopted son may return to his father's house." Obwohl der Begriff 'apprenticeship' in der „Encyclopedia of the Social Sciences" zuletzt in der Ausgabe von 1930[358] aufgeführt wird, gehört dieses Konzept keineswegs nur „vergangenen Zeiten" an, wie Coy (1989a, xi) als Herausgeber eines Sammelbandes zu diesem Thema bemerkt. In der besagten „Encyclopedia for the Social Sciences" wird die 'Lehrzeit' v. a. als Weitergabe von Fähigkeiten und Wissen charakterisiert, die im Rahmen einer wechselseitigen Ausbildungsbeziehung zwischen Meister und Lehrling stattfinde. Ein Novize werde von jemandem aus dem Handwerk, der darin bereits arbeitet, in selbiges eingewiesen. Der Lehrling „bezahlt" für diese Einweisung mit seiner Arbeit an Produkten, die der Meister selbst konsumiert oder verkauft. Auch der Begriff der 'Zunft' findet sich in aktuellen Nachschla-

---

[357] „Hammurabi, Code of", in: *Britannica Online* <http://www.eb.com, 180/cgi-bing?DocF= micro/257/24. html> [04.09.1998]
[358] Seligman u. Johnson 1930.

gewerken der Soziologie nicht[359] oder wird mit Beginn der Industrialisierung als historisches Konzept behandelt[360].

In der Wissenschaftsforschung haben verschiedene Autorinnen und Autoren bestimmte Phasen der wissenschaftlichen Ausbildung als 'Lehrzeit' bezeichnet.

Gusterson (1995) hat im Rahmen seiner Dissertation Waffenphysikerinnen und -physiker untersucht und bezeichnet sich selbst in seiner Veröffentlichung als einen 'Lehrling' der Ethnographie; indem er sein Lehrstück, seine Doktorarbeit, herstellt, beschreibt er wiederum den Ausbildungsprozess eines anderen Lehrlings, nämlich den der Waffenphysikerin Sylvia. Beide, Gusterson und die an seiner Studie teilnehmende Sylvia, erreichen das Ziel, ihr „Handwerk" mit der Legitimation der Meister ausüben zu dürfen: Sylvia als Waffenphysikerin, Gusterson als Ethnograph (ebd., 255).

Auch Traweek konstatiert, dass Undergraduate-Studierende, Promovierende und auch Postdocs noch nicht als anerkannte Mitglieder der Scientific Community, in diesem Fall derjenigen der HochenergiephysikerInnen, angesehen werden (Traweek 1988, 75). Vielmehr bleiben sie über einen Zeitraum von 15 Jahren „Novizen", die verschiedene Stadien ihrer „langen Lehrzeit" durchlaufen (ebd., 85); Traweek orientiert sich für ihre Untersuchung an den drei vorgegebenen Ausbildungsschritten von College- und Graduate-Studium sowie an der Postdoc-Phase. Die Studien von Traweek und Gusterson haben gemeinsam, dass sie die Lehrzeit nicht nur als eine Form der Ausbildung von Fähigkeiten ansehen, sondern zugleich auch als eine Phase, in der Vorstellungen von der Physik vermittelt werden, die im Zusammenhang mit dieser Ausbildungs*form* stehen. So schlussfolgert Gusterson (1995, 268), Sylvia sei zur „Waffenphysikerin geworden", als sie nicht mehr in die nächstgelegene größere Stadt in das alternative Viertel habe umziehen wollen und als sie sich erstmals auf rational begründete Weise gegen einen Teststopp von Atomwaffen ausgesprochen habe. Bei Traweek überwiegt die Verwendung des Begriffs 'Novize' gegenüber dem des 'Lehrlings', d. h. ihre Deutung ist stärker auf die Zugehörigkeit zu einer Religionsgemeinschaft als auf die Zugehörigkeit zu einer 'Zunft' ausgelegt.

Selbst mit dem formalen Ende einer Lehrzeit wie beispielsweise dem Erlangen eines Doktortitels oder dem Abschluss einer Postdoc-Phase endet die Beziehung zwischen Lehrling und Meister nicht notwendigerweise. Vielmehr kann die Hierarchie zwischen beiden auch ihre zukünftige Beziehung innerhalb der Zunft der Wissenschaft prägen. So berichtet Goody (1989, 253) von einem „skandalösen"

---

[359] Vgl. u. a. Fuchs-Hinritz et al. 1995.
[360] Vgl. u. a. Hillmann 1994.

Vorfall, der darin bestanden habe, dass ein US-amerikanischer Physiker auf einer Tagung in China eine Frage zu einem Vortrag seines ehemaligen Lehrers gestellt habe. Allein das Ereignis, dass er seinem Lehrer eine Frage gestellt habe, habe laut Goody einen Skandal ausgelöst, da dies im chinesischen Kontext als ein Infragestellen der Autorität des Lehrers interpretiert worden sei.

Auf die soziale Struktur einer 'Lehrzeit' oder einer 'Zunft' gehen diese AutorInnen jedoch nicht im Detail ein. Coy formuliert ein umfassenderes Verständnis der Lehrzeit, an dem ich mich orientiere:

> Apprenticeship is a complex and multi-faceted concept. It clearly involves education, social relations, and economics, and it suggests an ideology of life and work associated with a specialized role. Apprenticeship involves at least two persons and probably many more than two. The two principals are a person possessing specialized skills and a person who wishes to acquire and develop those skills for him/herself. (Coy 1989b, 1)

Mit der Vermittlung von Wissen gehen für Coy also eine bestimmte Ideologie des Lebens und der Arbeit einher. Das Verständnis, dass eine Person bestimmte Fähigkeiten quasi als Eigentum *besitze*, die nach unterschiedlichem Ermessen weitergegeben werden könnten, ist im Rahmen meiner Arbeit über die Ausbildung von PhysikerInnen ebenfalls wichtig. So können im Rahmen einer flexiblen Sozialstruktur wie einer Zunft, Grenzen zwischen Wissenden und weniger Wissenden Personen kontinuierlich und auf vielfältige und informelle Weise beständig neu verhandelt und festgelegt werden.

5.2   Die Regeln der Zunft an der Waterside University

Um erfolgreich ein Promotionsstudium beginnen und verfolgen zu können, lernen Physikstudierende, durch ein komplexes Netz von Beziehungen in ihrer Forschungsgemeinschaft zu navigieren.[361] Sie müssen BetreuerInnen finden, persönliche Beziehungen innerhalb ihrer Arbeitsgruppen aufbauen und sich in mehrere Scientific Communities integrieren, die zu ihrem Forschungsgebiet arbeiten. Durch die Bearbeitung von Forschungsprojekten erlernen sie die Physik – als 'ForschungsassistentInnen' ('Research Assistants') – im Rahmen von persönlichen Kontakten. Sie unterrichten Physik – als 'LehrassistentInnen' ('Teaching

---

[361] Dies ist, wie bereits beschrieben, in Bills Erzählung über den Aufnahmeprozess an der Waterside University deutlich geworden (vgl. 4.2.2.1).

Assistants') – für Studierende jüngerer Semester.[362] In diesem Abschnitt soll dieses Netzwerk an Beziehungen ausführlicher betrachtet werden, um zu rekonstruieren, wie Promovierende an der Waterside University die Physik erlernen und welches Bild von der Physik dadurch an sie vermittelt wird.

5.2.1 Das 'Empfehlungssystem'

Das Ziel, ein Promotionsstudium zu beginnen, kann für einen Bewerber oder eine Bewerberin mit der Hilfe eines Professors oder einer Professorin leichter erreicht werden, indem er oder sie den oder die BewerberIn an einen anderen Professor oder eine Professorin weiterempfiehlt. Dieses 'Empfehlungssystem' kann sich zum Vor- oder Nachteil der BewerberInnen auswirken. Da es die Studierenden über die gesamte Zeit des Promovierens und darüber hinaus begleitet, entsteht eine deutliche Affinität zum Zunftwesen. In diesem Abschnitt wird rekonstruiert, wie das Empfehlungssystem dazu beigetragen hat, dass Promovierende einen Studienplatz in der Graduate School der Physik der Waterside University zugewiesen bekommen haben.

In einem Zunftwesen ist es wichtig, dass Promovierende Zugang zu einem informellen und sich ständig verändernden Netz von „Insidern" des Unterstützungssystems erhalten, um beispielsweise von nicht besetzten Positionen zu erfahren oder für diese empfohlen zu werden. Vorteilhafte Empfehlungen eines anderen Professors kann hilfreich sein, um Promovierende darin zu unterstützen, „Members of the Club" werden zu können. In einigen Fällen wird eine Beurteilung von früheren LehrerInnen oder anderen Personen in Form eines formalen Empfehlungsschreibens gefordert.

Glenn bemerkt in seinem Interview, dass er mehrere Empfehlungsschreiben ('letters of support') einreichen musste, als er sich an der Waterside University beworben hat.[363] Obwohl die offizielle Bewerbungsfrist schon abgelaufen war, habe er sich mithilfe der Unterstützung seines vorherigen Professors erfolgreich bewerben können. Auch im Rahmen von informellen Zusammenkünften werden Empfehlungen ausgesprochen. Eine solche Situation schildert James sehr ausführlich auf meine Frage hin, in welchem Forschungsgebiet er seine Dissertation anfertige und warum er dieses Gebiet gewählt habe. Er betont, da sei sehr viel Glück dabei gewesen, der „Würfel" habe entschieden. Sein Interesse an diesem

---

[362] 'Teaching Assistants' und 'Research Assistants' nehmen Aufgaben wahr, die vergleichbar mit denjenigen von im Studium fortgeschrittenen, studentischen MitarbeiterInnen bzw. von DoktorandInnen in deutschen Lehr- und Forschungseinrichtungen sind.

[363] Glenn, 4.

Gebiet sei auf ein Forschungspraktikum zurückgegangen, das er als Undergraduate-Student gemacht habe. Zu diesem Praktikum wiederum sei er durch die zufällige Bemerkung seines Professors gekommen, der ihn auf einen neuen, jüngeren Kollegen aufmerksam gemacht hätte. James rekonstruiert diese informelle Situation folgendermaßen:

James: [...] I was once at some little reception for physics honor students [...] and I think I was talking to one of the older professors [to whom] [...] I said, 'I'm interested _.' Oh, I think, --- I'm not sure what it was, but I was going to be doing summer research and I didn't know what I was gonna do with it. So, there was one professor standing off to the side and this older professor told me, 'Go up to <professor ___> and talk to him. He's just getting started [with a] group, some physics with optics.' Yeah, I think I said, just in passing, it was just off the comment, I said I'm interested in optics or something. I didn't think about it too hard, but I knew I liked that class.[364] [...] [The] guy doing optics [had] just joined [the] faculty. So, I spoke with him and he was in atomic physics and he wanted to do some spectroscopy [...]. So, I got involved a little bit with that [...]. I worked in that for two summers. I really didn't give too much thought to a better field to work in. [...] And then I figured when I was start[ing] to apply to graduate school, I had the best chance if I stayed in that field since I had some experience with it.[365]

Der ältere Professor, den James bereits kannte, habe ihm sagen können, wer im Fachbereich welche Forschungsthemen bearbeite und an wen er sich für ein Praktikum wenden könne. Jener ältere Professor könnte sich m. E. sehr bewusst gewesen sein, dass er einen *sehr guten* Studenten empfohlen hat, da er diese Empfehlung auf einem Empfang für Studierende ausgesprochen hat, die eine Auszeichnung erhalten hatten ('honor students'). James' Erzählung wirkt einerseits bescheiden, gleichzeitig aber unterstreichen diese kurze Einwürfe seine Begabungen und Interessen: Er leitet seine Darstellung mit der Bemerkung ein, dass er auf einem „kleinen Empfang" gewesen sei und ordnet sich selbst den dort „geehrten Studierenden" zu. Er glaubt sich zu erinnern, dass er „nur so nebenbei" zu einem älteren Professor gesagt habe, dass er sich für Optik interessiere. Zwar

---

[364] James beschreibt im Interview im Detail, wie er zunehmend an Optik Interesse fand. Insbesondere brachte ihm ein Professor während des Undergraduate-Studiums dieses Fach nahe, weil er den Unterricht „wirklich spannend" gestaltete, so dass das optische Praktikum für James dasjenige wurde, das ihm am meisten Freude gemacht hat (James (1. Interview), 9).

[365] James (1. Interview), 8-9.

schildert James dieses Ereignis betont als ein zufälliges. Aus der Sicht von ProfessorInnen ist es möglicherweise nicht so zufällig, gerade auf einem solchen Empfang das latent existierende, informelle 'Empfehlungssystem' im Rahmen der Zunft zu aktivieren und zu nutzen. Ein solcher Empfang ist eine Gelegenheit, um beispielsweise 'Lehrlinge' an KollegInnen zu vermitteln, von denen sie mit gutem Grund annehmen können, dass sie erfolgreich Beiträge zur Forschung leisten werden. In vorliegenden Fall lässt sich daher von einem von der „Zunft ermöglichten Zufall" sprechen, da die Chance, in das Empfehlungssystem integriert zu werden, auf einem solchen Empfang sicher höher einzuschätzen ist als beispielsweise im Rahmen einer zufälligen Begegnung im Institutsflur.

Ein weiterer Beleg dafür, dass sich die Promovierenden in einem informellen Netzwerk bewegen, das Zunftcharakter hat, ist das Fazit, das sich aufgrund folgender Erzählung von Robert ziehen lässt: Seiner Einschätzung nach ist die Loyalität unter den Professorinnen und Professoren vorrangig gegenüber den Anliegen und Interessen von Studierenden. Robert hat im Verlauf seines Promotionsstudiums, nachdem er bereits fest in eine Arbeitsgruppe integriert worden war, aus persönlichen Gründen zu einer neuen Arbeitsgruppe gewechselt (vgl. 5.1.5). Rückblickend schildert er die Angst, die er hatte, dass der neue Betreuer ihn aus Loyalitätsgründen gegenüber seinem vorhergehenden Betreuer nicht in seine Arbeitsgruppe aufnehmen könnte.

Robert: I +**also** --- went through a great deal of trouble to de-emphasize the fact that I was leaving my group for personal **reasons**. I [...] think that part of the reason that it **is** so difficult to leave [is], I think, because almost anyone feels that if you go to a professor and say, 'I wanna work for you, because I can't stand my professor,' *you're afraid that the **new** professor is gonna identify with the old one more than with the student.* So, I was very careful to emphasize the fact that I was **very** interested in his research, which was true. Fortunately, I was able to say truthfully also that I was **more** interested in his research than the research I **had** been doing, which was also true. I hadn't known about his research and **would** have gone there first. *And I worked **very**, very hard to de-emphasize the fact that I might be leaving because of problems where I **was** rather than because of **interests** where I was going.*[366]

In seiner Bewertung dieser Bedenken schlussfolgert Robert, dass sein jetziger Betreuer sich mehr mit seinem vorhergehenden Betreuer identifizieren könnte als

---

[366] Robert, 13.

mit ihm als Promotionsstudenten. Um diese Loyalität nicht infrage zu stellen, traf er mit seinem späteren Betreuer die Abmachung, den Wechsel sachlich zu begründen:

Robert: And I **do** remember my **new** advisor saying very carefully ---, 'Emphasize that the reason you're leaving is because this is research you've always wanted to do. *I do **not** need a fight with this man.*' (Laughs.) ---[367]

Während der Zeit des Wechsels hatte Robert Angst, dass sein vorheriger Betreuer seinen neuen Betreuer anrufen könnte, um ihm davon abzuraten, die Betreuung zu übernehmen.[368] Um seinen vorherigen Betreuer freundlich zu stimmen, habe er noch Monate nach seinem Wechsel Arbeitsaufträge in seiner alten Gruppe übernommen.

Selbst dann, wenn ein Promotionsstudent eine für ihn unbefriedigende Betreuungssituation „löst", indem er in eine andere Arbeitsgruppe wechselt, muss das Empfehlungssystem intakt bleiben. Ein neuer Meister kann ihn zwar übernehmen, aber die Wünsche dieses neuen Meisters hinsichtlich seiner Beziehung zum alten Meister müssen berücksichtigt werden. In Roberts Fall war der Wunsch seines neuen Betreuers, dass es keinen „Kampf" mit dem vorhergehenden Betreuer geben solle, sondern eine freundliche Beziehung gepflegt werden solle. Das Empfehlungssystem, bzw. die Autorität derjenigen, die in diesem System als AkteurInnen handeln, darf nicht von einem Graduate-Student infrage gestellt werden. Dies steht im Widerspruch zu einer Vorstellung, dass es die *Fähigkeiten* eines Promotionsstudenten oder einer Promotionsstudentin sind, die primär die zur Besetzung von Stellen in der eigenen Arbeitsgruppe führen. Das informelle Empfehlungssystem existiert gleichzeitig zu den formalen Aufnahmekriterien an der Waterside University. Im Falle eines Wechsels der Betreuung kann dieses informelle System zum Ausschluss von Promovierenden führen. Wäre der Betreuerwechsel beispielsweise in Roberts Fall misslungen, so hätte er nicht mehr an der Waterside University promovieren können.

Die Neuaufnahme von Auszubildenden in ein Zunftwesen wird häufig von den etablierten Insider/innen unterstützt, indem sie auf die Regeln dieses informellen 'Empfehlungssystems' zurückgreifen. Wenn Promovierende einmal in eine Arbeitsgruppe integriert worden sind, ist es nicht mehr so einfach, zu einem/r anderen Betreuer/in zu wechseln, denn das würde das Empfehlungssystem infrage stellen. Die Annahme, auf der das Empfehlungssystem beruht, ist,

---

[367] Robert, 14.
[368] Robert, 14.

dass diejenigen, die bereits hohe Positionen im Zunftwesen inne haben, die Autorität besitzen, AdvokatInnen im negativen wie auch im positiven Sinne für diejenigen zu sein, die InsiderInnen werden wollen. Wenn Lehrbeziehungen in diesem Zunftwesen nicht erfolgreich verlaufen, sind Promovierende in der schwächeren Position und haben Grund zu der Annahme, dass ihre gesamte Ausbildung gefährdet werden könnte. Die Funktionalität des Empfehlungssystems wird positiv bestätigt, wenn Promotionen erfolgreich beendet werden. Wird eine Promotion dagegen unterbrochen oder gar abgebrochen, so stellt dies das Empfehlungssystem und die Autorität derjenigen, die u. U. vorab Empfehlungen ausgesprochen haben, infrage. Eine gegenseitige Loyalitätsbekundung zwischen dem alten und dem neuen Betreuer kann die Gültigkeit des Empfehlungssystems wieder herstellen. Vor diesem Hintergrund ist Roberts Befürchtung, sein vorheriger Betreuer könnte Negatives über ihn sagen, durchaus plausibel. Dies geschah zwar nicht, aber Roberts Angst führte dazu, dass er selbst über ein Jahr nach seinem Wechsel der Arbeitsgruppen noch unentgeltlich für seine vorherige Forschungsgruppe arbeiten würde.[369]

Abschließend möchte ich noch die Erzählung von Glenn vorstellen, für den das Empfehlungssystem vorteilhaft gewesen ist. Glenn hat sein Physik-Diplom in einem anderen Land als den USA erworben und mit einer Promotion begonnen. Nach einem Jahr Forschungsarbeit erhielt er ein Stipendium, das ihm ermöglichte, sich eine Zeit lang in den USA aufzuhalten und seine Arbeiten im gleichen Forschungsgebiet fortzusetzen. Obwohl beide Gruppen in Konkurrenz zueinander arbeiten – Glenn sagt: „Die haben sich besonders in den Haaren eigentlich sogar." – ermöglicht das Empfehlungssystem, dass WissenschaftlerInnen zwischen beiden Gruppen hin und her wechseln. Ich frage ihn nach diesem „Wettstreit" zwischen beiden Gruppen und Glenn erklärt:

Glenn: Aber **jedesmal** wenn die <Städter ___> hierhin kommen, dann --- geben die ihm schon 'ne **harte** Zeit hier in den Vorträgen. Also, dann werden die so richtig **gegrillt**, die Jungs, weil die halt _. Es gab **eine** Messung in <Stadt ___>, 'ne alte Messung von '80 oder so, **'90** und das war mit 'nem recht beschränkten, experimentellen _. [...] Und da kamen recht revolutionäre **Ergebnisse** raus und die ganze Community, besonders [an der] Waterside University, glaubte überhaupt nicht dran. Die meinte halt, <Stadt ___> hat halt völligen **Mist** gemessen und die ganze Auswertung wär' **faul**.

---

[369] Robert, 14. Zum Zeitpunkt des Interviews liegt Roberts Wechsel der Arbeitsgruppe bereits ein Jahr zurück. Die Dramatik dieser Zeit und ihre Schwierigkeiten stehen Robert aber nach wie vor vor Augen.

Aber es sind bis jetzt im Prinzip die **einzigen** Daten für diese ganze Geschichte und da die Waterside University noch nicht soweit ist, **wirklich** zu messen und <Stadt __> auch noch nicht, bleibt es halt 'ne offene Fragestellung. Die werden sich noch'n bisschen **streiten** bis dann die erste gescheite Messung raus ist.[370]

Im Gegensatz zu Roberts Fall waren die persönlichen Gründe, die Glenn für seinen Wechsel hatte, zu seinem Vorteil, da sie sich nicht auf seinen Betreuer, sondern auf seine Lebensplanung bezogen. Glenns Freundin hatte ein sehr gutes Stellenangebot in den USA erhalten in einer Stadt in der Nähe der Waterside University. Diese seinem Betreuer bekannten Gründe hinderten ihn nicht daran, Glenn an seinen Konkurrenten in den USA weiter zu empfehlen und die Waterside University nicht, Glenn als Promotionsstudenten anzunehmen, obwohl die formalen Fristen für das betreffende Semester bereits abgelaufen waren. Das ‚Empfehlungssystem' beförderte in diesem Fall beispielsweise die Mobilität eines Doktoranden und einen Aufenthalt im Ausland.

Der Zugang, die Aufnahme und der Verbleib von Auszubildenden in eine Zunft wird u. a. durch ein informelles Empfehlungssystem geregelt und unterstützt. Promovierende, die nicht bei einem Betreuer oder einer Betreuerin verbleiben wollen, äußern rückblickend ihre Angst, dass die Loyalität unter den BetreuerInnen als InsiderInnen der Zunft größer sein könnte als die Loyalität zu ihnen als Auszubildenden. Ein intaktes Empfehlungssystem hat in der Zunft aus der Perspektive der von mir interviewten DoktorandInnen möglicherweise einen höheren Stellenwert als die Ausbildung von ‚Lehrlingen', was im Einzelfall zum Nachteil für diejenigen Promovierenden werden kann, deren Ausbildungsprozess nicht erfolgreich verläuft. Vorteilhaft kann dieses informelle Empfehlungssystem für Promovierende sein, wenn sie mit Einverständnis ihrer BetreuerInnen informelle Wege für ihr berufliches Fortkommen beschreiten.

5.2.2 Das Lernen, Lehren und Forschen im Beziehungsgefüge der Zunft

Promovierende erlernen und unterrichten Physik, sie führen Forschungsprojekte in ihren Arbeitsgruppen und Forschungsgebieten allein oder im Team durch. So erlernen sie die Physik nicht nur von ihren BetreuerInnen, sondern durch die Bearbeitung von Projekten in Teamarbeit auch von anderen Promovierenden, Studierenden, ForscherInnen, TechnikerInnen, u. a. Sie konstruieren ihre Aufgaben

---

[370] Glenn, 20.

i. d. R. zunächst als die von AnfängerInnen, was das Kennzeichen einer Lehrbeziehung aus der Sicht der oder des Auszubildenden ist.

5.2.2.1 Promovierende und ihre BetreuerInnen

In diesem Abschnitt fokussiere ich auf diejenigen Aspekte der Beziehung zwischen Meister und Lehrling, in denen es um das Erlernen der Physik geht. Wie in Coys Begriffsfassung einer Lehrzeit beschrieben, ist sie durch die Vermittlung von Wissen an Lehrlinge und deren Mitarbeit an Projekten gekennzeichnet. Die MeisterInnen als ExpertInnen ihrer Zunft sind LehrerInnen in umfassender Hinsicht. Daher geschieht die Vermittlung von spezialisiertem Wissen an eine neue Generation in persönlichen Beziehungen gleichzeitig durch Lernen, Lehren und Forschen vieler Beteiligter. In Kapitel 4 zum unterschiedlichen Wissenschaftsverständnis von der Physik während des Undergraduate- gegenüber dem Graduate-Studium wurde bereits beschrieben, dass der Besuch von Lehrveranstaltungen häufig keine Wertschätzung von Seiten der BetreuerInnen erfährt. Anerkennung erreichen Doktorandinnen und Doktoranden vielmehr durch die Mitarbeit an Forschungsprojekten und aufgrund von Beiträgen zu Forschungsergebnissen, die veröffentlicht werden können. Dies werte ich als einen weiteren Hinweis auf den Zunftcharakter der Physik, da Promovierende ihre Ausbildung in einer Gruppe quasi im Tausch für ihre Mitarbeit an Forschungsprojekten erhalten. Gleichzeitig wird eine Dissertation als Qualifikationsarbeit konzipiert. In der Physik i. d. R. die übergreifende Fragestellung bzw. das Thema der Arbeit von der betreuenden Person und nicht von den Promovierenden selbst formuliert. Im Folgenden habe ich einige Beispiele dafür ausgewählt, wie die Promovierenden die Vermittlung von Wissen durch ihre Betreuer und Betreuerinnen schildern.

Kurz bevor das Interview stattfand, so berichtet Doug, hätten er und sein Betreuer entschieden, zusammen zu arbeiten:[371] Nachdem Doug sein generelles Interesse am Thema geäußert hat und die Entscheidung zur Zusammenarbeit gefallen ist, beginnt die Lehrbeziehung. Sie ist zunächst durch regelmäßige Diskussionen über Veröffentlichungen im betreffenden Gebiet der theoretischen Physik geprägt:

Petra: So you choose on your own [...] [what] articles you would read [...]?

---

[371] Doug, 8.

Doug:	No, no. [...] [R]ight now what happens is that he's giving me things to read I don't know. So it's not, I've not chosen anything interesting.
Petra:	So how does that work?
Doug:	I go there, he says, 'Now you read this, this, and this, OK,' then I go home, then I read it. (Laughs.)
Petra:	Oh, OK.
Doug:	And then I go **there** and I say what I learned and _.
Petra:	Aha. How often do you meet?
Doug:	How often do we meet? Oh, like once a month or something. It's like --- read, read, read and then when you have questions, sure. So, it's not very often.[372]

Doug löst also keine Übungsaufgaben mehr, wie es zur Zeit des Undergraduate-Studiums noch der Fall gewesen ist. Sein Professor überprüft das erlernte Wissen nicht anhand von Klausuren oder mündlichen Prüfungen, sondern im Rahmen von regelmäßigen Gesprächen. Das hierarchische Element dieser Beziehung und die Autorität seines Lehrers stellt Doug zu Beginn seiner Lehrzeit nicht infrage. Er denkt, dass sein Betreuer besser als er wissen wird, welches Thema er für seine Dissertation wählen sollte, da er der Experte sei. Die Voraussetzung, die er als Doktorand mitbringe, sei lediglich sein Interesse am Thema, aber nicht sein Wissen:

Petra:	Maybe I can ask you how much influence do you think will you have on that decision?
Doug:	What do you mean?
Petra:	Like, do you think that your advisor will say, 'I think this is the best,' or you [will] say, 'This is the best,' or will it be an agreement?
Doug:	I think **part** [of it] will be an agreement of course, because it must be something that is of my interest. But then I think whatever he says is the best I will do, because he would know much better than I would what is the best. (Laughs.)[373]

Das Lehren in der Lehrbeziehung findet hier also durch gemeinsame Diskussionen über bereits existierende Veröffentlichungen und durch die Auswahl dieser Veröffentlichungen seitens des Betreuers statt. Im weiteren Verlauf wird auch die Auswahl der zu bearbeitenden Fragestellung in gewissem Ausmaß bestimmen, wie und was Doug lernen und bearbeiten wird.

---

[372] Doug, 8-9.
[373] Doug, 9.

Auch Ben schildert in seinem Interview, dass es „sehr schwer sein würde", wenn er etwas bearbeiten wolle, das thematisch nicht zu dem passen würde, was sein Betreuer vorgeschlagen hätte. Diese Themen wären diejenigen, zu denen sein Betreuer bereits „gearbeitet hätte", an denen er „interessiert" sei, von denen er denken würde, dass sie auf einen „neuen Weg" führen könnten oder für die er „Ideen" habe, obwohl sie noch nicht sehr weit entwickelt seien.[374] Für Joe hat sein Betreuer eine besondere und herausgehobene Stellung, er vermittle ihm eine „umfassende Vision".[375] Sarah denkt, dass ihr Betreuer die großen Ideen in der Physik habe. Sie selbst arbeite an denjenigen Projekten, die ihr Betreuer ihr vorgeschlagen habe.

Sarah: [...] [A]ll the topics that he gives are very nice, because he is the kind of person [...] who has a big idea of physics, right? So, he will give you **simple** models that you can work on, so that you can do quite a lot of work doing simple things and have many results without [the] need to go to computers or things like that. You can do a lot of analytical work [which] I like. So, at that level of course you need a person that is in [physics] a while to have (Laughs.) this kind of ideas.[376]

Andere Formen von Lehrbeziehungen werden in Arbeitsgruppen etabliert, die im Team zusammen arbeiten. Diese Form des Promovierens in einer Arbeitsgruppe schildert James ausführlich. Der Fortgang der Arbeit wird mit der gesamten Gruppe diskutiert. Auch hier wird der Leiter der Gruppe als Autorität akzeptiert:

James: I would say that, that, <professor ___>, the leader of the project, directs that to a large extent. But let's say during group meeting there are discussions. I would say, he directs it in the sense that I think a large majority of the suggestions for things to pursue are made by him.[377]

Die Autorität des Gruppenleiters beruht nicht unbedingt auf offensichtlichen Ereignissen, wie beispielsweise darauf, dass der Leiter immer das letzte Wort hätte, sondern darauf, dass er die meisten Vorschläge für die Weiterarbeit unterbreite, obwohl viele Vorschläge auch von fortgeschrittenen Promovierenden oder ForscherInnen aus der Gruppe kommen. Auf diese Weise vermittelt er, dass er am meisten über das Thema und die Arbeit weiß.

---

[374] Ben, 11.
[375] Joe, 13.
[376] Sarah, 11.
[377] James (2. Interview), 5.

5.2.2.2 Die Zusammenarbeit mit anderen ForscherInnen

In vielen Fällen arbeiten Promovierende nicht ausschließlich mit ihren BetreuerInnen zusammen oder lernen nur von ihnen. Aufgrund ihrer Erzählungen kann rekonstruiert werden, dass sie in ein größeres Zunftwesen integriert sind, in dem u. a. andere Promovierende, TechnikerInnen und ForscherInnen sowie weitere Forschungsgruppen zu denjenigen gehören, mit denen Lehr- und Arbeitsbeziehungen bestehen. In diesen Beziehungen besteht ein wechselseitiger Austausch, in dem die Zuweisung von Aufgaben wechselt bzw. die Grenze zwischen diesen Aufgaben häufig nicht klar definiert werden kann. Zu diesen Zuweisungen gehören die Rollenverteilungen zwischen Lernenden und Lehrenden, zwischen Betreuten und BetreuerInnen, zwischen der Vorgabe von großen Richtlinien bzw. Fragestellungen und der Durchführung detaillierter Forschungsarbeiten.

Einer der Gründe, warum Promovierende nicht ausschließlich mit ihrem Betreuer zusammen arbeiten, ist, dass dieser u. U. zu wenig Zeit dafür hat. Sarahs Betreuer beispielsweise präsentierte ihr mehrere Vorschläge für Forschungsarbeiten, die sie als Doktorandin seiner Arbeitsgruppe bearbeiten könne. Sarahs Entscheidung für eines dieser vorgeschlagenen Projekte sei z. T. dadurch beeinflusst worden, dass sie mit einer weiteren Person habe zusammen arbeiten wollen:

Sarah: [...] Actually, there was also another guy that was working on this [project]. That's another reason. I wanted to work with someone else, because my advisor is very busy. So, I wanted to work on a topic that I knew someone else was working on. I didn't want to be completely by myself.[378]

In vielen Fällen betreuen bereits länger in den Arbeitsgruppen arbeitende Forscherinnen oder Forscher oder auch Postdocs die Doktoranden und Doktorandinnen anstelle der leitenden Professorin oder des leitenden Professors. Auch in Anns Fall, ähnlich wie bei Sarah, präsentierte ihr ihr Betreuer mehrere Optionen für Forschungsprojekte. Es erschien ihr so, als ob er „erpicht darauf gewesen sei, mit jemandem in der Chemie zu kollaborieren"[379] und sie fand diesen Vorschlag auch am interessantesten. Daher begann Ann ihre Dissertation damit, für einen Gastwissenschaftler in einer Arbeitsgruppe der Chemie zu arbeiten. Auf die letzte Frage des Interviews, woran sie in der Zukunft gern arbeiten würde, antwortet sie, dass ihr diese Frage „zuviel Wahl" lasse, aber bezogen auf die Arbeitsumgebung hat sie genauere Vorstellungen von dem, was sie bevorzugen würde:

---

[378] Sarah, 6-7.
[379] Ann, 11.

Ann: [...] I might work with someone at first. [...] [I]t's a little bit hard getting adjusted to our group, just because there's so **much** independence that I just [...]. It's hard to get up to speed in a new field quickly without working with someone who knows significantly more than you do. (Laughs.) So, or at least it is for me, I don't know. [...][380]

Abgesehen von der Teamarbeit, die sie bevorzugt, äußert Ann zu einem früheren Zeitpunkt des Interviews, dass sie die Anfangszeit in ihrer Arbeitsgruppe nicht so einfach gefunden habe; sie wünschte sich mehr „Learning by doing", was charakteristisch für eine Lehrzeit ist, in der eine Novizin von einem Experten oder einer Expertin lernt. Ann sieht es positiv, mit einer Person zusammen zu arbeiten, „die wesentlich mehr weiß" als sie selbst, weil sie denkt, dass diese Lernsituation dazu beitrage, schneller zu lernen.[381]

Etablierte Forscherinnen und Forscher in einer Arbeitsgruppe können Forschungsprojekte leiten und Promovierende betreuen, die an diesen Projekten mitarbeiten. George z. B. arbeitet ebenfalls nicht an einem Projekt, das direkt von seinem Professor betreut wird. Vielmehr arbeitet er an einem größeren Experiment und innerhalb eines Teams mit, das von einem Forscher geleitet wird.[382] Als ich Maria frage, wer die Richtung der Forschung in ihrer Arbeitsgruppe bestimme, legt sie sich nicht fest, sondern beschreibt, wie unbestimmt das sei:

Maria: More than likely it's the research advisor and we have several --- research scientists. So, on my project two of the research scientists and my advisor work with me. And I guess the three of them determine the direction that the research is going [into] together.[383]

Die Ausrichtung der Forschung werde von ihrem Professor, aber auch von den ForscherInnen der Gruppe entschieden. Sie selbst arbeite an einem Projekt, das von zwei ForscherInnen und ihrem Betreuer geleitet werde. Sie vermutet, dass alle drei über dessen Ausrichtung entscheiden.[384]

---

[380] Ann, 16.
[381] Ann, 16.
[382] George, 24.
[383] Maria, 5-6.
[384] Weitere Promovierende, die von der Betreuung ihres Projekts durch Postdocs oder ForscherInnen berichten, sind Bill (8), und Joe (13).

5.2.2.3 Zusammenarbeit mit anderen DoktorandInnen

Doktorandinnen und Doktoranden weisen sich auch gegenseitig in Projekte ein bzw. arbeiten gemeinsam im Team. Mehrere der TeilnehmerInnen an meiner Interviewstudie sagten, dass sie dies über einen längeren Zeitraum getan hätten. So hat Ben nach einem Jahr der Mitarbeit in seiner Arbeitsgruppe gedacht, dass er „wirklich nichts Gutes [an Ergebnissen aus seinem Forschungsprojekt]" erhalten habe. Nachdem er mit seinem Betreuer über dieses Problem gesprochen habe, habe er an einem zweiten Projekt zusammen mit einem anderen Doktoranden weiter gearbeitet.[385] Ann arbeitet gemeinsam mit einem anderen Promovierenden für einen Gastwissenschaftler an der Waterside University.[386] George sagt, er habe nach und nach eine experimentelle Arbeit übernommen, an der zuvor ein anderer Doktorand gearbeitet habe, so dass er nun in der Lage sei, auf diese „substantielle Arbeit aufzubauen".[387] Nach dem Eintritt in ihre Arbeitsgruppe ist auch Maria aufgetragen worden, zusammen mit einem Doktoranden eines höheren Semesters zusammen zu arbeiten. Zum Zeitpunkt des Interviews arbeitet sie jedoch allein an ihrem Projekt:

Petra: OK. ---- And, I don't know how it is in your case, but in most _. I figured out that in most cases every member of a research group works on his or her own project. In some cases do teamwork. So, I don't know if that's the case for **you**. I would like to know how the decision was made that you're working on your particular project for your thesis.

Maria: I **think**, I'm not sure that I was just put on the project with the most **senior** graduate student in the lab. And he left --- a year ago. So, I was in the lab for a year and a half and then he left. So, I think it was just decided. So, that that project could go on and that's where they put me. Right now I'm working --- alone.[388]

In der folgenden Passage beschreibt Julia Schwierigkeiten, die sie aufgrund ihrer Situation in einer relativ kleinen Arbeitsgruppe ihres Betreuers habe, in der es keine anderen ForscherInnen gebe. Sie fühle sich mit ihrer Arbeit isoliert, weil ihr Betreuer nur einen weiteren Doktoranden in seiner Arbeitsgruppe beschäftige:

---

[385] Ben, 11-12.

[386] Ann, 11.

[387] George, 14. Bereits für seinen Master's hat George in einem Team gemeinsam mit seinem Studienfreund geforscht.

[388] Maria, 5.

Julia: [...] Also, -- [...] I'm doing chaos theory and I'm the [...] only
graduate student who's doing that. So, these other students who
will do particle physics or nuclear theory, they have people they
can talk to. They have their peers -- and so they always know
where they stand and they also have a lot of interaction whereas
for me, I don't really have that. So, this is something I **miss**, having people I can discuss my work with. Except my advisor is very
helpful, but I don't have peers. [...][389]

Aufgrund dieser Probleme überlege sie, sich mit ihren „Peers" aus anderen Arbeitsgruppen inhaltlich auszutauschen, sieht das aber ebenfalls als problematisch
an, weil es nicht viele Gelegenheiten gebe, zu denen „Leute zusammen kommen", die nicht in derselben Gruppe seien – es sei denn sie seien befreundet.[390]
Andererseits berichtet sie aber, dass sie selbst bereits einen anderen Doktoranden
gemeinsam mit ihrem Betreuer unterweist, der ebenfalls Chaosforschung betrei-
be.[391]

Es kann somit zu einem Problem für Promovierende werden, wenn sie allein
an einem Projekt arbeiten, da sie dann von niemandem aus ihrer Zunft lernen
können und nicht in ein informelles Netzwerk eingebunden sind.

5.2.2.4 'Totale Teamarbeit'

In einem starken Kontrast zu den Beschreibungen isolierten Arbeitens im vorherigen Abschnitt stehen die folgenden Ausführungen von Promovierenden, deren
Arbeiten in umfassender Weise im Rahmen von Teamarbeit stattfinden. Daher
bezeichne ich diese Dissertationen als Qualifikationsarbeiten, die in 'Totaler
Teamarbeit' entstanden sind. Physikalische Forschung wird in diesen Teams als
eine Leistung der gesamten *Gruppe* angesehen und nicht als eine Zusammen-
schau individueller Beiträge ihrer Mitglieder. Die Notwendigkeit, alles im Team
zu bearbeiten, wird zudem z. T. der inhärenten Qualität der physikalischen Forschung zugeschrieben. John beispielsweise beschreibt diese Form der Teamarbeit
als sehr positiv:

John: Well, [...] I had a lot of people to help me. In that lab there were,
for example, technicians who were doing all the surgery [...]. [I]t's
a very well organized lab [...]. So, --- I have been in [a] situation --
[the situation for, P.L.] many of my friends [is] when you need

---

[389] Julia, 5-6.
[390] Julia, 5-6.
[391] Julia, 8.

things done, you just have to sit and wait for a month or two, because the equipment is not there, there is no one to **teach** you, [or] has **time** to teach and so on and so on. And in this lab things weren't like this and --- *the philosophy of* [...] *my supervisor who runs the lab was* [as follows, P.L.]. In some labs [...] there's a lot of competition between the members of the group. *This lab it was exactly the opposite,* [*he*] *absolutely forbade any competition. If people were working on competing projects he would order one of them to stop or leave the lab or whatever. So, the circumstances fostered a lot of cooperation. So, I was really able to put up sort of my team* [...], *I was really* [*able to*] *organize a team around it.* [...] *-- That helped me with the experiments and everything, with the data collection and so on.*[392]

Wenn John über seine Teamarbeit spricht, betont er, wie wichtig es sei, Mitglieder in der Gruppe zu haben, die „Dir etwas beibringen können". In einer Arbeitsgruppe sei eine kooperative Atmosphäre für DoktorandInnen wichtig, wenn sie schneller an ihren Projekten arbeiten wollen. John stellt bzgl. seiner eigenen Situation in den Vordergrund, dass er die Kontrolle über seine Situation habe. Er habe ein Team organisiert und weitere Personen, die ihm geholfen hätten, sein Projekt durchzuführen. John ist nicht der Meinung, dass Kooperation oder Konkurrenz jeweils inhärente Eigenschaften von Forschungsteams seien, sondern dass dies von der „Philosophie" des Leiters oder der Leiterin einer Gruppe abhänge. Obwohl John betont, wie stark sein Projekt auf Teamarbeit aufgebaut gewesen sei, wäre sein Projekt von anderen Projekten in der Arbeitsgruppe zu unterscheiden. James' Dissertationsprojekt scheint in noch stärkerem Ausmaße als das von John nicht unterscheidbar zu sein:

James: Oh, it's pretty much team work [...], but it doesn't mean that people are always working on the same exact thing at the same time. One person might work on some electronics, another person might work on a laser, another person might order some supplies. But pretty much the work is unified. There are never sort of two different experiments that are being done at the same time.[393]

James charakterisiert seine Gruppe als eine harmonische und beschreibt den Prozess, in dem Vorschläge dafür gemacht werden, wie das Projekt von der Gruppe fortgeführt werden soll. Außer dem leitenden Professor würden auch „fortge-

---

[392] John, 15.
[393] James (2. Interview), 4-5.

schrittene Studierende viele Vorschläge unterbreiten".[394] Obwohl es eine hierarchische Struktur in der Gruppe gebe, würden Vorschläge von neuen Mitgliedern dennoch geschätzt.

James: [...] [U]s three, myself and these other two people, the postdoctorate and the other senior student, are leading things [...]. [N]ow there are two other students in our group who just joined. So, I think that's [...] the structure of our group now and all of us pretty much make suggestions. [A]ctually some of the junior students now are making good valid suggestions [...]. [W]e would have been worse off, had they not been there. So, I think it's a pretty harmonious group [...].[395]

In Gruppendiskussionen und durch die gemeinsame Arbeit an Experimenten würden neue Gruppenmitglieder von denjenigen lernen, die schon länger in der Arbeitsgruppe seien. Obwohl der Leiter der Gruppe die meisten Vorschläge für den Fortgang unterbreite, würden auch die Vorschläge der jüngst Hinzugekommenen anerkannt. Jeder und jede in der Gruppe ist in den gemeinsamen Lern- und Lehrprozess involviert: der oder die ProfessorIn, Postdocs, Promovierende und PraktikantInnen. Wie James sagt, wären sie „schlechter dran gewesen", wenn einige der Neuen keine guten Vorschläge hätten unterbreiten können.

In ähnlicher Weise arbeitet auch Peter in seiner Arbeitsgruppe in 'Totaler Teamarbeit': In seinem Fall arbeiten zwei DoktorandInnen, ein/e Postdoc und der Betreuer gemeinsam an einem Experiment.[396] Peter sagt, es habe sich herausgestellt, dass ein Doktorand das experimentelle Projekt bis zu einem gewissen Zeitpunkt leite, an dem ein Ergebnis erzielt werde. Zum Zeitpunkt des Interviews leite er selbst das Experiment und er erwarte, dass das nächste experimentelle Ergebnis zugleich das Ergebnis seiner Dissertation sein werde. Peter arbeitet mit Promovierenden in seiner Arbeitsgruppe zusammen, die später als er in der Arbeitsgruppe angefangen hätten. Sie arbeiteten an Projekten mit, die Teil von Peters Dissertation sein werden, so wie *er* zuvor an gemeinsamen Projekten mitgearbeitet habe, über die andere Promovierende ihre Dissertation geschrieben hätten.[397] Insgesamt misst Peter der Veröffentlichung von Ergebnissen eine größere Bedeutung bei als dem Abfassen der Dissertation:

---

[394] James (2. Interview), 5.
[395] James (2. Interview), 5.
[396] Peter, 7.
[397] Peter, 38.

Peter: Ja, aber --- im Prinzip ist die Arbeit selbst nicht --- so _ [...], die Doktorarbeit selbst ist eigentlich 'ne Sache, die man in vier, fünf Wochen zusammenschreibt. Es [sind] mehr die Veröffentlichungen, die also wirklich --- drin sind. Und Veröffentlichungen, da ist es ziemlich eindeutig, was ist bedeutend, was ist nicht bedeutend. [...]

Petra: Mhm. Und das diskutiert Ihr auch, was wer wie wann [und] wo veröffentlicht?

Peter: Ja. Also, Veröffentlichungen werden immer in der Gruppe gemacht und der älteste Student[398] ist als erster, Doktorand als letzter und dann, die Autoren in der Mitte sind dann, darüber wird dann gestritten. (Lacht.) Im Allgemeinen ist das kein, ist es ganz freundlich. Wir sind 'ne recht, also wir ---- also, wir haben also nie große Probleme da Sachen zu diskutieren. Unsere Gruppe, also die Leute vertragen sich da recht gut. Ab und zu gibt's halt Unstimmigkeiten, aber das ist normal, denk' ich mir.[399]

Lehren, Lernen und Forschen in der Zunft geschieht in einem u. U. weitreichenden, zumeist von Hierarchien geprägten Beziehungsgefüge von BetreuerInnen, MitarbeiterInnen in verschiedenen Arbeitsgruppen und weiteren Promovierenden. Forschungsprodukte werden so in Kooperation mit anderen hergestellt, das Lernen und Lehren ist z. T. eng und ununterscheidbar an diesen Herstellungsprozess gekoppelt.

5.2.3   Das 'Persönliche' wiegt schwerer als das 'Fachliche'

Universities operate as one of the few survivors of the old apprenticeship system in their programs for awarding doctoral degrees. Consider the anomaly. You spend your entire educational career, from kindergarten to college, becoming more and more independent of the power of individual teachers (cross your first-grade teacher and your life can be hell for a year; displease a college professor, and the worst you can do is fail a

---

[398] Peter spricht hier m. E. deshalb von „Studenten", weil Promovierende als „Graduate Students" bezeichnet werden. Mit dem „ältesten Studenten" ist daher ein fortgeschrittener, mit „Doktorand" ein noch nicht so weit fortgeschrittener „Graduate Student" gemeint.

[399] Peter, 20-24.

single course). Then you become an adult, and you decide to continue for a Ph.D. So what do you do? You find a person whose research intrigues you, and sign on (if he will accept and support you) as a part of a team. (Stephen J. Gould 1989, 139, zitiert in Rudolph 1994, 199)

In Kapitel 4 habe ich die Unterschiede zwischen dem College-Studium und dem Graduate-Studium als den Gegensatz zwischen einer formal organisierten und informell organisierten Ausbildungsphase herausgearbeitet. Der Wissenschaftsforscher Stephen J. Gould fokussiert auf den Widerspruch, den dies seines Erachtens hinsichtlich der Unabhängigkeit von Erwachsenen hervorbringe. Aufgrund der Organisation des Graduate-Studiums in Form einer Lehrzeit seien Promovierende abhängiger von ihren BetreuerInnen als jüngere College-Studierende von ihren ProfessorInnen oder als SchülerInnen von ihren LehrerInnen an der High School. Wahlfreiheit hätten sie lediglich darin, zwischen verschiedenen BetreuerInnen und deren Forschungsausrichtungen wählen zu können. Die Form und die Ausprägung der Abhängigkeit sind in der Folge zum Teil von der Persönlichkeit der Betreuerin oder des Betreuers geprägt.

Die Lehrzeit ist durch formale und informelle Charakteristika gekennzeichnet. In meiner Untersuchung bringen Promovierende zum Ausdruck, wie wichtig die Persönlichkeiten ihrer BetreuerInnen und die persönliche Beziehung zu ihnen seien.[400] Diese Beziehung und die persönlichen Beziehungen innerhalb der Arbeitsgruppe sind es v. a., die den informellen Charakter der DoktorandInnen-Ausbildung prägen.

5.2.3.1 Die Persönlichkeit des Betreuers oder der Betreuerin

Fast alle nachfolgend zitierten TeilnehmerInnen an meiner Studie betonen in ihren Ausführungen, dass sie ein Interesse für das Forschungsgebiet ihrer BetreuerInnen mitgebracht hätten und dass dieses Interesse einer der Gründe dafür gewesen sei, eine entsprechende Arbeitsgruppe auszuwählen. Gleichzeitig betonen viele der Interviewten aber auch, dass die Persönlichkeiten ihrer ProfessorInnen

---

[400] Rudolph (1994) hat aus der theoretischen Perspektive der Diskursanalyse Gespräche zwischen Promovierenden und ihren BetreuerInnen untersucht, in denen der Fortgang der Dissertation diskutiert und verhandelt worden ist. Auch sie geht davon aus, dass die Beziehung zwischen Promovierenden und BetreuerInnen als Lehrzeit anzusehen ist. Sie hebt vor dem Hintergrund dieses Verständnisses hervor, wie wichtig die gegenseitige, persönliche Sympathie von Promovierenden und ihren BetreuerInnen sei.

ihre Entscheidungen für ein bestimmtes Forschungsgebiet stärker beeinflusst hätten als deren fachliche Ausrichtung.

John hat sich in seinem zweiten Studienjahr an der Waterside University nach einer Arbeitsgruppe umgesehen und nach einer Betreuung für seine Forschungsarbeit gesucht. Er betont, dass die „persönliche Dynamik" zwischen einem Studenten und einem Betreuer sehr wichtig sei. Dies bedeutet für ihn u. a., dass sein Betreuer regelmäßig und häufiger als einmal im Monat für Besprechungen zur „Verfügung" stünde.[401] Andrew äußert, er sei seit dem Beginn seines Promotionsstudiums in eine Forschungsgruppe eines Professors integriert, der ihm angeboten hätte, an einem Experiment mitarbeiten zu können. Obwohl er mit seiner Situation zum Zeitpunkt des Interviews zufrieden ist, bringt er zum Ausdruck, dass „man" es anders machen „sollte".[402] Ein gewisser Zweifel daran, ob seine Situation hätte besser sein können, liegt daher nahe. Er habe zwar Glück gehabt, dass sein Betreuer auch nett sei, er hätte aber nicht nur auf die inhaltlichen Aspekte achten sollen, als er sich für eine Arbeitsgruppe entschieden habe, sondern auch darauf, wie es sein würde, „persönlich mit ihnen zu arbeiten".

Ann ist nicht zufrieden mit der Art und Weise, wie ich meine Frage, welches Forschungsgebiet sie gewählt habe und warum, formuliert habe.[403] Ihre Antwort ist, dass es die Persönlichkeit des Betreuers oder der Betreuerin sei, für oder gegen die Promovierende sich entscheiden sollten und nicht deren inhaltliche Arbeit. Anns Anmerkung, dass ihr eine Reihe von Personen vermittelt habe, dass es wichtiger sei, einen guten Betreuer zu finden als in dem Gebiet zu arbeiten, das man am interessantesten finde, vermittelt zudem den Eindruck, dass dies nicht nur ihre persönliche Auffassung ist:

Ann: Right. OK. --- I, let's see. --- I was told by a number of people coming in and I came to feel that [what] might help [is] that in graduate schools [it's] often not so much a choice of [a] very specific field that you want to work in, although if there is a very specific field that you want to work in more power to you. But --- [it's] more a question of the research advisor and whether it's a good advisor [...]. --- [...] It wouldn't be so good to join a group where you really couldn't get along with the head of it. So, that's to an extent what I based my choice on. [...][404]

---

[401] John, 13-14.
[402] Andrew, 19-20.
[403] Vgl. Anhang 9.2.4.
[404] Ann, 8.

Ein weiteres Beispiel für die Bedeutung der persönlichen Beziehung in den Erzählungen der Promovierenden findet sich bei Steven. Er beschreibt, wie er und sein Betreuer darüber gesprochen hätten, woran er für seine Dissertation arbeiten solle. Steven betont, wie wichtig neben den Fachkenntnissen seines Betreuers auch dessen Persönlichkeit sei. Steven sagt, dass für seine Entscheidung wichtig gewesen sei, dass sein Betreuer eine „gute Person" sei. Er beschreibt, wie glücklich er über seine derzeitige Situation sei, da er kontinuierlich mit seinem Betreuer zusammentreffe, um ihn um Ratschläge bitten zu können.[405] Auch Philip hebt hervor, dass er der Persönlichkeit seines Betreuers die erste Priorität gegenüber dessen fachlicher Qualifikation in seinem Entscheidungsprozess für ein bestimmtes Forschungsgebiet eingeräumt habe:

Philip: [...] So, I originally came here, I was supposed to be working for. him, <professor ___>. And it would have been an interesting project, but -- I didn't like the personality of the professor very much. Instead, I ended up [with <professor ___>] [...]. [His] personality is more or less opposite. So, I [...] actually chose my research advisor by his personality rather than [by] what research he was doing.[406]

Auch Glenn hebt hervor, dass die Person des Betreuers den Ausschlag gegeben habe, als er sich nach einer Arbeitsgruppe für seine Diplomarbeit umgesehen habe. Er argumentiert, dass er sich für fast jedes Forschungsgebiet der Physik interessieren könne, sofern es nicht langweilig sei.[407] Julia betont die besondere Bedeutung der Anleitung durch ihren Betreuer während ihres Promotionsstudiums: Er habe sie bereits während ihres Undergraduate-Studiums begleitet. Sie mag ihn sehr und denkt, dass er „als Mensch eine wirklich nette Person ist". Er habe „einen großen Einfluss" auf sie gehabt, indem er sie ermutigt habe, „mit dem Graduate-Studium in Physik fortzufahren" und er habe sie in das Gebiet der Chaostheorie eingewiesen.[408]

Der einzige Teilnehmer an meiner Untersuchung, für den für seine Entscheidung für ein bestimmtes Arbeitsgebiet sein fachliches Interesse überwiegt, ist Doug. Er würde für die Weiterarbeit in seinem Gebiet auch einen Umzug in eine andere Stadt und einen Universitätswechsel in Kauf nehmen:

---

[405] Steven, 7-8.
[406] Philip, 9-10.
[407] Glenn, 7-8.
[408] Julia, 1.

Petra: If you could freely decide [what] kind of research you would do in physics without [...] constraints like financial fund[ing] or [the constraint that some] [...] research group[s] are **there** at Waterside University and other groups aren't there: What kind of project would you choose or maybe design on your own?

Doug: Oh, I think, I would do what I'm doing, I guess. [...] Theoretical physics usually doesn't have money constraints. There is nothing to [be] **built**. [...] I came **here** also because I knew there [were] people working in string theory here [...]. For instance [if] they would all die (Laughs.) I'd probably move somewhere else to do it.. [...][409]

Robert kommt im Laufe seines Interviews immer wieder auf ein für ihn schwieriges Thema zurück, nämlich den Wechsel seines Betreuers und seines Forschungsgebietes an der Waterside University. Er beschreibt dies bereits früh im Interview auf die Frage hin, wie er sein Leben als Physikstudent beschreiben würde. Er mag seine neue Arbeitsgruppe sehr und führt das v. a. auf die Persönlichkeit seines Betreuers zurück. Daher habe seine Beschreibung seines Lebens als Physikstudent nicht per se mit seinem Status als Doktorand zu tun. Vielmehr sei sein Leben „im strengen Sinne eine Funktion der Persönlichkeit seines Betreuers":

Robert: In my **current** group life as a graduate student in physics is +**extremely** nice in **every** aspect except that I don't get paid very much money. [...] That has **nothing** to do --- with the fact that I am --- doing physics or the fact that I'm a graduate student. That is **very strictly** a function of the **personality** of my research advisor and somewhat less upon the personalities of the students with whom I work. My research advisor, first of all, I think is an unusually good human being especially for a professor. He has no desire to inflict discomfort on his students. He actually seems to **like** his students.[410]

Die gegenseitige Zuneigung zwischen Roberts Professor und seinen Studierenden und Promovierenden befördere eine Arbeitsumgebung, die Robert sehr schätzt. Roberts Bild für die Art und Weise, in der sich sein Professor seines Erachtens für ihn einsetzen würde, ist denn auch drastisch gewählt, indem er sagt, er würde ihm „das Seil geben", sollte er sich erhängen wollen:

---

[409] Doug, 16.
[410] Robert, 8-9.

Robert: [...] <Professor ___> is not **big** on theory, but he's a good advisor.
He's willing to feed me rope if I'm gonna hang myself. [...][411]

Robert nimmt mit dieser Anmerkung auch auf das hierarchische Verhältnis zwischen experimenteller und theoretischer Physik Bezug (vgl. Kap. 4.2). Der Nachteil, dass sein Betreuer kein guter Theoretiker sei, werde dadurch aufgewogen, dass er ein guter Betreuer sei.

Abschließend stelle ich Joes Perspektive auf seine persönliche Beziehung zu seinem Betreuer vor. Er benennt die Qualität dieser Beziehung in folgender Weise:

Joe: [...] I [...] have a professor now in biophysics, he's just **wonderful**, because he's like a, not like a **grandfather**, but a paternal figure. [...] He's not dictating you every little day life. [...][412]

Wie bereits in den Gesetzestafeln des Hammurabi über die Lehrzeit festgehalten wird, nimmt die Beziehung zwischen Lehrling und Lehrherrn verwandtschaftsähnliche Züge an. Dem Lehrling wird wie einem Kind eine Kunst oder ein Handwerk vermittelt. Er wird als „adoptierter Sohn" angenommen und kann nicht „zurück verlangt werden".[413] Es wird somit hier eine partiarchale Verwandtschaftslinie für die Ausbildung in der Lehrzeit rekonstruiert. Im Falle der Babylonischen Gesetzgebung ist es der „adoptierende Vater", der der Lehrherr ist und – mit dem gewagten Zeitsprung an das Ende des zwanzigsten Jahrhunderts – auch Joe nimmt seinen Betreuer als eine „väterliche Figur" wahr, die ihm sein tägliches Leben aber „nicht diktiere". Joes Vergleich legt es nahe, anzunehmen, dass er mit väterlichen Figuren positive Beziehungen hat, die für das persönliche Wohlergehen Sorge tragen, aber auch Freiheiten lassen. Impliziert wird damit, dass Joe sich wie ein Sohn gegenüber seinem Betreuer empfindet. Diese Qualität ist es, die in Joes Fall den informellen Charakter der persönlichen Beziehung zu seinem Betreuer bestimmt und die an die historisch überlieferten, partiarchalen Traditionen der Versorgung von Lehrlingen und ihrer Unterweisung in die Künste und Regeln der Zunft anknüpft.

Auf zahlreichen Ebenen grenzen die von mir interviewten DoktorandInnen persönliche und fachliche Aspekte voneinander ab. Für sie überwiegt häufig 'Persönliches', wenn es um Entscheidungsprozesse für ein bestimmtes Forschungsgebiet, eine Universität oder eine Arbeitsgruppe geht. Formale Kriterien oder 'Fachliches' sind demgegenüber nachgeordnet.

---

[411] Robert, 35.
[412] Joe, 13.
[413] Vgl. 5.1.1.

5.2.4 Finanzielle Ressourcen für Promovierende

In diesem Abschnitt fokussiere ich darauf, wie sich Promovierende über die Finanzierung ihrer Ausbildung an der Waterside University äußern. Diese Beschreibungen unterschiedlicher Formen von Finanzierungen lassen sich ebenfalls im Hinblick auf die Konzepte der 'Lehrzeit' und der 'Zunft' interpretieren und können als Charakteristika einer Ausbildung in einer Zunft betrachtet werden.

Die Physik gehörte Mitte der 1990er Jahre zu den wissenschaftlichen Disziplinen, in denen überhaupt finanzielle Ressourcen für Promovierende zur Verfügung standen. In den meisten Fällen können BetreuerInnen bestimmen bzw. beeinflussen, an wen die Mittel vergeben werden, die sie im Rahmen von Drittmittelprojekten eingeworben oder die sie von der Universität zugewiesen bekommen haben.

In der vorliegenden Untersuchung betrachtet beispielsweise Ann dies als ein besonderes Kriterium, das die DoktorandInnen-Ausbildung in der Physik von derjenigen in den Sozial- und Geisteswissenschaften unterscheide.[414] Sie hat daher den Eindruck, dass die „Graduate School in diesem Land im wesentlichen umsonst ist für den Studenten oder die Studentin" und dass „sie sie bezahlen, damit sie in's Labor geht und mit dem Equipment herum spielt".[415] Auch Joe, der zuvor in einem anderen Land als den USA studiert hat, betrachtet das „amerikanische System" als eines „der besten der Welt für das Promotionsstudium, weil Finanzierungen zur Verfügung stehen".[416] Dieser Eindruck der DoktorandInnen wird aufgrund von Datenerhebungen über finanzielle Ressourcen für Promovierende der Physik, die von dem „American Institute of Physics" erhoben worden sind, bestätigt. Die AutorInnen eines entsprechenden Berichts über ein ausgewähltes Jahr Mitte der 1990er Jahre konstatieren beispielsweise, dass die Mehrheit der Physik-DoktorandInnen über die gesamte Zeit ihrer Promotion hinweg durch eine Finanzierung unterstützt worden ist.[417]

Die Verfügbarkeit einer Finanzierung kann den Ausbildungsweg von DoktorandInnen von Beginn an beeinflussen. Unter diesem Aspekt komme ich noch einmal auf die Erzählung von Bill über sein Bewerbungsverfahren an der Waterside University zurück, die ich bereits im vorhergehenden Kapitel vorgestellt habe.[418] Die Entscheidung der ProfessorInnen über seine Bewerbung ist von

---

[414] Ann, 3.
[415] Ann, 3.
[416] Joe, 52.
[417] Dodge u. Mulvey 1996, 4.
[418] Bill, 6-7. Diese Interviewpassage wird in Abschnitt 4.2.2.1 zitiert.

finanziellen Überlegungen geprägt gewesen. Bills Bericht über seine Annahme als Promovend verweist auf den teilweise sehr informellen Charakter des Bewerbungsverfahrens der Graduate School der Physik an der Waterside University. Seine Interpretation, dass sein persönlicher Besuch vor Bewerbungsschluss für seine Annahme als Doktorand von der Universität entscheidend gewesen ist, macht deutlich, in welchem Ausmaß dieses Bewerbungsverfahren informell strukturiert ist. Ein weiterer Aspekt ist, dass angestrebt wird, die Studienplätze für Promovierende nur an Bewerberinnen oder Bewerber zu vergeben, die eine Finanzierung in Form eines Stipendiums mitbringen oder die aufgrund von Mitteln der jeweiligen Arbeitsgruppe oder der Universität finanziert werden können. Stehen innerhalb einer Gruppe keine oder nur wenige Gelder für weitere DoktorandInnen zur Verfügung, so werden vorzugsweise diejenigen akzeptiert, die ein Promotionsstipendium erhalten. Bill hatte sich um die Aufnahme in eine Arbeitsgruppe der theoretischen Plasmaphysik beworben, so dass seine Unterlagen zunächst nur an die Professorinnen und Professoren dieses Gebietes weitergegeben worden waren. Professorinnen, die das Gebiet vertraten, das er als zweite Wahl angegeben hatte, hätten seine Unterlagen gar nicht zugesandt bekommen. Der zweite Professor, der auf seine Bewerbung aufgrund seines persönlichen Besuches aufmerksam geworden ist, hatte in seiner Arbeitsgruppe noch Forschungsgelder zur Verfügung und konnte Bill daher auch ohne Stipendium als Doktorand einstellen. Die persönliche Begegnung wurde zum Schlüsselereignis in Bills Bewerbungsverfahren. Dies hebt die informellen Aspekte des Zunftwesens ebenfalls hervor: Die Mitglieder der Zunft entscheiden persönlich, wer als Doktorand oder Doktorandin ausgebildet werden soll. Ein wichtiger Aspekt für die Auswahl sind die finanziellen Ressourcen, die sie den Promovierenden zur Verfügung stellen können oder die angehende DoktorandInnen mitbringen müssen.

An der Waterside University hat Mitte der 1990er Jahre die Mehrheit der Promovierenden auf der Basis von Forschungsgeldern als ForschungsassistentInnen ('Research Assistants', RAs) und eine kleinere Gruppe von DoktorandInnen als TutorInnen ('Teaching Assistants', TAs) finanzielle Mittel zur Verfügung gestellt bekommen. Nur wenige Promovierende haben Stipendien von der Waterside University erhalten.[419] Coy (1989b, 5) beschreibt die Entlohnung von Lehrlingen durch ihren Meister als „mixed bag of gifts, fees, wages, presentations, and room and board". Die Zuwendungen sind also nicht nur finanzieller Art,

---

[419] Diese Angaben habe ich einer offiziellen Broschüre der Waterside University entnommen, die als Information an sich bewerbende Doktorandinnen und Doktoranden ausgegeben wird. Die Anteile der Finanzierung sind ähnlich wie diejenigen für andere physikalische Fachbereiche in den USA Mitte der 1990er Jahre (Dodge u. Mulvey 1996).

sondern schließen weitere Vorteile ein, wie beispielsweise Wohnangebote, Geschenke und Verpflegung. In der Wissenschaft gehören zu einem solchen 'Paket' an Vergünstigungen u. U. die Erlassung von Studiengebühren, Zugang zu Bibliotheken, Reisen zu Tagungen, die Bereitstellung von Wohnraum und Essen u. a. An der Waterside University sind die Vergünstigungen, die ihre Studierenden erhalten, im Vergleich sehr gut, da die Universität über entsprechende Mittel verfügt.

In den folgenden Abschnitten stelle ich Aussagen der Interviewten über die drei bereits genannten Formen der Finanzierungsmöglichkeiten über Forschungsgelder, Lehrmittel und Stipendien vor.

5.2.4.1 Beteiligung an der Lehre der Waterside University[420]

Tutorinnen und Tutoren, die Aufgaben in der Lehre wahrnehmen, werden von der Waterside University als Institution bezahlt. Die Verfügbarkeit dieser Mittel erlaubt es ProfessorInnen, DoktorandInnen zu betreuen, ohne diese aus Mitteln für ihre Forschungen finanzieren zu müssen. Dies birgt aus der Perspektive von Promovierenden möglicherweise den Vorteil, dass sie in finanzieller Hinsicht unabhängig von ihrem Betreuer oder ihrer Betreuerin sind. So beabsichtigte Robert, nicht mehr bei seinem alten Professor zu promovieren. Der neue Professor, der ihn in seine Arbeitsgruppe aufnahm, hatte aber keine Möglichkeit, ihn zu finanzieren. Daher zog Robert in Betracht, als Tutor an der Waterside University zu arbeiten, um seinen Wechsel der Arbeitsgruppen zu ermöglichen.[421] Joe wertschätzt die Arbeit als Tutor und betrachtet die Lehre als einen wichtigen Teil der Ausbildung. Allerdings habe er nach einer Weile erkannt, dass die Lehrtätigkeit auch Nachteile mit sich gebracht habe, als er sich stärker auf seine Arbeit an seiner Dissertation habe konzentrieren wollen. Joe fand, dass er nicht gleichzeitig seinen Verpflichtungen als Tutor und als Bearbeiter seines Forschungsprojektes gerecht werden könne:

Joe: [...] Unfortunately, by the end of your <___ year> [in graduate school, P.L.] you're a little bit tired, because you want, **now** you're already into [...] research and you've done [the] [...] exam and you want to **start** [...], but you **can't**, because you're spending all your time teaching and teaching takes time and you can't shortchange the students. I know a lot of people who do and I don't believe in

---

[420] Die in der Lehre mitarbeitenden Studierenden und Promovierenden in den USA sind die 'Teaching Assistants' (TAs).
[421] Robert, 14.

it. And, it sometimes makes me look a little of a martyr, but that's not my point. The point is if you're **teaching** you have to **teach** and, and it's **not** a [...] solution to the problem to say, 'Well, I'm being, **my** research is being sacrificed. So, I should push the undergrads or [...] the grads.' 'Cause I was TA for both and **they** should [not] suffer from the fact that **I** can't do research. That's just silly.[422]

Nach seinem mit der Unterstützung seines ersten Betreuers erfolgten Wechsel in eine andere Arbeitsgruppe sagt Joe, dass er über seine derzeitige Situation sehr glücklich sei:

Joe: **Now** I have an RA. **Now** I'm a very happy person, but I didn't [have an RA] at the beginning.[423]

Die Daten, die das „American Institute of Physics" über die Finanzierung von Promovierenden erhebt, zeigen an, dass Joe mit dieser Entscheidung sozusagen voll im Trend liegt. In vielen Fällen werden Promovierende der Physik zunächst als TutorInnen angestellt. Ab dem dritten Studienjahr wird jedoch die Mehrheit der Promovierenden als ForschungsassistentInnen in den Arbeitsgruppen ihrer BetreuerInnen eingestellt.[424] Joes Entscheidung, nicht mehr in der Lehre arbeiten zu wollen, habe es sogar mit sich gebracht, deswegen seinen Betreuer zu wechseln, da sein erster Betreuer solche Forschungsmittel nicht habe zur Verfügung stellen können. Eine ehemalige Doktorandin der Waterside University, die an der vorliegenden Untersuchung nicht teilgenommen hat und die nicht namentlich genannt werden will, hat mir berichtet, dass sie Tutoren und Tutorinnen an der Waterside University kennen gelernt habe, die ihre Doktorarbeiten hätten abbrechen müssen, nachdem sie ihre Anstellungen als TAs verloren hätten. Aufgrund der zeitintensiven Lehrverpflichtungen hätten diese sich nicht in ausreichendem Maße ihren Dissertationen widmen können. Diese ehemalige Doktorandin der Waterside University hat Tutoren und Tutorinnen der Physik daher als eine „hohe Risikogruppe im Physik-Department" bezeichnet.

In höheren Semestern werden anteilig mehr Promovierende aus Forschungsmitteln finanziert als aus Mitteln zur Unterstützung der Lehre an der Waterside University. Dies entspricht den veränderten Kriterien, für die Promovierende Anerkennung erfahren. Als College-Studierende sind sie für gute Leistungen in Seminaren, Praktika und Vorlesungen mit guten Noten „belohnt" worden. Wäh-

---

[422] Joe, 7.
[423] Joe, 14-15.
[424] Dodge u. Mulvey 1996, 4.

rend des Promovierens jedoch werden auch sehr gute Beiträge zur Lehre nicht mehr hoch angesehen. Stattdessen sind in zunehmendem Ausmaß Beiträge zu Forschungsprojekten gewünscht. TutorInnen, so Joe, „opfern" ihre Forschung, wenn sie zuviel Zeit für die Lehre aufwenden.

Auf das Problem dieser mangelnden Anerkennung haben Promovierende in den 1990er Jahren in den USA mit Streiks an der Yale University und an anderen Universitäten in den USA aufmerksam gemacht. Ihr Ziel, mehr Rechte für DoktorandInnen und Doktoranden zu erwirken, wurde jedoch nicht erreicht.[425]

Es kann festgehalten werden, dass die Arbeit als Tutor oder Tutorin den Vorteil einer gewissen Unabhängigkeit von den Finanzierungsmöglichkeiten des Betreuers oder der Betreuerin bietet. Andererseits ist diese Arbeit sehr zeitaufwendig und möglicherweise mit fortschreitender Arbeit an einem Forschungsprojekt für die Dissertation nicht mehr zu vereinbaren. Für diejenigen Promovierenden, die zu Beginn ihres Promotionsstudiums eine Stelle in der Lehre an der Waterside University angetreten haben, ist es also für einen erfolgreich verlaufenden Promotionsprozess u. U. wichtig, dass sie eine andere Form der Finanzierung finden, die ihnen erlaubt, sich mehr auf die Dissertation zu konzentrieren. Diese strukturelle Anforderung wird dadurch verstärkt, dass die Qualifikation für eine Doktorarbeit darin besteht, einen Beitrag zur Forschung zu leisten und nicht einen Beitrag zur Lehre, welche einer geringere Anerkennung gegenüber Forschungsarbeiten erfährt. Die Unabhängigkeit von Tutorinnen von ihren BetreuerInnen in finanzieller Hinsicht hat die Kehrseite, dass sie nicht so stark wie eine Forschungsassistentin oder ein Forschungsassistent in eine Lehrbeziehung mit einem/r Professor/in eingebunden werden.

5.2.4.2 Forschungsgelder aus der Arbeitsgruppe

Promovierende, die als 'ForschungsassistentInnen' (‚research assistants') arbeiten, werden aus Forschungsgeldern bezahlt, die ihren BetreuerInnen zur Verfügung stehen. Die Arbeit, die hier geleistet wird, muss den Forschungsaufträgen dieser Projekte entsprechen. So schildert Andrew:

Andrew: [...] [E]veryone gets a scholarship [...] and the way you justify that is by working in the laboratory and that's how most physics graduate students at Waterside University earn their living, is by working in the lab, probably [working for, P.L.] their advisor.[426]

---

[425] Für einen Einblick in die Perspektiven der Promovierenden auf diese Problematik vgl. u. a. Newman (1996).
[426] Andrew, 20.

Auch James sagt, dass er von verschiedenen ProfessorInnen Angebote erhalten habe, als Forschungsassistent zu arbeiten.[427] Es hängt u. a. von den Möglichkeiten und der Bereitschaft von BetreuerIn und Promovierenden ab, inwieweit die Konzeption und Durchführung von Dissertationen mit der Durchführung eines finanzierten Forschungsprojektes übereinstimmen.

5.2.4.3 Stipendien

Stipendien ermöglichen DoktorandInnen, dass sie sowohl unabhängig von Lehrverpflichtungen als auch unabhängig von den vorgegebenen Forschungsprojekten eine Dissertation anfertigen können. Diese Mittel werden sowohl von der Waterside University als auch von anderen Institutionen vergeben. Der besondere Vorteil eines Stipendiums ist, wie beispielsweise Andrew in einer bereits zitierten Passage (vgl. Abschnitt 3.2.3.1) argumentiert, dass es DoktorandInnen erlaube, sich zunächst an der Waterside University zu orientieren und so eine gewisse Wahlfreiheit zwischen verschiedenen Arbeitsgruppen ermögliche. Zu diesem Fazit kommt rückblickend auch Joe, der sich vor Beginn seines Promotionsstudiums nicht um ein Stipendium beworben hatte. Zum Zeitpunkt des Interviews sagt er, dass die „Finanzierung jetzt eine große Frage" für ihn sei:[428]

Joe: [...] If you come with a fellowship for three years you're at a **big** advantage. **Get** that fellowship if you can. I was, I'm a U.S. citizen. I could have applied for many more things than I did. I only applied for a couple and the **reason** was, because people said, 'No, you'll get a RA. What do you worry?' [...][429]

Joe bereut es, dass er nicht versucht habe, sich um ein Stipendium zu bewerben und sich stattdessen, so seine Bewertung, auf die Aussicht verlassen habe, als Forschungsassistent angestellt zu werden. Auch Andrew erhielt ein Stipendium, aber er bedauert, dass er dieses nicht „weise" genutzt habe, um sich zunächst erst einmal an der Waterside University zu orientieren.[430] Robert berichtet, er habe auf der Basis seiner unabhängigen Finanzierung durch ein Stipendium seinen Betreuer wechseln können. Es sei nicht erforderlich gewesen, eine andere Finanzierung in seiner neuen Arbeitsgruppe zu finden. Robert formuliert dies so: "Es hat ihn nichts **gekostet**, mich auszuprobieren."[431] Er habe seine Mitarbeit in der

---

[427] James (1. Interview), 9.
[428] Joe, 14-15.
[429] Joe, 14-15.
[430] Andrew, 20.
[431] Robert, 13.

Gruppe quasi umsonst anbieten können. John und Helen hatten Stipendien über einen Zeitraum von drei Jahren, den beide für eine ausgedehnte Orientierungsphase nutzten.[432]

Zusammenfassend ist zur Finanzierung von DoktorandInnen mit Stipendien zu sagen, dass diese ihnen eine längere Orientierungsphase zu Beginn des Promotionsstudiums erlaubt. Auch der Wechsel von einer Arbeitsgruppe in eine andere wird erleichtert, da DoktorandInnen ihre Finanzierung „mitnehmen" können. Aber auch StipendiatInnen müssen einen Betreuer oder eine Betreuerin finden, um die Anforderung des Graduate Programs erfüllen zu können, eine Dissertation anzufertigen. Insofern treten auch sie früher oder später in Lehrbeziehungen ein – allerdings unter anderen Voraussetzungen. In den meisten Fällen stellen BetreuerInnen die Finanzierung für DoktorandInnen zur Verfügung. Diese Finanzierung beruht in der Regel auf eingeworbenen Forschungsmitteln des Betreuers oder der Betreuerin für zu bearbeitende Forschungsprojekte. Dissertationsprojekte in der Physik sind daher inhaltlich eng an die Konzeption zumeist größerer Forschungsvorhaben gebunden. Die ökonomische Struktur, dass Promovierende für ihre Ausbildung mit ihrer Arbeitsleistung bezahlen und somit an der Herstellung von Forschungsergebnissen beteiligt sind, verdeutlicht ihre direkte finanzielle Abhängigkeit von ihren ProfessorInnen. Je nach Finanzierungsart bringen Promovierende unterschiedliche Formen von „Eigenkapital" in die Arbeitsgruppe mit. Diese Struktur reflektiert die ökonomische Seite der Physik als Zunft, wie sie sich für Promovierende der Physik Mitte der 1990er Jahre in den USA in dieser Ausbildungsphase darstellt.

5.2.5   Promovieren als Prozess: Die Phasen der Lehrzeit

Zwischen dem Eintritt in die Graduate School und dem Abschluss mit einem Doktortitel vergingen Mitte der 1990er Jahre für Promovierende der Physik im Mittel ca. sechseinhalb Jahre.[433]. Um den Prozess der Lehrzeit während dieser Zeit zu rekonstruieren, habe ich das von Strauss und Corbin (1990, 144) vorgeschlagene Verfahren gewählt, 'Schnappschüsse' aus den Interviewerzählungen aneinander zu reihen, da die Interviews innerhalb eines kurzen Zeitraums geführt und die TeilnehmerInnen nicht mehrmals über einen längeren Zeitraum hinweg befragt wurden. Diese 'Schnappschüsse' habe ich zu einer Sequenz von vier Pha-

---

[432] John, 13, Helen, 13.
[433] Dodge u. Mulvey 1996.

sen angeordnet: Einer Phase vor dem Eintritt in die Graduate School folgt der eigentliche Beginn der Lehrzeit des Promovierens mit der Entscheidung zur Mitarbeit in einer Arbeitsgruppe. Einer ausgedehnten mittleren Phase der Konsolidierung folgt bei erfolgreichem Verlauf der Lehrzeit ihr antizipiertes Ende.[434] Letzteres wird als ein Übergangsritual in Form von Abschlussprüfungen gestaltet.[435] Somit durchlaufen Promovierende einen Prozess der Professionalisierung, der sie nach und nach dazu befähigen soll, als WissenschaftlerInnen zu arbeiten. Gleichzeitig bringt dieser Prozess sie dem Erlangen des Doktortitels näher und damit der Aufnahme in die Zunft. Die einzelnen Phasen dieses Prozesses gehen sukzessive ineinander über oder überlappen sich. Allerdings verläuft dieser Ausbildungsprozess nicht immer so idealtypisch und erfolgreich, wie es eine Aneinanderreihung von gelungenen 'Schnappschüssen' nahe legt. Schwerwiegende Störungen dieses Prozesses treten beispielsweise dann auf, wenn Promovierende ihre Arbeitsgruppen wechseln. Je später diese Störungen stattfinden, desto größer sind i. d. R. die Nachteile, die dies für DoktorandInnen mit sich bringt, da u. U. bereits absolvierte Phasen der Lehrzeit für ein anderes Themengebiet wiederholt werden müssen. Vier der von mir insgesamt für diese Arbeit interviewten neunzehn DoktorandInnen wechselten im Verlauf ihrer Promotionszeit die Arbeitsgruppe und ihren Betreuer. Unterbrechungen eines Prozesses können Hinweise auf die Bedingungen eben dieses Prozesses geben. Daher widme ich mich am Ende dieses Abschnittes Erzählungen von Interviewten, in denen sie von solchen Unterbrechungen des Promovierens berichten.

5.2.5.1 Vor dem Einstieg in eine Arbeitsgruppe: Erste Forschungserfahrungen

Bevor Promovierende Mitglieder einer Arbeitsgruppe werden können, durchlaufen sie verschiedene Ausbildungsphasen in der Physik: Sie sind in der High School und im College in der Physik unterrichtet worden. Möglicherweise haben

---

[434] Auch Graves (1989, 54ff.) unterscheidet zwischen Beginn und Ende der Lehrzeit drei Phasen, die durch ein unterschiedliches Maß an sozialer Kontrolle und durch unterschiedliche Aufgaben gekennzeichnet sind. In der ersten Phase finde die Rekrutierung statt; Beziehungen zwischen Lehrling und anderen in der Profession würden festgelegt, diese bestimmten i. d. R. den weiteren Verlauf der Lehrzeit. Für die zweite Phase konstatiert Graves ein hohes Ausmaß an sozialer Kontrolle und intensiver Sozialisation. Die dritte Phase sei durch den Übergang vom Status der oder des Auszubildenden zu einem Status, in dem erreichte Fähigkeiten demonstriert und konsolidiert würden, gekennzeichnet.

[435] Das Ende einer Lehrzeit kann aber auch anders definiert werden, beispielsweise durch eine bestimmte Erfahrung oder Verantwortlichkeit. So interpretiert Gusterson (1995) den ersten erfolgreich durchgeführten Atomwaffentest von Sylvia als das Ende ihrer Lehrzeit als Postdoc und als Übergangsritual zu ihrer Akzeptanz als Waffenphysikerin.

sie Forschungserfahrungen innerhalb der Universität oder in Firmen im Rahmen von Praktika während der Ferien oder der vorlesungsfreien Zeiten gesammelt. Diese Erfahrungen können vorteilhaft werden, wenn College-AbsolventInnen sich um einen Studienplatz an einer Graduate School bewerben, die zu einer an Forschung orientierten Universität wie der Waterside University gehört.

So berichtet James, er habe seine ersten Forschungserfahrungen als Undergraduate-Student im Rahmen eines Praktikums an einer Universität gesammelt. Als er sich an der Graduate School der Physik an der Waterside University beworben habe, habe er dies im gleichen Forschungsgebiet getan, in dem er auch sein Praktikum durchlaufen habe. Seiner Auffassung nach hatte er „die besten Chancen", wenn er in „dem Gebiet bleiben" würde, in dem er bereits „einige Erfahrungen" gesammelt hatte.[436] Dieser Überzeugung ist auch Andrew. Er bewertet es negativ, dass die drei verschiedenen Praktika, die er als Undergraduate-Student abgeleistet habe, nicht in dem gleichen, sondern in verschiedenen Forschungsgebieten angesiedelt gewesen seien. Er glaubt, dass „man diese Erfahrungen außerhalb [des Lehrbetriebs, P.L.] braucht"; ein Sommer sei ziemlich kurz, um viele Erfahrungen in einem Gebiet zu sammeln.[437] Maria erzählt, dass sie ein Praktikum innerhalb und ein Praktikum außerhalb der Universität durchlaufen habe. Trotzdem ist sie der Ansicht, dass sie während ihrer College-Zeit nicht genügend Möglichkeiten für Forschungen gehabt habe. Die Erfahrung, etwas „Unbekanntes zu erforschen", sei „hilfreich" für spätere Forschungsarbeiten während des Promotionsstudiums gewesen, denn die Erfahrungen in Laborpraktika im Rahmen des College-Studiums seien nicht mit denen vergleichbar, in einem Forschungsprojekt mitzuarbeiten.[438] Ann bewertet demgegenüber ihre Praktika während ihres College-Studiums, die sie in den vorlesungsfreien Sommermonaten außerhalb der Universität absolviert habe, nicht als eine Vorbereitung auf spätere Forschungsprojekte. Diese Praktika hätten ihr nicht viele Erfahrungen in der Forschung ermöglicht.[439]

Alle hier angeführten Promovierenden sehen rückblickend Möglichkeiten als wichtig an, bereits vor Beginn der Promotion an Forschungsprojekten mitgearbeitet zu haben. Die Bewertung dieser zurückliegenden Forschungserfahrungen hängt von der jeweils gegenwärtigen Perspektive der Promovierenden ab.

---

[436] James, 8-9.
[437] Andrew, 17-18.
[438] Maria, 3.
[439] Ann, 6-7.

5.2.5.2 Anfangsphase der Lehrzeit

Die Anfangsphase einer Lehrzeit sei geprägt, so Graves (1989), durch die Festlegung von Regeln und Aufgaben zwischen Lehrling und Meister. Mein Blick richtet sich in diesem Abschnitt auf zwei Aspekte der Aushandlungs- und Entscheidungsprozesse, die als Kennzeichen für den Beginn einer Lehrzeit als Promotionsstudentin oder -student gewertet werden können: erstens die Aufnahme in eine Arbeitsgruppe eines Professors oder einer Professorin und zweitens das Ausmaß, in dem Promovierende bereits zu Beginn ihrer Lehrzeit die Entscheidung über ein Dissertationsprojekt mitgestalten können.

Die Aufnahme in eine Arbeitsgruppe

Etwa die Hälfte der TeilnehmerInnen an der Interviewstudie berichten, dass sie zugleich mit der Aufnahme an der Waterside University als Promotionsstudentinnen oder -studenten in eine Arbeitsgruppe eines Professors oder einer Professorin integriert wurden. Andrew führt aus, wie dieser Aufnahmeprozess für ihn vonstatten gegangen sei:

Andrew: [...] What [happens] at Waterside University when you apply is [...] they send you a little card and you check off your three preferences of [sub]fields [...]. [T]hen **they** take all of this stuff, they look at [...] what you've studied, your grades and so on and then +they, [the] professors, kind of decide amongst themselves whom they're interested in. That doesn't mean they have **chosen** you, but they will then try to court you to their lab [...]. So, I got a package of information from the atomic physics people. [...] They had a couple of experiments. [...] [At] that time they were doing this [experiment] [...] with light which they still do and I -- [...]. At **that** time that was sort of the most exciting thing that they were doing as far as physics went. So I thought 'Oh, I'd like to do that.' And then I came here. But then when I came to talk to my advisor [...] he said, 'Well, we've got already enough graduate students on that experiment, but we have another experiment [...] where [...] we need a person.' And I hadn't even looked at that, you know. [...] [I]t was one page that had been stapled on the end of this package. [...] I hadn't even read it, it didn't interest me at the time at **all**. [...] I thought '[...] I'm not really sure.' [...] [T]hat wasn't what I had decided to do, but then I talked to my academic advisor and he said, '**Research** is largely a matter of opportunity,' by which he meant that I should do this thing just because it was +there. And I, so I did. I signed up just because it was an opening.

I had not given it **any** prior consideration and in the end I don't think it was such a bad choice. [...][440]

In dieser Erzählung stellt Andrew heraus, dass es nicht so sehr seine eigene Entscheidung für ein bestimmtes Forschungsprojekt gewesen sei, sondern vielmehr eine sich bietende Gelegenheit, die er auf Anraten seines akademischen Mentors ergriffen habe. Er selbst habe sich daraufhin in eine vorhandene Arbeitsgruppe und in ein Forschungsprojekt seines künftigen Betreuers integriert, obwohl er den Informationen über dieses Projekt, die er bekommen hatte, zuvor keine große Beachtung geschenkt habe. Die sich bietende „Gelegenheit", an einem Forschungsprojekt mitzuarbeiten, war von dem Leiter der Arbeitsgruppe geschaffen worden. Obwohl Bewerberinnen und Bewerber um einen Studienplatz an der Waterside University eine Auswahl aus den vorhandenen Forschungsgebieten am Institut für Physik angeboten wird, sind es die ProfessorInnen, die die Entscheidung darüber treffen, wen sie in ihre Arbeitsgruppen aufnehmen wollen. Diese Entscheidungen sind davon geprägt, welche Projekte bearbeitet werden sollen.

Auch Georges Bewerbung ging Hand in Hand mit der Aufnahme in eine Arbeitsgruppe und dem Angebot, an einem bestimmten Experiment von Anfang an mitarbeiten zu können:

George: [...] Now, I ended up choosing Waterside University basically because I liked the particular experiment that I was being offered to work with and it looked like I would be able to join the experiment at its inception and follow it all the way through the completion, which I found very appealing. It was a small scale [experiment], a small number of people and it looked to be a very good group. [...][441]

Auch Ben, Sarah und Ann erwähnen, dass sie seit Beginn ihres Promotionsstudiums an der Waterside University in den Arbeitsgruppen ihrer BetreuerInnen mitgearbeitet hätten.[442] Die Entscheidungsprozesse könnten in ähnlicher Weise wie die von Andrew oder George verlaufen sein. Joe berichtet, er habe ein Angebot eines Professors angenommen, mit Eintritt in die Waterside University in dessen Arbeitsgruppe mitzuarbeiten, ohne diesen persönlich kennen gelernt zu haben.[443] Dieser habe ihn anlässlich seiner Bewerbung um einen Studienplatz sogar zu Hause angerufen:

---

[440] Andrew, 18-19.
[441] George, 12-13.
[442] Ben, 12, Sarah, 3-4, Ann, 3-4.
[443] Joe, 10-12.

Joe: [...] And then I got a letter from Waterside University, I actually got a **call** from a professor at **home** and he said, 'I'm a plasma physics professor. I've seen your application. I'm very interested in you [...].Would you accept?' And there another connection set in that he happened to be a citizen of <country ___> and I spoke the language of [this, P.L.] <country ___> and so that really made a certain rapport. Little did I know what would come of it, but it made a certain connection.[444]

Trotz der einmütigen Entscheidung zur Zusammenarbeit habe sich diese jedoch zunehmend schwieriger gestaltet, so dass Joe im Verlauf seines Promotionsstudiums entschieden habe, die Arbeitsgruppe und seinen Betreuer zu wechseln. Joe wählte für seinen zweiten Entscheidungsprozess für oder gegen einen Betreuer an der Waterside University einen schrittweisen Weg: Er und sein neuer Betreuer hätten zunächst eine Mitarbeit für einen Sommer vereinbart, um auf dieser Basis über eine längerfristige Zusammenarbeit zu entscheiden.[445] Auch James berichtet davon, dass er zunächst nur probeweise in einer Arbeitsgruppe mitgearbeitet hat, bevor er sich im Anschluss daran entschieden hat, Mitglied dieser Arbeitsgruppe zu werden.[446]

Verhandlungen mit dem Betreuer oder der Betreuerin über ein Dissertationsprojekt

Wie im vorherigen Abschnitt beschrieben wurde, fällt die Entscheidung für ein Dissertationsprojekt und -thema in einigen Fällen gleichzeitig mit der Entscheidung, in eine bestimmte Arbeitsgruppe zu gehen. Einige der Interviewten berichten jedoch auch davon, dass „signifikante"[447] Arbeiten an dem Forschungsprojekt für die Qualifizierungsarbeit erst nach den mündlichen Prüfungen, d. h. im dritten Studienjahr begonnen hätten. Die Zeit davor ist von einem Entscheidungsprozess über das zu bearbeitende Projekt geprägt. Promovierende können in unterschiedlichem Ausmaß diesen Entscheidungsprozess mit gestalten. In der Regel wird das Thema für eine Dissertation in der Physik von dem betreuenden Professor oder der betreuenden Professorin festgelegt. Seltener berichten Promovierende davon, dass sie diese Entscheidung mitbestimmen können. Nur zwei der interviewten DoktorandInnen beschreiben, dass sie ihr Dissertationsprojekt in gewissem Rahmen eigenständig formulieren konnten: Helen führt aus, dass sie

---

[444] Joe, 11.
[445] Joe, 10-12.
[446] James, 1-2.
[447] Ben, 12.

selbst ihr Forschungsprojekt konzipiert habe (vgl. Abschnitt 5.3.4); Joe berichtet, dass sein Professor seine Studentinnen und Studenten ermutige, ihre Ideen zu präsentieren und ein Thema festzulegen.

Demgegenüber skizziert Julia den oben zitierten typischen Fall, dass ein Professor das Dissertationsthema festlegt, folgendermaßen:

Julia: OK. I feel that a lot of times -- we don't make the choice so much as we basically just go into it [...].[F]or instance, when I was an undergraduate I talked to the professor [...] I worked with before. [...] So, [...] he has **this** problem that he needs someone to work on. So, I find the project interesting. So, I say, 'I will take it on.' So, [...] I have a feeling that [this is] the **process** for most people or a lot of people. You go to a professor, he'll give you a problem. Unless you have strong objections to it usually you will try it out. And if it goes well you will continue. So, that's it.[448]

Andere Interviewte beschreiben ähnliche Anfänge ihrer Arbeiten an einem Dissertationsprojekt: Ann und Sarah bearbeiten Projekte, die ihre BetreuerInnen ihnen vorgeschlagen haben;[449] David, Bill und Philip äußern, dass die Ideen für ihre Forschungsprojekte u. a. auch von den Postdocs aus ihren Arbeitsgruppen vorgeschlagen worden sind.[450] Ben findet es schwierig, an etwas zu arbeiten, das nicht mit den Interessen des/r BetreuerIn übereinstimmt.[451] Steven ist einer derjenigen, die von einer „gemeinsamen Entscheidung" über das Dissertationsprojekt sprechen, auch wenn die Vorschläge von seinem Betreuer gemacht worden sind:[452]

Petra: In most cases every member of a research group works on a specific research project. How was the decision made that you are working on your particular project of your thesis?

Steven: Hum, well. The decision was sort of made jointly between my advisor and myself. He recommended this problem when I finished passing my oral exams, 'cause *he talked with some of the world's leading cosmologists about this and they suggested that he [...] should try to resolve this paradox and he then sort of evolved a problem and asked me if I would like to do that as a grad student instead of him.* He thought it would be a great idea and I didn't an-

---

[448] Julia, 1.

[449] Ann, 11-12, Sarah, 6-7.

[450] David, 16-17, Bill, 7-9, Philip, 11.

[451] Ben, 11.

[452] Steven, 7-8.

Petra: ticipate doing this exact project, there were some other ones we were talking about, but hum _

Petra: What other ones?

Steven: Things doing with compact objects: neutron stars, supernova explosions, which at first I was more interested in. But then I realized that this problem was quite pressing and it would be an ideal project to do as a grad student. Then I could go on and do these other things later dealing with other types of stars and we decided that it was too good an opportunity to pass off then. No one else seems to be working on [it] the way we're gonna do it. [...] *So, it's a chance to [...] maybe do some important work.*[453]

Auch Doug spricht von einem gemeinsamen Entscheidungsprozess, in dem sein Betreuer und er nach und nach herausfinden wollen, was ihn, Doug, interessieren könnte.[454] Solche Diskussionen erstrecken sich z. T. über lange Zeiträume. So erzählt John, dass sein Betreuer und er über ein Jahr lang kontinuierlich verhandelt hätten, welches Dissertationsthema er bearbeiten könne. Erst nachdem diese Entscheidung gefallen sei, sei John Mitglied der Arbeitsgruppe geworden.[455] Zu denen, die den Entscheidungsprozess über das Dissertationsthema ebenfalls rückblickend so betrachten, dass sie selbst darauf hätten Einfluss nehmen können, gehören außer John auch Robert und Joe. Robert berichtet, dass er zunächst zwar das „Lieblingsthema" seines Professors ausgewählt habe, aber er habe dessen Konzeption so sehr verändert, dass es am Ende seine eigenen Ideen gewesen seien, die die Arbeit an seinem Forschungsprojekt bestimmt hätten.[456] Joe schätzt es als sehr ungewöhnlich ein, dass sein Betreuer seine Promovierenden dazu ermutige, eigene Ideen für Forschungsprojekte zu entwickeln:

Petra: In most cases every member of a research group works on a specific research project. How was the decision made that you are working on your particular project of your thesis?

Joe: The decision process of how it happened. Well, usually _. This is **my** professor, this is **not** the usual case. My professor is very -- this is why I like him so much. He said, '**You** find an interesting topic. Come and let's discuss it.' And it's **feasible** in a group where you've already been spending almost a year doing things [...] with other people. *So you do, do, do and all of a sudden you get an idea. And so <professor ___> said, 'Yeah, we **did** that already. It*

---

[453] Steven, 7-8.
[454] Doug, 8-9.
[455] John, 14-15.
[456] Robert, 35.

234

*doesn't work.' 'Oh good. Do, do _.' And then when you come with an idea, 'Hey <professor ___> [...]' -- **Silence**. Then you realize you have a good idea and you might wanna pursue it a little bit more. Of course you're always in communication with people. You're always talking and you get the feeling of, 'Is it good or is it* **not?**' -- I know from *other people in the same group. Usually they start on one thing and then at some point* [...] *they start on some-thing else and then the ball gets rolling and all of a sudden [it is, P.L.], 'This is a thesis.' And sometimes the ball rolls too far and, and then the professor will say, 'No. OK. Only this bit will be your thesis. This bit, it's a little bit to the side. We don't need that.'* In many other groups unfortunately the professor from day **one** [...].[...] So, I would say I was fortunate in that respect that I have a flexible [...] group, that *I have a lot of the say, but I don't think that's a usual case.*[457]

Aus den Äußerungen der Interviewten ist zu schlussfolgern, dass Promovierende in sehr unterschiedlichem Ausmaß an dem Entscheidungsprozess für ein be-stimmtes Dissertationsthema beteiligt sind. Sie präsentieren sich trotz dieses un-terschiedlichen Ausmaßes in keinem der zitierten Fälle als ExpertInnen ihres Forschungsgebietes. Das Wissen über die Physik schreiben sie in dieser An-fangsphase ihrer Lehrzeit ihrem Betreuer oder ihrer Betreuerin zu. Sie verlassen sich auf die Vorschläge, die diese für Dissertationsprojekte machen und verfol-gen deren Ideen. Der Anfang einer Lehrzeit ist häufig durch eine Ad-hoc-Entscheidung für eine bestimmte Arbeitsgruppe geprägt.

5.2.5.3 Die mittlere Phase: Konsolidierung

Der Anfangsphase des Promovierens, die durch die Entscheidung für eine be-stimmte Gruppe und für ein bestimmtes Forschungsprojekt geprägt ist, folgt eine Phase der ausgedehnten Bearbeitung von einem bzw. mehreren Forschungspro-jekten.

Häufig entsteht aufgrund der offenen Fragestellungen während der fortschrei-tenden Bearbeitung eine Unsicherheit darüber, was in der Dissertation thematisch behandelt werden wird. Julia äußert, dass sie in der derzeitigen mittleren Phase unsicherer als zu Beginn ihres Promotionsstudiums sei, was in ihrer Dissertation erforscht werden solle. Der Grund für diese Unsicherheit liegt offenbar darin,

---

[457] Joe, 16-17.

dass sie zwar verschiedene Vorschläge ihres Betreuers verfolgt habe, aber bis zum Zeitpunkt des Interviews noch keines der vergangenen Projekte zu einem Promotionsthema geworden sei:

Julia:　[...] And actually right now this [research project] is probably not going to be my Ph.D. thesis. I have no idea whether it will [be] or not. And I don't have a Ph.D. thesis yet. So, one of my concerns which I really hope to resolve soon is to find a thesis project. [...] I have a lot of freedom. He can suggest a few things to me and then I can choose and I would choose based on my interest and the physics of the project and [...] there may be another consideration, which is [...] if it is useful for what I would like to do later on. So, that would be something I would consider, too. [...] If given a choice, I would like to do as interdisciplinary as permitted -- by my advisor.[458]

Auch Bill berichtet, dass er bereits an drei verschiedenen Projekten gearbeitet habe.[459] Ein weiteres Chrakteristikum dieser mittleren Phase des Promovierens ist, dass die DoktorandInnen nicht nur mit ihrem Betreuer oder ihrer Betreuerin zusammenarbeiten, sondern überwiegend mit anderen DoktorandInnen, TechnikerInnen und fortgeschrittenen WissenschaftlerInnen.[460] Diese Erweiterung der Zusammenarbeit fand bei Ben gleichzeitig mit dem Wechsel des von ihm bearbeiteten Projekts statt:

Ben:　[...] I was working on it for a while and couldn't really get anything good to come from it. So, I started – pretty recently actually – working on something else with another grad student and I'm not sure exactly how we're going to manage to keep work on our own part when it comes to work on a thesis, but right now we're collaborating on it.[461]

Nachdem das erste Projekt keine viel versprechenden Ergebnisse geliefert hatte, so Ben, hat er gemeinsam mit einem zweiten Doktoranden ein neues Forschungsprojekt begonnen. Trotz dieses Wechsels ist er sich auch in diesem Fall nicht sicher, ob die Ergebnisse dieser Arbeiten für eine Doktorarbeit ausreichen werden. Seine Überzeugung, dass er „in einem großen Ausmaß" während der Doktorarbeit auf sich selbst gestellt und es seine Aufgabe ist, „eine Doktorarbeit zu wählen und eigenständige Arbeit zu leisten", könnte zu dieser Unsicherheit

---

[458] Julia, 10.
[459] Bill, 7-9.
[460] Einige diese Kollaborationen sind bereits im Abschnitt 5.2.2 beschrieben worden.
[461] Ben, 11.

beitragen: Er sagt, dass er nicht wisse, wie er seine Qualifizierungsarbeit von den laufenden, gemeinsamen Forschungsarbeiten unterscheiden könne.[462] Der Vorschlag seines Betreuers sei, dass er beide bislang bearbeiteten Projekte für die Doktorarbeit zusammenfassen solle. Ben sagt, dass ihm bei diesem Gedanken nicht wohl sei.[463] Die Idee, ein weiteres Projekt zu bearbeiten, sei von seinem Betreuer gemacht worden, nachdem Ben deutlich gemacht habe, dass er mit dem ersten Projekt nicht zufrieden gewesen sei.[464] Im Abschnitt 5.2.2 habe ich diese Zusammenarbeit mit anderen Forschenden bereits als ein Kennzeichen der mittleren Phase der Arbeiten an einer Promotion charakterisiert. Kollaborationen sind in dieser Phase z. T. sehr weitgehend bis hin zu 'Totaler Teamarbeit'. Entscheidungsprozesse über die nächsten Arbeitsschritte solcher Gruppen sind schwer nachzuvollziehen oder zu bewerten – auch wenn es einige Äußerungen der Interviewten dazu gibt. So schätzt James, dass die Arbeitsgruppe darüber in den allermeisten Fällen einen Konsens finden solle, da jede/r für die Arbeit motiviert sein sollte. Wenn ein solcher Konsens nicht erreicht werden könne, müsse abgestimmt werden. Das sei von Nachteil, da dann ein Mitglied der Gruppe eine Niederlage erleide:

James: [...] Everyone has to agree, I guess. If anyone doesn't agree then --- people have not compromised enough. --- I think the group has to come up with some consensus of what to do and if in the end --- someone is saying, 'I strongly disagree,' then something is wrong. --- In the end everyone should be agreeing. ---
Petra: Why?
James: ---- Everyone has to be very motivated to do the work. --- What we're doing is the best thing you can do. That's usually how it works out. --- But on one occasion we --- had some kind of a vote, which I think was really bad. But I think we had to vote because one person was getting a little bit too personally involved --- was becoming attached to one particular idea of _. --- That was the exception, but _. ---
[...]
James: As soon as you vote, someone else has to loose, I think.
[...]
James: A vote was --- bad, because he left that situation defeated. [...][465]

---

[462] Ben, 4.
[463] Ben, 13.
[464] Ben, 15.
[465] James, 10-11.

Der Übergang von der mittleren Phase des Promovierens zur Endphase ist durch eine zunehmende Unabhängigkeit der DoktorandInnen gekennzeichnet. Nachdem sie zunächst von anderen gelernt haben, übernehmen sie nach und nach mehr Verantwortung für zu bearbeitende Fragestellungen und Aufgaben. Die eigenverantwortliche Durchführung eines Projekts sei eines der Kriterien dafür, den Doktortitel zugesprochen zu bekommen. Im vorhergehenden Kapitel wurde bereits der folgende Interviewausschnitt von Joe präsentiert und als ein deduktives Vorgehen im Forschungsprozess interpretiert (vgl. Abscnitt 4.1.2.3). Für eine weitere Analyse im Rahmen dieses Kapitels zur Physik als Zunft wird er nochmals unter einer veränderten Perspektive analysiert.

Joe: Yeah. [...] I mean, **this** is the **way** I would have, I always imagined a group should work. A graduate student arrives and he begins to work with a small project that's already in progress and I started at that. And then, there was another project which had sort of **just** begun. And this was the Monte Carlo[466]. So, the first one was just some theoretical work. [...] The second one was computer work [in] which I again had some but not much experience and I said, 'Yeah. This is a **great** opportunity to learn, because Monte Carlo is everywhere in physics. So, I'll learn it.' [...] And then I said, 'OK, but now it's time for **me** to start a project of my **own**.' And I'm doing that right now and it's based on all the knowledge. And now I'm in the lab doing experiments. I have an idea and I'm doing experiments to see how far it can go. And if it goes well it'll be my thesis topic.[467]

Joe beschreibt hier, dass seine Fähigkeit, ein eigenes Forschungsprojekt zu bearbeiten, mit dem fortschreitenden Promotionsprozess gewachsen sei. Er habe jetzt genug Wissen, um dies zu tun. Wichtig erscheint mir in diesem Zusammenhang seine abschließende Bemerkung: „Und wenn es gut geht, wird das mein Dissertationsthema." Das Kriterium „wenn es gut geht" ist vage und deutet Joes weiterhin bestehende Unsicherheit an, welche Bewertungskriterien für eine Dissertation angelegt werden. Die Durchführung eines Projekts allein scheint es nicht zu sein, sondern das *Ergebnis* dieses Projektes ist das Entscheidende. Die Übernahme von Verantwortung für ein Forschungsprojekt, das möglicherweise als Ganzes oder in Teilen das eigene Qualifikationsprojekt darstellt, kennzeichnet den Übergang von der mittleren zur Endphase der Dissertation. Bill fasst dies so zusam-

---

[466] Für den Begriff „Monte Carlo" vgl. Fußnote 319.
[467] Joe, 16.

men, dass er aufgrund der Bearbeitung von insgesamt drei verschiedenen Projekten erwachsener geworden sei:

Bill: [...] So, I spent some time between [...] my classes and studying for general exams [...] learning how to use analysis programs, which was very difficult and just very complicated and the manuals are **bad**, until I finally learned how to use them. And once I was ready to really analyze data I didn't know what to do. So, that took about a year and then there was another project [to] look for. And so, I [...] told <professor ___> I didn't know what to do basically. He said, 'Well, OK. Here's another project where [...] it's more obvious what you have to do. It's a neutron star which rotates, so it's supposed to have regular pulsations.' But this one didn't. So, I was to look for those and that was more of a project with a definite goal in mind. So, I worked on that for I guess a year although it doesn't seem like I spent a [...] lot of time working on it, because I never accomplished much. [...] And then I started working on another project. I'm supposed to be working on both at the same time, but I'm mostly working on the new project which is another one with maybe not so well defined goals, but *hopefully I have a little more maturity.*[468]

Im Nachhinein denkt Bill, dass er nicht „erwachsen" genug gewesen sei, um das Projekt, das ein Postdoc ihm zu Anfang vorgeschlagen habe, zu bearbeiten. Nachdem er jedoch ein zweites Projekt mit einem klarer definierten Ziel bearbeitet habe, könne er jetzt ein Projekt mit einer offeneren Fragestellung bearbeiten. George beschreibt einen ähnlichen Prozess der zunehmenden Fähigkeit zur Übernahme von Verantwortung für einen Forschungsprozess:

Petra: So, how - over the last four years [...] - has your research developed?
George: When I started out my first couple of years I was so heavily involved in doing my course work. Almost all of the real substance work was done by another graduate student who was [in] electrical engineering. [...] A [...] visiting student did a lot of [...] simulations. I was brought in primarily working on our laser and in many ways [...] a lot of my time was spent doing work that was very stupid, you know. It didn't require much planning or understanding of physics. In a lot of ways that was very frustrating to me.
Petra: What have you done [...] at that time?

---

[468] Bill, 8-9.

George: At the time [...] I was doing a lot of research into, --- for instance, what laser we needed to purchase to run the experiment. Our experiment requires a very sophisticated laser system and I was basically given responsibility for finding out what was needed, researching who to buy it from and go ahead and purchase it and **that** was a considerable amount of time for a several hundred thousand dollar investment. It was a lot of responsibility and it was something that I had ability in dealing with that kind of question, but it wasn't physics. In the past, you know, in the three years subsequent to that or two years I guess, I'm just starting my fifth year, I moved much more strongly into the physics behind the experiment. In particular as other students have graduated. They haven't been replaced and I've taken on responsibility for more and more of the experiment. My research group is undergoing a lot of upheaval right now with --- scientists leaving and that means that in many ways I'm playing a role more like a postdoc right [now] than as a graduate student. So, I'm responsible for a great deal more than I ever have [been] and that's ramped up considerably just in the past six months. So, it's, I feel much stronger about my abilities to do various things in the laboratory, but it's very challenging.[469]

Die ersten Arbeiten, die er in seiner Arbeitsgruppe übernommen habe, so George, seien „frustrierend" oder auch „sehr dumm" gewesen, erst spätere Aufgaben hätten sich mit „der Physik des Experiments" befasst. Seiner Meinung nach seien ihm die ersten „dummen" Aufgaben übertragen worden, weil er nicht ausgebildet gewesen sei. Dies ist eines der Charakteristika einer Lehrzeit, zu Beginn Routineaufgaben und noch keine Verantwortung für eine Aufgabe übertragen zu bekommen. AnfängerInnen haben Arbeiten zu tun, die nicht als ernsthaft angesehen werden, sondern als dumm oder sogar lächerlich. Arbeitsaufgaben werden also auch hierarchisch eingeteilt und zugeordnet.[470] Obwohl George viel Geld habe ausgeben dürfen, betrachtet er diese Aufgabe dennoch nicht als „richtige Physik". Aber zum Zeitpunkt des Interviews seien ihm auch verantwortungsvollere Aufgaben übertragen worden und er fühle sich „sehr viel stärker hinsichtlich seiner Fähigkeiten, verschiedene Dinge im Labor zu tun" gefordert.[471] Er beginne bereits jetzt, Aufgaben eines Postdocs zu übernehmen, was

---

[469] George, 14-15.
[470] Vgl. auch Goody (1989, 246-7).
[471] George, 15.

auf das bevorstehende Ende seiner Lehrzeit als Promotionsstudent hinweist, auch wenn er den Doktortitel noch nicht erhalten hat.

5.2.5.4 Die Endphase des Promovierens als Aufnahme in die Zunft

Das Ende der Lehrzeit ist durch die Akzeptanz der Promovierenden als WissenschaftlerInnen in der Zunft der Physik gekennzeichnet. Die Mitglieder begrenzen ihre Gemeinschaft, indem für die Aufnahme in die Zunft ein Ritual durchlaufen werden muss, das i. d. R. die Form von Prüfungen annimmt.[472] So erwerben Lehrlinge mit der Beendigung ihrer Ausbildung einen veränderten sozialen Status. Die Aufrechterhaltung der Grenzziehung zwischen der eigenen und anderen Professionen und damit die Kontrolle der Zugehörigkeit zur Zunft liegt bei ihren Mitgliedern.[473]

Aufgrund des Materials, das ich im Rahmen der vorliegenden Untersuchung erhoben habe, kann nur antizipiert werden, wie das Ende der Lehrzeit aus der Perspektive der Promovierenden der Physik aussehen wird, da die Interviewten ihre Lehrzeit zum Zeitpunkt der Erhebung noch nicht beendet hatten.

Ben ist sich der Bedeutung des Betreuers für diese entscheidende Phase bewusst:

Ben: [...] At some point I have to do something **just** for myself to get a Ph.D. which, I mean, hopefully my advisor will all appreciate the work, but it's not really the main criterion. [...] [A]t least a bulk of the work has to be put into a thesis form which probably doesn't help anyone but me.[474]

Seine Hoffnung ist, dass sein Betreuer seine Arbeit anerkennen wird. Im Wesentlichen aber ginge es darum, seine Forschungsarbeiten in Form einer Dissertation zu dokumentieren, was aber nur ihm selbst und sonst niemandem zugute kommen werde. Auch Andrew, der die Promotionszeit mit einer Lehrzeit vergleicht, betont die besondere Rolle des Betreuers für das Festlegen der zeitlichen Dauer des Promovierens. Er berichtet, dass es Arbeitsgruppen an der Waterside University gebe, in denen eine Promotion bis zu zehn Jahren andauere, und sieht den Grund dafür in den Ansprüchen der Betreuenden:

Andrew: [...] The other thing is that they have to get rid of this system where the length of time of your degree is up to you and your advisor. It should be more standardized, because I know of a case

---

472 Coy 1989b, 11.
473 Ebd.
474 Ben, 5.

where this, this advisor, a professor in our department, who typi-
cally will have students stay for maybe, you know, seven years.
There was one guy who stayed -- ten years. [...] I think that there
should be some system. Not maybe a rule that you must graduate
your students after five years, but they should have some depart-
mental oversight of these things, because it can be very bad for a
student to be sort of in the clutches of such a professor [...]. It's
certainly not doing that young person any favor to keep him there
for ten years. [...][475]

Das Bild, das Andrew verwendet, nämlich dass Promovierende „in den Klauen
eines solchen Professors sind", vermittelt die Abhängigkeit der Promovierenden
von ihrem Betreuer und deren Machtposition nochmals in drastischer Weise.

5.2.5.5 Störungen des Prozesses der Lehrzeit aufgrund eines Wechsels der Betreuung

Den Prozess der Ausbildung in Form einer Lehrzeit in der Graduate School habe
ich in den letzten vier Abschnitten illustriert. In diesem Abschnitt werde ich die
Erzählungen von vier Promovierenden vorstellen, die entschieden haben, ihren
Betreuer und seine Arbeitsgruppe zu verlassen, um eine neue Betreuungskon-
stellation zu finden. Der Wechsel der Arbeitsgruppe stellte in zwei Fällen eine
schwerwiegende Störung bzw. Unterbrechung des bereits begonnenen Ausbil-
dungsprozesses dar. Mit Bezug auf Strauss und Corbin (1990, 140) gehe ich davon aus, dass eine solche Unterbrechung als ein weiterer möglicher Fall ('contin-
gency') des untersuchten Prozesses betrachtet werden kann. Ein solches Ereignis
verweist auf einen Wechsel der Bedingungen des betrachteten Prozesses und
damit auf ähnliche oder weitere Bedingungen eines erfolgreich verlaufenden
Prozesses. Zunächst stelle ich zwei Fälle vor, in denen der Wechsel ohne größere
Nachteile für die involvierten Doktoranden Glenn und Steven blieb.

Glenn arbeitete in einem anderen Land als Doktorand, als er an die Waterside
University kam, um einen Teil seiner Forschungsarbeiten für die Dissertation im
Rahmen eines einjährigen Aufenthaltes durchzuführen. Beide Arbeitsgruppen,
sowohl die vorherige als auch diejenige an der Waterside University, hätten auf
dem gleichen Forschungsgebiet gearbeitet. Am Ende, so Glenn, habe er nach seinem einjährigen Forschungsaufenthalt entschieden, in den USA bleiben zu wol-

---

[475] Andrew, 9-10.

len.[476] Obwohl beide Arbeitsgruppen in Konkurrenz zueinander an ähnlichen Themen forschten, habe Glenns vorheriger Betreuer sowohl seinen Gastaufenthalt als auch seinen Wechsel in eben diese Arbeitsgruppe an der Waterside University unterstützt. Sogar einige der formalen Kriterien habe Glenn aufgrund dieser Unterstützung nicht mehr erfüllen müssen.[477]

Steven berichtet, dass es in seinem Fall notwendig geworden sei, die Arbeitsgruppe zu wechseln, weil sein erster Betreuer die Waterside University verlassen und eine Professur an einer anderen Universität angetreten habe. Er „nahm seine Doktoranden nicht mit", wie Steven sagt.[478] Daraufhin habe Steven Schwierigkeiten gehabt, zu einem anderen Betreuer im gleichen Forschungsgebiet zu wechseln, da es keine freie Stelle in einer dieser Arbeitsgruppen mehr gegeben habe. Ein Wechsel sei nur in eine Arbeitsgruppe in einem anderen Forschungsgebiet möglich gewesen. Die wichtigste Voraussetzung dafür sei jedoch gewesen, einen Betreuer zu finden, der Steven dies ermöglichte. Nur so habe er weiterhin an der Waterside University promovieren können. Dies verweist nochmals auf die Abhängigkeit der DoktorandInnen von einem Professor oder einer Professorin während der Zeit des Promotionsstudiums.

Zwei der vier DoktorandInnen, die den Prozess der Promotion aufgrund eines BetreuerInnenwechsels unterbrochen haben, berichten, dass sie dies aufgrund aufgetretener Schwierigkeiten getan hätten. Mit leiser Stimme sagt Joe über diese Zeit des Übergangs: „Ich hatte ein Jahr, das war sehr furchtbar, aber -- das liegt hinter mir."[479] Robert, der zweite Doktorand, begründet die Schwierigkeit eines solchen Wechsels mit der Angst, dass die ProfessorInnen untereinander eine größere Loyalität zeigen könnten als gegenüber zu betreuenden DoktorandInnen.[480] Aus seiner Sicht habe er mit diesem Wechsel seine Karriere als Physiker riskiert:

Robert: [...] At the **moment** being a graduate student [...] is a wonderful lifestyle. On the other hand there is a dark side, the futile nature of being -- [for, P.L.] probably any type of graduate student -- that **if** your advisor chooses to make life uncomfortable for you --- **nothing** can stop him and the **reality** is that when I changed groups, it was because I had made the decision that **if** I was unable to find a new research group I would **simply** leave graduate school

---

[476] Diese Entscheidung habe er, wie er sagt, u. a. auch deshalb getroffen, weil seine Freundin sich erfolgreich um eine Arbeitsstelle in einer Stadt beworben hatte, die nahe derjenigen der Waterside University lag.
[477] Vgl. Abschnitt 5.2.1.
[478] Steven, 4.
[479] Joe, 28-29.
[480] Vgl. Abschnitt 5.2.1.

entirely. That was what made it --- **possible** for me to change groups. [...] So, my ability to do that was based on my decision that even leaving physics would be better than continuing to stay where I was. [...][481]

Was waren die Gründe für Joe und Robert, einen solchen Entschluss zu fassen und was sagen diese Gründe über den Prozess des Promovierens aus?

Joe hebt hervor, dass finanzielle Gründe ihn zu diesem Entschluss bewegt hätten.[482] Zu Beginn seiner Mitarbeit sei ihm versprochen worden, dass er nach den Zwischenprüfungen als Forschungsassistent bezahlt werde, so dass er mit Beginn seines dritten Studienjahres keine Lehrverpflichtungen mehr haben würde. Als dieses Versprechen nicht eingelöst worden sei, habe er sich zu einem Wechsel in eine Arbeitsgruppe entschlossen, in der er aus Forschungsgeldern habe bezahlt werden können, um mehr Zeit für die Arbeit an einem Dissertationsprojekt zu gewinnen.[483] Ein weiterer Grund für seinen Wechsel sei gewesen, dass er sich mit seinem ersten Betreuer nicht mehr gut verstanden habe: "So, with my advisor it almost became a clash of philosophies, because [...] everything had to be presented in *his* way."[484] Joe benennt an dieser Stelle des Interviews nicht explizit, welche Differenzen philosophischer Art er meint. Ein Problem in seiner alten Arbeitsgruppe sei es jedoch gewesen, wer welche Forschungsinhalte veröffentlicht habe. Joe ist der Überzeugung, dass es für eine/n Doktoranden/in sehr wichtig sei, zu veröffentlichen, um „vorwärts" zu kommen.[485] Er erwähnt, dass ein Teil seiner Arbeit „benutzt" worden sei und dass sein vorheriger Betreuer diese und Arbeiten eines weiteren Doktoranden „einfach als seinen eigenen Artikel" veröffentlicht habe.[486] Diese Problematik der Aushandlung der AutorInnenschaft verweist ebenfalls auf die soziale Struktur der Zunft: Die Einwerbung von Geldern beruht u. a. auf dem Bekanntheitsgrad der ProfessorInnen in ihrer Zunft, der u. a. durch Veröffentlichungen erreicht wird und ihren Ruf als ForscherInnen begründet. Da die erwartete Anzahl und Qualität von Veröffentlichungen häufig nicht mehr von einer Einzelperson erarbeitet werden kann, werden Zuarbeiten durch die eigene Arbeitsgruppe als notwendig und gerechtfertigt erachtet. Den Äußerungen dieser DoktorandInnen zufolge ist es offenbar nicht unüblich, dass BetreuerInnen die an DoktorandInnen vergebe-

---

[481] Robert, 11-12.
[482] Vgl. auch Abschnitt 5.2.4.
[483] Joe, 7-8.
[484] Joe, 13.
[485] Joe, 13.
[486] Joe, 13.

nen Themen Forschungsaufgaben unter ihrem eigenen Namen veröffentlichen, auch wenn ein Großteil der durchgeführten Arbeiten nicht von ihnen selbst geleistet worden ist.

Roberts Erzählung über den Wechsel von einer Arbeitsgruppe in eine andere ist geprägt davon, dass er auch noch zum Zeitpunkt des Interviewtermins große Angst zu verspüren scheint. Auf meine Frage, wie er sein Leben als Physikstudent beschreiben würde, antwortet er, dass er es sehr genieße und große Freude daran habe. Diese Freude in seiner derzeitigen Situation kontrastiert er jedoch immer wieder mit Äußerungen über die Stimmung, die in seiner vorherigen Arbeitsgruppe geherrscht habe. Nach mehr als zwei Jahren der Mitarbeit in seiner vorherigen Gruppe, so berichtet er, habe er sich zum Wechsel entschlossen. Es scheint, dass Robert zum Zeitpunkt des Interviews diesen Entschluss nach wie vor vor sich selbst rechtfertigen muss, da er betont, wie ungewöhnlich dieser Schritt für einen Doktoranden sei:

Robert: [...] Switching research groups is a **very** unusual thing for a third year student to do. Very, very unusual and it's really a **measurement** of the kind of misery that can be associated with being a graduate student.[487]

Eine Arbeitsgruppe zu verlassen erscheint Robert nur dann gerechtfertigt, wenn die Situation sehr schlimm geworden sei. Robert äußert nicht, dass er persönlich Probleme mit seinem Betreuer gehabt habe, aber er berichtet von der Willkürlichkeit seines Professors, vor der er Angst gehabt habe und gegen die nichts habe ausgerichtet werden können:

Robert: [...] The previous research group I was in ---, there were a lot of reasons [there] that were a lot of personal problems. And strangely **none** of them were **really**, well, I had no direct problems with the professor. --- My **old** professor to this day --- has friendly exchanges with me when we meet in the hall and believes not completely unreasonable that I like him [...]. If I **knew** him outside of physics I probably would actually like him. He was however --- a **complete** tyrant [...]. I mean, although he wasn't really tyrannical toward **me** there [...] [were] a couple of other problems [that] facilitated my leaving the group.[488]

Robert sieht es so, dass sein vorheriger Professor seine Autorität sowohl innerhalb seiner Arbeitsgruppe als auch im Institut ausgenutzt habe. Schließlich

---

[487] Robert, 9-10.
[488] Robert, 10.

scheint es, als ob Robert doch noch etwas zu seinen persönlichen Gründen äußert:

Robert: [...] what happened in my case was --- beyond that he let the lab run as anarchy and in an anarchy --- if everybody agrees to work together for the good of all it can be very nice. If one person decides that the way to get ahead is by being ruthless then it becomes --- pretty savage. And we got a new postdoc in the lab who was --- basically from the ruthless staff. As a postdoc he had a little more authority than I did although that wasn't really what mattered. What mattered is he took it upon himself to make everybody else miserable. And things became so miserable that =it just wasn't good to stay anymore.[489]

Obwohl er diese Passage mit den Worten „was in meinem Fall passiert" einleitet, gibt es keine direkte Referenz zu seinem Betreuer. Vielmehr sei es die mangelnde Autorität gewesen, die es einem Postdoc in der Gruppe erlaubt habe, sich „skrupellos" zu verhalten. Mit gesenkter Stimme beschließt Robert seine Antwort mit dem Fazit: "[I]t just wasn't good to stay anymore."[490] Für Robert war es auch nach dem erfolgreich verlaufenen Wechsel noch schwierig, über diese Zeit zu sprechen.

5.2.5.6 Zwischenfazit zur Lehrzeit als Prozess

Die Lehrzeit als Prozess kann u. U. bereits vor Beginn der formalen Lehrzeit beginnen. Einige der Interviewten bewerten rückblickend ihre Erfahrungen in Forschungspraktika während der Zeit des Undergraduate-Studiums als eine wichtige Voraussetzung für ihre Aufnahme in eine Arbeitsgruppe an der Waterside University. Verschiedene Entscheidungen können als Beginn der eigentlichen Lehrzeit gewertet werden: Neben der Aufnahme in eine Arbeitsgruppe kann dies auch die Akzeptanz als Promotionsstudent/in an der Waterside University sein. In der mittleren Phase des Promovierens wird möglicherweise noch einmal neu über das zu bearbeitende Thema entschieden, Kontakte für weit reichende Zusammenarbeiten können geknüpft werden. Das Ende der Lehrzeit in der Physik ist durch das Ritual einer Promotionsprüfung gekennzeichnet. Der Kontakt zu der betreuenden Person und die Bewertung der Arbeit durch diese werden für die Aufnahme in die Zunft entscheidend. Störungen dieses idealtypisch nachgezeichneten Prozesses von der Vorbereitung, des Beginns, der mittleren Phase der

---

[489] Robert, 11.
[490] Robert, 11.

Konsolidierung und des Abschlusses einer Lehrzeit geben wichtige Hinweise auf die autoritären Bedingungen eines erfolgreich verlaufenden Prozesses. Die Äußerungen der Interviewten zeigen auf, dass Promovierende von ihren BetreuerInnen einerseits sehr abhängig sind, dass aber andererseits von ihnen in zunehmender Weise eine selbständige und eigenverantwortliche Durchführung physikalischer Forschungsprojekte erwartet wird. Erst wenn sie diese Verantwortung übernehmen, beginnt das Ende ihrer Lehrzeit als DoktorandInnen. Damit die verschiedenen Stadien der Lehrzeit erfolgreich durchlaufen werden können und das Promotionsstudium schließlich zum Abschluss für die DoktorandInnen führen kann, müssen *beide*, sowohl DoktorandIn und als auch BetreuerIn, ihre Arbeit bzw. ihre Form der Betreuung den beschriebenen jeweiligen Phasen entsprechend anpassen.

5.3   Das Gesellenstück: Die Dissertation als 'Grenzobjekt'

Während im vorherigen Abschnitt insbesondere auf das soziale Gefüge in einer 'Zunft' bzgl. ihres Ausbildungskonzeptes der 'Lehrzeit' eingegangen worden ist, widme ich mich in diesem Abschnitt dem *Produkt*, das während dieser Ausbildungsphase hergestellt wird: der Dissertation. Hierfür schließe ich an das Konzept des 'Grenzobjekts' von Star und Griesmer (1989) an. Die Herstellung von Grenzobjekten ermöglicht verschiedenen Gruppen, miteinander zu kollaborieren. Die Ziele, die aufgrund dieser Kollaborationen verfolgt werden, werden oft nur partiell geteilt. In diesem Abschnitt argumentiere ich, dass die Dissertation als ein solches Grenzobjekt verstanden werden kann, denn sie ist so angelegt, dass sie Kollaborationen erlaubt und erfordert, an denen u. a. BetreuerInnen, ForscherInnen und Promovierende beteiligt sind.[491] Zunächst jedoch betrachte ich zwei Ziele, die mit der Anfertigung einer Dissertation erreicht werden sollen: Sie soll zum einen einem *Ausbildungsziel* dienen, d. h. zur Erlangung eines Doktortitels wesentlich beitragen und zum anderen im Rahmen des selbst gesetzten Ziels der Zunft der Physik einen neuen *Beitrag zur physikalischen Forschung* liefern. Damit erfüllt eine Dissertation auch die Bedingung, als Publikation ein obligatorischer Bestandteil einer Statuspassage zu sein.[492] Der Text der Doktorarbeit stellt vielschichtige Verknüpfungen von Graphiken, Tabellen und Verweisen auf ande-

---

[491] Vgl. Vorherige Abschnitte. Im folgenden Kapitel wird darüber hinaus gezeigt, dass weitere Gruppen, die außerhalb des universitären Wissenschaftsbetriebes arbeiten, an den hergestellten Forschungsprodukten partizipieren können, wie beispielsweise die Medien, die Politik oder auch der Literaturbetrieb.

[492] Auch Star u. Griesmer (1989, 396) werten wissenschaftliche Publikationen als Grenzobjekte.

re Forschungsarbeiten und -ergebnisse her, zu denen auch Verweise auf Computerprogramme, Geräte, u. v. m. gehören.

5.3.1 Die Dissertation als Qualifizierungsarbeit

Die Herstellung der Dissertation stellt einen wesentlichen Beitrag dar, mit dem Promovierende eine Qualifizierung erlangen. Mit der Fertigstellung, Bewertung und Annahme der Dissertation wird die Überschreitung einer Grenze markiert, und zwar die der Qualifikation zum Wissenschaftler bzw. zur Wissenschaftlerin. Zu den Interviewten, die als vorrangiges Ziel des Promovierens die Erlangung des Doktortitels ansehen, gehört Ben. Er sagt, dass sein Projekt zwar mit anderen Interessen in Beziehung stehe, aber ab einem „gewissen Punkt" habe es nur noch das Ziel, als Doktorarbeit eingereicht werden zu können:

Ben: [...] [I'm] a lot more focused than [I'm used to and] even people [...] after they finish their thesis and go on to a postdoc or something like that [...].

Petra: So, you think that [now] you focus more on your work than a postdoc [does]?

Ben: Well, in the sense that now I have one thesis and that's it and I have to finish the thesis by a certain time. A postdoc is more, you know, has three or four things going on in collaboration [with] different people and a lot of times that involves going to another university at least for months at a time [...] to work, and it's also much more an integrated part of a research group. All I am doing [is that] at some point I have to do something **just** for myself to get a Ph.D. [...] [A] bulk of the work has to be put into a thesis form which probably doesn't help anyone but me.

[...]

Ben: It's related to an interest, but at some point it has to veer off on its own.[493]

Auch Andrew betont diesen Charakter der Dissertation:

Andrew: [W]hat I found is -- as an undergrad I just worked hard and got my degree and it was a set piece kind of thing. You just do and you get the results and then you're done. And suddenly you're in the world and you have to choose what you're going to do and -- and I

---

[493] Ben, 4-5. Diese Antwort ist Teil von Bens Erzählung auf die zweite Frage des Interviewleitfadens: „How would you describe your life as a student of physics?"

chose graduate school, but, as I say, it's a different milieu and after about a year [of] grad school I started to think, 'Wow, there are really a lot of things I could have done. This was only **one** of them.' And I didn't know [that] [...], because [...] my professors didn't really tell me and I thought there was only one thing you could do and that was **go** to graduate school. So, I think, if I had worked _. See, working is different [from] [...] graduate school. [...] [Y]ou can work for two years and [...] leave with honor and [...] say, 'I worked for two years at this company, did some good work and now I'm going to do something else.' Whereas you can't leave after two years of grad school with anything. You have no degree, you have nothing. You know, maybe you get a master's, but as I say here that doesn't mean very much, so _.[494]

Andrew hebt hier insbesondere hervor, dass während der langen Dauer des Promotionsstudiums keine zwischenzeitlich erreichbaren Abschlüsse erworben werden können. Dies führe dazu, dass ein/e Doktorand/in nicht nach zwei Jahren noch einmal neu über den Verbleib an der Universität entscheiden könne, sondern quasi gezwungen sei, bis zur Doktorprüfung die Arbeit fortzusetzen.

5.3.2 Die Dissertation als Beitrag zur physikalischen Forschung

Die Interviewten betonen aber nicht nur den Aspekt, dass Dissertationsprojekte ihrer Qualifizierung dienen, sondern auch die Anforderungen, die an diese Projekte gleichzeitig als Beitrag zur physikalischen Forschung gestellt werden. Damit umfasst eine Doktorarbeit auch die Darstellung, welches Wissen vor ihrer Erstellung noch *nicht* als etabliertes Wissen in der Physik gegolten hat und welches Wissen aufgrund der neu erarbeiteten Forschungsergebnisse möglicherweise in der Zukunft als etabliertes Wissen wird gelten können. Die Doktorarbeit stellt also eine Grenzüberschreitung zwischen etabliertem und bislang nicht etabliertem physikalischem Wissen dar. Interviewte, die diesen Aspekt ihrer Dissertationen betonen, kreisen in ihren Erzählungen um die Frage, welche Fragestellungen sie bearbeiten und ob eine zu Beginn des Projekts formulierte Fragestellung bearbeitet oder gar beantwortet worden ist. Im Folgenden unterscheide ich die Erzählungen der Interviewten anhand des Kriteriums, wie sie ihre zu bearbeitenden Fragestellungen lokalisieren: Es wird zwischen physikalischen, interdisziplinären

---

[494] Andrew, 8-12.

Fragestellungen und außerhalb der Disziplin der Physik formulierten Fragestellungen unterschieden.

5.3.2.1 Fragestellungen in der Physik

Petra: What was it what you think you haven't achieved and what was it you have achieved?

Ben: Well, basically I haven't achieved anything where it sort of gives a response to an initial question. I mean, I've sort of posed little model problems and come up with derivations and things like that, but I haven't really tackled the main thing that I was supposed to be considering [...] .

Petra: What was the main thing?

Ben: [...] ---- Basically coming up with a theoretical way of predicting how --- [...] So, there are a lot of sort of bulk properties [of a plasma] [...] related to how all is confined in terms of energy transport, particle losses, the temperatures, things that you're achieving. So, basically this project would be trying to --- from a very fundamental point of view trying to give some kind of broad answers to [how] these bulk properties [...] change when you change [...] the constituents of the plasma. [...][495]

Ben hat an zwei getrennten Projekten gearbeitet. Ihm ist nicht wohl dabei, beide zu einer Dissertation zusammenzufassen, wie es ihm sein Betreuer vorgeschlagen hat. Zudem glaubt er selbst nicht, dass das erste Projekt „irgendwohin" geführt habe. Da aber sein Betreuer vorgeschlagen habe, auch dieses Projekt in seiner Dissertation zu beschreiben, folgt er dessen Einschätzung, dass er mit diesem trotzdem ein Ergebnis erzielt habe. Die Bewertung des so erzeugten physikalischen Wissens überlässt Ben also an dieser Stelle seinem Betreuer, er scheint nicht anzustreben, dies selbst nachzuvollziehen oder zu entscheiden. Auch Steven hebt den Forschungscharakter seiner Dissertation stark hervor. Er denkt allerdings, dass er mit seinem Projekt eines der wichtigen, zentralen Probleme seines Forschungsgebietes bearbeite.[496] Aus einer ähnlichen Überzeugung heraus bezieht auch Robert die Motivation, an seinem Dissertationsprojekt zu arbeiten, aber er sagt, er müsse es nicht lösen, um einen Doktortitel zu erlangen, sondern nur „Licht auf etwas werfen, was wichtig ist":

---

[495] Ben, 13-14.
[496] Steven, 8.

Robert: You **go** in because you have a problem in mind. And I think in theory this problem can be solved and even if it can't be solved there are a lot of things we're going to get out of **trying** to solve it, because the **issues** associated with the problem are very important. I don't ex[pect] I'm gonna write a proposal as though I expected to **get** there, because why not? That's the direction I'm going, but I don't expect to be able to do [it] in [...] If somebody can do something like this ten years down the road and [...] my work turns out to be significant that would be wonderful. If **I** can do it ten years down the road that would be even **more** wonderful and if I can do it by the time I get a Ph.D. that would be inconceivable. But the **point** with the Ph.D. is not that you need to solve a problem. It simply [is] to demonstrate that you shed a great light on something that's important. Not a great deal. I mean, you shed some light (Laughs.) on something that's important.[497]

Diese relativierende Haltung, dass eine Doktorarbeit keine vollständige Antwort auf eine zu Beginn des Projekts formulierte Fragestellung geben muss, wird auch von George geteilt:

George: [...] I've never had a specific thesis topic per se, a thesis statement that is, a problem to solve, but I've always known what the topic would be and that [it] would be this particular experiment. It wasn't until this spring that I finally submitted my actual thesis proposal and [it] still wasn't a statement of 'I want to know, you know, why <phenomenon ___> did, you know, do something', or something like that. It was more just a <device ___> [...] experiment and I listed basically the kinds of goals. I had to measure the properties of the beam coming out of the accelerator, but it's not a question per se. It's not so well defined. I think that's more typical of experimental work.[498]

Seine Arbeit sei eine experimentelle, daher müsse er nicht „eine Frage an sich" beantworten. Damit entfernen sich Robert und George in diesen Erzählungen von der Vorstellung, dass die Physik eine analytische Wissenschaft sei, die auf vorgegebene Fragestellungen auf experimentelle oder theoretische Weise vollständige Antworten liefere. Jedes Ergebnis kann einen partiellen Beitrag zur Beantwortung einer Frage darstellen, ohne die letzte Antwort zu sein und in vielen

---

[497] Robert, 37-38.
[498] George, 14-16.

Fällen handelt es sich um Forschung einer bestimmten Richtung, die jedoch nicht nur mit einer einzelnen Fragestellung verbunden ist.

Eine Doktorarbeit, wie James sie in 'Totaler Teamarbeit' (vgl. 5.2.2) anfertigt, beantwortet ebenfalls eine nicht ausschließlich für dieses eine Projekt formulierte Fragestellung:

James: --- I see the thesis project determined by the best course our group could take --- scientifically. [...] I even spoke to the professor [...] about it. He said that work in our group doesn't center on only a good thesis topic, we're just doing good science and then the thesis should come naturally out of that. So I think what I do, my thesis, will be more like a group decision. Of course I could choose what I write up and how I analyze and things, but I think if it's gonna be a good thesis, the more it's in line with, with what scientifically [is] the best thing to do, which comes out of the discussion of our group, the thesis will be better. --- I don't think I could choose it so much now. --- I think choosing it is just a natural part of working in the lab, of a development of the research project.[499]

Solange die Dissertation einen Beitrag zu gemeinsamen Forschungsaufgaben des Teams leiste, so James' Perspektive auf sein Qualifizierungsprojekt, werde es auch eine gute Doktorarbeit werden: Sie werde „natürlich aus diesen Arbeiten hervorgehen". Der Grad der Kollaboration sei in seiner Arbeitsgruppe sehr hoch, so James, sowohl seine Arbeiten als auch seine Ideen gingen vollständig in der Teamarbeit auf. Die Dissertation stelle für ihn lediglich eine schriftliche Repräsentation eines Ausschnittes aus diesen gemeinsamen Forschungsarbeiten dar.[500] Auch Joe und Peter betrachten ihre Dissertationen jeweils eher als Ergebnisse von erfolgreichen Forschungsprojekten denn als Qualifikationsarbeiten: Wenn eine Fragestellung nicht in zufrieden stellender Weise bearbeitet werden könne, werde eine neue Idee verfolgt, so Joe.[501] Peter äußert:

Petra: Und dann würde ich gern wissen, wie's zu der Entscheidung gekommen ist oder wie sie getroffen wurde, dass du an diesem speziellen Projekt arbeitest für dein Examen?

Peter: [...] [D]ie Entscheidung ist eigentlich gar keine Entscheidung. Im Prinzip ist es, wie ich gesagt habe, das Experiment geht [...] Schritt

---

[499] James (1. Interview), 10. Diese Antwort gibt James auf die Frage 5 des Interviewleitfadens (vgl. Anhang 9.2.4).

[500] James (1. Interview), 8.

[501] Joe, 17.

für Schritt in eine Richtung, wo's hin will. Und da gibt' halt logische Sachen, die gemacht werden müssen.[502]

Peter betont, dass es um den Forschungscharakter seiner Arbeit ginge und nicht um das Ziel, eine Qualifikation zu erreichen. Hier hat das Experiment für Peter eine Eigendynamik, denn zu sozialen intersubjektiven Entscheidungsprozessen in der Arbeitsgruppe äußert er sich an dieser Stelle nicht.

5.3.2.2 Interdisziplinäre Fragestellungen

John erklärt, dass PhysikerInnen, die bereit seien, sich jenseits der „Mauern des Physikinstituts" zu begeben, interessante, interdisziplinäre Probleme bearbeiten könnten. Das sei das, was er getan habe, um zu promovieren:

John: [...] I actually doubt that it will be a growing field. [...] I think that for physicists maybe a good paradigm for how [to do research would be, P.L.] [...], if you're willing to bear adventure outside the walls of the physics department: you can find really interesting problems. I found a **really** interesting problem and I tackled it. [...] [T]here are problems about the same **type** lying around waiting for somebody to come and tackle. [B]ut [it should be] [...] somebody from [a] different discipline, because the biologists have been using a lot of traditional methodologies. [...] So, I think in general physicists. [T]he models that I have developed may be useful to explain certain transport characteristics of tumors. [...] [T]hey help to explain issues which [was] unresolved for long.[503]

Johns Metapher, dass ein solches Forschungsziel eine Menge „Abenteuer" bereithalten würde, fängt die Idee von Forschung als etwas Neuem, Unbekanntem, ein. Joe zeichnet die Veränderungen seines Verständnisses, was es bedeute, physikalisch zu forschen, nach. Er habe sich nach und nach in ein interdisziplinäres Forschungsfeld begeben:

Petra: OK. If you could freely decide which kind of research you could do in physics, what kind of research project would you choose or even design?

Joe: Well, now I've been biased. So, it's very hard, because ten years ago if you'd had asked that question _. Well, [...] let's say -- **five** years ago. **Then** I would have said, 'I'd like **money** please to sit in my room and to think about -- I don't know -- manifolds in the

---

[502] Peter, 20-24.
[503] John, 16-18.

universe. Just pay me regularly every month [...] and I'll do that.'
And I thought that would [be] the **best** thing. Of course I wanna
talk to people about it, but I [...] didn't have to **do** anything, but
just **write** and write and **think** and **write**. Then, +**now** today [...],
[...] we unfortunately have to **talk** of money to make this a concrete question, I think. Let's say [...] [I was given] [...] a million
dollars for the next five years, 'You can set up a research lab.
What you're gonna do?' [...] [Y]ou know you have to go by what
you **know**. [...] I mean, maybe there's some problem in astrophysics that I could solve with a million dollars, but I don't know about
it. But I would most probably try to tackle some biophysics problem [...] and of course most probably I would try to tackle some
form of disease. If not a protein disease like this then maybe [...]
something similar [...] of the same type of nature and [...] in **biophysics** I would say. That's what I would do today. [...] I would
ideally have a lab with people **working** on the whole range: experimental [work], computer work, and theory. I'd wanna have an
attack on all **fronts**. And of course [...] my focus would **not** be on
curing the disease. My focus would be understanding the under-
lying causes. [...] I don't know, if I were in charge of four brilliant
mathematicians, who knows, maybe I'd go back to writing
equations.[504]

Joe beschreibt, wie sich sein Verständnis physikalischer Forschung geändert habe. Ausgehend von der Vorstellung, dass nur die theoretische Physik wirkliche
Physik sei, sei er inzwischen der Ansicht, dass physikalische Forschung auch
außerhalb der Physik durchgeführt werden könne, sofern finanzielle Mittel dafür
vorhanden seien. Theoretische Physik könne, so sein Verständnis, in interdisziplinären Gebieten zur Anwendung kommen als ein Werkzeug, mit dem Probleme
bearbeitet oder gelöst werden könnten. Dies stehe seiner früheren Vorstellung
gegenüber, dass theoretische Physik darauf ausgerichtet sei, physikalische Fragestellungen ausschließlich mit Bezug auf das physikalische Theoriegebäude zu
beantworten. Obwohl er denkt, dass es auch diese Form der Physik weiterhin
geben könne, sieht er sich selbst nicht (mehr) in der Grundlagenforschung.

Auch Helen beschreibt ihr Forschungsprojekt als ein interdisziplinäres. Bereits
zu Beginn des Interviews spricht sie ein grundsätzliches Problem an, das für sie
mit dem Anspruch an eine Promotion auftritt: Für eine Dissertation müsse ein
recht „enges Thema" bearbeitet werden, obwohl sie lieber an einer breit ange-

---

[504] Joe, 26-27.

legten Fragestellung arbeiten würde.[505] Diese Spannung hat sie im Verlauf ihres Promotionsstudiums so gelöst, dass sie ein interdisziplinäres Thema gesucht hat:

Helen: [...] And, [the project is] definitely very interdisciplinary.
[...]
Helen: So, there's certainly computer science, there's certainly physics, and I'm hoping to also include biology. And for now it does involve some chemistry as well, because I've studied some aspects of pattern formations in chemical reactions. [...] So, I would say it's pretty broad.[506]

Das Besondere an Helens Fall ist – im Gegensatz zu den zumeist beschriebenen Entscheidungsprozessen, die zur Bearbeitung eines bestimmten Dissertations-projekts in einem Forschungsgebiet geführt haben –, dass Helen ihren Entschei-dungsprozess selbst gestaltet hat (vgl. Abschnitt 5.3.4).

5.3.2.3 Nicht physikalisch arbeiten, um einen Doktortitel in der Physik zu erwerben: ein Paradox?

Wie bereits beschrieben wurde, betrachtet George seine angestrebte Doktorarbeit als ein Ergebnis des gemeinsamen Forschungsprozesses seiner Arbeitsgruppe. Rückblickend sieht er seine ersten Beiträge zu diesen Arbeiten nicht als in be-sonderer Weise an der Physik orientierte Aufgaben an. Erst später sei er mehr in die physikalischen Fragestellungen involviert worden:

George: [...] I've been on this particular project since its inception [...]. I mean, that's not just a research area. That's a very particular experiment. My early work on it was not very physics-oriented. That was largely due in part to the fact that I wasn't trained yet. I didn't know enough to be able to contribute and that was frustrating. That was the first couple of years. In the two years subsequent to that I played a much more involved role in the physics of that experiment and making it work. I've always known that that experiment would be my thesis, but it wasn't until very recently that I was forced to designate very precise goals about how much I wanted to achieve. It's **open**. My, the experiment is open-ended in the sense that the output from this small accelerator will be used later on for other experiments. So, there's always gonna be more

---

[505] Helen, 1.
[506] Helen, 20-21.

work to be done and it was just a question of the limit, delineating what was part for my particular thesis.[507]

Um vor sich selbst und möglicherweise innerhalb der Gruppe sowie gegenüber seinem Betreuer mehr Wertschätzung seiner Beiträge zum Forschungsprojekt der Gruppe zu erfahren, strebt George an, Aufgaben zu bearbeiten, die die Kriterien der Zugehörigkeit zur Physik erfüllen. Auffallend ist, dass George sich als Physikdoktorand betrachtet, aber seine Aufgaben als außerhalb der Physik liegend bewertet. Die Grenzkriterien zur Unterscheidung von physikalischen von nicht physikalischen Aufgaben scheinen durchaus mitten durch das Aufgabenfeld innerhalb einer physikalischen Arbeitsgruppe verlaufen zu können.

Bezogen auf das von Gieryn (1994) formulierte 'Boundary Problem' zeigt dies, dass Grenzen zur Unterscheidung von physikalischen und nicht physikalischen Aufgaben sogar innerhalb der Scientific Community der Physik existieren. Dies kann im Verlauf des Promotionsstudiums zu einem Ausschlusskriterium für einzelne Personen werden, die diese „nicht physikalischen Aufgaben" bearbeiten. Nicht zufällig strebt George daher an, andere Aufgaben als die, die er zu Beginn seiner Mitarbeit in der Gruppe zugewiesen bekommen hat, zugewiesen zu bekommen. Erst diese späteren Aufgabenstellungen sind es, die als Qualifikationskriterien für einen Doktortitel in der Physik bewertet werden.

5.3.3   Die Geschlechtskonnotation des Doktortitels

Der Zugang von Frauen zur Physik wird in diesem Abschnitt als Grenzüberschreitung einer sozialen Gruppe betrachtet. Die historisch erst seit Beginn des zwanzigsten Jahrhunderts in größerem Umfang ermöglichte Beteiligung von Frauen an der Physik trägt nach wie vor dazu bei, dass der Doktortitel dieser Disziplin überwiegend von Männern erworben und damit männlich konnotiert ist. Hierauf weisen auch Erzählungen in den von mir erhobenen Interviews hin. Im Folgenden stelle ich drei Interviewausschnitte vor, in denen thematisiert wird, dass weniger Frauen als Männer einen Doktortitel erwerben. Dieser Aspekt wird von den InterviewteilnehmerInnen in sehr unterschiedlicher Weise angesprochen. Von Robert wird dies eher beiläufig zu zwei verschiedenen Zeitpunkten des Interviews erwähnt; Ann betrachtet es als positiv, durch ihre eigene Beteiligung an der der Physik zur Erhöhung des Frauenanteils dieser Profession beizutragen; Helen hat sich mit der Frage, warum so es wenige Physikerinnen gibt, ausgiebi-

---

[507] George, 15.

256

ger befasst und erläutert ihre Gedanken und Überlegungen dazu entsprechend ausführlich.

Im Rahmen seiner Erläuterung, an welchem Forschungsprojekt er arbeite, äußert Robert, wie wichtig es sei, ein Problem aus verschiedenen Perspektiven zu betrachten. In diesem Zusammenhang betrachtet er als vorteilhaft, wenn Frauen und Männer oder auch Personen aus unterschiedlichen Kulturen gemeinsam an einem Forschungsprojekt mitarbeiten:

Robert: I'm studying heart tissue.

Petra: Heart tissue. OK.

Robert: And some heart tissue is disease, but I'm not studying the disease process. I'm not even **really** so much studying the cells. It **turns** out that for a physicist --- if you're a biologist and you wanna look at heart tissue, you say, 'OK. I wanna see the cells and then I wanna see the matrix the cells live in and then in the cells we'll talk about some, some pulses and channels in the processes and in the matrix we'll talk about some ions and some chemistry.' **Physicists** obviously don't **think** that way. It's another example of diversity. *Just like, I think, different sexes and different cultures, I think, you ought to bring _. On any* **problem** *you ought to bring the various many disciplines as you can.* **Physicist** *sees a chunk of* **anything**. One of the first things he's going to ask about is the macroscopic properties. You see a chunk of glass, you don't think in terms of necessarily chemical bonds between the silicon and the oxygen, **you** think in terms of the fact that there's gonna be some uniform macroscopic interaction between **that** glass and **light** --- which you can **model** and assign to the glass an index of diffraction. You can assign to a semi-conductor a conductivity tensor and even an index of a fraction tensor. And --- **that** is the kind of thing we're trying to do with heart tissue, because the **heart** beat is a process where a small region of the heart puts out an electrical pulse and that pulse propagates without interference through the rest of the heart tissue. [...][508]

Robert sieht es als gegeben an, dass Unterschiede zwischen den Geschlechtern bestünden und stellt diese Differenz nicht infrage. Vielmehr geht er von einer Geschlechterdifferenz aus und setzt vor diesem Hintergrund unterschiedliche Zugänge zu einer Fragestellung voraus, analog zu unterschiedlichen disziplinären Zugängen zu einer Fragestellung. Allerdings geht er an dieser Stelle des Inter-

---

[508] Robert, 29-31.

views nicht darauf ein, worin diese Unterschiede bestünden. In seinem abschließenden Kommentar zu dem geführten Interview ordnet Robert dem Doktortitel eine Geschlechtskonnotation zu, indem er auf die „sexistischen Wurzeln" dieses Titels hinweist:

Petra: Do you have any comments or critique of the interview?

Robert: (Long pause.) [...] Actually, I don't really know entirely what you're trying to do with this project. One of the reasons that -- I liked the idea despite -- I think [that] almost anyone doing research is happy to find someone willing to listen to him talk about (Laughs.), but over and above that I think it's really important to understand how physics, how science presents society. It's becoming more and more important, because I think there is beginning to be more and more alienation between science and society. Partly at the level of now where I think in some sense *men of knowledge* to – *I'll illuminate our sexist roots a little bit. Men of knowledge used to be given a great deal of respect simply because they **were**, they **have** a Ph.D., gave him more respect. Now, when you're **young** your peers consider you a geek because you know more than they do, sometimes it's justified, because they're other social things that go along with it, but that doesn't seem to be necessary. You're a geek simply if you know more than other people in the good of science.* And when you're **older** I think there is this attitude that scientists are somehow these free-loaders who are living off of the tax money of hard working Americans [...].[509]

Robert nimmt auf die „sexistischen Wurzeln" des Doktortitels nur mit einem Stichwort Bezug, um dann nahtlos dazu überzugehen, dass das Verhältnis zwischen Wissenschaft und Gesellschaft problematisch sei. Dies sei auch einer der Gründe für seine Teilnahme an der Interviewstudie gewesen. Er erhofft sich, dass die Gesellschaft durch eine soziologische Arbeit über PhysikerInnen mehr Einblick in die Wissenschaft erlange. Die Wissenschaft, so seine Einschätzung, werde derzeit auch wegen ihrer „sexistischen Wurzeln" nicht mehr so hoch angesehen.

Eine der interviewten Doktorandinnen, Ann, ist sich der Situation bewusst, als Frau einer Minderheit in der Physik zugerechnet zu werden. Sie verbindet dies jedoch in positiver Weise mit ihrer Entscheidung, Physik als Studienfach gewählt zu haben und versteht dies als etwas Positives:

---

[509] Robert, 45-46.

Ann: [...] I liked the problem solving that goes along with physics. [...] I like doing experiments, because I like being able to sort of work with my hands too, as well as just [...] let's see. I thought about, *when I was in college and thinking about going to graduate school, I thought about the fact that there are so few women in physics and it will be kind of --- nice to contribute to there being more women. I, I don't --- I **really** don't know how much that was a factor or even **if** it was a factor in deciding to go to graduate school, but it was something I thought about.* I don't know, (Laughs.) [...] I don't, I --- I, I certainly don't think it was a **big** factor. It might have been a small factor. I'm not really sure, but --

Petra: Have you discussed this point with others?

Ann: Mmm, not, well --- Yeah, a couple other people, not much. So I don't think it was a big factor that's --- I think even without that I probably would have decided to ---[510]

Bereits vor Beginn ihres Graduate-Studiums war sich Ann ihrer kommenden Situation als Frau in der Physik bewusst. Sie dachte darüber bereits als College-Studentin nach und erinnert sich an ihre Gründe, Physik als Disziplin gewählt zu haben. Sie nennt hier neben ihren Fähigkeiten, die sie für ein Physikstudium qualifizieren, auch ihre Situation als Frau in einem von Männern dominierten Fach. Sie hatte eine positive Einstellung dazu, zu dieser Gruppe zu gehören, misst diesen Überlegungen aber in der Retrospektive kein großes Gewicht zu. Eine umgekehrte Aussage eines Doktoranden, dass er Physik studiert habe, um einen Beitrag zur Erhöhung des Männeranteils zu leisten, lässt sich in den Interviews erwartungsgemäß nicht finden. Auch andere Studien geben Hinweise darauf, dass solche zusätzlichen Überlegungen bis heute eher von Frauen angestellt werden, die sich in ein Wissenschaftssystem begeben, in welchem es bis heute keine Selbstverständlichkeit ist, gleichberechtigten Zugang zu allen Bereichen zu haben.[511]

Im Rahmen der Frage, wie sie ihre Entscheidung für das Forschungsgebiet getroffen habe, in dem sie jetzt ihre Dissertation anfertige, äußert Helen sich auch zu der Frage, warum so wenige Frauen Physikerinnen seien und welche Strategien sie möglicherweise innerhalb der Disziplin verfolgen, um erfolgreich zu sein:

Helen: And my advisor is +**very** nice and he's probably the nicest person I met at Waterside University and that +really did factor into my research group decision, to make sure that I was gonna be in a

---

[510] Ann, 2.
[511] Vgl. z. B. die Studie von Bailyn (1987) über männliche und weibliche IngenieurInnen.

situation with **nice** people whom I could enjoy interacting with socially as +well. 'Cause the last thing I wanted to do was [to be] somewhere every day and [to] be with people I didn't +like. So, that was **really** a big factor as well, being around people who I **thought** were nice people. So, I don't know if that's more for women than men either. I, I'm not sure, but _.

Petra: You don't know or do you think that this is the case or_?

Helen: I think that for **women**, they appreciate having people who they can enjoy as people more than men. Whereas men might tend to look at a research group more as a job. I think women tend to wanna have a **positive** environment that they're in more so than men do.

Petra: You think that this is more important for them to make the decision than the field they're in?

Helen: +I bet that it's a little bit of both. Yeah, yeah. I know some women who said, 'This is a field I wanna study. So, I'm gonna work with this professor and he's a jerk, but I'm working for him.' And there are some women I know who say, 'Well, I wanna study this field and I've only met jerks. So, I'm gonna work with them anyway.'

Petra: (Laughs.)

Helen: But, *I don't see the men so much saying, 'Oh, this guy is a jerk.' I just see them saying, 'Oh, I gotta work hard.'* So, I think that, you know, it's more of an issue to be comfortable in your day-to-day situation for women. So, I guess it probably factors in for **some** people. I mean, it certainly factored into **my** decision, right? [Otherwise] [...] maybe I'd be doing atomic physics. So, _.[512]

Sie gibt auf mehreren Ebenen Erklärungsversuche: Möglicherweise würden Frauen stärker als Männer auf ein positives soziales Umfeld bei der Entscheidung für eine bestimmte Arbeitsgruppe in der Physik achten; Frauen würden eventuell offener als Männer äußern, dass der Leiter einer Arbeitsgruppe ein „Blödmann" sei oder nicht. Diesen Fragen nach geschlechterspezifischen Differenzen folgt eine klare Ablehnung biologischer Erklärungsmuster. Helen sieht die Ursachen für die unterschiedliche Beteiligung von Frauen an der Physik als „kulturelle" an und begründet dies damit, dass weltweit die Beteiligung von Frauen an den Wissenschaften sehr schwanke. In europäischen Ländern hänge es eher von der Zugehörigkeit zu einer bestimmten Schicht ab, ob Frauen studierten oder nicht, in den USA sei es eine Frage der Zugehörigkeit zum Geschlecht:

---

[512] Helen, 14-15.

260

Helen: [I]t's an issue that I'm very interested in and I'm certainly, I've **done** a lot of stuff to try and figure out the differences between men physicists and women physicists and maybe why women **don't** really go into physics. You know, and I think a lot of that is a cultural issue, because if you go to Italy or Spain or other European countries you find that there are a lot of women physicists **there**. And you come **here** and there are very **few**. And, I think that in European countries it tends to be more of a **class** issue whether you got to school or +not. And so if you're higher class you're expected to go to the university and you have the freedom to choose whatever you're gonna study. Whereas in the U.S., I think it's more of a sex issue and they say, 'If you're a **woman** you should study **soft** sciences or **social** sciences. And if you're a man you should be an engineer.' So, I, I think, that that's a **cultural** issue that contributes to it.[513]

Helens Frage, ob Frauen für die Auswahl ihres Betreuers oder ihrer Betreuerin eher auf „Persönliches" achten würden als Männer, kann mit der vorliegenden Studie nicht beantwortet werden. Einige quantitativ ausgerichtete Studien haben aufgezeigt, dass Frauen in naturwissenschaftlichen Fächern innerhalb von Instituten häufig zu einem bestimmten Betreuer oder einer bestimmten Betreuerin gehen.[514] In anderen Arbeitsgruppen dagegen findet sich keine einzige Frau. Dies unterstützt die Argumentation, dass die Ausbildungsphase des Promotionsstudiums stark informelle Aspekte aufweist.

Mein Anliegen ist hier, anhand dieser Beispiele aufzuzeigen, dass die Interviewten sich ohne explizite Nachfrage dazu äußern, dass Frauen zu einem geringeren Anteil den Doktortitel in der Physik erhalten als Männer. Aufgrund des informellen Charakters der Ausbildungsphase der Promotion, die ich als Lehrzeit charakterisiert habe, stellt sich die Frage nach der Beteiligung von Frauen an dieser Disziplin m. E. auf folgende Weise: Die Abhängigkeit eines 'Lehrlings' von seinem 'Meister' in finanzieller und persönlicher Hinsicht ist sehr groß. Ein formaler Ausbildungsvertrag, in dem Rechte und Pflichten beider Vertragsparteien mit Rücksicht auf gegenseitige Interessenslagen geregelt werden, existiert nicht. Rechte und Pflichten hinsichtlich des informellen Arbeitsvertrages sind in ungeschriebenen Regeln festgehalten. Allein die besondere Stellung von Personen, die als Minderheit in einem Ausbildungsfeld angesehen werden, legt es nahe, deren oft vermeintliche Besonderheiten hervorzuheben und diese als Grund für

---

[513] Helen, 15.
[514] Etzkowitz et al. (1994).

die geringe Beteiligung einer solchen Gruppe anzusehen. Obwohl Frauen um die Wende zum 20. Jh. zum Universitätsstudium zugelassen wurden, ist der Doktortitel nach wie vor männlich konnotiert. Wie Robert sagt, habe der Doktortitel „sexistische Wurzeln", da er mit dem Bild von „Männern des [wissenschaftlichen, P.L.] Wissens" assoziiert sei. Aus dieser Perspektive ist es naheliegend, die Frage nach der Beteiligung von Frauen an der Physik nicht vornehmlich als eine Frage nach Verbesserungsmöglichkeiten der sozialen Atmosphäre an den Institutionen zu stellen, sondern als eine Frage danach, welche Personen von Professorinnen und Professoren in die Zunft aufgenommen werden. Es stellt sich nicht so sehr die Frage, ob Frauen in gleicher Weise Physik betreiben können wie Männer. Die Frage nach der Beteiligung von Frauen sollte vielmehr folgendermaßen an die BetreuerInnen, d. h. im hier dargelegten Sinne an die Mitglieder der Zunft gerichtet werden: Wie kann eine gleichberechtigte Beteiligung an dem soziokulturellen Wissen der Physik von verschiedenen Gruppen erreicht werden? An wen wird dieses Wissen im Rahmen einer Lehrzeit weitergegeben? Welche Gruppen sollen dieses Wissen über die Herstellung von physikalischen Forschungprojekten weitertragen? Welche Personen werden in die 'Zunft' integriert?

5.3.4   Wem gehört das physikalische Wissen?

Während der Phase des Promovierens wird das Expertenwissen über die Physik nicht denjenigen zugesprochen, die sich in der Ausbildung befinden. Obwohl DoktorandInnen ihre Projekte zunehmend in Eigenverantwortung durchführen und obwohl sie als einzige AutorInnen ihrer Dissertationen auftreten und z. T. auch AutorInnenschaft für die Veröffentlichung von Ergebnissen in Zeitschriften beanspruchen, sind ihre Forschungsprojekte dennoch i. d. R. in ein größeres Forschungsprogramm ihrer BetreuerInnen eingebunden. Konsequenterweise wird das hergestellte Wissen als etwas angesehen, das ExpertInnen besitzen. Ein teilweiser Besitz dieses Wissens wird durch die Doktorarbeit selbst und durch Veröffentlichungen dokumentiert, d. h. sie ist der soziokulturelle Ort für Verhandlungen der Grenze zwischen denen, die das physikalische Wissen besitzen und denen, die es nicht besitzen.

Im Folgenden präsentiere ich Erzählungen aus dem Interview mit Helen über ihre Vorstellungen von der Physik. Ihre Kriterien, die sie für ihren Entscheidungsprozess für eine bestimmte Arbeitsgruppe anführt, weisen darauf hin, dass sie für sich selbst den Besitz physikalischen Wissens beansprucht. Dies geht Hand in Hand damit, dass sie auch für sich selbst als Person Rechte eingefordert bzw. darauf geachtet hat, dass ihr diese Rechte nicht durch ihre zukünftigen BetreuerInnen abgesprochen werden. Dies war ihr Auswahlkriterium für eine Arbeitsgruppe, wie sie rückblickend im Interview schildert. Helen erhielt zu Beginn des Promotionsstudiums ein Stipendium für drei Jahre. Sie sagt, sie habe sich diese drei Jahre über Zeit gelassen, eine Arbeitsgruppe an der Waterside University auszuwählen. Ihr Weg sei „kein direkter"[515] gewesen: Zweimal habe sie sich gegen eine bestimmte Arbeitsgruppe entschieden, obwohl diese jeweils auf Forschungsgebieten gearbeitet hätten, in denen Helen bereits Erfahrungen gesammelt hatte. Im Verlauf ihres Entscheidungsprozesses habe sie ihre Überzeugungen hinsichtlich ihrer eigenen Fähigkeiten, physikalisch forschen zu können, verändert. Schließlich habe sie zwei ProfessorInnen gefunden, die in einem Gebiet arbeiteten, in dem sie erst während des Promotionsstudiums Erfahrungen im Rahmen eines kurzen Forschungsprojekts gesammelt habe. Dieses Forschungsprojekt habe sie selbst konzipiert, so dass sie auch das in der Folge entstandene Wissen zumindest teilweise als ihr eigenes habe ansehen können. Ihre Entscheidungsschritte und -kriterien präsentiert sie folgendermaßen: Als sie an die Waterside University gekommen sei, habe sie die Absicht gehabt, in der Atomphysik zu promovieren und Kontakt mit den entsprechenden Arbeitsgruppen am Institut aufgenommen:

Helen: So, I thought that when I came **here** I would continue doing that experimental atomic physics work. [...] There were two professors and I really didn't connect with [...] them and I think that there is a big tendency [...] to view your graduate students who do research for you more as [...] your slaves than as people whom you're **paying** to do work. [...] I was very turned off, because those professors that I talked to here kind of had that attitude if **they** take me as a student I'm gonna be working as **much** as they want and so they say [...], 'OK. You can go home and eat dinner,' or something. So, I didn't think that it was fair at all plus as I said earlier, I have **so** many other interests. I like to go mountain biking, I like to swim, [...], I like to listen to music and read books, write poetry, all kinds of things, that I felt that going with these groups would really limit all other aspects of my life and I definitely didn't want that. So, I was very turned off. So, I said, 'OK. I'm not gonna do atomic physics.'[516]

---

[515] Helen, 10.
[516] Helen, 7-8.

Helen beschreibt hier, dass ihre Vorstellung von sich selbst als Angestellte und Studierende in vollkommenem Kontrast zu den offensichtlichen Ansichten der Leiter zweier Arbeitsgruppen gestanden hätten. Sie hätten ihre DoktorandInnen als „Sklaven" betrachtet und nicht als Personen, die sie für ihre Arbeit bezahlen. Die Vorstellung, dass sie möglicherweise nicht zum Abendessen gehen kann, wann sie will, sondern erst dann, wenn ein Professor es erlaube, vermittelt ihre Angst, dass ihr/e BetreuerIn willkürlich über ihre Zeit entscheiden könnte, nachdem sie eingewilligt hat, in seiner bzw. ihrer Arbeitsgruppe mitzuarbeiten. Sie sagt, sie habe sich schließlich nach einem Gebiet umgesehen, das thematisch eng mit ihren bisherigen Interessen in Zusammenhang gestanden habe und entsprechende Lehrveranstaltungen besucht. Aber auch dort habe sie nicht den Eindruck gewonnen, als Person angesehen zu werden:

Helen: [...] [O]ver there I got even a **worse** feeling that I would be like in a prison as opposed to being treated as a **person**. [...] [I]t's **not** that these professors are **not** doing the same with their own life. It's like **they** work very hard and they don't **have** outside interests. So, they would come in very early in the morning and leave very late at night if +not early the next morning. So, it's not like they're asking their graduate students to do something that they're **not**, but it just certainly wasn't me. It's **not** that I wasn't interested in the subject, but it certainly wasn't the person that I was and I knew that I would **not** be happy in a situation like that. So, I said, *'OK. Well, I'm not gonna do nonlinear optics either.'* (Laughs.)[517]

Im vierten Kapitel habe ich bereits beschrieben, dass Helen sich selbst zunächst als experimentelle Physikerin gesehen hat, bevor sie ein selbst konzipiertes Forschungsprojekt durchgeführt habe, das vorwiegend theoretisch orientiert gewesen sei. Sie hebt hervor, dass dies etwas Besonderes für Promovierende der Physik sei:

Helen: So, we did an empirical study. We asked a bunch of practicing physicists to answer some basic questions about physics that were all memory questions. We gave them **very** short time, so it would only be memory. And then we did a statistical analysis and compared our empirical results to the statistical analysis. So, it was, (Laughs.) well, +off the wall, but I think people appreciated that, too, and also appreciated the fact that *we had chosen our* ***own***

---

[517] Helen, 11.

> *problem whereas most graduate students get given a problem by*
> *people.*
Petra: How_? So, did you do this work within your research group already or outside?
Helen: No, no. No, it was outside.[518]

Mit dieser Erfahrung, eigene Ideen umgesetzt zu haben, habe sie die Suche nach einem Promotionsprojekt begonnen, das auf ihren eigenen Ideen basiert habe. Sie habe angefangen, mehr Literatur in dem gewählten Gebiet zu lesen und Ideen für ein Projekt zu entwickeln. Gleichzeitig habe sie sich auf die Suche nach einer Person begeben, die ihr Projekt betreuen würde. Schließlich habe sie einige PhysikerInnen gefunden, die in einem Computerlabor außerhalb des Physik-Departments an der Waterside University zu dem entsprechenden Thema gearbeitet hätten und die sich damit einverstanden erklärt hätten, sie als Promotionsstudentin in ihre Arbeitsgruppe zu integrieren. Da sie aber, um einen Doktortitel in der Physik erlangen zu können, auch eine Betreuung an diesem Institut habe finden müssen, habe sie auch noch einen Physikprofessor überzeugt, sie zu unterstützen.[519] Sie sagt, dass sie rückblickend sehr froh darüber sei, sich soviel Zeit für ihre Entscheidung gelassen zu haben. Sie habe „überall" gesucht, als betreuende Personen für ihre Doktorarbeit seien nicht nur ProfessorInnen am Physikinstitut infrage gekommen, sondern auch Personen aus anderen Instituten. Der institutionelle Rahmen war jedoch mit ihrer Akzeptanz als Promotionsstudentin an der Waterside University auf diese Institution beschränkt.[520] Die Vorsicht, die Helen bzgl. ihrer Wahl einer Arbeitsgruppe schildert, ist beeindruckend. Die lange Zeit der Entscheidung wiegt eine Fehlentscheidung sicher auf, wenn im Vergleich dazu die mit Angst besetzten Erzählungen von Joe und Robert über den Wechsel ihrer Arbeitsgruppe bzw. eines Betreuers oder einer Betreuerin betrachtet werden.

In Helens Darstellung spiegelt sich nicht nur ihr Selbstverständnis als Physikerin wider, sondern auch ihre Vorstellungen von der Physik als Disziplin. Sie möchte als „Person" behandelt werden, die Rechte hat und ihre Interessen nicht der Physik als Wissenschaft unterordnen muss. Sie äußert, dass sie als Promovierende von ihren BetreuerInnen und deren Einstellung ihr gegenüber abhängig sei. Ihre Ansicht, dass auch sie selbst eine physikalische Fragestellung formulieren könne, die es wert sei, als Grundlage für eine Doktorarbeit betrachtet zu werden, bildet im Rahmen der vorliegenden Untersuchung die einzige Ausnahme. Diese

---

[518] Helen, 12-13.
[519] Helen, 13.
[520] Helen, 13-14.

Perspektive, dass sie auch ein eigenes Projekt als Dissertation verfolgen könne, impliziert, dass sie sich selbst als Expertin dieses Projekts und des Wissens über dieses Projekt versteht. Das physikalische Wissen „gehört" also zumindest partiell ihr selbst. Ihre BetreuerInnen betrachtet sie demzufolge eher als BegleiterInnen ihres Projekts denn als IdeenstifterInnen oder -besitzerInnen. Mit der Umsetzung eines eigenen Projekts begibt sie sich aus der Abhängigkeit einer Lehrsituation teilweise hinaus. Dies steht deutlich im Kontrast zu dem, was die Mehrheit der von mir Interviewten mit Bezug auf das Eigentumsrecht an physikalischem Wissen formuliert. Gleichzeitig weist Helen aber mit ihren Erzählungen auch darauf hin, wie schwierig es ist, einen Weg für die Umsetzung einer eigenen Projektidee in der Physik zu finden. Typisch ist, dass Promovierende sowohl fachlich als auch als Person sehr abhängig von Ihren BertreuerInnen sind. Stellvertretend sei hierfür eine Passage aus dem Interview mit Philip angeführt:

Petra: [...] So, how was the decision made that you are working on this particular project?

Philip: I chose, oh I chose my advisor more by personality than by anything else -- and -- [...] There were several professors who had written some papers that sounded interesting and of **those** I picked the one with [whom] [...] I got along [...] **best** [...] and I liked the personality the most. *And the **project** I'm working on [...], well was entirely **his** idea.* [...][521]

Auch hier kommt wiederum zum Ausdruck, dass die Idee für das Forschungsprojekt der Dissertation, das Philip bearbeitet, von seinem betreuenden Professor kommt und nicht von ihm selbst. Diese Perspektive hat zur Konsequenz, dass die Arbeit als zugehörig zu den Arbeiten des Professors gerechnet wird und nicht als intellektuelles Eigentum des Doktoranden angesehen wird.

5.4   Fazit

Die Konzepte der 'Lehrzeit' und der 'Zunft' zur Weitergabe von professionellem Wissen und Fähigkeiten können weit in die Historie zurückverfolgt werden: Schriftliche Niederlegungen von Regeln für diese Form der Ausbildung finden sich u. a. in den Gesetzen des Hammurabi wieder. Auch wenn heutige Erziehungsinstitutionen stark von einer formal geregelten, gleichberechtigten Ausbildung in standardisierterer Form geprägt sind, haben die Konzepte der 'Lehrzeit' und der 'Zunft' nach wie vor nichts an Aktualität eingebüßt. Allerdings werden

---

[521] Philip, 11.

sie nur selten en détail in der Hochschulforschung betrachtet. Das Konzept der 'Lehrzeit' wird weder in der heutigen sozialwissenschaftlichen Forschung noch in der für die vorliegende Arbeit als Rahmen für theoretische Bezugspunkte gewählten 'Wissenschaftsforschung' in größerem Umfang herangezogen, um die Ausbildung von NaturwissenschaftlerInnen zu analysieren. Wie die Auswertung der Interviews mit DoktorandInnen der Physik an der Waterside University in dieser Studie ergeben hat, kann dieses Konzept jedoch durchaus als ein integrierendes bzgl. der Organisation der Physik als Disziplin angesehen werden.

Zu den Regeln der Zunft gehören diejenigen des Empfehlungssystems. ProfessorInnen als etablierte Autoritäten der Zunft der Physik sprechen Empfehlungen für DoktorandInnen aus: Sie weisen auf unbesetzte Positionen hin, formulieren informelle mündliche Empfehlungen für KollegInnen und formale Empfehlungsschreiben. Dies wirkt sich für Promovierende zum Vor- oder zum Nachteil aus. Empfehlungen ermöglichen einen Zugang zu Universitäten trotz verstrichener Bewerbungsfristen, sie ermöglichen einvernehmliche Wechsel von einer Arbeitsgruppe in eine andere. Das Empfehlungssystem wirkt aber auch disziplinierend und arbeitet mit unausgesprochenen Drohungen. Möchte ein/e Doktorand/in seine/ihre bisherige Arbeitsgruppe aus persönlichen Gründen verlassen, so muss er/sie befürchten, dass die Loyalität unter den etablierten Mitgliedern der Zunft größer sein könnte als das Interesse, ihn/sie als Doktoranden/in auszubilden. Unter den neunzehn DoktorandInnen schilderten zwei einen Wechsel unter schwierigen Voraussetzungen, zwei konnten auf unproblematische Weise wechseln. Ein Doktorand der beiden Letzteren hat sich das Empfehlungssystem zunutze machen können, um an die Waterside University zu gelangen, obwohl er zuvor Doktorand in einer konkurrierenden Arbeitsgruppe in dem gleichen Forschungsgebiet in einem anderen Land gewesen war.

Der Prozess der Ausbildung zum Physiker oder zur Physikerin wird nach dem College-Studium mit einem Graduate-Studium fortgesetzt. Diese Ausbildungsphase, in der sich die Interviewten zum Zeitpunkt meiner Erhebung befanden, ist im vorhergehenden Kapitel 4 als informell organisiert charakterisiert worden. Die zu lösenden Aufgabenstellungen sind in dieser Phase offen, Lösungen und Ergebnisse vorher nicht bekannt. Dies steht im Gegensatz zur formellen und standardisierten Ausbildung im College. Die in diesem Kapitel verwendeten Konzepte der Lehrzeit und der Zunft ermöglichen es, die informelle und flexible Ausbildungsstruktur während des Graduate-Studiums analytisch näher zu fassen. Das Promotionsstudium kann als ein Prozess mit unterscheidbaren Phasen einer Lehrzeit betrachtet werden. Jede Phase wird durch die Bewältigung bestimmter Aufgaben und durch eine bestimmte Vorstellung von der Physik charakterisiert.

Vor bzw. direkt zu Beginn des Promotionsstudiums wird die Aufgabenstellung für die Dissertation ausgehandelt. Es werden u. U. beständig Diskussionen zwischen Promovierenden und BetreuerInnen geführt, die zu Vorentscheidungen über das zu bearbeitende Thema und die zu bewältigenden Aufgaben beitragen. In der Anfangsphase der Mitarbeit in einer Arbeitsgruppe gewinnen DoktorandInnen darüber hinaus einen Einblick in die Arbeitsorganisation innerhalb einer Forschungsgruppe. Verhandelt wird hier, zu welchem Wissen der Doktorand oder die Doktorandin Zugang erhalten wird bzw. an welcher Nahtstelle der Grenze zwischen etabliertem und nicht etabliertem physikalischen Wissen das Dissertationsprojekt angesiedelt sein soll. Die mittlere Phase des Promovierens ist teilweise durch eine Erweiterung des Personenkreises gekennzeichnet, von dem die Promovierenden lernen und mit dem sie kooperieren. Die Bearbeitung der Fragestellung und das Auffinden von Lösungen ist Aufgabe der DoktorandInnen. Ist diese Form der Bearbeitung weiterführend, was in der Regel von der betreuenden Person entschieden wird, so führt dies zur Promotion. Finden sich keine Lösungen für eine Aufgabe, so muss die Fragestellung verändert oder aber sogar ein neues Projekt begonnen werden. Im Verlauf dieser Form der Ausbildung werden die DoktorandInnen i. d. R. zunehmend unabhängiger von ihren LehrerInnen. Die Endphase der Promotion ist durch die zunehmende Übernahme von Verantwortung für das Projekt durch den oder die DoktorandIn gekennzeichnet. Mit der abgeschlossenen Promotion wird der Doktortitel als Qualifikation für die Zugehörigkeit zur Zunft erworben. Diese Entscheidung fällt ein Gremium bestehend aus dem oder der Betreuer/in gemeinsam mit weiteren etablierten ExpertInnen der Zunft. Die Hierarchie zur Vermittlung physikalischen Wissens sowie der Wille zur Weiterqualifikation der Promovierenden gehen Hand in Hand damit, dass die „wahre Physik" immer erst hinter der nächsten, noch zu überwindenden Qualifikationshürde wartet. So beschreiben einige der Interviewten bspw. ihre veränderten Vorstellungen von der Physik, nachdem sie ihr Graduate-Studium begonnen haben. Ein anderes Mal sei die „wahre Physik" erst während der Postdoc-Phase zu erwarten. In jedem Falle geht es darum, „erwachsener" zu werden, mehr „Verantwortung" zu übernehmen. Ein unendlicher Prozess des Erwachsenwerdens ist in diese lange Form der Lehrzeit eingewoben. Damit erscheint es auch gerechtfertigt, den Zugang zu Informationen über die Regeln der Zunft nur nach und nach und in Abhängigkeit von der jeweils durchlaufenen Phase zu erhalten.

Die Dissertation der Physik als 'Grenzprojekt' zu betrachten, ermöglicht es, während des Herstellungsprozesses der Dissertation beständig verhandelte, flexible Grenzen in den Blick zu nehmen: Promovierende streben eine Qualifikation an. Diejenigen, die das Recht zur Vergabe dieser Qualifikation haben, verhandeln mit ihnen, unter welchen Bedingungen diese erreicht werden kann. Die Dissertation stellt die schriftliche Manifestation dieser Verhandlungen dar. Insofern kann eine Dissertation u. U. auch losgelöst von anderen Forschungsfragen bearbeitet werden; sie muss nicht notwendigerweise zugleich die Forschungsinteressen oder -fragestellungen einer Arbeitsgruppe berücksichtigen, obwohl dies in der Physik meist angestrebt wird. Damit ist bereits eine zweite flexible Grenze angesprochen, deren Veränderung eine Dissertation gewidmet ist: Sie soll den Anspruch erfüllen, einen neuen Beitrag zur physikalischen Forschung zu dokumentieren. Mit dem bearbeiteten Projekt wird so der Versuch unternommen, die Grenze zwischen etabliertem und neuem, bislang noch nicht etabliertem physikalischen Wissen zu verschieben. KooperationspartnerInnen diesseits und jenseits dieser verhandelten Grenze sind 'Lehrlinge' einerseits und erfahrenere WissenschaftlerInnen und MitarbeiterInnen andererseits. Die Qualifikation in der Physik ist in gewissem Ausmaß zudem unabhängig davon, ob dieses Projekt individuell oder im Team bearbeitet worden ist, sofern es einen Beitrag zur Forschung leistet. Weiterhin kann die Fragestellung auch außerhalb der Disziplin der Physik angesiedelt sein, solange zumindest eine der betreuenden Personen Mitglied des physikalischen Instituts ist. Die Grenze zu anderen Disziplinen kann in dieser Phase also quasi durchlässig sein, da auch interdisziplinäre Fragestellungen an der Waterside University als physikalische Doktorarbeiten anerkannt werden. Wichtiger als eine ausschließlich disziplinäre Verankerung ist offenbar, dass die Physik als eine der beteiligten Disziplinen gilt und dass ein Beitrag zu neuen Forschungsergebnissen mit dieser Dissertation geleistet wurde. Die miteinander kooperierenden Gruppen sind in diesem Fall DoktorandInnen und WissenschaftlerInnen aus unterschiedlichen Disziplinen.

Eine weitere Grenze, die für die Erlangung des Doktortitels verhandelt wird, ist die, welchen sozialen Gruppen diese Qualifikation zugesprochen wird. Wie aufgrund verschiedener Bemerkungen einiger der Interviewten geschlossen werden kann, ist der Doktortitel nach wie vor eine männlich konnotierte Qualifikation, die ihre TrägerInnen als Wissende auszeichnet. Somit wird mit dem zunehmenden Erwerb dieses Titels durch historisch ehemals ausgeschlossene Gruppen aus dem universitären Bildungssystem die Grenze des Zugangs zu wissenschaftlichem Wissen verhandelt. Das Geschlecht der Wissenden wird einerseits als vorgegeben betrachtet. Auf dieser Grundlage wird von einem der Interviewten ein Konzept von Diversity von unterschiedlichen WissensträgerInnen begründet: Die Bearbeitung physikalischer Fragestellungen der Physik durch Männer *und* Frauen oder durch Personen aus verschiedenen Kulturen wird wie ein interdisziplinärer Zugang zu einem Problem betrachtet. Dies wird als Vorteil für die Lösung von Problemstellungen gesehen. Gleichzeitig sieht der betreffende Doktorand „den Physiker" als denjenigen an, der „von jedem etwas sehe", der also allwissend sei. Demgegenüber argumentiert eine der interviewten Doktorandinnen auf der Basis eines soziokulturellen und damit konstruierten Verständnisses von Geschlecht: Sie sagt, dass die unterschiedliche Beteiligung von Frauen an der Disziplin der Physik kulturell bedingt sei und führt hierfür als Beleg die unterschiedlich hohe Beteiligung von Frauen an der Physik in verschiedenen Nationen an. Sie ist eine der RepräsentantInnen einer marginalisierten Gruppe in der Physik, die anstreben, Zugang zum qualifizierenden Doktortiteltitel zu erhalten, der Symbol für WissenträgerInnen ist. Ihr langer Entscheidungsprozess für eine bestimmte Forschungsgruppe zeigt auf, wie stark ihre Motivation ist, dies nicht um jeden Preis zu tun, sondern als Person mit Rechten und Fähigkeiten wahrgenommen zu werden. WissenträgerIn zu sein ist zugleich ein Kennzeichen dafür, zu den AutoritätsträgerInnen zu gehören. Hier zeigt sich, dass der Doktortitel nach wie vor als Unterscheidungsmerkmal zwischen Autoritäten über ein Gebiet und Nicht-Autoritäten entscheidet. Somit verhandelt die 'Zunft' der derzeitigen PhysikerInnen mit jedem neu zu vergebenden Titel darüber, an wen sie die Trägerschaft von fachspezifischer Autorität und damit von epistemischer Autorität vergibt.

6 Von der Kunst, Geschichten zu erzählen

Während in Kapitel 4 und 5 formalisierte und informelle institutionalisierte Strukturen von Ausbildung und Forschung in ihrem Zusammenhang mit dem Wissenschaftsverständnis der Physik analysiert wurden, stelle ich demgegenüber in diesem Kapitel Erzählungen aus den Interviews in den Mittelpunkt meiner Betrachtungen, die auf verschiedene Genres fiktionaler Darstellungen der Physik rekurrieren. Zu diesen Genres zählen v. a. die historisierende und die populärwissenschaftliche Darstellung sowie der Sciencefiction-Roman bzw. der Sciencefiction-Film. Im Vergleich zu den Bezügen auf historisierende und populärwissenschaftliche Darstellungen der Physik werde ich auf diejenigen zum Sciencefiction-Genre in größerem Umfange eingehen, da dieses in der Wissenschaftsforschung bislang relativ wenig Beachtung gefunden hat. Diese für dieses Kapitel gewählte Perspektive der Analyse des Materials ist u. a. durch eine 'Schlüsselerzählung'[522] von Doug motiviert worden, der „die Art und Weise Geschichten zu erzählen" in folgender Weise thematisiert:

Doug: Well, [...] to explain [my project, P.L.] to somebody, I would [probably] put more [...] flowers in the story. (Laughs.) [...]
Petra: (Laughs.) What kind of flowers would you add?
        [...]
Doug: I don't know. (Laughs.) Just like, you know, things to put [in] [...] the story [that make it] more appealing, make it [...] like a romance or [...].
Petra: Like a romance?
Doug: Yeah, like a **story** and so that it's smart. Because if it would be just fact, fact, fact, it's not very interesting. [...] That's the way of telling stories. (Laughs.)[523]

Das Besondere dieser Erzählung von Doug ist, dass er der gewählten *Form* einer Geschichte eine wichtige Bedeutung beimisst und nicht nur ihren *Inhalten*. Dar-

---

[522] Zu meiner Verwendung des Begriffs 'Schlüsselerzählung' vgl. Abschnitt 3.2.2.2 Auswertung der Interviews.

[523] Doug, 15-16. Auf die Frage, wie er Personen sein Forschungsprojekt erklären würde, die keine PhysikerInnen seien, sagt Doug, dass er mit einer „historischen Einführung" in sein Themengebiet beginnen würde. Daraufhin bitte ich ihn, dies genauer auszuführen und für eine solche Erklärung ein Beispiel zu geben. Nachdem er die von ihm formulierte „historische Einführung" beendet hat, kommentiert er seine Ausführungen mit dieser zitierten Interviewpassage.

stellungen der Physik, die sich an Aufzählungen von Fakten orientieren, bewertet Doug für ZuhörerInnen bzw. LeserInnen als uninteressant. Der Hinweis, dass er die zuvor erzählte Historie seines Forschungsgebiets in einer anderen Gesprächssituation als der des Interviews „blumiger" oder „wie eine Romanze" gestaltet hätte, zeigt, dass Doug über die implizite, literarische Form seiner Erzählung reflektiert. Möglicherweise entscheidet er sogar vorab, wie er eine Geschichte über die Physik erzählen will. Hier ergeben sich Anschlussmöglichkeiten an Ansätze aus der Wissenschaftsforschung und der Frauen- und Geschlechterforschung über die Physik, wie ich sie im zweiten Kapitel dieser Arbeit skizziert habe. In beiden Ausrichtungen wird u. a. das Anliegen formuliert, Reflexivität hinsichtlich der Formen wissenschaftlicher Erzählungen zu fordern und umzusetzen. In der Wissenschaftsforschung wird diese Forderung als eine Suche nach 'Neuen literarischen Formen' eingeführt, während in der Geschlechterforschung über die Physik auf die Analyse der Verwendung geschlechtskonnotierter Metaphern oder Erzählungen in der Physik fokussiert wird. Die Wissenschaftsforscherin Donna Haraway bietet für die Analyse von Rekursen auf Erzähltraditionen der Interviewten eine zugespitzt formulierte Position an.[524] Sie versteht die (Natur-)Wissenschaften als Erzählpraktiken und -strategien. Für Hammer und Stieß (1995) liegt der Gewinn dieser Betrachtungsweise darin, dass damit ein Zugang zur Analyse der Mächtigkeit dieser Wissenschaften geschaffen werde,[525] da (natur-)wissenschaftlichen Erzählpraktiken zuerkannt werde, dass in ihnen zwischen Fakten und Fiktionen unterschieden werde. Dies wende ich wiederum so, dass damit eine Anschlussfähigkeit zu dem zu Beginn dieser Arbeit formulierten Ausgangspunkt des 'Grenzproblems' von Gieryn (1994) besteht: Erzählstrategien legen fest, was zur Wissenschaft im Sinne etablierten, kanonisierten Wissens gehören kann – anders gesagt, was als ein etabliertes und anerkanntes Faktum gilt – und was zur Nicht-Wissenschaft gehört, also Fiktion ist. Zur Einordnung der Haraway'schen Position ist es in diesem Zusammenhang entscheidend, dass sie die vermeintlich passiven (Untersuchungs-)Objekte der Wissenschaften *weder* als LieferantInnen von Daten für wissenschaftliche BeobachterInnen auffasst, *noch* sie als rein sprachliche Erzeugnisse verstanden wissen will. Vielmehr sind Objekte für Haraway 'Grenzobjekte', sie sind widerstandsfähig und eigensinnig, sie sind im Prozess der Herstellung von wissenschaftlichen Erzählungen

---

[524] In den Ausführungen über die Frauen- und Geschlechterforschung über die Physik in Abschnitt 2.2 ist auf Donna Haraways Position nicht ausführlich eingegangen worden, weil sie sich vorwiegend mit den medizinischen und biologischen Wissenschaften, nicht aber mit der Physik auseinander gesetzt hat.

[525] Hammer u. Stieß 1995.

für Haraway materiell-semiotische AkteurInnen, Hybride aus Materie und sprachlichen Bedeutungszuweisungen.[526] Anders gesagt: Materie und Sprache werden als nicht voneinander trennbar angesehen.

Auf Erzählpraktiken und -strategien, die zur Konstitution und Stabiliserung ihrer Disziplin beitragen, greifen auch die interviewten DoktorandInnen der Physik zurück, um ihre Antworten auf vorgegebene Fragen in der Gesprächssituation ad hoc zu formulieren. Wie die folgende Analyse zeigen wird, rekurrieren sie für die Konstruktion von Erzählungen in der Interviewsituation auf wiederholt auftauchende, schriftlich oder mündlich vermittelte Geschichten aus Büchern, Filmen oder dem Lehr- und Forschungsalltag ihres Promotionsstudiums. Diese Erzählungen fasse ich im Folgenden mit dem Begriff 'Tradierte Geschichten', der zugleich als heuristischer Rahmen[527] für die Analysen des Interviewmaterials in diesem Kapitel dient. Vor dem theoretischen Hintergrund des 'Situierten Wissens' (Haraway [1988] 1991)[528] verstehe ich die Erwähnungen bzw. Erzählungen dieser tradierten Geschichten im Rahmen des Interviews nicht als vollständige, sondern als situative, fragmentarische Rekurse auf Erzählstrategien in der Physik. Zugleich werden sie für die Interviewsituation übersetzt, d. h., dass ich davon ausgehe, dass die Interviews so zu lesen sind, dass die Interviewten antizipieren, was im Zusammenhang der vorliegenden sozialwissenschaftlichen Untersuchung interessant sein könnte und dass ihre Äußerungen in Veröffentlichungen über die Untersuchung zitiert werden könnten. Tradierte Geschichten werden daher je nach Situation unterschiedlich erzählt.

Die in den folgenden Abschnitten vorgestellten Interviewpassagen zeigen Rekurse auf tradierte Geschichten mit Bezügen zu unterschiedlichen Genres auf. Allerdings lassen sich diese Bezüge nicht so werten, dass sie ausschließlich stabilisierend oder verändernd bzgl. der Darstellungsformen des etablierten Wissenskanons wirken. Vielmehr ermöglichen diese Bezüge eine jeweils situative Flexibilität in der Gestaltung von Form und Inhalt einer tradierten Geschichte. So werden in einigen Fällen explizit die gewählten Erzählstrategien benannt, wie es in dem Interview mit Doug der Fall ist. Eine besondere Form von Erzählungen über die Naturwissenschaften stellt das Sciencefiction-Genre dar. Hier werden Grenzen zwischen umgesetzten und imaginierten naturwissenschaftlich-technischen Forschungen unterlaufen. Es erscheint mir notwendig, für diese Form der Grenzauflösung ein analytisches Konzept zu entwickeln, für das ich den Hara-

---

[526] Vgl. Haraway 1991, 200f.

[527] Für meine Verwendung des Begriffs 'Heuristischer Rahmen' vgl. Abschnitt 3.2.2.2 Auswertung der Interviews.

[528] Vgl. Abschnitt 3.2.1.

way'schen Begriff 'Grenzprojekt' für eine soziologische Analyse zur Veränderung von Wissensterritorien umdeute und dies für das Sciencefiction-Genre näher ausführe.[529]

6.1   Historisierende Erzählungen: "He has particles named after him."[530]

In die Beschreibungen der DoktorandInnen ihrer eigenen Forschungsgebiete bzw. -projekte fließen von Zeit zu Zeit historische Bezüge ein. Diesen Bezügen ist gemeinsam, dass sie sich u. a. an berühmten PhysikerInnen bzw. an den diesen PhysikerInnen zugeordneten Forschungserfolgen orientieren. Diese Konstruktionen der Historie der Physik lassen sich als Rekonstruktionen einer großen Metaerzählung lesen, da mit ihnen eine Fortschrittsgeschichte der Disziplin etabliert wird (vgl. 6.1.1). Des Weiteren wird in Abschnitt 6.1.2 betrachtet, in welcher Weise diese Historie der Physik als ein kulturelles Erbe angesehen wird, dessen Bestandteile u. a. drei Aspekte sind: erstens die *Bedeutung der Namensgebung* von Phänomenen, Experimenten oder Theorien nach großen PhysikerInnen, zweitens die *Bedeutung der Zeithorizonte* von Forschungsprojekten und -ergebnissen für DoktorandInnen und drittens die *Bedeutung von berühmten PhysikerInnen*, deren Nachfolge junge PhysikerInnen antreten können. Die Fragestellung dieses zweiten Abschnitts ist, inwieweit die interviewten DoktorandInnen sich selbst in der Nachfolge dieser berühmten PhysikerInnen sehen und inwieweit sie das so verstandene soziokulturelle Erbe der Physik beanspruchen oder aber sich von diesem abgrenzen. Die Namensgebung für Phänomene, Experimente oder Theorien schafft die Voraussetzungen dafür, dass die Physik als ein z. T. personengebundenes soziokulturelles Erbe betrachtet werden kann, das von einer Generation an die nächste weitergegeben wird. Die Bedeutung der Zeithorizonte von Forschungsprojekten und -ergebnissen der Physik liegt darin, dass mit dem Fortschreiten der Zeit die Vorstellung verknüpft ist, dass physikalisches Wissen akkumuliert werden könne und dass neue Erkenntnisse auf vorherigen aufbauten. Aufgrund dieser Konzeption der Historie der Physik ist es lediglich „eine Frage der Zeit", bis Ergebnisse physikalischer Forschung in die Geschichtsschreibung eingehen. Bedeutungsvoll sind die genannten Aspekte des kulturellen Erbes der Physik deshalb, weil die interviewten Physik-DoktorandInnen bewertende Haltungen diesen Aspekten gegenüber einnehmen: Sie lehnen sie als Bestandteil des kulturellen Erbes der Physik entweder ab oder sie be-

---

[529] Vgl. Abschnitte 1.1.4 und 6.3.4.
[530] Interview with David, 11.

schreiben diese Aspekte in positiver Weise im Hinblick darauf, dass sie dieses Erbe der Physik anzutreten und fortzuschreiben beabsichtigen.

6.1.1 Historisierung eines Forschungsgebiets oder -projekts anhand der Erfolge berühmter PhysikerInnen

Als Teil einer Historie der Physik, eines Forschungsgebiets oder eines -projekts, das sich als eine Abfolge großer Entdeckungen durch berühmt gewordene PhysikerInnen darstellt, kann beispielsweise Bens Rekonstruktion der Anfänge seines Forschungsgebietes der Plasmaphysik gewertet werden. Er führt die Ursprünge dieses Gebiets auf Forschungsergebnisse des russischen Physikers Lev Landau[531] zurück:

Ben: [...] You know, it's just sort of, it's strange that [plasma physics] was [...] sitting around [these fifty years] without anyone really looking at it. [...]

Petra: [...] What was the main [...] event or so that plasma physics came into focus?

Ben: I'm not really sure. [...] --- I mean most of what to say [that] *Landau*, is [...]

Petra: It just happened or ---

Ben: Well, [...] *these* were *the great* [...] *person[s] who got most of the things going* [...] --- in terms of the way problems are addressed, in even realizing that there was something that actually needed explaining. [...][532]

Auch die beiden Doktoranden George und Doug stellen Bezüge zu berühmten PhysikerInnen in Form historisierender Erzählungen über ihr Forschungsgebiet her.[533] George erwähnt in einer ausführlichen Erklärung seines Forschungsprojektes, die er Laien geben würde,[534] eher beiläufig Albert Einstein und dessen Entdeckung des Photoelektrischen Effekts, auf dem auch für sein eigenes Experiment eine Rolle basiere:

---

[531] Lev Landau (1908-1968) erhielt 1962 den Nobelpreis für seine Theorien über kondensierte Materie, insbesondere für diejenige über flüssiges Helium.

[532] Ben, 17-19. Diese Erklärungen sind ein Teil von Bens Antwort auf die Frage, ob sein Gebiet zu den peripheren oder zentralen Gebieten der Physik gehöre (Frage 7 des Interviewleitfadens).

[533] Mit der zugehörigen Interviewfrage wurde danach gefragt, wie die Interviewten ihr Forschungsprojekt für Laien erklären würden (vgl. Anhang 9.2.4).

[534] Vgl Anhang 9.2.4 Interviewleitfäden, Frage 9.

George: [...] [My project is] kind of a resonator and [...] the way that I explain that is, 'If you've ever blown over the edge of a coke bottle and you blow it the right way and you make this humming 'Mmmm' kind of sound and what you're doing is making it vibrate or resonate as they call it.' And [what] we do is something very similar to that, but instead of using sound waves we use electromagnetic waves in a piece of metal. A little cylindrical shape out of [...] copper and we feed in electromagnetic waves on the side. And what happens is that electromagnetic waves bounce back and forth inside the structure. Then we shoot a laser beam into the side of the structure *based on something that Einstein discovered back I guess in 1906 called the photoelectric effect: When you shine light on a piece of metal some of the electrons in the piece of metal get pulled out of the metal and become free.* So, you got a bunch of electrons sitting inside of this copper box and there's an electromagnetic field bouncing back and forth. Well, what happens is that the electrons perceive [...] this electromagnetic field and are pushed out of the direction that the laser beam came in. So, in that way it acts like a, a gun. [B]asically the goal of the experiment is to produce the high quality bunch of electrons flying out of this gun.[535]

In Georges Erzählung wirkt es zunächst nicht so, als ob die Historie seines Forschungsgebiets der erzählerische Rahmen für seine Erläuterungen wäre. Sie wird nur kurz zur Erklärung physikalischer Phänomene erwähnt, die ihren Ausgangspunkt in Analogien zwischen Alltagserfahrungen und physikalischen Phänomenen nehmen: das Blasen von Luft über den Rand einer Glasflaschenöffnung oder ein Gewehrschuss. Obwohl Georges Rückbezug auf Albert Einstein nur kurz ist, ist er doch zentral für die Art der Darstellung, denn der von Albert Einstein entdeckte Photoelektrische Effekt wird von George als *Grundlage* für sein Experiment betrachtet.

Demgegenüber wählt Doug die Historie seines Forschungsgebiets explizit als erzählerischen Rahmen für die Darstellung seines Forschungsprojekts. Er sagt, dass er eine Erklärung seines Projekts für Laien mit einer „historischen Einführung" in sein Forschungsgebiet beginnen würde.[536] An diese Aussage anknüpfend entspann sich zwischen Doug und mir ein längerer Dialog, in dem ich mehrfach Nachfragen zum Inhalt einer solchen historischen Einführung stellte, wo-

---

[535] George, 22-23.
[536] Doug, 15-16.

raufhin Doug die Historie, die der Entwicklung seines Forschungsgebietes, der String-Theorie, vorausging, folgendermaßen zusammenfasst:

Doug: So, yeah, incompatibility, I would probably say like, --- (Laughs.) --- Well *there was a guy named Maxwell (Laughs.) who was studying electricity and magnetism.* That's something that everybody knows about. When studying that he found out that everything was connected and that it was also the source of light [...]. *Then there had been another guy called Newton (Laughs.) that had been done, 'Oh look, everything is falling down, I wonder why?'* and wrote a couple of equations. [...] And --- when they tried to apply both things to the same problem it would give different results. [Those were the] incompatibilities. And *then there was this guy called Einstein that was thinking, 'Oh yeah, that's very interesting. I wonder why this happens.'* And then [he was] trying to solve the problem. He [...] decided that what Maxwell had done [was] more fundamental than what Newton had done. *So he changed **Newton** according to what Maxwell had done.* And he did something else which is called general relativity. That's probably what I would say. --- Then of course, you give like that picture [...] [that] describes gravity as a force of the space. That's probably it.[537]

In dieser Erzählung identifiziert Doug mehrfach berühmte Physiker mit bestimmten physikalischen Phänomenen oder mathematischen Formeln. Es manifestiert sich hier ein Verständnis von Physikhistorie, in welcher die Disziplin weiterentwickelt wird durch aufeinander aufbauende Erkenntnisse einzelner herausragender Physiker, deren Personen und Namen mit mathematischen Formeln, physikalischen Experimenten und den Jahren ihrer Entdeckung in einen Zusammenhang gestellt werden. Die Zuordnungen von Entdeckungen und Konzepten zu ganz bestimmten Personen bzw. PhysikerInnen sind in Dougs Erzählung eindeutig, wenn er über die weiter zurückliegende Geschichte der Physik spricht. Jüngere Entwicklungen in seinem Gebiet ordnet er dagegen nicht bekannten PhysikerInnen zu, sondern spricht von den daran forschenden Personen in anonymer Form.[538] Am Ende dieser historisierenden Erzählungen relativiert Doug seine zuvor formulierten Ausführungen, wie zu Anfang dieses Abschnittes zitiert, in-

---

[537] Doug, 14-15.
[538] Doug, 15.

dem er darauf hinweist, dass er diese Geschichte außerhalb des Interviewgesprächs noch „blumiger" und „wie ein Romanze" schildern würde.[539]

6.1.2 Die Historie der Physik als Erbschaft: Identifikation und Abgrenzung

Eine so verstandene Historie der Physik, ihrer Forschungsgebiete bzw. ihrer Forschungsprojekte kann u. U. auch Konsequenzen für das Selbstverständnis als Physiker oder Physikerin haben. In meiner Untersuchung zeigt sich dies daran, dass sich die interviewten DoktorandInnen in unterschiedlichem Ausmaß mit einer so verstandenen Historie der Physik bzw. mit berühmten PhysikerInnen identifizieren, obwohl sie zur gleichen Statusgruppe an der Waterside University gehören. Einige der Interviewten grenzen sich sogar explizit von den großen ProtagonistInnen ihrer Disziplin ab.

6.1.2.1 David: "I do feel like I'm in the direct line of things that happened from Einstein on."[540]

David gehört zu denjenigen, die sich mit einer Historie der Physik, die berühmte PhysikerInnen in den Mittelpunkt rückt, sehr stark identifizieren, indem er sich selbst in ihre Nachfolge stellt. Die folgende Interviewpassage wurde für die Auswertung der Interviews als 'Schlüsselerzählung'[541] gewertet. Ich zitiere sie daher zunächst in ihrem Zusammenhang, bevor ich auf einzelne Aspekte dieser Passage näher eingehe:

David: [...] And so, it's [...] kind of _. Being a student here is interesting. The people that I work with -- I don't know, I'm not sure -- *I feel like I'm in that line of people* [...], *advisors as sort of a lineage.* So you have this lineage of advisors and it happens to be at this point [that] the people I'm working with and the people they [have] worked with have been fairly well known in the area. And *it kind of comes down from the Einstein line* [...] like people were working in quantum mechanics through the thirties and then field theory in the sixties and [...] more modern stuff later on. And [...] *my grand advisor* was <professor ___> who was the first person at the place of the unified theory {...} and [...] *you hear these stories* and they're all very colorful characters. I'm working with <professor

---

[539] Vgl. Zitat von Doug zu Beginn dieses Kapitels.
[540] David, 19.
[541] Vgl. Abschnitt 3.2.

278

___> right now. He's one of the professors I'm working with and *he has particles named after him.* And it's very, it's very – especially at a place like Waterside University – because it's very: You interact with a lot of the people who were themselves influential and they work for people who you read about in books. [...] He worked with, <professor ___> was, worked with I guess on the {...} and there is a professor [...] who talks about his old World War II experiences working on the Manhattan Project[542] and you get these, these stories and [...] -- this sort of _. *There's this sense of history* there that I find [...] interesting, I think [it's] kind of **cool** actually. It's _

Petra: (Laughs.)

David: [...] It's very elitist, I know, and this probably happens in [...] five schools in this country and the rest basically, I don't know, they are like a myth. (Laughs.) I mean, and <university ___> being so close there's folks like <professor ___> and <professor ___> and lots of these Nobel Laureates and <professor ___> who _. And there's these people around and there's these people who you've read about and you're sitting in their midst and they're talking about finding parking, you know.

Petra: (Laughs.)

David: And they become human and they have these very interesting points of view in life and they're all very eccentric and colorful and it kind of _. It's an interesting world to live in and it's a very remove[d] [...] world from, I'm sure, anything that one could construe as reality. But it's a fun place to live in. -- And I guess, plus, I mean, *I kind of like to think that maybe I can be part of that in the future that I can tell students about, 'Oh, I remember such and such.'* And -- in some sense that's part of the fun of being in a place where physics would {...}. And, [...] it [is] different than what I expected grad school to be and yet, I don' know, it's -- I'm not entirely sure what I expected, but it has this sort of flavor to it which [is] kind of fun.[543]

Diese Interviewpassage ist Teil von Davids Antwort auf die Frage, wie er sein Leben als Physikstudent beschreiben würde. Er beginnt mit einem direkten Bezug zur Waterside University, indem er sagt: "Being a student here is inte-

---

[542] Das Forschungsprojekt für die Entwicklung und den Bau der US-amerikanischen Atomwaffen in Los Alamos während des 2. Weltkriegs wird auch mit „Manhattan Project" bezeichnet.

[543] David, 11-12.

resting." Der örtliche Bezug, „here", wird im Verlauf des ersten Absatzes deutlich, als David die Waterside University explizit benennt. Für David ist das Besondere an der Waterside University, dass berühmt gewordene PhysikerInnen an dieser Universität ProfessorInnen waren. Diese spezielle Historie trägt zu seinem besonderen Gefühl bei: David „empfindet" sich als Teil einer Nachfolgelinie von BetreuerInnen ('lineage of advisors'). Sowohl diejenigen Personen, mit denen er zusammenarbeite, als auch diejenigen, mit denen diese Personen wiederum zusammengearbeitet haben, seien in ihrem Gebiet recht bekannt. David führt diese Nachfolge bis zu Albert Einstein zurück und meint: "[I]t kind of comes down from the Einstein line." So betrachtet er den Vorgänger auf dem Lehrstuhl seines derzeitigen Betreuers als seinen „großväterlichen Betreuer" ('my grand advisor'). Die Verknüpfung mit der Historie der Physik als gesamter Disziplin wird von David an mehreren Stellen hergestellt, indem er betont, dass die herausragende Bedeutung seines derzeitigen Betreuers darin liege, dass Elementarteilchen nach ihm benannt worden seien ("He has particles named after him."). Dies beschreibt die Verbindung zur Geschichtsschreibung in der Physik, die sich an berühmt gewordenen PhysikerInnen orientiert. Die Professoren, in deren Nachfolge er sich „empfindet", hätten entscheidend zu Entwicklungen in bestimmten Bereichen der Physik wie der Quantenmechanik in der 1930ern und der Feldtheorie in den 1960ern beigetragen. Diese Entwicklungen sieht er als vorausgehende zu denjenigen seines derzeitigen Forschungsfeldes an, in dem es um die Entwicklung der 'Grand Unifying Theory' gehe.

Insbesondere hat David Spaß daran, dass er tradierte Geschichten über diese berühmten PhysikerInnen hört, über die man sonst nur in Büchern lesen könne. Sie seien schillernde Charaktere ('colorful characters'), die u. a. am Manhattan-Projekt teilgenommen hätten. An der Waterside University gebe es daher diesen Sinn für Historie. Er beschreibt sich selbst als mitten unter diesen berühmten PhysikerInnen weilend; er erfahre, wie sie in ihrem Alltag lebten und über ihre Probleme beim „Suchen eines Parkplatzes" erzählten. Damit sind diese PhysikerInnen für David keine Charaktere mehr, die er nur aus Büchern kennt, sondern sie werden „menschlich" für ihn, vertreten interessante Standpunkte und sind gleichzeitig exzentrisch. David hofft, dass er vielleicht auch selbst einmal Studierenden diese Art von Geschichten von seinem Betreuer und dessen Betreuer wird erzählen können. Implizit deutet David damit an, dass er hofft, selbst Professor der Physik werden zu können. Sein Gefühl, Promotionsstudent an der Waterside University zu sein, wird davon bestimmt, dass er sich in ein dichtes Gewebe aus der Geschichtsschreibung der Physik, berühmten PhysikerInnen, ihren Forschungen und einer Ahnenfolge integriert fühlt.

Interessant erscheint mir an dieser Erzählung insbesondere, dass David seine berufliche Karriere als Physiker nicht nur auf eine seit der Kindheit existierende Neugier oder auf ein Erbe von seinen Eltern zurückführt, sondern zudem ein soziokulturell begründetes Erbschaftskonzept konstruiert, das er als Weitergabe von Wissen in einem verwandtschaftsähnlichen Beziehungsgefüge beschreibt: Es gibt Großbetreuer und Betreuer, es gibt eine Ahnenfolge, in der er sich selbst als einen „sehr, sehr entfernten Cousin" oder einen „armen Neffen" bezeichnet, wie es zu einem späteren Zeitpunkt des Interviews nochmals deutlich wird:

Petra: To what extent might the research field be useful to society?
David: (Long pause.)
Petra: I try to remember what you said in the beginning.
David: This research, [...] it's probably not gonna do much until [...] later on, but I guess in some sense the only thing in some sen-, part of what keeps me going in that aspect of [...] what I'm doing is [...] worthwhile is -- versus what I'm doing is something what I wanna do -- is that because *there's this history.* [...] *I do feel like I'm in the direct line of things that happened from Einstein on.* I mean that's an incredibly arrogant thing to say, but the people who are studying within [my field] I believe are in this long line, but I'm but *a poor* [...] *nephew* [or *a*] *very, very remote cousin* or whatever. [...][544]

Zwar formuliert David an einigen Stellen in diesen Erzählungen kurz Distanz zu seinen beschriebenen Empfindungen, er hebt diese jedoch anschließend wieder auf, indem er die Beschreibung seines Lebensgefühls an der Waterside University fortsetzt. Diese kurzfristigen Distanzierungen werte ich als 'Metastatements'[545], die Hinweise auf die Konstruktion der Antworten geben: So räumt David beispielsweise ein, dass seine Erzählung elitäre Züge trage. Mit dieser Bemerkung leitet er seine Beschreibung ein, dass die Waterside University eine der wenigen Universitäten in den USA sei, die „wie ein Mythos" seien und an denen, so könnte Davids Erzählung gewertet werden, ProfessorInnen die Geschichte der Physik schreiben. Auch in der später im Interview gegebenen Antwort auf Frage 8 des Leitfadens wird eine kurze Distanzierung Davids von diesen Aussagen sichtbar. Hier wiederholt er zunächst, dass er sich selbst in direkter Nachfolge Einsteins empfinde und distanziert sich hiervon, indem er sagt, dass das „unglaublich arrogant" sei. Diese Metastatements zeigen die besondere Studiensituation an der Waterside University auf. Die Bewertung der Universität im

---

[544] David, 19.
[545] Vgl. Abschnitt 3.2.

US-amerikanischen Ranking als eine der zwanzig besten Universitäten schlägt sich in der Erzählung Davids nieder, der von diesem Matthew-Effekt für Institutionen möglicherweise auch in Zukunft hinsichtlich seiner Berufskarriere als Physiker wird profitieren können.[546] An einer Universität, an der keine berühmten PhysikerInnen gelehrt haben, lässt sich das von David formulierte Ahnenkonzept nicht konstruieren. Die Waterside University wird als eine Elite-Universität angesehen, an der er eine gewisse Arroganz aufgrund seiner Zugehörigkeit zu dieser Institution empfinden kann. Eine weitere Ebene der Reflexion betrifft die der Konzeption von „Realität". So beschreibt er die Waterside University als eine „interessante Welt", die „sehr entfernt von [...] allem, was jemand als Realität konstruieren könnte", sei.

Diese von mir als Schlüsselerzählungen gewerteten Interviewpassagen Davids verweisen auf Aspekte, die zur Konstruktion einer Metaerzählung über den Fortschritt wissenschaftlicher Erkenntnis beitragen. Diese Aspekte finden sich in verkürzter Form auch in anderen Interviews wieder, von denen ich im Folgenden drei Aspekte aufgreife: die Namensgebung von physikalischen Effekten, Experimenten oder Theorien nach berühmten PhysikerInnen; den Zeithorizont, der zur Erzählung einer linear verlaufenden Fortschrittsgeschichte beiträgt, sowie die Konstruktion einer Ahnennachfolge von PhysikerInnen insbesondere mit Bezug auf die Persönlichkeiten von NobelpreisträgerInnen.

Die Bedeutung der Namensgebung

Davids Bemerkung, "He has particles named after him," erfasst in kurzer Form eine wichtige Voraussetzung für die Konstruktion einer Historie, in der berühmte große WissenschaftlerInnen mit dem fortschreitenden Erkenntnisgewinn einer Wissenschaft in Verbindung gebracht werden können. Die Benennung von Phänomenen, Experimenten oder auch Theorien mit Namen von Personen verweisen in erster Linie auf eben diese Personen und nicht auf Charakteristika eines Effekts, einer mathematischen Gleichung, eines Gesetzes, einer Theorie oder eines Experiments. Letztere werden als bekanntes und etabliertes Wissen der Physik vorausgesetzt. Mit den eigenen Forschungen wird an diesen Wissenskanon und zugleich an eine Historie der Disziplin angeschlossen, die an berühmten Persönlichkeiten orientiert ist. Die wiederholte fortwährende Benennung von physikalischen Phänomenen, Experimenten oder Theorien mit Namen von berühmten PhysikerInnen in Lehrbüchern wiederum stabilisiert diese Form der Geschichtsschreibung.

---

[546] Vgl. Abschnitt 3.2.2.1.

In der hier durchgeführten Interviewstudie wird dies an vielen Stellen deutlich. So führen beispielsweise Peter[547] und James[548] an, dass es das Ziel ihrer Forschungen sei, ein bestimmtes Phänomen experimentell zu beobachten, das von zwei berühmten Physikern theoretisch vorhergesagt und nach ihnen benannt worden ist.[549] Julia führt die „Hamiltongleichungen"[550] an, um einen Bezug zwischen der Physik und ihrem Forschungsgebiet der Chaostheorie herzustellen.

Wie der Bezug zwischen dieser Namensnennung und dem eigenen Forschungsprojekt oder -gebiet hergestellt wird, soll anhand des Beispiels von James aufgezeigt werden, der auf die Frage, wie er die Verbindung zwischen seinem Forschungsgebiet und der Physik beschreiben würde, folgendermaßen antwortet:

Petra: How would you describe your subfield in relation to physics?

James: I say, it's pretty fundamental there too. (Laughs.) In the sense that this effect that we're trying to get called <phenomenon ___> is one of the fundamental results […] to quantum physics and statistical physics. So, in that sense I think it's […] of interest and fundamental. But, it's not been new in the sense of a new theory in elementary particles or fundamental forces, it's just a lot of things that are well known already, but somehow people are, somehow people are very interested in it, so, probably just an interest in physics in general.[551]

Aufgrund dieser Erzählung wird deutlich, dass James das Experiment im Rahmen eines Interviews nur vage beschreibt. Er setzt möglicherweise voraus, dass mir das genannte Phänomen, bekannt ist und nimmt damit Bezug auf etabliertes, physikalisches Wissen. Aber auch dann, wenn der Effekt nicht bekannt ist oder an dieser Stelle des Interviews nicht erklärt wird, verweist der Name dieses Effekts, der hier zur Wahrung der Anonymität des Interviewten nicht genannt

---

[547] Peter, 15.

[548] James (2. Interview), 6.

[549] Um die Anonymität der Interviewten zu wahren, kann hier nicht benannt werden, um welches Phänomen bzw. welche Physiker es sich handelt. Seit der Durchführung der empirischen Erhebung ist dieses Phänomen von zwei Arbeitsgruppen der experimentellen Physik nachgewiesen worden. Die Leiter dieser Gruppen erhielten dafür einen international bedeutenden Preis der Physik.

[550] Die „Hamiltongleichungen" sind nach Sir William Rowan Hamilton (1804 – 1865) benannt, einem irischen Mathematiker, der als Professor für Astronomie in Dublin gelehrt hat. Diese Gleichungen beschreiben zeitliche Entwicklungen eines physikalischen Systems im Rahmen der Klassischen Mechanik.

[551] James (2. Interview), 6.

werden kann, auf große Physiker, die Teil der Geschichtsschreibung dieser Disziplin geworden sind und in deren Nachfolge DoktorandInnen der Physik stehen. Um PhysikerInnen werden zu können, müssen diese eine bestimmte Sprache und Begrifflichkeiten erlernen. Das Erlernen dieser Sprache beinhaltet, physikalische Effekte zugleich als Naturgesetze und als Gesetze großer PhysikerInnen bezeichnen zu lernen. Wenn diese Effekte als Naturgesetze formuliert werden, erscheinen sie in ihrer Gesamtheit wie ein Rechtssystem, das ebenfalls mit großen Namen von PhysikerInnen assoziiert ist. Die Personen selbst erscheinen als EntdeckerInnen dieser Gesetze und nicht als KonstrukteurInnen derselben.

Die Entstehung von Historie als eine Frage der Zeit

Die Darstellungen der Interviewten über die Historie der Physik legen es weiterhin nahe, dass es lediglich eine Frage der Zeit sei, bis physikalische Forschungsergebnisse in die Geschichte der Naturwissenschaften eingehen. So argumentiert beispielsweise Doug für das Gebiet der theoretischen Quantenmechanik:

Petra: To what extent might the research field be useful to society?

Doug: (Laughs.) Useful to society. Well, I mean, it's always. Well, right **now** I'd say zero.

Petra: Zero. OK.

Doug: But what usually happens _. Well, there, the question whether it's useful or not. What usually happens like, what is like theoretical physics, --- very **unapplied** thing, at once they, it's like, 50 or a 100 years later they are like applied physics. {…} Quantum physics it was **just** like --- very **theoretical** and now like, there's a device that works because of quantum mechanics. So, then you could say, right now it's zero but it might be very useful in the **future**. But there's always what you can say if it's useful or not, because I mean also like general relativity or special relativity was like --- also {…} when {...} it was like also a very theoretical thing, no applications. And then they did the atomic bomb out if it so that you could say that it was not so **useful**. You see, so it's always. But what I mean that's, well, I think what theoretical physics is nowadays when there's **nothing** to do will **certainly** become very applied and will have some application in --- the long future if that's useful or not, I mean, that depends on how they apply the stuff. (Laughs.)[552]

---

[552] Doug, 12.

Früher oder später, so Doug, finde also die physikalische Forschung Anwendungen und werde damit bedeutsam. Die Begründung für Grundlagenforschung liegt hier also in ihrer postulierten zukünftigen Anwendbarkeit.

Nobelpreisträger als Teil der Historie der Physik

Eine weitere Art, die wichtige Bedeutung aktueller Forschungen zu begründen, ist von Robert gewählt worden. Er verbindet das zeitliche Fortschreiten physikalischer Forschung mit großen Namen in der Physik anhand von zwei Erzählungen über NobelpreisträgerInnen.

Die im Folgenden angeführte erste Erzählung Roberts ist Teil seiner Antwort auf die Frage, wie er die Verbindungen seines aktuellen Forschungsprojekts mit dem Forschungsgebiet der Physik, zu dem er gehöre, beschreiben würde.[553] Auf die Nachfrage hin, ob er glaube, dass es für die in seiner Dissertation formulierte Fragestellung eine Lösung geben werde, äußert er daran zwar zunächst Zweifel, setzt seine Antwort jedoch mit einer Geschichte, von der er „vor einer Weile gehört habe"[554], fort. Es handelt sich um einen mündlich weitergegebenen Inhalt eines Vortrags eines Nobelpreisträgers, der *seinerseits* die Langfristigkeit von physikalischer Forschung mit einer Geschichte über einen *früheren* Nobelpreisträger illustriert habe. Dieser *frühere* Nobelpreisträger habe die Auszeichnung für die Entschlüsselung der Struktur des Blutfarbstoffs Hämoglobin erhalten. In seiner Nobelpreisrede habe dieser seine Dankbarkeit gegenüber denjenigen zum Ausdruck gebracht, die ihm vierundzwanzig Jahre, bevor er das Problem gelöst habe, den Doktortitel verliehen hätten.[555] Das Fazit dieser Geschichte ist also, dass für ein zunächst unlösbar erscheinendes Problem eine Lösung gefunden werden kann, auch wenn Jahre bis zur Lösungsfindung vergehen. Kurz bevor er diese Geschichte erzählt, die auch an *ihn mündlich* weiter getragen worden war, hat Robert Zweifel an der Lösbarkeit des Problems, das er für *seine* eigene Doktorarbeit bearbeitet, geäußert. Diesen Zweifeln kann er nach der angeführten Er-

---

[553] Robert, 37.

[554] Robert, 37-38.

[555] Mit dem ersten Nobelpreisträger ist aller Wahrscheinlichkeit nach Max Ferdinand Perutz gemeint, der den Nobelpreis der Chemie 1962 für die Entschlüsselung der Molekülstruktur von Hämoglobin mithilfe von Röntgenstrahlen erhielt (<http://nobel.se/chemistry/laureates/1962/index.html> [07.04.2003]). In seiner Nobelpreisrede dankte Perutz seinem wissenschaftlichen Betreuer Bragg, der ebenfalls einen Nobelpreis erhalten hatte. Als Zeitraum zwischen der Entwicklung der Fragestellung und der Lösung des Problems hatte Perutz in seiner Rede zweiundzwanzig Jahre angegeben. Wer mit dem zweiten Nobelpreisträger gemeint ist, der seinerseits bei einem Besuch einer Graduate School von der Nobelpreisrede Perutz' berichtet hat, kann aufgrund der Erzählung nicht rekonstruiert werden.

zählung über die Vergabe eines Nobelpreises nach mehr als zwanzig Jahren Forschungsarbeit möglicherweise mit einem Lachen begegnen.[556]

In der zweiten Erzählung Roberts, in der Nobelpreisträger eine wichtige Rolle für die Rekonstruktion der Historie seines Forschungsgebietes spielen, benennt Robert diese namentlich. Er leitet die Erzählung mit den Worten ein, dass er gern von der Verleihung des Nobelpreises an Bloch und Purcell erzähle:

Robert: I mean, I loved to tell people about -- *Bloch and Purcell getting the Nobel Prize back in the late fifties,* because they came up with this understanding of this really obscure process by which you could {mine} nuclei off in a magnetic field and if you radiate the {...} with RF at a certain frequency under certain conditions you could get them to invert [...] creating a population and negative temperature and it's a game I play with people, [...] *how thirty-six years ago two people got the Nobel Prize for this bizarre system that shed light on the interaction between magnetic fields, nuclei and radiation. They turned it in to something that is now called MRI, the most exciting {...} medical engineering technolog[y]* [...], [...] *really the best thing since x-rays.* [...] People can, you can get [...] a hit on the head now and instead of going home to see whether the people are gonna die [they are, P.L.] rushing back to the hospital to see if they can suck out the tumor before it kills you, they can do an MRI on you and either tell you that your head is perfectly fine and you will be {...} now. All the guess work is gone. So, (Laughs.) [...] there is a lot of _. And I, *I don't think either Bloch or Purcell had {...} tumors in mind when they were trying to get their nuclei {...} up in a strong magnetic field. So, even in **my** research it's obvious if it works what it might do, that you **never** can tell what the spin-offs might be.* [...] And [...] if it works due to my efforts or someone else's you never know what [will be, P.L.] years from now. *Somebody is going to look back and say, 'God, this is wonderful. Do you know the idiots who originally did this thought they were gonna use it for pacing the heart?'*[557]

Hiermit reiht sich Robert auch selbst in die Reihe der BerichterstatterInnen von tradierten Geschichten über die Physik ein. Zugleich stellt er sein Forschungsgebiet als eine Fortsetzung des Gebiets dar, in dem auch die Nobelpreisträger Bloch und Purcell gearbeitet haben: Ihre Ergebnisse hätten zu Anwendungen in der

---

[556] Robert, 38.
[557] Robert, 40-41.

Medizin geführt, die sie nicht vorausgesehen und die heute zu erweiterten Diagnosemöglichkeiten der Medizin geführt hätten. In analoger Weise, so Robert, könnte es auch für die Ergebnisse aus seinem Forschungsgebiet in der Zukunft Anwendungsmöglichkeiten geben, die jetzt noch nicht vorherzusehen seien.

Die in diesem Abschnitt herausgestellten drei Aspekte der Historie der Physik sind Konstruktionselemente für die eigene Verortung der DoktorandInnen in ihrer Disziplin: erstens die Benennung von Phänomenen, Experimenten oder auch Theorien nach den Personen, die an ihrer wissenschaftlichen Beschreibung gearbeitet haben, zweitens der vorausgesetzte fortschrittliche Verlauf der Historie der Physik und drittens der Rückbezug auf die Namen berühmter PhysikerInnen in dieser Historie für die Darstellung aktueller Forschungsausrichtungen und -projekte.

6.1.2.2 Maria: "I never really expected [...] that I would become some great physicist."[558]

Die im vorherigen Abschnitt vorgestellten Interviewpassagen legen eine Identifikation der DoktorandInnen mit einer Historie der Physik nahe, die sich auf große Namen beruft. In diesem Abschnitt stelle ich DoktorandInnen vor, die diese Historie als negative Folie für ihre eigene Verortung in ihrer Disziplin verwenden und sich von ihr abgrenzen. Diese Abgrenzungen beziehen sich sowohl auf die Ablehnung, sich selbst als eine/n große/n Physiker/in zu verstehen als auch auf die Ablehnung großer Zeiträume, die zwischen der eigenen Arbeit an Grundlagenforschung und ihrer potenziellen Anwendbarkeit vergehen können.

Maria und Julia beispielsweise sehen sich nicht in einer Nachfolge großer PhysikerInnen, sondern grenzen sich von dieser ab. Julias Antwort auf meine Frage, wie sie ihr Leben als Physikstudentin beschreiben würde, in der sie auch Bezug auf berühmte PhysikerInnen nimmt, hat einen anderen Tenor als die o. a. Antworten von David, Robert oder James.[559] Sie konstatiert zunächst, dass PhysikerInnen ganz verschieden sein könnten. Sie selbst sei nicht sicher, ob sie ihren Berufsweg als Physikerin auch in der Zukunft weiterhin verfolgen wolle. Physikstudentin zu sein habe einen „sehr fordernden Lebensstil" zur Konsequenz. Sie fühle sich „schuldig", wenn sie anderen Aktivitäten als der Forschung ihre Zeit widme[560]:

---

[558] Maria, 9.
[559] Julia, 4-5.
[560] Julia, 4-5.

Julia: [...] [Physics] also requires a lot [of] attention. You have to attend
to details -- a lot of times you will be working on [...] maybe a
small part of a bigger problem -- and it involves a **lot** [of] very
detailed work. So, it's not like, for instance, [...] I used to fancy
[...] being the head of a business for instance. **Then** you can do all
this big picture thing. You can have ideas, you deal with ideas,
you do, this [...] **big** picture thing, you look at the **big** picture. You
see how parts fit together, but [...] when you do research in physics you come [...] to dealing with details. *Very few people, of*
course people like Einstein, you know, he ha[d] all these big ideas
in physics, but what a lot of people do is to modify some theory,
make it fit into a specific case. It's very detailed and tedious work
sometimes. It's very **interesting**, there is no **doubt**, but the nature
of the work is such that – [...}, it's not like [...] you would deal
with big ideas. After you, maybe [...] you will have **one**, but then
there [is] a **lot** of work you, a lot things you have to work out.[561]

Der von Julia skizzierte Kontrast zwischen führenden WissenschaftlerInnen und
LeiterInnen einer großen Firma wirft für mich Fragen auf: Wieso kann sich Julia
mit den Aufgaben, die eine Führungsperson in der Wirtschaft habe, identifizieren, nicht aber als eine große Wissenschaftlerin mit großen Ideen sehen? Als
Leiterin einer Forschungsgruppe könnte sie ebenfalls „am großen Bild" arbeiten,
wie sie es sich offenbar wünscht. Ihre Vorstellung von der Physik ist, dass es dort
nur wenige gebe, die große Ideen hätten. Aufgrund ihrer Antwort auf eine früher
im Interview gestellte Frage nach den Beweggründen für ihre Entscheidung,
Physik zu studieren, liegt die Schlussfolgerung nahe, dass diese Abgrenzung von
einer Historie der Physik, die sich auf große Namen und Ideen beruft, erst in der
Graduate School wirksam geworden sein könnte. Bereits als Kind, so Julia, sei
sie großen PhysikerInnen wie Einstein in Büchern begegnet und habe von der
Waterside University gelesen:

Julia: OK. [...] I am from <country ___> [...], I grew up there and I had
my education all the way up to high school [there]. And *when I*
*was **young** I already encountered people like Einstein, I encoun-*
tered them in books and Waterside University, I read about
Waterside University, [it] was my childhood dream to come here
to do some kind of science. [...][562]

---

[561] Julia, 4-5.
[562] Julia, 1.

288

Schon als Kind, so Julia, habe sie den Traum gehabt, einmal an die Waterside University gehen zu können. Dieser Traum ist für sie Wirklichkeit geworden. Zu der Realisierung dieses Traumes gehört es nun, sich selbst mit berühmten PhysikerInnen zu vergleichen – ein Vergleich, der aus der Perspektive einer Doktorandin an der Waterside University zu ihren Ungunsten ausfällt. Festzuhalten bleibt, dass Julia offenbar als *Kind* große PhysikerInnen zum Vorbild hatte. Ihren Äußerungen zufolge hat sie sich erst im Verlauf ihrer schulischen oder ihrer universitären *Ausbildung* von diesen distanziert.

Maria formuliert ihre Abgrenzung von großen PhysikerInnen bzw. deren Entdeckungen oder Theorien expliziter als Julia. Sie antwortet auf die Frage, warum sie das Forschungsgebiet, in dem sie derzeit arbeitet, gewählt habe:

Maria: Yeah. I **guess**, to **me** I just ---, I **never** really expected going into **physics** that I would be some --- great physicist --- like Feynman or whatever and making a **huge** discovery of some theoretical nature or finding **quarks** or anything like that. So, so, I guess, for **me**, I just wanted to work on a project where I would **see** the results --- **sooner**. So, working in biophysics --- it just, it seems, it just seems a little more **real** in terms ---- I don't **know**. I'm trying to think. ----[563]

Sie grenzt sich allerdings nicht nur von großen PhysikerInnen ab, sondern möchte ihre Forschungsarbeiten auch nicht in einem Gebiet durchführen, dessen Ergebnisse erst nach langer Zeit zu Anwendungen führten. Ihr sei es vielmehr wichtig, dass sie „Resultate" ihrer Arbeiten „eher" erkennen könne. Einen ähnlichen Grund führt auch Ann auf meine Frage an, warum sie sich entschieden habe, in der Festkörperphysik zu promovieren:

Ann: [...] I also liked the fact that [...] we're measuring at energy scales that I think have much more immediate applications for [...] technological development, [...] I would say. I mean, it's still a long time away, but it's, you know, fifty years instead of several centuries. So, [...] --- Yeah, [...] I think that's pretty much why condensed matter. [...][564]

Zusammenfassend ist festzustellen, dass in den Erzählungen der Interview-Teilnehmerinnen Personen wie Einstein und Feynman als Symbolfiguren auftauchen, die auf herausragende Weise zur Physik beigetragen haben. Ihre Entde-

---

[563] Maria, 9.
[564] Ann, 8-10.

ckungen werden ihren besonderen Fähigkeiten zur Lösung physikalischer Problemstellungen zugeschrieben. Die DoktorandInnen verweisen entweder im positiven Sinne auf diese Historie der Physik, indem sie sich selbst als NachfolgerInnen großer Physiker verstehen oder aber sie formulieren ein abgrenzendes Selbstverständnis gegenüber dieser Form der Geschichtsschreibung. Als zentral betrachte ich hier insbesondere das von David explizit formulierte Erbrecht auf die Errungenschaften der Physik.

Auffällig ist, dass im Rahmen der vorliegenden Untersuchung die Abgrenzungen von „berühmten Männern" oder auch von für Jahrzehnte konzipierten Forschungsprojekten an dieser Stelle vorwiegend von Doktorandinnen formuliert werden, während von einigen der Doktoranden eine positive Bewertung dieses Erbes formuliert und damit ihre eigene Nachfolge begründet wird. Offenbar genießt männliches Erbrecht in seiner personifizierten Form, d. h. mit Bezug auf historische Vorbilder bzw. Persönlichkeiten, nach wie vor den Status des Nicht-Hinterfragten, während weibliche Nachfolge in der Kulturgeschichte der Physik kaum existent ist. Für Frauen führt die Konfrontation mit dieser männlich konstruierten und in mündlich tradierten Geschichten weitergegebenen Historie der Physik bzw. der Historie der Waterside University in der Konsequenz möglicherweise implizit zu einer Abgrenzung von ihrer Disziplin und damit zu einem Erbverzicht. Aber es lassen sich auch zahlreiche Momente der Reflexion über diese Formen der Geschichtsdarstellung finden. Zu diesen gehören die gewählte erzählerische Form, ein Lachen und Metastatements über das eigene, auf dieser Historie basierende Selbstverständnis. Ein explizit kritisches Verhältnis zu einer solchen an Individuen festgemachten linear erzählten Fortschrittsgeschichte wird von den Physik-DoktorandInnen im Kontext der Interviews jedoch nicht thematisiert.

6.2   Populärwissenschaftliche Erzählungen

Das zweite Genre, auf das ich anhand des erhobenen Materials eingehe, ist das der populärwissenschaftlichen Erzählung. Bezüge zu diesem Genre stellen DoktorandInnen an der Waterside University aus der Retrospektive v. a. für ihre Entscheidungsprozesse im Verlauf ihrer Karriere her. So haben populärwissenschaftliche Darstellungen aus der Physik aus rückblickender Perspektive beispielsweise schon in ihrer Kindheit eine wichtige Rolle gespielt und so zu ihrer Entscheidung für ein Physikstudium beigetragen. Im Verlauf der fortschreitenden physikalischen *Ausbildung* haben einige DoktorandInnen populärwissenschaftliche Veröffentlichungen über ein bestimmtes Fachgebiet gelesen und sich auch aufgrund dessen für ein bestimmtes Forschungsgebiet oder -projekt entschieden. Ein Wechsel der Perspektive deutet sich an, wenn Promovierende aus ihrer Kenntnis der *Forschungs*betriebs heraus auf populärwissenschaftliche Erzählungen Bezug nehmen: Wie es beipielsweise zu einer Pressemitteilung über neue Ergebnisse aus der physikalischen Forschung kommt, formuliert einer der Doktoranden, die in einem Gebiet arbeiten, aus dem kurz vor der Durchführung der Interviewstudie ein Ergebnis publik gemacht worden ist. Hier ist es Forschenden gelungen, ihre Ergebnisse einer breiteren Öffentlichkeit zugänglich zu machen und nicht nur der Scientific Community ihres Gebiets. Diese Erzählung gibt eine Sicht auf die Wissensproduktion in der Physik wieder.

6.2.1 Die Ausbildungsperspektive: Die Bedeutung populärwissenschaftlicher Darstellungen für die eigene Berufsplanung

Am Beginn des Interviews sagt David, dass er vor seinem Eintritt ins College insbesondere von einer Dokumentarserie über die Wissenschaften beeinflusst worden sei:

David: Before I entered college I would say [...] [that] I was particularly influenced by some documentary programs on PBS[565]: 'Cosmos'[566] was one of them. [...]

Petra: [...]

David: [...] Carl Sagan was an astronomer at this [...] television program that ran every week [...] and it got me interested in things like astronomy and that sort of thing. [...] Up until college I actually wasn't, I never thought of physics as a career. [...] I didn't know much about it in terms of distinguishing it from other sorts of sciences. I mean, I knew about chemistry, because my father was in that area, but thinking about physics was never kind of in that scenario up until college.

Petra: What was so fascinating for you in [...] [those] TV shows?

David: It basically revealed [...] this world that existed that was very exotic, that was **unlike** the world that I seemed to live in and yet it was **real**. And so that made it even more interesting that there are these fanciful things that existed. But it wasn't just imagery. It was

---

[565] David, 1. PBS ist die Abkürzung für den Namen des öffentlichen Fernsehsenders „Public Broadcasting Station".

[566] In der Fernsehserie 'Cosmos' stellte der Astrophysiker Carl Sagan universelle, naturwissenschaftliche Fragestellungen und Forschungen vor.

something that really existed in some sense. A lot like, [...] in this country at least, dinosaurs seem to be [...] a very common topic of interest among children and I've heard [...] the [...] answer to why that is, is, because [...] they're monsters [...] and yet they're monsters that are real. So, [...] there's something legitimate about [...] being fascinated by them. And in some sense [...] it's the same way with this world.[567]

Auch populärwissenschaftliche Bücher, so David, hätten seine Entscheidung beeinflusst, Physik zu studieren. Bis zu diesem Punkt seiner Erzählung scheint der Entscheidungsprozess Davids für ein Physikstudium recht nahe liegend gewesen zu sein. Aber er stellt seinen Weg zum Physikstudium problematischer dar, als es zunächst den Anschein hat:

Petra: And did you try to find further information after you had seen those series?

David: Yeah, yeah, as a child I read a lot of books on planets and things like that and it was [...] an application of mind during that period. But in some sense [it sort of slid away as something I pursued [...] as a career] [...] as I approached college just because of the way things were going, because it **wasn't** supposed to be my main [...] interest.[568]

Seine Bemerkung "it wasn't supposed to be my main interest" weist bereits auf den Konflikt mit seinen Eltern hinsichtlich seiner Berufsentscheidung hin, den er im Anschluss wie folgt schildert:

David: [...] I guess I'd always expected that I would be in a technical field. -- [...] I would say that's mainly because -- [...] my mother had expectation[s] for me and what I was going to do later in life. I basically had been reared with this notion that I would be a professional in [...] either [...] medicine or engineering or something like that. That [...] I would get a doctorate at some point in my life [...] and it was a matter of what it was. I was actually being geared towards medicine, but [...] in college I ended up in chemical engineering. -- That was just some overriding given. [...]

Petra: How were those expectations expressed?

David: I ----. It was all very implicit. It was, it was, it was mainly -- you were -- it was something that I didn't think, I thought [it] was sort

---

[567] David, 1.
[568] David, 1.

of a natural thing, because [...] I just grew up thinking this way. [...] It wasn't until my brother went to college where things had to be sort of defined explicitly in terms of [...], 'You have to have a good job, you have to be able to support your family.' That sort of thing. And so actually when I was sort of rambling to have [a] career in sort of more esoteric things like chemistry or physics or whatever it was very much discouraged. [...][569]

David berichtet hier, dass seine Eltern zwar eine Karriere in einem technischen oder medizinischen Berufsfeld unterstützt hätten, nicht aber ein Physikstudium. Um sich für letzteres entscheiden zu können, unterbrach David sogar den Kontakt zu seinen Eltern, obwohl er ihnen gleichzeitig auch einen positiven Einfluss auf die Entwicklung seines naturwissenschaftlichen Interesses zuschreibt. Unterstützt wurde David von einem Lehrer an der High School, der ihn während seines Entscheidungsprozesses für ein Promotionsstudium der Physik begleitet hat. Auffallend ist, dass Davids Argumentationsstruktur des zu Beginn dieses Abschnitts angeführten Zitats derjenigen seiner Eltern ähnelt. In Abgrenzung zur „realen Welt" habe er populärwissenschaftliche Darstellungen gemocht, weil sie ihm eine „exotische", aber doch reale Welt eröffnet hätten: Deswegen habe er jetzt Spaß daran, in der Welt der Waterside University zu leben. Seine Eltern haben argumentiert, dass er sozusagen etwas Handfestes wie beispielsweise Medizin oder Ingenieurwissenschaften studieren solle. Physik sei demgegenüber von seinen Eltern als „esoterisch" bewertet worden. Nach der Erzählung über diese problematische Zeit seiner Berufsentscheidung fügt David hinzu, dass auch seine Erfahrungen in einem „Space Camp" zu seinem naturwissenschaftlichen Interesse beigetragen hätten, obwohl seine Eltern dies sowie auch sein Interesse an populärwissenschaftlichen Darstellungen der Naturwissenschaften eher als ein Hobby gewertet hätten.

David: [...] I guess the other [...] I guess another factor I can think of that influenced me was the space program. The space shuttle was what during that period of like sort of preadolescence it was very, very much in the news and I was very much influenced by that to the point where I went to space camp [...]. I don't know if you've heard of that.

Petra: No.

David: It's a camp during the summer where you go and you learn about the space shuttle program [...] And so that, that, that _. But again that was sort of more along the lines of things that were hobbies.

---

[569] David, 2.

That was sort of classified as a hobby thing to be interested in these types of things. [...][570]

Hier stellt David also selbst einen Zusammenhang zwischen seiner kindlichen Neugier und seiner Berufsentscheidung her. Ein weiterer Interviewpartner, der populärwissenschaftlichen Büchern einen Einfluss auf seinen Berufsweg zuschreibt, ist Doug. Er sagt:

Doug: Well, maybe, also, I don't think like physics in high school made me want to come to physics. [...] Yeah, maybe movies and maybe like a couple of popular books about physics. You know, it was _.

Petra: Also science fiction books?

Doug: No, more like [...] non-scientific writing about physics for a --- common people audience. You know, that kind of _.

Petra: Do you remember a special book?

Doug: Any one especially? No, I remember like a couple I read [...]. There [were] these [...] series of books that was being edited in my country[571] and I remember I read quite a few. (Laughs.) Yeah, that was probably the only two reasons, those books and like science fiction movies. (Laughs.)[572]

Der dritte Interviewte, der anführt, dass sein Interesse für die Physik aufgrund der Rezeption von populärwissenschaftlichen Darstellungen bereits früh eingesetzt habe, ist Peter. Er schildert, dass sein Interesse an der Physik in den letzten Jahren seiner Schulzeit in Europa eingesetzt habe. Er berichtet von verschiedenen Wegen, die ihn zur Physik gebracht hätten. Sie erscheinen wie eine Kette von Ereignissen aneinander gereiht: Einen wichtigen Einfluss auf seine spätere Entscheidung schreibt Peter zunächst einem zweiwöchigen Praktikum an einem physikalischen Institut zu, das er während der Schulzeit absolviert habe. Er denkt, seit dieser Erfahrung habe er Physik studieren wollen. Dann habe er an Schulwettbewerben der Physik teilgenommen. Das „Nächste" sei gewesen, sich eines der populärwissenschaftlichen Bücher von Richard Feynman zu kaufen:

Peter: [...] Das nächste war dann, dass ich mir dieses eine Buch von Feynman gekauft habe, das also 'n sehr populäres Buch ist [...]. Also jeden, den ich kenne, allen Physikern: ‚Sie belieben wohl zu scherzen [...]'.

Petra: ‚Sie belieben wohl zu scherzen, Mr. Feynman?'[573]

---

[570] David, 2-3.
[571] Der Name von Dougs Herkunftsland ist hier anonymisiert worden.
[572] Doug, 2-3.
[573] Feynman 1985.

Peter: Ja, genau und dann gibt's noch dies zweite, was _. Das hab' ich
glaub' ich hier in Amerika gesehen, da gibt's 'n zweites Buch, das
nennt sich 'What do you care what other people think?'[574] Das hat
all diese kleinen netten Stories drin und [...] Physik [hat] so ganz,
also was ganz Lustiges, [wird als] [...] ganz nettes Hobby dargestellt. [...] [Die] Atmosphäre hat mir einfach gefallen. Und ich hab'
dann, bin dann von diesem Feynman-Buch auf die Feynman
Lectures[575] gekommen, die also im gleichen Stil geschrieben waren, wie das Buch war und, und die hab' ich einfach, die konnte
man wirklich schön von Seite eins [an] [...] lesen wie'n nettes
Buch. Es war also wirklich sehr viel, es war nicht so'n trockener
Stoff wie ,Gerthsen, Kneser, Vogel'[576] irgendwie, die ganzen Bücher. Es war wirklich ganz nett und ganz lustig geschrieben und
ich glaub' nicht, dass ich da von Anfang an alles verstanden habe
[...]. Man bekommt dann so'ne Illusion, dass man's wirklich versteht. In Wirklichkeit aber wird man so ganz geschickt an den Sachen [...] vorbei geleitet. [...] Und da hab' ich für mich gemerkt,
dass Physik mir Spaß [macht] und das will ich studieren. [...][577]

Nachdem Peter für sich entdeckt hat, dass es einfach ist, die Geschichten von
Feynman zu verstehen, ist sein weiteres Interesse für Physikbücher gewachsen,
im Anschluss an die populärwissenschaftliche Lektüre habe er die ernsthaften
Lehrbücher Feynmans gelesen. Die „Feynman Lectures", die in einem ähnlichen
Stil geschrieben seien wie die Episoden aus dem Leben Feynmans, seien für ihn
zugänglicher gewesen als andere häufig benutzte Lehrbücher wie beispielsweise
„Gerthsen, Kneser, Vogel". Peter räumt allerdings ein, dass er möglicherweise
nur gedacht habe, er hätte alles verstanden, denn die „Feynman Lectures" würden
einige Probleme umschiffen und so dem/der LeserIn nur den Eindruck vermit-
teln, alles verstanden zu haben. Entscheidend sei jedoch gewesen, dass ihm diese
Bücher vermittelt hätten, dass Physik Spaß machen könne. Er lese diese Bücher
nach wie vor und auf Nachfrage erzählt er von einer der „Stories" aus dem Buch,
„Sie belieben wohl zu scherzen, Mr. Feynman!"[578], die von Richard Feynmans
Beteiligung am Manhattan-Projekt[579] in Los Alamos handelt:

---

[574] Feynman 1988.
[575] Lehrbücher der theoretischen Physik von Richard Feynman.
[576] Mit „Gerthsen, Kneser, Vogel" ist das im Springer Verlag erscheinende Lehrbuch „Gerthsen,
Kneser, Vogel: Physik" gemeint, das Mitte der 1990er Jahre vermutlich in seiner 14. Auflage
in Grund- und Hauptstudium der Physik in Deutschland verwendet wurde.
[577] Peter, 1-2.
[578] Feynman 1985.
[579] Vgl. Fußnote 542.

Petra:	Kannst Du Dich noch an Sachen erinnern, die Du gelesen hast in dem Buch?
Peter:	[...] [Es] sind immer sehr kleine und kurze Episoden aus seinem Leben und _. Ja, immer im Nachhinein fällt einem so auf, dass er so Sachen etwas verherrlicht und dergleichen. Also, und die Essenz ist halt immer so, dass er doch schon versucht zu zeigen, was für'n toller Kerl er ist. (Lacht.) Obwohl er halt immer leugnet [...], er zeigt also gewissermaßen: ‚Ich bin ganz normal und die anderen Leute sind [...] etwas dümmer als ich.‘
Petra:	(Lacht.)
Peter:	Einige Leute mögen das Buch aus diesem Grunde halt nicht, aber [...]. Es gibt halt die Episoden, dass er in Los Alamos am Manhattan Projekt gearbeitet hat und dann [...] als Hobby hatte, Safes, Geldschränke zu knacken und [...]. [I]ch kann mich nicht so **genau** dran erinnern, aber [...] die eine Episode ist, dass der [...], ich weiß nicht wie der oberste General in Los Alamos hieß, der das ganze Projekt geleitet hatte, der sich dann den teuersten Safe angeschafft hat, den's momentan auf'm Markt gab, aber sich nie drum gekümmert hat, die Kombination zu ändern, [...] die der Safe hatte [...] als er angeschafft wurde. Und [...] Feynman hat [...] nun einfach, einfach diese Kombination ausprobiert und [...] [es] hat geklappt [...] und irgendwas in den Safe reingelegt oder dergleichen [...]. Woraufhin sich der General natürlich 'ne neuere Version des Safes kaufen musste, weil der Safe halt nicht mehr sicher war. Aber ist halt auch so 'ne Story, wo er halt zeigen will, [...] er ist ganz normal, Feynman [ist] ganz normal, und ist halt immer nur der andere, der etwas dümmer ist. [I]ch könnte jetzt 'ne Stunde lang von diesen Geschichten erzählen. [...] So im Nachhinein kann ich mich an jede einzelne Geschichte erinnern. Es sind also ganz nette Geschichten.[580]

Diese Erzählung bezieht sich auf einen Teil der Geschichte „Safecracker Meets Safecracker". Sie ist eine der Geschichten aus dem dritten Teil von Feynmans Buch über seine Beteiligung am Manhattan-Projekt. Trotz der Kriegssituation schildert Feynman witzige Geschichten aus Los Alamos. Die Frage der Verantwortbarkeit seiner Mitarbeit in diesem Projekt beantwortet Feynman implizit so, dass er auf Lücken der Vorschriften zur Geheimhaltung des Projekts mit einfachsten Mitteln hingewiesen habe. Damit vermittelt er, dass er als Physiker intelligenter als der leitende General des Projekts gewesen sei. Jeder Safe und damit

---

[580] Peter, 3-4.

jedes Sicherheitssystem, so ließe sich das Fazit aus dieser Geschichte ziehen, lässt sich durch einfaches Nachdenken durchbrechen. Feynman ist zwar nur *ein* Beispiel dafür, wie PhysikerInnen sich in der Öffentlichkeit präsentieren. Sein Bekanntheitsgrad ist hoch. Er wird nicht nur als Vorbild zur Orientierung für die Berufsplanung herangezogen wie in Peters Fall, sondern auch als Figur, von der sich DoktorandInnen abgrenzen. Peter verweist darauf, dass „einige Leute" seine Bücher nicht mögen würden, weil Feynman darin vermittele: „Ich [Feynman, P.L.] bin ganz normal und die anderen Leute sind [...] etwas dümmer als ich." Er ist als einer der großen Physiker aufgetreten, mit denen auch einige der interviewten DoktorandInnen an der Waterside University sich nicht identifizieren können. So grenzt sich beispielsweise Maria von großen PhysikerInnen ab, indem sie Feynman als einen solchen benennt.[581] Offensichtlich ist auch, dass Feynmans Reden und Geschichten in den erwähnten Büchern z. T. diskriminierende und abwertende Äußerungen über Frauen enthalten: In seiner Nobelpreisrede beispielsweise inszeniert sich Feynman zugleich als Kenner der Natur und als Kenner der Frauen. Seine Liebesbeziehung zu beiden beschreibt er als ein frustrierendes Erkennen der „Fehler" von beiden.[582] Es wäre nicht verwunderlich, wenn Personen, die Äußerungen dieser Art nicht als nachahmenswert erachten, u. a. auch deshalb Feynman als Vorbild ablehnen. Allerdings kann dies nicht explizit anhand der entsprechenden Interviewpassagen meiner Untersuchung rekonstruiert werden.

Populärwissenschaftliche Erzählungen haben für die Interviewten jedoch nicht nur vor ihrem Physikstudium eine Rolle gespielt. So berichten Helen und George, sie hätten für ihre jeweiligen Entscheidungsprozesse für ihre jeweiligen Forschungsgebiete auch populärwissenschaftliche Veröffentlichungen herangezogen, um sich über die entsprechenden Forschungsausrichtungen zu informieren.[583]

6.2.2 Die Forschungsperspektive: Presseberichte über aktuelle Ergebnisse

Mit der zunehmden Beteiligung von Promovierenden an physikalischer Forschung wechselt u. U. auch ihre Perspektive auf populärwissenschaftliche Erzählungen über ihre Disziplin. Zwei Beispiele hierfür sind die Berichte von

---

[581] Maria, 9, vgl. auch Abschnitt 6.1.2.

[582] Feynman, Richard P. (1966): „The Development of the Space-Time View of Quantum Electrodynamics". In: Science, 12. August 1966, 699-708, zitiert in Traweek 1988, 103, Fußnote 47.

[583] Helen, 16-17, George, 18-19.

Peter[584] und James[585], in denen sie von Veröffentlichungen von Ergebnissen aus ihren Forschungsgebieten in der Tagespresse erzählen. Dies werte ich als eine Perspektive derjenigen, die an bereits an Forschungsprojekten beteiligt sind.

Zur Illustration eines solchen Bezugs auf die Tagespresse führe ich hier die entsprechende Interviewpassage von Peter an, mit der er auf die Interviewfrage, wie er die Verbindungen zwischen seinem Forschungsgebiet und der Physik beschreiben würde, antwortet:[586]

Peter: Ja. Ich meine, in der Atomphysik ist es momentan [...] reine **Grundlagenforschung** im Prinzip. Also [...] es **kann** Anwendungen haben, es hat [aber] noch keine Anwendungen. [...] ‚The Holy Gral' wird es genannt. [D]ie Sache ist die: Wir sind momentan also sehr nah dran, das Ding zu beobachten.

[...]

Peter: [...] Es **gibt** in der Physik nicht mehr so schrecklich viele Dinge, die wirklich unerforscht sind. Aber [...] eines davon meines Erachtens ist so'n <Phänomen ___ > und [...] es gibt eine Gruppe, die es jetzt grade veröffentlicht hat. [...] Das war so'n [...] Kopf-an-Kopf-Rennen und die haben's also mit einem anderen Atom [...] beobachtet und jetzt grade veröffentlicht und es [...] **scheint** halt [...] für Physiker, [...] für [die] Öffentlichkeit sehr bedeutend zu sein. Es war also auf der ersten Seite der ‚New York Times' und der ‚Washington Post' und der ‚International Herald Tribune' und der ‚Frankfurter Allgemeine' und [...] was weiß ich. *Also, [...] --- meines Erachtens **scheint** es halt doch in der Physik [...] eine sehr große Bedeutung zu haben, dadurch, dass es halt was ist, was noch vollkommen unerforscht ist und sich sehr gut verkaufen lässt. Meines Erachtens ist neunzig Prozent der ganzen Sache Marketing. Einige Physiker, große Physiker, [haben] sich da hingesetzt [...] und [haben] wirklich das Ganze etwas aufgepumpt [...]. Das ist also das tolle Ding [...], was es wirklich nicht ist, und [...] wenn man's das erste Mal an eine Zeitung verkaufen kann, dann macht sich das selbständig meines Erachtens.*[587]

Die Bedeutung seines Forschungsgebiets hebt Peter zunächst hervor, indem er auf jüngste Zeitungsberichte über ein gelungenes Experiment zur Beobachtung eines theoretisch vorhergesagten Effekts verweist. Gleichzeitig relativiert er diese

---

[584] Peter, 3-4.
[585] James, 8.
[586] Vgl. Interviewleitfaden.
[587] Peter, 24-25.

Form des Geschichtenerzählens und reflektiert damit die große Bedeutung dieses gelungenen Experiments, indem er sagt: „[W]enn man's das erste Mal an eine Zeitung verkaufen kann, dann macht sich das selbständig meines Erachtens." Diese Reflexion Peters liegt nahe an der Deutung der Wissenschaftsforscherin Dorothy Nelkin (1995), dass „Wissenschaft" verkauft werden müsse, was z. T. durch Presseberichte geleistet werde.

Die in diesem Abschnitt vorgestellten Interviewpassagen mit DoktorandInnen der Physik weisen unterschiedliche Bezüge zum populärwissenschaftlichen Genre auf, die mit einem Perspektivenwechsel verbunden sind. Die Promovierenden berichten, dass ihre Entscheidungen, ein Physikstudium zu beginnen oder in einem bestimmten Forschungsgebiet zu arbeiten, durch populärwissenschaftliche Darstellungen beeinflusst worden seien. Zu diesen Zeitpunkten hatten sie entweder noch gar nicht mit dem Physikstudium an der Universität begonnen oder sie befanden sich noch in den überwiegend formal strukturierten Ausbildungsphasen von College- oder Graduate-Studium, die in Form von Kursen zu absolvieren sind.[588] Mit dem Beginn der Mitarbeit an Forschungsprojekten verändert sich jedoch u. U. ihre Perspektive auf diese ehemals faszinierenden Darstellungen der Physik. Berichte über aktuelle Forschungsergebnisse in der Presse wird von einem der interviewten DoktorandInnen eher skeptisch bewertet und als eine Frage des Marketing betrachtet. Die Wissensproduktion in der Physik wird hier also auch vor dem Hintergrund dessen beleuchtet, dass immer wieder Gelder für Forschung eingeworben werden müssen und dies auch gegenüber der Öffentlichkeit legitimiert werden muss.

6.3 "To travel faster than light": Imaginationen, Sciencefiction und die Grenzen der Physik[589]

Sciencefiction ermöglichen, Imaginationen über Zusammenhänge von Naturwissenschaft, Technik und Gesellschaft in vielfältig miteinander verwobener Weise zu entwerfen. Der fiktionale Charakter des Genres erlaubt es darüber hinaus, mit Differenzen zwischen Realisiertem und Imaginiertem zu arbeiten, und zwar sowohl hinsichtlich naturwissenschaftlich-technischer Entwicklungen als auch hin-

---

[588] Vgl. die Abschnitte 4.1.1. Zur Historie des Promotionsstudiums in den USA und 4.1.2.1 Die Differenz von Undergraduate- und Graduate-Studium als In-vivo-Kode.

[589] Die Ergebnisse dieses Abschnitts sind bereits mehrfach im Rahmen von Tagungen vorgestellt worden (Lucht (Vortragsmanuskript)).

sichtlich gesellschaftlicher Anordnungen. Bislang ist jedoch das Sciencefiction-Genre nicht in größerem Ausmaß Forschungsgegenstand der Wissenschaftsforschung geworden.[590] In diesem Abschnitt widme ich mich daher den Bezügen, die DoktorandInnen der Physik an der Waterside University zu diesem Genre herstellen, ausgiebiger als denen zu historisierenden und populärwissenschaftlichen Erzählungen. Wie ich zu Beginn dieses Kapitels ausgeführt habe, fasst Haraway die Technosciences als Erzählpraktiken und -strategien auf. Für ihre „Neuauslegungen der zu ‚Technoscience' verschmolzenen Naturwissenschaft und Technik" spielt insbesondere das Sciencefiction-Genre eine wichtige Rolle (vgl. Mauss u. Petersen 1998, 9).

Im Folgenden widme ich mich den Erzählungen von DoktorandInnen, in denen sie sich auf dieses Genre beziehen. DoktorandInnen erwähnen u. a. dann das Sciencefiction-Genre, wenn sie von ihrer zurückliegenden Entscheidung für ein Physikstudium berichten,[591] wenn sie darüber nachdenken, wie sie Inhalte physi-

---

[590] Gelegentlich werden Bezüge zum Sciencefiction-Genre, das NaturwissenschaftlerInnen offenbar beeinflusst hat, auch in der Wissenschaftsforschung hergestellt, aber sie stellen zumeist keinen Fokus der Untersuchung dar. So konstatiert beispielsweise Lewenstein (1994), dass Sciencefiction im Gegensatz zu Zeitungen und Zeitschriften zu den sehr selten untersuchten Kontexten gehöre, in denen „naturwissenschaftliche Vorstellungen der Öffentlichkeit präsentiert" würden. Möglicherweise ist dies daher auch der Grund dafür, dass der Begriff Sciencefiction nicht im Index des Handbook of Science and Technology Studies (Jasanoff et al. 1994) auftaucht. In diesem Zusammenhang ist jedoch zu berücksichtigen, dass Donna Haraways Integration von Ideen aus dem Sciencefiction-Genre gesondert zu bewerten ist. Sie erhebt Sciencefiction nicht zum expliziten Forschungsgegenstand ihrer Untersuchungen. Vielmehr nimmt sie ausgewählte Sciencefiction-Geschichten zum Ausgangspunkt für ihre Abhandlungen. So markiert Haraway (1997) u. a. drei Sciencefiction-Romane als „Schlüsselobjekte des Wissens", um zu erläutern, wie „feministische Instruktionen" über das „Verhalten gegenüber Außerirdischen" aussehen. Haraway unterscheidet hier feministische Sciencefiction von der „allgemeinen" Kategorie der Sciencefiction. Zahlreiche Metaphern, die Haraway als Denkfiguren für ihre Texte verwendet, entlehnt sie zudem dem Sciencefiction-Genre.

[591] In disparaten Forschungsfeldern wird in zumeist randständigen Bemerkungen darauf hingewiesen, dass die Berufsentscheidungen von NaturwissenschaftlerInnen von Sciencefiction-Geschichten beeinflusst worden seien (Bains 1991, Tullock u. Jenkins 1995, Friedman 1987, Casper u. Moore 1995). Friedman (1987, 192) stellt fest: „[S]ome scientists and engineers attribute to science fiction their first childhood interest in science." Casper and Moore (1995, 328) erwähnen, in ihrer Studie über Gender, Sex und Reproduktion im Weltraum hätten eine Reihe von WissenschaftlerInnen der NASA gesagt, sie seien von Sciencefiction-Geschichten hinsichtlich ihrer Berufswahl beeinflusst worden. In einer Untersuchung über die Sciencefiction-Serien „Star Trek" und „Dr. Who" zitieren Tullock und Jenkins (1995, 213) aus einem Interview mit einem Doktoranden der Physik am „Massachussetts Institute of Technology" (M.I.T.), die Aussage, dass dieser von einem „Star Trek College" geträumt habe, bevor er irgendein konkretes College kennen gelernt habe. Einige von PhysikerInnen selbst ver-

kalischer Forschung an andere Personen vermitteln könnten oder dann, wenn es um ihre zukünftigen Forschungsinteressen geht. Diesen verschiedenen Bezügen ist gemeinsam, dass sie auf die Idee von Zeitreisen rekurrieren.[592] Zudem zeichnet sich auch bzgl. dieser Bezüge – ähnlich wie für historisierende und populärwissenschaftliche Erzählungen – ein Perspektivenwechsel ab, der mit einer Grenzüberschreitung von einer formal organisierten Ausbildungsphase zu der beginnenden Mitarbeit an Forschungsprojekten verbunden ist. Abschließend wird in diesem Abschnitt skizziert, wie die charakteristischen Qualitäten des Sciencefiction-Genres als die eines 'Grenzprojekts' gefasst werden können.

6.3.1 Frühes Interesse an Sciencefiction-Geschichten

Drei der interviewten DoktorandInnen führen ihre Entscheidung für ein Physikstudium auf ihr frühes Interesse an Sciencefiction-Filmen bzw. -Büchern zurück. Die eindeutigste Antwort dieser Art wird von Doug gegeben, der mich mit dieser Aussage zu Beginn des Interviews auf den ironischen Stil vieler seiner Antworten auf meine Fragen einstimmt:

Doug:	I guess it was [...] (Laughs.) science fiction movies.
Petra:	(Laughs.) OK, that's funny, OK, why?
Doug:	I don't know. I like [...] those movies. I think [they were] very interesting movies, seems to me.
Petra:	What kind of movie?
Doug:	Like 'Star Wars', 'Star Trek'. (Laughs.) So, I found it very funny. So, I decided I want to know, 'How [do] they do that?' (Laughs.) I guess it was the main reason.[593]

---

fasste Veröffentlichungen geben ebenfalls Hinweise auf diesen Zusammenhang: So schreibt die Physikerin Bains (1991, 45), ihr Vorbild sei Mr. Spock aus der Serie „Star Trek" gewesen; Nahin (1992, vi) hebt sein frühes Interesse an Sciencefiction-Geschichten hervor, die seine Vorstellungskraft angeregt hätten; Davies (1990, vii) berichtet, er sei H.G. Wells und John Wyndham zu Dank verpflichtet, weil sie seine jugendliche Imagination nicht weniger angefeuert hätten als sorgfältig verfasste Darstellungen über Relativität und subatomare Teilchen.

[592] Der Physiker Paul Nahin (1992) hat sich dem Thema der Zeitreisen und seiner Verbindungen zur Physik in einer Buchveröffentlichung ausführlich gewidmet.

[593] Doug, 1. Doug hebt die Bedeutung von Sciencefiction für ihn an zwei weiteren Interviewstellen hervor. Zu den Einflüssen, die zu seiner Entscheidung für ein Physikstudium beigetragen haben, zählt er neben Sciencefiction-Filmen auch populärwissenschaftliche Bücher (vgl. 6.2). Auf die Frage nach Kritik und Kommentaren zum Interview am Ende des Gesprächs konstatiert Doug noch einmal, dass Sciencefiction-Filme einen großen Einfluss auf seine Entscheidung für ein Physikstudium gehabt hätten (Doug, 17).

Doug ist in einem europäischen Land aufgewachsen, das er nach dem College verlassen hat, um in den USA zu promovieren. Sciencefiction-Filme wie „Star Trek" und „Star Wars" werden über nationale Grenzen hinweg verbreitet. Nachdem ich erwähne, dass ich selbst ebenfalls gern Star Trek[594] gesehen hätte und gefragt habe, was für ihn so faszinierend an diesen Filmen gewesen sei, führt Doug aus:

Doug: Well, I don't know. I guess what I saw it was most interesting.
Petra: Sorry?
Doug: Probably because [...], like in high school sometimes we had a little bit of like modern physics and spoke about maybe relativity a bit. There was always that thing about speed of light being limited, nobody would travel faster.[595] In the movies they always did it faster than that. How'd they do that? You know, when I was a little child. So, I guess that was probably [the] most interesting fact. But everything about it. (Laughs.)
Petra: What do you mean by everything?
Doug: I mean, when I went to go and see like Star Wars movies, I mean, I liked everything, all the space ships, wars, and all that. (Laughs.) Fight, great fight.[596]

Ganz offensichtlich ist es die Idee, schneller als Licht reisen zu können, die Doug fasziniert hat. Im Physikunterricht in der Schule hat er gelernt, dass die Geschwindigkeit des Lichts begrenzt ist, wohingegen Sciencefiction-Filme eine Welt ohne diese Begrenztheit eröffneten. Diese Welt im Film sei ihm als Kind so real erschienen, dass er hätte wissen wollen: „Wie machen sie das?" Hinzu kommt, diese Vision in Zusammenhang mit Sciencefiction wie Star Trek oder Star Wars zu setzen, in denen es die Darstellungen von Raumschiffen, Krieg und Kämpfen sind, die Doug möge, wie er sagt.

Auch George führt seine Entscheidung für ein Physikstudium u. a. auf sein frühes Interesse an Sciencefiction zurück. Er sagt, er habe „schon immer" gern Sciencefiction-Bücher gelesen.[597] An dieser Stelle führt er zugleich an, dass er schon als kleines Kind mit dem Taschenrechner umgegangen sei oder dass er „auf's Geratewohl" in seinem Lexikon gelesen habe. Es sei diese Neugier gewe-

---

[594] Der deutsche Titel der Fernsehserie lautet „Raumschiff Enterprise".
[595] Die Vorstellung, schneller als mit Lichtgeschwindigkeit reisen zu können, entspricht der des Reisens durch die Zeit.
[596] Doug, 1-2.
[597] George, 1.

sen, die ihn aus seiner Sicht „ganz natürlich zur Physik" geführt habe.[598] Auf meine Nachfrage zu diesen Äußerungen erklärt George darüber hinaus:

Petra: Mhm. So, you would call the main factors your curiosity [and] science fiction also as a main factor?

George: Yeah, I, it's a significant factor, because it always allowed me to believe in the possibilities that were available by use of science and technology and [what] [...] came with those possibilities of what could be done [...]. But I guess I was always more of an optimist concerning what science was capable of achieving.[599]

Die Fantasien aus Sciencefiction-Büchern bestätigen Georges optimistische Vorstellungen von der Nützlichkeit und den Möglichkeiten von Naturwissenschaft und Technik. Am Ende des Interviews unterhalten wir uns über mögliche Interpretationen der Interviews. Da bereits drei der Interviewten vor George die wichtige Bedeutung von Sciencefiction in verschiedener Hinsicht hervorgehoben haben, spekuliere ich George gegenüber, dass dieses Thema Teil meiner Analyse der Interviews werden könnte. Daraufhin betont George nochmals, wie wichtig Sciencefiction für ihn sei und dass er ab und zu auch seine ProfessorInnen nach ihrem Interesse an Sciencefiction frage:

George: It's something I asked frequently when I meet like <professor ___> at <university ___>, you know, or <professor ___>. [...] [T]hey had colloquia during the winter and that was a chance to meet with them for the first time and that was something I asked them, if they ever had any interest in it, and I think <professor ___> said, 'No, he hated the stuff.'

Petra: (Laughs.)

George: But I think, if I'm remembering correctly, <professor ___> did like it a little bit, but it's something I frequently ask. *See, if that's where people's heads are.*[600]

George versucht also herauszufinden, ob auch seine LehrerInnen ein Interesse an Sciencefiction haben, ob sie in diesem Sinne über ihre Wissenschaft nachdenken. Dies ist insofern von Bedeutung, als er auf diese Weise nach Bestätigung von

---

[598] George, 1.
[599] George, 1.
[600] George, 26.

autoritärer Seite für die von ihm hergestellte Verbindung zwischen seiner Disziplin der Physik und dem Sciencefiction-Genre zu suchen scheint.[601]

Auch in dem Interview mit Steven taucht das Sciencefiction-Thema auf. Er
berichtet, dass er sein Forschungsgebiet und seine Arbeitsgruppe während des
Promotionsstudiums habe wechseln müssen, weil sein erster Betreuer eine Professur an einer anderen Universität angetreten habe. Er erinnert sich daran, dass
sein neuer Betreuer „offen" dafür gewesen sei, dass er aus einem anderen Forschungsgebiet gekommen sei.[602] Er fährt fort, von seiner Begeisterung und seinem Interesse an seinem neuen Forschungsgebiet, der theoretischen Astrophysik,
zu erzählen:

Petra: What is the exciting thing about it? [...]
Steven: I don't know, it's sort of a romantic field to study systems like stars
         and the origin of the universe, 'cause there [are] [...] questions [...]
         that are exciting to work on, 'cause you've always wondered about
         them even before you were in physics.
Petra: [...] What types of questions?
Steven: Oh. Where did the universe come from? How old is it? What is its
         natural fate? Things like that are questions that uhm, despite the --
         their arcane nature of how, of how you go about solving these, I
         think everyone, laymen, [...] are interested in those answers.
Petra: Mhm. Have you been interested as a child in those questions, too?
Steven: Yeah, actually I was when I was young. When I was **very** young I
         started reading, I was about three or four [...], I read a lot of my
         father's science fiction books when I was a young child and I was
         also interested in time travel and things like that. So, I guess I had
         more of an interest in questions like those even though I didn't
         start physics seriously until I was an undergrad. I guess I sort of
         remembered it from my childhood and I was very interested in it,
         [...] but then I had forgotten about it for long and elluded [it] to the
         end of high school and beginning of college. ---- [603]

Steven geht davon aus, dass Fragen der Kosmologie wie „Woher kommt das
Universum?", „Wie alt ist es?" oder „Was ist sein natürliches Schicksal?", die für
sein Forschungsgebiet relevant seien, jeden interessieren würden. Die Idee des
Reisens durch die Zeit aus Sciencefiction-Büchern stellt er in einen Zusammen-

---

[601] Auf diesen möglichen Zusammenhang bin ich durch einen Hinweis von Bonnie Tai aufmerksam geworden, die sich mit den Machtverhältnissen in Beziehungen von Studierenden
und ProfessorInnen auseinandergesetzt hat (Tai 1997).
[602] Steven, 4-5.
[603] Steven, 4-5.

hang mit Fragen, die ihn bereits als Kind interessiert hätten. Während der Schulzeit seien diese Fragen dann zwar aus seinem Blickfeld gerückt, aber in der Zeit, in der er sich für einen College-Studiengang habe entscheiden müssen, seien sie wieder relevant geworden.

6.3.2 Sciencefiction als Mittel zur Kommunikation von Forschungsinhalten

Auf die Frage, wie er sein Forschungsprojekt Personen erklären würde, die nicht viel über die Physik wüssten, sagt David, dass er daran bereits „gearbeitet" habe, allerdings bislang nicht besonders erfolgreich. Daher erkläre er in i. d. R. nicht sein eigenes Forschungsprojekt, sondern berichte von den Arbeiten, die in der Vergangenheit bereits in seinem Gebiet geleistet worden seien:

David: [...] And then maybe some stuff [...] they did with *time machines* which I think were very, I mean, it was really **fascinating** stuff. [...] [T]he fact that you can actually, that *there is **serious** work being done in the possibility or* [...] *the impossibility of the existence of time machines.* [...] [S]o you **tell** people about that and [...] they find [it] very tangible. I don't know anyone who hasn't grown up, you know, having seen *something science fictionalized* about that sort of thing. And so *it captures some piece of their imagination* and [...] you can sort of draw those analogies that are very understandable.[604]

David konstruiert hier eine Historie seines Forschungsgebietes der Quantenfeldtheorie bis hin zu dessen aktuellen Entwicklungen. Er rekurriert auf das Sciencefiction-Genre, indem er anführt, dass zu diesen aktuellen Entwicklungen auch die Erforschung von Zeitmaschinen gehöre. Er sagt, er kenne niemanden, der nicht schon einmal etwas aus Sciencefiction gesehen habe und geht daher davon aus, dass auch andere von Imaginationen aus Sciencefiction-Filmen oder -Büchern fasziniert sind. Um die Vorstellungskraft seiner ZuhörerInnen anzusprechen, so David, verwende er darum für die Erklärungen dieser Forschungen visuelle Bilder aus Sciencefiction-Filmen wie beispielsweise „Star Wars":

David: [...] In fact, I have a hard time explaining what I do to other physicists, my friends. [...] [I]t's to the point where it doesn't matter if they're in physics. [...] [T]hey understand just as much as if they were in biology [...]. [T]here's not much [more] I can convey to them than I can convey to other people. Which is kind of **why** I

---

[604] David, 21-22.

kind of remove this part of physics from other physics. So, [...] I try to make it as visual as possible. Almost sort of a -- almost sort of *a Star Warsy kind of special effe*[ct], something [...], if I saw on a TV program things moving around [...] and lots of very **rich** vivid images. I try to explain it [in those] [...] terms, 'cause first of all I find it very exciting -- and in some sense that's the only way I can think [...] at **this** point, to convey those sorts of things, that I found more, **more** successful than other.[605]

Am erfolgreichsten, so David, sei die Vermittlung von Inhalten seines Forschungsgebiets gewesen, wenn er visuelle Bilder aus bekannten Sciencefiction-Filmen oder -Fernsehsendungen für seine Erklärungen verwendet habe.

6.3.3   *Vorstellungen von zukünftigen Forschungen der Physik*

Als ich David danach frage, welches Forschungsprojekt er in der Zukunft wählen oder entwerfen würde, fokussiert er in seiner Antwort ein weiteres Mal auf Vorstellungen aus dem Sciencefiction-Genre von dem Reisen durch die Zeit:

David: -- [...] Hum, again [...] -- the stuff with the time machines, stuff with black holes, but also [dis]covering things from field theory [...] _. -- [...] *One of this sort of fantasies I had my first time about the time machines [...] was that 'Oh, you know, wouldn't it be cool to like -- propose a realistic or not realist*[ic]*, but a potentially doable experiment to see if time travel can [...].'* I mean like even say not the classical [...] quantum effects [...], but say some quantum aspect of you send an electron around and you can see its phase shifted by some negative t[606]. [...] In some sense stuff like that: Things that involve almost kind of a science fiction type of thing. [...] This is in some sense what you'd view as science of the future that people would be working on [...]. That's another thing [that] people of actually whatever faster than light travel [are] using **real** stuff. Hum, to actually do real science in these sorts of areas I think would be very _. In some sense it's that what I would choose to do [...]. [...] I mean: *It won't be just science fiction, it won't be just, 'Here's an interesting intellectual **toy.'** Here's something that potentially could actually happen.* You know, how does that affect people on how they view themselves as human

---

[605] David, 22-23.
[606] Der klein geschriebene Buchstabe „t" wird in der Physik als Symbol für die Zeit verwendet.

beings or causality and their self-determination. That I think, I don't know ---- that would be really fine to do.[607]

David ist fasziniert von der Idee, dass jemand aus der Physik eine „Zeitmaschine" entwickeln könnte, um damit schneller als das Licht zu reisen. Er würde gern in einem Forschungsgebiet arbeiten, in dem die Grundlagen für eine solche Maschine erforscht würden. Auch wenn es aus derzeitiger Perspektive ganz abwegig erscheinen mag, dass jemals eine Zeitmaschine konzipiert und benutzt werden könnte: *Dass* NaturwissenschaftlerInnen sich für ihre Visionen an Ideen aus dem Sciencefiction-Genre orientieren könnten, erscheint nachträglich gesehen häufig nicht mehr so gewagt, wenn die Umsetzung gelungen ist.[608] Die Möglichkeit, durch die Zeit reisen zu können, erscheint auch George attraktiv. Auf meine Nachfrage, was das Ziel physikalischer Forschung sein könnte, wenn er darüber einen Sciencefiction-Roman schreiben würde,[609] antwortet George:

George: Oh, that's easy. That's a much easier question.
Petra: Yes?
George: I know, I have a very very [...]. I have a ready answer for that.
Petra: OK. (Laughs.)
George: *If* [...] *I* [...] *could give human kind one thing immediately, it would be something to allow them to travel faster than light.* I mean, human beings are very, very fragile on this little planet which we have come so close to destroying on many occasions and if we could populate other planets or other stars [...] I think that would be a greater boon to mankind than anything else physics has ever done.[610]

Insbesondere dieses Zitat zeigt, dass mit dem Rekurs auf Imaginationen aus dem Sciencefiction-Genre zugleich auf ein Wissenschaftsverständnis Bezug genommen wird, das von dem Glauben an einen Fortschritt der Wissenschaft geprägt

---

[607] David, 23.

[608] Auch Keller (1992, 82, Fußnote 9) konstatiert beispielsweise, dass es einen solchen Zusammenhang hinsichtlich der Umsetzung physikalischer Forschung aufgrund der Beschreibung eines bestimmten Effekts in einem zuvor erschienenen Sciencefiction-Roman geben könne. Ihr zufolge habe das Lesen des Sciencefiction-Romans „The World set Free" von George Wells (1914), in dem ein „globaler Atomkrieg" im Jahr 1956 in Szene gesetzt wird, den Physiker Szillard angeregt, als er das „Schema der Kettenreaktion" entwickelt habe. Leider gibt Keller für diese Schlussfolgerung keine historischen Quellen an.

[609] Im Rahmen des Interviews mit George formulierte ich meine letzte Frage noch einmal neu vor dem Hintergrund, dass zuvor interviewte DoktorandInnen in expliziter Weise für ihre Antworten auf das Sciencefiction-Genre rekurriert hatten.

[610] George, 24-25.

ist, die zur Rettung der Menschheit vor sich selbst beitragen kann. Auf diesen typischerweise wiederkehrenden Plot von Sciencefiction-Geschichten bezieht sich auch Traweek (1988, 81) für einige ihrer Reflexionen über die Hochenergiephysik: Es sei „der Wissenschaftler", der aufgrund seines unerschütterlichen Glaubens an die Wissenschaft eine Lösung für eine herandrohende Gefahr anbiete, die die Menschheit bedrohe. Die drohende Gefahr könne so i. d. R. unter Kontrolle gebracht werden. Die Möglichkeiten der modernen Wissenschaft scheinen keine Grenzen des Machbaren zu kennen: Anstatt die Probleme auf der Erde zu lösen, wird hier eine Auswanderung der Menschen auf andere Planeten imaginiert.

Aufgrund der angeführten Interviewpassagen lässt sich zusammenfassend festhalten, dass Geschichten aus dem Sciencefiction-Genre viele PhysikerInnen begleiten. Sie teilen Vorstellungen aus diesen Geschichten zu verschiedenen Zeitpunkten ihres Lebens: als Kinder, Jugendliche und Erwachsene. Bereits bevor die formale Schulausbildung beginnt, nehmen Ideen aus Sciencefiction-Filmen ihre Vorstellungskraft ein. Die Imagination, dass es möglich sein könnte, durch die Zeit zu reisen, ist u. a. für Doug zur Motivation geworden, Physik zu studieren. Er betont, dass sein Physikunterricht in der Schule auf das Erlernen der „richtigen" Physik begrenzt gewesen sei.[611] Als angehende ForscherInnen schließlich beziehen Promovierende sich für die Vermittlung physikalischer Forschungsinhalte an Laien auf Vorstellungen aus Sciencefiction-Romanen oder -Filmen. Hier begleiten Ideen aus dem Sciencefiction-Genre nicht eine Person auf ihrem Berufsweg, sondern befördern Kommunikationen über naturwissenschaftlich-technisches Wissen. Sciencefiction-Geschichten und -Filme gehören zu den gemeinsamen Erzählungen und Bildern der Medienkultur in den USA. Solche Geschichten bieten visuelle Darstellungen an, derer sich beispielsweise David bedient, um an die Vorstellungskraft seiner ZuhörerInnen, zu denen sowohl Laien als auch NaturwissenschaftlerInnen und PhysikerInnen gehören, zu appellieren. Dies betrachtet David als einen Weg, die Heterogenität der Einzeldisziplinen und ihrer Wissensbestände zu überbrücken. Schließlich bietet das Sciencefiction-Genre möglicherweise auch Imaginationen für zukünftige Forschungsprojekte an: Sciencefiction-Themen werden an den Grenzen zwischen realisierten und imaginierten technisch-naturwissenschaftlichen Entwicklungen konzeptionali-

---

[611] In der Literatur zur Bildungsforschung sind jedoch didaktische Konzepte von LehrerInnen aufzufinden, die die Begeisterung für Sciencefiction von Jugendlichen aufgreifen und Imaginationen aus diesem Genre im Physikunterricht und -studium behandeln. Vgl. Dubeck et al. (1990), Martin-Diaz et al. (1992), Freedman u. Little (1980) u. Tolan (2003).

siert. Dies eröffnet Möglichkeiten zu weiterführenden Gedankenspielen für die interviewten PhysikerInnen: David hebt hervor, dass Forschungsarbeiten über die Möglichkeit, durch die Zeit zu reisen, an einigen physikalischen Instituten sogar möglich seien.[612] George stellt sich vor, dass sich die Menschheit von dem Planeten, den sie zerstöre, sogar retten könne. Beim Übergang von der formalen Ausbildung zur Beteiligung an Forschung tragen Imaginationen aus dem Sciencefiction-Genre somit kontinuierlich zu Vorstellungen und Ideen für zukünftig zu realisierende Forschungsprojekte bereit.

6.3.4 Zwischenfazit: Sciencefiction als Grenzprojekt

Das Sciencefiction-Genre weist einige Charakteristika auf, die ich hier als die von Grenzprojekten zusammenfasse: Grenzprojekte fasse ich als soziokulturelle Räume auf, in denen naturwissenschaftlich-technische Ideen konzeptualisiert werden. Diese Ideen sind nicht vollständig Teil des kanonisierten Wissens der naturwissenschaftlich-technischen Disziplinen. Grenzprojekte müssen vielmehr so entworfen werden, dass sie sich gerade nicht ausschließlich als Teil derjenigen Sphären beschreiben lassen, an deren Grenzen sie verortet sind. Im Falle von Sciencefiction bewegt sich dieses Grenzprojekt zwischen Naturwissenschaft und Technik einerseits und Fiktionen literarischer Art andererseits. Imaginationen über Naturwissenschaft und Technik sowie über Gesellschaft, die einen Film oder eine Erzählung als Sciencefiction kennzeichnen, müssen zumindest partiell Teil einer nicht realisierten Ideenwelt bleiben. Die Imaginationen, die zuvor in einem Sciencefiction-Roman oder -Film beschrieben wurden und die von den naturwissenschaftlich-technisch ausgerichteten Wissenschaften eingeholt wurden, können nicht mehr als Imaginationen herangezogen werden, anhand derer zwischen einem Sciencefiction und dem etablierten Wissen unterschieden werden kann. Sie haben dann ihre Funktion als Grenzkriterium dieser Art verloren.

Zu diesen im Laufe der Zeit umgesetzten Ideen, die zuvor bereits in Sciencefiction-Romanen auftauchten, gehört beispielsweise die der Mondlandung. Aber auch dann, wenn die Konzeption von bestimmten gesellschaftlichen Verhältnissen ihre Überzeugungskraft eingebüßt hat, wird ein Sciencefiction u. U. verändert. Fehlt die Akzeptanz für konzipierte, gesellschaftliche Anordnungen beim Publikum, wird ein Sciencefiction keine große Verbreitung finden und nur be-

---

[612] Der US-amerikanische Physiker Kip Thorne am „California Institute of Technology" oder auch der russische Physiker Igor Novikov am „P.N. Lebedev Physical Institute" in Moskau untersuchen die Physik und philosophische Implikationen von Zeitreisen und bilden DoktorandInnen in diesem Gebiet der „Zeitreisen" aus (Nahin 1992, xii).

grenzt wirkmächtig[613] werden können. Auch der Roman „The Time Machine" von Wells ist beispielsweise dem Drehbuchautor Duncan zufolge für die zugehörige spätere Verfilmung von ihm hinsichtlich der gesellschaftlichen Verortung erheblich verändert worden. Während er die naturwissenschaftlich-technische Idee der Zeitmaschine weitgehend beibehalten habe, so Duncan, habe er die Angst vor den ökonomischen Folgen der industriellen Revolution zu Beginn des 20. Jh., die Wells als Ausgangspunkt für „The Time Machine" gewählt hatte, durch die verbreitete Angst der späten 1950er Jahre vor einem atomaren Bombenangriff ersetzt.[614]

Das Sciencefiction-Genre exemplifiziert die Charakteristika eines Grenzprojekts in folgender Weise: Sciencefiction präsentieren z. T. Ideen, die bislang noch nicht in den Natur- und Technikwissenschaften umgesetzt werden konnten. Sie spielen mit der Grenze zwischen realisierten und imaginierten Möglichkeiten naturwissenschaftlich-technischer Forschung, d. h. mit der Grenze zwischen Wissenschaft und Nicht-Wissenschaft. Ein Grenzprojekt muss also so flexibel konzipiert werden, dass es an den genannten Grenzen verortet werden kann.

6.4   Fazit: Spekulationen zur Wirkmächtigkeit tradierter Geschichten

Tradierte Geschichten, zu denen hier die herausgestellten historisierenden und populärwissenschaftlichen Erzählungen sowie die der Sciencefiction-Erzählungen zählen, begleiten PhysikerInnen auf ihrem Berufsweg. In der Kindheit üben diese Geschichten Faszination auf sie aus, sie tragen zu Entscheidungsprozessen in der Ausbildung für ein bestimmtes Studium oder Forschungsgebiet bei. Die Aktualisierung von Erfolgsgeschichten über berühmte PhysikerInnen, an die sich DoktorandInnen erinnern, ist ein Weg, eigenen Unsicherheiten bzgl. der Frage, ob ihr Dissertationsprojekt erfolgreich verlaufen wird oder nicht, zu begegnen. Die Interviewten verorten sich z. T. selbst in ihrer Disziplin, indem sie sich entweder als NachfolgerInnen berühmter PhysikerInnen verstehen oder aber sie distanzieren sich von dieser Form der Geschichtsschreibung und großen Vorbildern. Zudem verwenden Promovierende Bilder aus Geschichten, die über die Scientific Community der Physik hinaus bekannt sind, um Inhalte ihrer Forschungen zu kommunizieren. Insbesondere ziehen einige der Interviewten hierfür Imaginationen aus dem Sciencefiction-Genre heran. An diesen Imaginationen orientieren sie sich beim Übergang von der Ausbildung zur Beteiligung an Forschung teil-

---

[613] Zur Verwendung des Begriffs der „Wirkmächtigkeit" vgl. Abschnitt 6.4.
[614] Duncan 1988, 124-125.

weise auch selbst, um Konzepte über zukünftige physikalische Forschungsprojekte zu entwerfen. Das Sciencefiction-Genre bietet PhysikerInnen somit im Verlauf ihrer Karriere immer wieder Zukunftsvisionen zu den Möglichkeiten physikalischer Forschung an.

Die zeitliche Dimension der angeführten Genres spielt für die hergestellten Bezüge in den Interviews eine entscheidende Rolle: Die Konstruktion der Historie der Physik bezieht sich auf große PhysikerInnen und ihre Erfolge; die Bedeutung von einzelnen Forschungsergebnissen für die Historie der Disziplin wird lediglich als eine Frage der Zeit angesehen. Aufgrund der Verbindung der Historie der Physik mit den Namen berühmter PhysikerInnen kann ein soziokulturelles Erbe der Physik bzw. eine Ahnenfolge großer Physiker konstruiert werden. Dieses Erbe kann angetreten werden und stellt eine Legitimation für gegenwärtige Forschungen dar, die von den NachfolgerInnen umgesetzt wird. Auch die Abgrenzung einzelner PhysikerInnen von dieser Fortschrittserzählung und ihren ProtagonistInnen stabilisiert diese Fortschrittsgeschichte. Mit der Vermittlung der Physik in populärwissenschaftlichen Büchern oder in den Medien wird ihre Wichtigkeit und Relevanz hervorgehoben. Die an der Zukunft orientierten Sciencefiction-Bezüge sind ein Spiel mit den Möglichkeiten und Grenzen physikalischer Forschung. Diese Geschichten spielen an der Grenze des bereits Realisierten und des noch nicht Realisierten und damit an der Grenze von Wissenschaft und Nicht-Wissenschaft.

Die Wirkmächtigkeit von tradieren Geschichten zeigt sich daran, dass sie für Identifikation und Abgrenzung von der Disziplin sowie für die Möglichkeiten und Grenzen physikalischer Forschung einen Rahmen bieten. Die Wirkmächtigkeit dieser tradierten Geschichten unterstreicht die Bedeutung der Disziplin der Physik in Vergangenheit und Gegenwart in Form von Metaerzählungen über erreichte und mögliche wissenschaftliche Fortschritte. Darüber hinaus können in den Interviews zahlreiche Anschlussmöglichkeiten für Reflexionen über die gewählten Erzählformen aufgefunden werden.

7 Zur »Herstellung epistemischer Autorität«

In diesem Kapitel werden die erlangten Ergebnisse zunächst zusammengefasst, um im Anschluss daran das Konzept der »Herstellung epistemischer Autorität« synoptisch zu skizzieren. Hier werden die Ergebnisse analytisch zusammengeführt.

7.1 Zusammenfassung der Ergebnisse

Ausgehend von den Begriffen der 'Epistemischen Autorität' und der 'Grenzziehungsarbeit' ('Boundary Work'), wie sie von Gieryn (1994, 1999a) entworfen wurden, wurde folgende übergreifende Fragestellung für diese Arbeit formuliert: *Welche Abgrenzungskriterien und Grenzziehungen werden festgelegt, um das 'Wissenschaftsverständnis der Physik' zu bestimmen?* Mit dem Begriff 'Wissenschaftsverständnis der Physik' werden in dieser Arbeit unterschiedliche Auffassungen über die Herstellung von Forschungsergebnissen im soziokulturellen Raum von Wissenschaft aufgefasst. Aufgrund der Analysen des erhobenen empirischen Materials im Rahmen einer qualitativen Interviewstudie mit Physik-DoktorandInnen an einer sehr renommierten, naturwissenschaftlich-technisch ausgerichteten Universität in den USA habe ich herausgearbeitet, dass das 'Wissenschaftsverständnis der Physik' durch vielfältige Auffassungen über die Disziplin geprägt ist, die in unterschiedlicher Weise hierarchisch zueinander angeordnet sind. Dieses Kennzeichen ist maßgebend für die Wahl des Begriffs der 'Epistemischen Autorität' im Anschluss an Gieryn (1999a): Die etablierten hierarchischen Anordnungen tragen dazu bei, dass eine Autorität hergestellt werden kann, deren Legitimation auf Wissen beruht. Der Begriff der 'Herstellung' bezieht sich hierbei auf beständig stattfindende Prozesse, die zu Stabilität und Wandel von Klassifikationen und Wissensterritorien beitragen. Bereits etablierte Grenzziehungen müssen beständig stabilisiert werden, indem sie von den Beteiligten der Disziplin nachvollzogen und aufrechterhalten werden. Auch einer institutionalisierten Struktur, die sich nicht verändert, wohnen somit Prozesse inne, die diese stabilisieren. Für die Formen der Herstellung bzw. der Veränderung von Grenzziehungen ziehe ich die theoretischen Konzepte des 'Grenzobjekts' (Star u. Griesmer 1989) und des 'Grenzprojekts' (Haraway [1988] 1991) heran, die als polarisierte Begriffe eingeführt werden, mittels derer Stabilität und Wandel von etablierten Grenzziehungen und Abgrenzungskriterien plausibilisiert werden. 'Grenzobjekte' ermöglichen Kooperationen verschiedener sozialer Gruppen über diejenigen Grenzen hinweg, die sie voneinander unterscheiden. Zudem sind 'Grenzobjekte' standardisierbar und damit zugehörig zu bestehenden Klassifikationen und Wissensterritorien der Physik. Mit der Herstellung von Grenzobjekten werden daher bestehende Strukturen tendenziell bestätigt und damit stabilisiert. Demgegenüber stellt ein 'Grenzprojekt' ein Konzept dar, das sich der Einordnung in etablierte, wissenschaftliche Klassifikationen und Wissensterritorien entzieht. Das mit einem Grenzprojekt entworfene Wissen ist bzgl. bereits etablierter Klassifikationen und Wissensterritorien einer Wissenschaft nicht standardisierbar. Es verbindet etabliertes und imaginiertes Wissen und trägt damit tendenziell zu einer Veränderung bestehender Klassifikationen und Wissensterritorien bei.

Im zweiten Kapitel werden historisierende Skizzen der 'Wissenschaftsforschung' sowie der 'Frauen- und Geschlechterforschung über die Physik' vorgestellt, um die jeweiligen Positionen im Hinblick auf das vertretene Wissenschaftsverständnis der Physik zu diskutieren. Als 'Grenzziehung' wird hier untersucht, in welcher Weise Unterscheidungsmerkmale zwischen den 'Two Cultures' der Wissenschaften etabliert werden. Für beide Bereiche kann von einer Auflösungstendenz der Grenzziehung zwischen den 'Two Cultures' gesprochen werden, da es das „Soziale" ist, das in unterschiedlicher Ausprägung sowohl in der Wissenschaftsforschung als auch in der Frauen- und Geschlechterforschung über die Physik in den Blick genommen und in unterschiedlicher Weise als konstituierend für naturwissenschaftlich-technische Erkenntnisprozesse angesehen wird. Im Zuge der zunehmenden Institutionalisierung der interdisziplinären 'Wissenschaftsforschung' seit den 1970er Jahren wurden unterschiedliche Forschungsansätze entwickelt, die Konstruktionsprozesse naturwissenschaftlicher Erkenntnisse untersuchen. Als letztere werden im Rahmen dieser Forschungsansätze u. a. ein durch Interesse geleitetes Forschen, soziale Aushandlungen naturwissenschaftlicher Kontroversen und soziale Praxen in Laboratorien der Naturwissenschaften angesehen. Die jeweils betrachteten sozialen Konstruktionsprozesse werden als inhärente Bestandteile naturwissenschaftlicher Erkenntnis(prozesse) betrachtet, die aufgrund der Betrachtung im Rahmen der Wissenschaftsforschung einer Reflexion zugänglich gemacht werden können. Dem Problem, dass auch Erkenntnisprozesse in den Sozial- und Geisteswissenschaften prinzipiell als (sozial) konstruierte aufzufassen sind, begegnen einige AutorInnen mit Forderungen nach Reflexivität und nach Verwendungen 'Neuer literarischer Formen': Anstatt erklärende 'Metaerzählungen' über soziale Konstruktionsprozesse der Naturwissenschaften zu produzieren, werden hier Formen der literarischen Darstellung gefordert, die zugleich Reflexionen über die sozial- bzw. geisteswissenschaftlichen Erkenntnisprozesse der Wissenschaftsforschung nahe legen. Zu diesen zählen Kaffeehaus-Gespräche, Beschreibungen von Literaturre-cherchen in der Bibliothek oder Dialoge mit sich selbst. Anhand dieser literari-schen Formen wird deutlich, dass auch die Ergebnisse der Wissenschaftsfor-schung vorläufig und fragmentarisch bleiben – ebenso wie diejenigen der Natur- und Technikwissenschaften. Eine besonders ergiebige Betrachtung von Grenz-ziehungen hinsichtlich des Wissenschaftsverständnisses der Physik stellen An-sätze aus der Frauen- und Geschlechterforschung dar. Die Fokussierung auf die Beteiligung von Frauen an dieser Disziplin wirft Fragen sozialer Diskriminierun-gen auf, die ihrerseits leicht in einer verkürzten Forderung nach einer Verbesse-rung des sozialen Klimas an Instituten und Fachbereichen münden. Es ist gerade diese verkürzte Betrachtungsweise, die das Wissenschaftsverständnis der Physik nicht infrage stellt, sondern eine Verbesserung der Situation von Frauen im „Sozialen" sieht. Mit dieser Forderung werden m. E. unbeabsichtigt erneut ge-schlechtskonnotierte Zuschreibungen zu Frauen und Männern manifestiert so als ob Männer jenseits des „Sozialen" die Physik als Beruf ausüben würden, Frauen jedoch nicht. Ansätze aus der Geschlechterforschung dagegen fokussieren auf soziale Konstruktionen von Erkenntnisprozessen anhand der Verwendung von geschlechtskonnotierten Metaphern oder von Konstruktionen naturwissenschaft-licher Theoriegebäude. Die Autorinnen Hayles (1990) und Scheich (1993) arbei-ten in unterschiedlicher Weise eine Inklusion von Phantasmen des Weiblichen in der Geschichte der Theoriebildung der Physik heraus: Scheichs Analyse der Ge-schichte der „Impetustheorie" postuliert, dass das, was mit dem Phantasma des Weiblichen versehen war, mit der Integration in die Physik eine Abspaltung er-fahren habe: Alles nicht Mathematisierbare sei wiederum dem Phantasma der Weiblichkeit zugeordnet worden. Auf symbolischer Ebene sei hier der Aus-schluss von Frauen vollzogen worden. Eine ähnliche Denkfigur findet sich auch bei Hayles: Der mit Weiblichkeit konnotierte Begriff „Chaos" sei Mitte des 20. Jh. zu einem neuen Untersuchungsgegenstand der Physik und damit in ge-wissem Umfang mathematisch beschreibbar geworden. Trotz der Inklusion des Chaos, das auf symbolischer Ebene mit dem Weiblichen assoziiert worden sei, habe keine Integration von Frauen in entsprechende Forschungsgebiete stattge-funden. Dies zeigt auf, dass der Ausschluss von Frauen aus von Männern domi-nierten wissenschaftlichen Professionen jenseits symbolischer Zuschreibungen von Forschungsgegenständen zu Weiblichkeit oder Männlichkeit zu analysieren ist. Zuschreibungen des aus dem Bereich der Forschungsgegenstände der Natur- und Technikwissenschaften Ausgeschlossenen zu Weiblichkeit sind vielmehr als nachträgliche Zuweisungen aufgrund des Ausschlusses zu werten und nicht als inhärente Eigenschaften des Ausgeschlossenen.

Für die Bearbeitung sozialer Konstruktionsprozesse der Physik schließe ich mich Gieryn (1994) an, der die Wissenschaften als einen soziokulturellen Raum auffasst, der von seinen AkteurInnen bereits definiert worden sei und daher nicht erst von der Wissenschaftsforschung „entdeckt" werden müsse. Diesen Konstruktionsprozessen von NaturwissenschaftlerInnen bin ich mit einer Interviewstudie mit Doktorandinnen und Doktoranden der Physik nachgegangen. Fokus der Analyse sind Erzählungen der Interviewten, die sich auf die Bestimmung der Physik bezogen haben, indem dort innerdisziplinäre und die Disziplin nach außen abgrenzende Kriterien und Grenzziehungen benannt werden. Die Wahl von DoktorandInnen als Untersuchungsgruppe ist motiviert von der Feststellung, dass die Untersuchung der Ausbildung von NaturwissenschaftlerInnen einen blinden Fleck in der Wissenschaftsforschung darstellt. In der Konsequenz wird damit das den Naturwissenschaften zugeschriebene positivistische Wissenschaftsverständnis u. U. verdoppelt, da in dieser Hinsicht die Autorität von Aussagen der Wissenschaftsforschung über die Naturwissenschaften von der Autorität bereits etablierter Naturwissenschaftlerinnen und Naturwissenschaftler abgeleitet wird. Die vorliegende Untersuchung wirft hingegen einen Blick auf die Herstellung wissenschaftlicher Autorität aus der Perspektive von DoktorandInnen, die sich in einer Übergangsphase von formaler Ausbildung zur Mitarbeit an Forschungsprojekten befinden.[615] Die Aufarbeitung des Forschungsstandes empirischer Erhebungen in Abschnitt 3.1 sondiert zum einen Untersuchungen aus der Wissenschaftsforschung und zum anderen Studien aus der Schul- und Hochschulforschung, da letztere sich für die vorliegende empirische Erhebung als anschlussfähig erwiesen haben. Zu den Ergebnissen der Schul- und Hochschulforschung gehört, dass Vorstellungen von SchülerInnen und Studierenden von der Physik bzw. von den Naturwissenschaften vielfältig sind. Es scheint sich jedoch die Tendenz abzuzeichnen, dass diese Vielfalt in Gruppen mit höherem Status abnimmt und dort einheitlichere Vorstellungen von den Naturwissenschaften vorherrschen. Auch die Betrachtung der Konstruktion der Erhebungsinstrumente dieser empirischen Studien ergibt, dass diesen implizite Vorstellungen von den Naturwissenschaften zugrunde liegen. So lassen sich in diesen Erhebungsinstrumenten beispielsweise positivistische, antipositivistische und konstruktivistische Positionen auffinden, aber zumeist werden sie nicht explizit von den AutorInnen

---

[615] Hier unterscheidet sich meine Untersuchung von methodischen Vorgehensweisen im Rahmen von teilnehmenden Beobachtungen. Auch Hasse (1997) arbeitet beispielsweise das „Implizite Wissen" des Physikstudiums heraus, allerdings vornehmlich anhand der Beobachtung des Verhaltens von Studierenden an einem ausgewählten Institut und nicht anhand von Interviews, die außerhalb des curricularen Studiums geführt worden sind.

diskutiert. Eine Zusammenführung von Debatten aus der Wissenschaftsforschung mit Ansätzen aus der Schul- und Hochschulforschung erscheint hier dringend notwendig, um Auffassungen von SchülerInnen und Studierenden über die Naturwissenschaften nicht mit verkürzten Attributen wie „naiv" oder „realistisch" zu bewerten, sondern sie hinsichtlich ihres Wissenschaftsverständnisses der Physik zu betrachten. Als anschlussfähig haben sich insbesondere folgende empirisch fundierte Untersuchungen erwiesen, deren AutorInnen zum einen mit qualitativ ausgerichteten Methoden gearbeitet und zum anderen Zusammenhänge zwischen institutionalisierten Formen der Vermittlung von Physik und dem mit dieser Vermittlung einhergehenden Wissenschaftsverständnis herausgestellt haben. Die Untersuchung von Hughes-McDonnell (1996) belegt, dass die Form der Institutionalisierung des Physikunterrichts in der Schule entscheidend zu den Vorstellungen von SchülerInnen von der Disziplin der Physik beiträgt. Im Rahmen der Wissenschaftsforschung sind es insbesondere die Studien von Traweek (1988) und Gusterson (1995), in denen die Ausbildung von PhysikerInnen untersucht worden sind. Anhand von Forschungslaboratorien der Hochenergiephysik in den USA und Japan arbeitet Traweek die Zusammenhänge von Vorstellungen über die Physik mit deren Institutionalisierung heraus. Sie konstatiert, dass PhysikerInnen eine lange Zeit des Novizendaseins durchlaufen, welche in die drei Phasen von College- und Graduate-Studium sowie die anschließende Postdoc-Phase unterteilt sei. Jede dieser Phasen werde durch das Erlernen bestimmter kognitiver Fähigkeiten und emotionaler Ängste und Hoffnungen geprägt. Autorität über die Form des Wissens liege in allen drei Phasen jedoch bei den „Staatsmännern" bzw. den „Genies". Gusterson widmet sich der Postdoc-Phase anhand eines Fallbeispiels einer Waffenphysikerin in dem „Lawrence Livermore Laboratory" und beschreibt deren zunehmende Identifikation mit ihrer Tätigkeit durch fortschreitende Praxis und den Abschluss dieser 'Lehrzeit' durch einen erfolgreich durchgeführten Atomwaffentest. Anhand dieser Studien wird aufgezeigt, dass die Physik-Ausbildung nach dem College-Studium zunehmend informell organisiert ist. In Abschnitt 3.2 nehme ich zunächst eine Positionsbestimmung für mein Selbstverständnis in Bezug auf das methodische Vorgehen in dieser Arbeit vor. Ausgehend von einem postmodernen Subjektverständnis in Anlehnung an Haraway ([1988] 1991) fasse ich die einzelnen Phasen der Bearbeitung einer empirischen Studie sowie die Darstellung ihrer Ergebnisse als partiale, situative Übersetzungen auf. Für die Erhebung und die Auswertung des erhobenen Materials wurden unterschiedliche methodische Vorgehensweisen herangezogen. Es wurde ein halbstrukturiertes Interview entworfen, mit dem eine Gruppe von DoktorandInnen interviewt wurde. Diese Promovierenden fertigten ihre Dissertationen an einer privaten, sehr renommierten, naturwissenschaftlich-technisch ausgerichteten Universität in den USA an, die in dieser Arbeit mit dem frei erfundenen Namen „Waterside University" bezeichnet wird. Die mit der 'Voice Centered Method' begonnene Auswertung einzelner Interviewpassagen wurde für alle Interviews in Anlehnung an das Kodierparadigma von Strauss und Corbin (1990) fortgesetzt. Unter Hinzuziehung der im ersten Kapitel skizzierten Konzepte aus der Wissenschaftsforschung wurden in den Kapiteln 4 bis 6 – im Anschluss an von den Interviewten verwendete In-Vivo-Kodes – mehrere Hauptkategorien im Hinblick auf die Fragestellung nach relevanten Grenzziehungen herausgearbeitet.

Die im vierten Kapitel betrachteten Erzählungen der Interviewten beziehen sich auf institutionalisierte Studien- und Forschungsstrukturen. Die Unterschiede zwischen Undergraduate- und Graduate-Studium werden von Promovierenden hinsichtlich des zeitlichen Aufwands, der zu erlernenden Fähigkeiten, der Form der Anerkennung sowie der vermittelten Vorstellungen von der Physik beschrieben: Während des stark strukturierten und formalisierten Undergraduate-Studiums werde die Physik als eine analytische Wissenschaft präsentiert, die für vorgegebene Fragestellungen Lösungen bereit stelle. Die zunehmend informell strukturierten Lehr- und Lernformen während des Graduate-Studiums legten dagegen ein Verständnis der Physik als einer gestaltenden Wissenschaft nahe. Auch die institutionalisierte Differenz zwischen experimenteller und theoretischer Physik spielt für die Interviewten hinsichtlich ihres Selbst- und ihres Wissenschaftsverständnisses eine wichtige Rolle. Diese Grenzziehung ermöglicht ein positivistisches Wissenschaftsverständnis für diejenigen, die ihre Forschungsarbeiten als kumulativen Erkenntnisfortschritt begreifen – sei es, dass im Rahmen eines deduktiven Vorgehens aufbauend auf theoretischen Arbeiten die Erhebung von Daten folgt, mit denen Theorien überprüft werden können oder sei es, dass im Rahmen induktiven Vorgehens für experimentell erhobene Daten im Anschluss Modelle und Theorien entwickelt werden. In wenigen Fällen formulieren die Interviewten jedoch keine solchen logisch aufeinander aufbauenden Forschungsprozesse und darauf aufbauende Erkenntnisse. Diese Auffassung, im Rahmen derer prinzipiell nicht von einem Erkenntnisfortschritt im eigenen Forschungsgebiet ausgegangen wird, sondern theoretische Vorannahmen für ein experimentelles Design lediglich als Motivation betrachtet werden, steht von den wissenschaftstheoretischen Überlegungen her der These der Theoriegeladenheit empirischer Beobachtungen nahe. Als ein Ergebnis der Analyse von Äußerungen über theoretische und experimentelle Physik ist festzuhalten, dass Überlegungen aus der Wissenschaftstheorie zum Verhältnis von Theorie und Experiment bislang offensichtlich keine Spuren in der institutionalisierten Physik-Ausbildung hinterlassen haben. Eine Sprache, mit der die von den Interviewten konstatierte Kluft zwischen Theorie und Experiment beschrieben oder gar infrage gestellt werden könnte, steht DoktorandInnen der Physik nicht zur Verfügung. Für die Grenzziehung zwischen theoretischer und experimenteller Physik spreche ich daher vor dem Hintergrund der Trennung der meisten Forschungsgebiete der Physik in eine theoretische und eine experimentelle Ausrichtung von einem „institutionalisierten Positivismus", da diese Grenzziehung es erlaubt, von Erkenntnisfortschritten in der Physik auszugehen: Entweder beweisen empirisch erhobene Daten zuvor etablierte Theorien oder es werden für empirische Daten, die mit bisherigen Theorien nicht erklärbar sind, Modelle und kausale Erklärungszusammenhänge gesucht. Die stark institutionalisierte Trennung in theoretische und experimentelle Physik stützt daher ein positivistisches Wissenschaftsverständnis. Mit beiden Unterscheidungsachsen, die in diesem Kapitel behandelt werden, gehen hierarchisch zueinander angeordnete institutionalisierte Strukturen einher. Dies gilt sowohl für die beiden Ausbildungsphasen des Undergraduate- gegenüber dem Graduate-Studium sowie für die beiden Wissensterritorien der experimentellen gegenüber der theoretischen Physik. Im Widerspruch zu geschlechtskonnotierten Zuweisungen, die der jeweils höher bewerteten Ausbildungsphase bzw. dem höher bewerteten Wissensterritorium ähnliche Eigenschaften zuordnet, wie sie auch in stereotyper Weise Weiblichkeit zugewiesen werden, ist die Beteiligung von Frauen in der höher bewerteten Ausbildungsphase des Graduate-Studiums bzw. in dem höher bewerteten Wissensterritorium der theoretischen Physik geringer. Ein Erklärungszusammenhang zwischen symbolischen Zuweisungen zu „Weiblichkeit" und einer relational geringeren Beteiligung von Frauen an diesen Bereichen ist daher zurückzuweisen. Vielmehr sind es die zunehmend informell organisierte Struktur späterer und zudem höher bewerteter Ausbildungsphasen sowie eine höhere Bewertung von bestimmten Wissensterritorien gegenüber anderen, die für die Erklärung eines geringeren Frauenteils heranzuziehen sind. Für die Unterscheidung in theoretische und experimentelle Physik liegen für die vorliegende Untersuchung zwar in geringem Umfang Daten vor, so dass hier ein Zusammenhang vermutet werden kann; auf nationaler Ebene liegen jedoch m. W. keine systematischen Erhebungen vor, mit denen dieses Ergebnis für die gesamte Disziplin der Physik untermauert werde könnte. Die Zuschreibung, dass erst in späteren Ausbildungsphasen oder in bestimmten Wissensterritorien die „eigentliche Physik" betrieben werde, legt den Grundstein dafür, dass denjenigen, die diese Ausbildungsphasen durchlaufen bzw. die die entsprechenden Wissensterritorien bearbeiten, aufgrund der institutionalisierten Strukturen innerhalb der Disziplin eine höhere epistemische Autorität gegenüber denjenigen zugewiesen wird, die vorhergehende Ausbildungsphasen absolvieren oder geringer bewertete Wissensterritorien bearbeiten. Epistemische Autorität wird somit zugleich mit der Herstellung von hierarchisch angeordneten, institutionalisierten Strukturen etabliert.

Die 'Regeln der Zunft' scheinen in Vergessenheit geraten zu sein: Weder in der soziologischen Forschung noch in Ansätzen der 'Wissenschaftsforschung' oder der Schul- und Hochschulforschung wird die 'Zunft' als ein aktuell wichtiges Konzept für die Analyse sozialer Konstruktionsprozesse aufgegriffen. Anhand der empirischen Studie lässt sich jedoch deutlich zeigen, dass dieses Konzept nichts von seiner Aktualität eingebüßt hat. Dem im vierten Kapitel herausgearbeiteten Unterscheidungsmerkmal des Graduate-Studiums gegenüber dem Undergraduate-Studium als einer informell organisierten Ausbildungsphase wird mit diesem Konzept eine flexible und zugleich ordnende Struktur zugewiesen. In Kapitel 5 wurden aufgrund des erhobenen Interviewmaterials die „Regeln der Zunft" an der Waterside University herausgearbeitet: Zusätzlich zu formalen Qualifikationskriterien ist es das 'Empfehlungssystem', das für DoktorandInnen zum Vor- oder Nachteil werden kann, um einen Studienplatz an der Waterside University zu erhalten oder um von einer Arbeitsgruppe in eine andere zu wechseln. Das Empfehlungssystem der Zunft hat einen hohen Stellenwert, da es die Loyalität der etablierten Angehörigen der Zunft untereinander stärkt. DoktorandInnen, die der Zunft noch nicht angehören, da sie erst im Rahmen ihres Promotionsstudiums den Titel als Berechtigung ihrer Zugehörigkeit erwerben, können nicht damit rechnen, dass ihnen das gleiche Ausmaß an Loyalität entgegengebracht wird, wenn sie Kritik an einem der Mitglieder der Zunft üben.

Dies zeigt sich im Rahmen der vorliegenden Erhebung in dramatischer Weise an den Erzählungen von DoktorandInnen, die ihre Arbeitsgruppe aufgrund persönlicher Schwierigkeiten mit ihren BetreuerInnen verlassen haben. Das Promotionsstudium und die Anfertigung einer Dissertation fasse ich im Rahmen dieser Analyse als eine 'Lehrzeit' auf. Das Lernen, Lehren und Forschen von DoktorandInnen in der Zunft beschreibt den Doppelcharakter dieser Ausbildungsphase zur PhysikerIn: Einerseits bedeutet die Arbeit an der Dissertation, eine Qualifikation als WissenschaftlerIn zu erwerben, andererseits geschieht dies durch die Mitarbeit an Forschungsprojekten. Der informelle Charakter der Lehrzeit ist dadurch geprägt, dass DoktorandInnen im Rahmen persönlicher Beziehungen die Physik erlernen. Das 'Persönliche' wiegt infolgedessen oft schwerer als das 'Fachliche'. Auch die Betrachtung von Zugangsmöglichkeiten zu finanziellen Ressourcen seitens der DoktorandInnen weist Charakteristika einer Lehrzeit auf:

In der überwiegenden Mehrzahl sind dies Forschungsgelder, die ihre BetreuerInnen eingeworben haben und mit denen sie DoktorandInnen in ihrer Arbeitsgruppe beschäftigen können. Die hergestellten Produkte, nämlich Forschungsprojekte, werden dem Gruppenleiter oder der Gruppenleiterin zugeordnet, so dass diese auf der Grundlage dieses Renommés wiederum neue Forschungsgelder einwerben können. Das Konzept der Lehrzeit erlaubt es schließlich, die Promotionszeit als einen Prozess zu betrachten, in dem die DoktorandInnen unterschiedliche Phasen der Ausbildung durchlaufen. Die Beziehungen zwischen DoktorandInnen und ihren BetreuerInnen müssen sich entsprechend dieser Phasen verändern und werden dementsprechend hier nicht als statische Beziehungen zwischen Persönlichkeitstypen betrachtet.

Die in der Zunft der Physik hergestellten Produkte fasse ich in Anlehnung an Star und Griesmer (1989) als 'Grenzobjekte' auf, die Kooperationen zwischen professionell getrennten Gruppen ermöglichen. Insbesondere die von Promovierenden hergestellten Dissertationen betrachte ich als Grenzobjekte, die es WissenschaftlerInnen erlauben, über innerdisziplinäre und interdisziplinäre Grenzen hinweg zu kooperieren. Zudem ist die Konzeption von Forschungsprojekten darauf ausgerichtet, einen neuen Beitrag zur Forschung zu leisten. Dies bringt notwendigerweise eine besondere Form von Grenzobjekten hervor: Die Konzeption von Forschungsprojekten muss aufzeigen, wie etablierte Wissensbestände mit noch nicht etablierten Wissensbeständen in einen Zusammenhang gestellt werden. Dieses Charakteristikum zeichnet auch Dissertationen aus und fängt die zeitliche Dimension der Herstellung dieser Projekte ein. Für diejenigen, die diese Dissertationen – Grenzobjekte – anfertigen, ist es zudem häufig das erste größere und über mehrere Jahre angefertigte Forschungsprojekt, das gleichzeitig ihrer Ausbildung und Qualifikation dienen soll. Das Konzept des Grenzobjekts erlaubt es, Kriterien zu benennen, die miteinander kooperierende Gruppen einerseits voneinander trennen und die andererseits diejenigen Grenzen sind, über die hinweg diese Gruppen miteinander kooperieren: Für die Herstellung von Dissertationen arbeiten Personen zusammen, die den Doktortitel erworben haben und die ihn noch erwerben wollen; der Titel selbst ist ein Qualifikationskriterium für PhysikerInnen, die wissenschaftlich arbeiten; den TrägerInnen eines Doktortitels wird Autorität bzgl. wissenschaftlichen Wissens zugewiesen. Zugleich hat der Doktortitel die symbolische Bedeutung, geschlechtskonnotiert zu sein. Mit dem zunehmenden Erwerb dieses Titels durch Frauen, denen erst etwa seit der Wende zum 20. Jh. auch formal der Zugang zu den Universitäten und zum Promotionsstudium erlaubt wurde, verschiebt sich diese symbolische Bedeutung zwar sukzessive, aber sie ist nach wie vor wirksam. Als Grenzobjekt markiert eine Doktorarbeit Grenzen zwischen etabliertem und noch nicht etabliertem physikalischem Wissen. Mit jeder hergestellten Arbeit wird bestätigt, wem das erarbeitete Wissen gehört, auf welche etablierten ExpertInnen des Wissens sie verweist. Die AutorInnenschaft spiegelt somit wider, wer epistemische Autorität über das hergestellte Wissen beanspruchen kann. Die beiden genannten Konzepte der 'Zunft' und des 'Grenzobjekts' ergänzen sich in folgender Weise: Der Blick auf die Physik als Zunft fokussiert aus der Perspektive der Promovierenden auf die Sozialstrukturen dieser Profession in der Phase des Promovierens. Die in dieser Professionalisierungsphase hergestellten Produkte, v. a. die Dissertation, weisen Charakteristika auf, die mit dieser Sozialstruktur korrespondieren. Während der Herstellungsprozesse von Dissertationen werden die Grenzen zwischen für die Wissenschaft qualifizierender und nicht qualifizierender Arbeit, zwischen Zugehörigkeit und Nicht-Zugehörigkeit von Personen zur Disziplin und zwischen etabliertem und nicht etabliertem Wissen beständig verhandelt und hergestellt. Das Wissenschaftsverständnis von Promovierenden der Physik ist von diesen beiden Konzepten der Zunft und der Herstellung von Grenzen im Rahmen von Grenzobjekten geprägt. DoktorandInnen sehen sich selbst zumeist nicht als ExpertInnen ihres Forschungsgebiets an, sondern gestehen ihren BetreuerInnen letztlich epistemische Autorität in diesen Bereichen zu, d. h., dass sie die informellen Strukturen ihrer Zunft in reflexiver Weise internalisieren.

Im sechsten Kapitel dieser Arbeit werden diejenigen Erzählungen von DoktorandInnen der Physik vorgestellt, in denen sie auf unterschiedliche Genres von 'Tradierten Geschichten' rekurrieren. Unter 'Tradierten Geschichten' verstehe ich schriftlich oder mündlich berichtete Begebenheiten oder Ereignisse, auf die im Rahmen von Erzählungen Bezug genommen wird. Diese Geschichten können historisierenden und populärwissenschaftlichen Genres sowie dem Sciencefiction-Genre zugeordnet werden. Sie erfüllen für Physikerinnen und Physikerinnen begleitende Funktionen: So haben populärwissenschaftliche Darstellungen der Physik oder Sciencefiction-Geschichten auf die interviewten DoktorandInnen bereits in ihrer Kindheit eine Faszination ausgeübt und möglicherweise ihre Berufsentscheidungen mit beeinflusst. Zum Teil berichten DoktorandInnen, dass sie schon als Kind von berühmten Physikern wie Einstein gelesen hätten, die in die Historie der Disziplin eingegangen seien. Während ihrer Ausbildung im College und während des Graduate-Studiums beziehen sich DoktorandInnen in veränderter Form auf 'Tradierte Geschichten': Sie lesen beispielsweise Geschichten des Physikers Feynmans zum Vergnügen, sie erzählen Begebenheiten von NobelpreisträgerInnen, verwenden Ideen des Sciencefiction-Genres, um Laien oder auch KollegInnen ihr Forschungsprojekt zu erklären, sie ziehen populärwissenschaftliche Darstellungen heran, wenn sie sich für ein Spezialgebiet physikalischer Forschung entscheiden müssen oder sie beziehen sich auf Presse-Geschichten, um zu argumentieren, dass ihr Gebiet ein relevantes innerhalb der gesamten Disziplin der Physik ist. Das Besondere an Sciencefiction-Geschichten ist, dass sie Imaginationen für zukünftige Forschungsausrichtungen bereitstellen. In ihrer zeitlichen Dimension reichen diese Geschichten sowohl in die Zeit vor dem Besuch der Waterside University zurück als auch über die Zeit des Graduate-Studiums hinaus. Ein gemeinsames Kriterium dieser Geschichten ist, dass sie Fortschrittserzählungen stabilisieren, auch wenn ihre Flexibilität und die Reflexion über die erzählte Form zu Veränderungen von Geschichten führen. Tradierte Geschichten über große PhysikerInnen können an der Waterside University darüber hinaus mit einem Bezug zu dieser speziellen Universität erzählt werden, da einige der berühmten PhysikerInnen selbst an dieser gelehrt und geforscht haben. DoktorandInnen profitieren aufgrund ihrer institutionellen Zugehörigkeit selbst dann, wenn sie diese PhysikerInnen nicht persönlich erlebt haben, da von einem 'Matthew-Effekt' dieser Universität auf institutioneller Ebene ausgegangen werden kann. Die Verbindung von historisierenden tradierten Geschichten zur Physik als Zunft wird insbesondere anhand der Erzählung deutlich, dass sich einer der Doktoranden als ein weit entfernter Neffe Einsteins bezeichnet. In der Zunft werden Betreuer z. T. als „väterliche Figuren" wahrgenommen, in den historisierenden Geschichten sind es die Ahnen, in deren Nachfolge sich DoktorandInnen sehen können. Damit stellt die Waterside University einen institutionellen Rahmen bereit, in dem verwandtschaftsähnliche Beziehungen zwischen Lehrenden und Lernenden hergestellt werden können, die die kulturelle Erbnachfolge innerhalb der Disziplin regeln. Tradierte Geschichten stützen somit, dass an der Waterside University epistemische Autorität des Faches Physik hergestellt wird.[616] Auch aktuelle Begebenheiten an der Waterside University können zu tradierten Geschichten werden, die das Fach in seinem Selbstverständnis prägen. So berichten DoktorandInnen, dass von ihren Arbeitsgruppen beinahe in der Presse berichtet worden wäre. Die Waterside University trägt damit auch gegenwärtig zur Herstellung epi-stemischer Autorität der Physik bei. In den populärwissenschaftlichen Büchern Feynmans wird die Herstellung epistemischer Auto-

---

[616] Ein Lehrkonzept, das sich explizit nicht auf personifizierte Autoritäten des Faches der Physik oder eine Wissensvermittlung durch seine Lehrbücher beruft, ist u. a. an der Harvard Graduate School of Education von Cavicchi (1997, 1999) mit Bezug auf den pädagogischen Ansatz von Duckworth (1996) entwickelt worden. Ein Lehrkonzept, an dessen Entwicklung ich im Anschluss an diesen Ansatz auch selbst beteiligt war, widmete sich Phänomenen von „Licht und Schatten" (vgl. Cavicchi, Lucht u. Hughes-McDonnell 2001).

rität von PhysikerInnen durch das Fazit der erzählten Episoden vermittelt: Es ist der Physiker Feynman, der einfache Lösungen für komplizierte Probleme bereit stellt, die andere – seien es Generäle, Politiker oder andere Wissenschaftler – vergeblich suchen.

Die Wirkmächtigkeit von tradierten Geschichten zeigt sich in dieser Vielfalt an Bezügen, die von den Interviewten hergestellt werden. Historisierende und populärwissenschaftliche Geschichten entfalten ihre Wirkmächtigkeit als Grenzobjekte: Sie thematisieren standardisierbares und klassifizierbares Wissen gegenüber einer Öffentlichkeit oder gegenüber der gegenwärtigen Scientific Community der PhysikerInnen. Demgegenüber entfalten Sciencefiction ihre Wirkmächtigkeit als Grenzprojekte: Sie stellen Imaginationen für noch nicht klassifizierbares Wissen bereit.

7.2 Synopse: Zur »Herstellung epistemischer Autorität«

Ausgangspunkt für die Bearbeitung von Positionen aus der Wissenschaftsforschung sowie für die Analyse des erhobenen Interviewmaterials im Rahmen dieser Arbeit ist die Formulierung des 'Grenzproblems' bei Gieryn (1999a), der die Wissenschaften als soziokulturellen Raum auffasst, dessen Territorium von anderen gesellschaftlichen Sphären durch die Aushandlung von 'Grenzkriterien' festgelegt wird. Zugleich wird 'Epistemische Autorität' von Gieryn so verstanden, dass es diese Grenzkriterien zwischen Wissenschaft und Nicht-Wissenschaft sind, die Aussagen über die Natur legitimieren.

Die Bearbeitung des empirisch erhobenen Materials ist vor dem Hintergrund dieses theoretischen Ausgangspunkts durchgeführt worden. In den Erzählungen der interviewten Doktorandinnen und Doktoranden werden vielschichtige Bezüge zu institutionalisierten Forschungs- und Studienstrukturen informeller und formalisierter Art hergestellt. Für die weiterführende Bearbeitung der Hauptkategorien in den Kapiteln 4 bis 6 wurden aus unterschiedlichen Forschungsansätzen Konzepte der Wissenschaftsforschung herangezogen: Gieryn (1994, 1999a) formuliert das Konzept der epistemischen Autorität im Zusammenhang mit Grenzziehungsarbeit zur Analyse öffentlicher Debatten über die Kriterien von Wissenschaftlichkeit, Star und Griesmer (1989) entwickeln die Idee der Grenzobjekte zur Beschreibung von Sammlungsobjekten in einer Studie über ein Naturkundemuseum. Angesichts neuerer Entwicklungen in der naturwissenschaftlichtechnisch ausgerichteten Forschung über den Körper, schlägt Haraway ([1988] 1991) vor, den Begriff des Objekts durch den Begriff des Grenzprojekts zu ersetzen, an den ich ebenfalls in modifizierter Form anschließe.

Um diese vielschichtigen Bezüge zu einem analytischen Konzept zusammen zu führen, ziehe ich den Ansatz der Wissenschaftsforscherin Douglas ([1986] 1991) hinzu, mit dem sie sich u. a. der Analyse von Naturwissenschaften als Institutionen widmet. Mit diesem Begriff der 'Institution' führe ich die bisher erarbeiteten Konzepte zusammen. Die Legitimation von Wissen über die Natur verschiebt sich vor dem Hintergrund der Ergebnisse der empirischen Erhebung von einer Fokussierung auf „argumentative Narrationen" von Naturwissenschaft-lerInnen in öffentlich geführten Debatten (Gieryn 1999a) hin zu einer Betrach-tung des „Denkens" von Institutionen (Douglas [1986] 1991). Die vielschichti-gen Bezüge der Interviewten zu institutionellen Strukturen verweisen m. E. dar-auf, dass die »Herstellung epistemischer Autorität« im Rahmen der vorliegenden Untersuchung v. a. auf institutionalisierter Ebene betrachtet werden kann.

Im Anschluss an Douglas ([1986] 1991, 81) fasse ich Physikerinnen und Phy-siker als eine „legitimierte soziale Gruppierung" auf, die ihren ExpertInnenstatus zu „Fragen ‚der Natur'" mit ihrem Wissen über dieselbe begründet. Eine „legiti-mierte soziale Gruppierung" fasst Douglas als 'Institution' auf. Eine Konvention, so Douglas, gelte dann als „institutionalisiert" wenn Handlungsbegründungen der sozialen Gruppierung auf Gesetze der Natur zurückgeführt werden könnten. Institutionen legitimieren sich also „durch ihre Übereinstimmung mit der Natur der Welt" (Douglas [1986] 1991, 81-82). Diese von Douglas konstatierte Form der Legitimation, die im Sinne der Aufklärung an das Vernunftsideal anschließt und gleichzeitig auf „Natürlichkeit" rekurriert, bezieht sich insbesondere auf Wissenssysteme der Naturwissenschaften, da diese die 'Natur' zum Forschungs-gegenstand haben. Naturwissenschaftliche Institute mit ihren einzelnen Fachge-bieten können ihre Existenz in Analogie zur Natur rechtfertigen bzw. konstruie-ren institutionelle Entsprechungen in der Natur. Die wissenschaftliche Disziplin Physik stellt für die vorliegende Arbeit diejenige 'Institution' dar, deren Denken anhand der Aussagen von DoktorandInnen an der Waterside University rekons-truiert wurde.

7.2.1 Daten und Theorien über die Natur sind „institutionsgeladen"

Zur Rechtfertigung ihrer Existenz, so Douglas, „bedarf jede Institution einer Formel, die deren Richtigkeit in Vernunft und Natur gründet. Eine Hälfte unserer Arbeit besteht in dem Aufweis dieses kognitiven Prozesses bei der Begründung einer sozialen Ordnung, die andere Hälfte in dem Aufweis, daß der elementarste Erkenntnisprozeß des Individuums von gesellschaftlichen Institutionen abhängt." (Douglas [1986] 1991, 79-80). Im Rahmen dieser Arbeit habe ich mich v. a. der letzteren der beiden hier formulierten Arbeitsanweisungen Douglas' gewidmet, nämlich der Abhängigkeit des Erkenntnisprozesses von Institutionen. Die Ergebnisse der empirischen Erhebung belegen, dass die Perspektiven der untersuchten Gruppe stark von formalisierten sowie von informellen Studien- und Forschungsstrukturen des Physik-Instituts an der Waterside University geprägt sind. Die DoktorandInnen beziehen sich auf unterschiedliche *lokale Ausprägungen* der 'Institution' der Physik: Wechselweise werden in den Interviews als Bezugsrahmen für Erzählungen das Physik-Institut an der Waterside University, die Waterside University oder auch die Physik als Disziplin gewählt. Die herausragende Stellung des für diese Arbeit ausgewählten Physik-Instituts bzw. der Waterside University unter allen Forschungsinstitutionen weltweit legt nahe, dass einige der hier entwickelten Erkenntnisse den Wissenskanon der Disziplin der Physik und damit ihre soziale Gruppierung prägen.[617] Douglas beschreibt die Schaffung und Veränderung von Institutionen unter Bezugnahme auf Hacking (1985, 13) als Zirkel: Menschen schaffen Institutionen, Institutionen sorgen für Klassifikationen. Klassifikationen leiten Handeln an, Handlungen verlangen Benennungen. Auf Benennungen reagieren Menschen positiv und negativ, so dass Institutionen verändert oder neue geschaffen werden können.[618] Somit strukturieren 'Institutionen' das Denken: Sie „[erfüllen] dieselben Aufgaben wie Theorien. Auch sie bestimmen, was als gleich gelten kann." (Douglas [1986] 1991, 100). Werden Institutionen verändert, so ändert sich auch, was gedacht und was als gleich gelten kann.

Somit wird im Rahmen dieser Arbeit in Anlehnung an die These von der Theoriegeladenheit empirisch erhobener Daten[619] folgende These formuliert: Institutionalisierte Forschungsgebiete der Physik sind darauf ausgerichtet, bestimmte Aspekte von Natur zu untersuchen. Daten und Theorien sind durch ihre Zugehörigkeit zu bestimmten institutionalisierten Forschungsausrichtungen geprägt und damit „institutionsgeladen".

7.2.2 Stabilität und Wandel von Klassifikationen und Wissensterritorien

Im Rahmen dieser Arbeit verwende ich Plausibilitätserklärungen für Stabilität und Wandel einer Institution bzw. einer lokalen Ausprägung einer Institution im Folgenden Sinn: Klassifikationen und Wissensterritorien einer lokalen Ausprä-

---

[617] Vgl. Kap. 3.
[618] Douglas [1986] 1991, 166 ff.
[619] Vgl. Abschnitt 4.2.

gung der Institution der Physik werden durch beständige Prozesse von Grenzziehungsarbeit hergestellt, stabilisiert und verändert. In Anlehnung an Douglas fasse ich diese Wissensterritorien als Klassifikationen der Disziplin auf, die wiederum weitere Klassifikationen umfassen. In einer lokalen Ausprägung der Institution „Physik" werden Wissensterritorien und Klassifikationen lokal bestätigt.[620] Grenz*objekte* ermöglichen Zusammenarbeit und Kooperation verschiedener sozialer Gruppen über Grenzen zwischen unterschiedlichen Wissensterritorien hinweg. Sie werden an standardisierte Klassifikationen des Wissenskanons angepasst und tragen damit zur *Stabilität* von bestehenden Klassifikationen und Wissensterritorien bei. Ein *Wandel* etablierter Wissensterritorien kann dagegen durch die Umsetzung von Grenz*projekten* erfolgen. Sie ermöglichen es, etablierte Grenzziehungen und Klassifikationen zu verändern. Die Umsetzung von Grenzprojekten bereitet PhysikerInnen darauf vor, vorgefundene Klassifikationen infrage zu stellen. Es wird eine Gemeinsamkeit gesucht, auf deren Basis neue Klassifikationen entstehen können. Sind genügend dieser Grenzprojekte mit gemeinsamen Klassifikationen etabliert worden, kann eine neue Klasse oder möglicherweise sogar ein neues Wissensterritorium etabliert werden. In der Konsequenz kann u. U. so eine neue lokale Ausprägung der Institution der Physik mit veränderten Wissensterritorien gegründet werden.

Das Konzept der »Herstellung epistemischer Autorität« bezeichnet beständig wiederkehrende Prozesse der Stabilisierung des Wissenskanons bzw. von Klassifikationen und Wissensterritorien mithilfe von Grenz*objekten* bzw. der Herstellung und Veränderung von Klassifikationen und Wissensterritorien durch die Herstellung von Grenz*projekten*.

7.2.3 Das Klassizifieren erlernen

In einer Institution sind Facetten des Wissenschaftsverständnisses von Personen nicht notwendigerweise in einem Handeln zu suchen, das von Interesse geleitet ist. Interessen, die zur Gründung einer Institution führen, treten nach ihrer Etablierung nicht mehr offensichtlich in Erscheinung, sondern verfestigen sich in Strukturen, die interesselos wirken, da keine individuellen AkteurInnen diese durchsetzen müssen. Die Aspekte der Hochschulsozialisation, die ich hier betrachte, betreffen daher das Nachvollziehen von Klassifikationen innerhalb der Wissensterritorien einer vorgefundenen lokalen Ausprägung einer Institution.

---

[620] Gleichzeitig kann davon ausgegangen werden, dass auch lokale Besonderheiten zu soziokulturellen Dimensionen von Erkenntnisprozessen beitragen.

Die im Rahmen dieser Arbeit untersuchte Form von Autorität ist nicht vorwiegend an Personen gebunden, sondern vielmehr an institutionelle Strukturen, mittels derer sowohl Differenzierungen in Form von Klassifikationen und Wissensterritorien als auch Hierarchien in Form von institutionalisierten Bewertungen etabliert werden. Zu den in dieser Arbeit herausgestellten Bewertungsgefällen gehören die zwischen Graduate- und College-Studium und die zwischen theoretischer und experimenteller Physik, die Anerkennung etablierter PhysikerInnen der Zunft als ExpertInnen sowie die diskursive Herstellung von Autorität durch 'Tradierte Geschichten'.

Durch den Nachvollzug von Klassifikationen wird das, was Gieryn als Grenzarbeit bezeichnet, eingeübt und ist damit ein Teil des Prozesses der Hochschulsozialisation, die den „Homo Academicus" zu dem „Klassifizierer unter den Klassifizierern" macht, wie Bourdieu schreibt.[621] Epistemische Autorität ist somit einerseits eine abstrakte Form von Autorität. Andererseits geschieht der Nachvollzug der vorhandenen Klassifikationen und ihre Veränderung durch die Anfertigung einer Dissertation mit dem Anliegen, als Person ebenfalls epistemische Autorität zu erlangen. Der Prozess der Herstellung epistemischer Autorität vollzieht sich somit auch auf individueller Ebene und ist Teil des „Heimlichen Lehrplans" der Universität.[622]

7.2.4 Reflexivität als Voraussetzung für die »Herstellung epistemischer Autorität«

Wie im zweiten Kapitel ausgeführt, wird in der Wissenschaftsforschung z. T. argumentiert, dass die Sozial- und Geisteswissenschaften im Gegensatz zu den Natur- und Technikwissenschaften (selbst-)reflexive wissenschaftliche Disziplinen seien. Reflexivität dient in diesen Fällen als ein Abgrenzungskriterium zur Unterscheidung der Disziplinen der 'Two Cultures'. Damit wird der Wissenschaftsforschung ein Sonderstatus hinsichtlich ihres Vermögens zur Reflexion naturwissenschaftlicher Erkenntnis(prozesse) eingeräumt. Zumeist geschieht diese Reflexion in der Weise, dass auf etablierte Begrifflichkeiten der Sozial- und Geisteswissenschaften rekurriert wird, für die ihrerseits eine Einordnung in geisteswissenschaftliche Strömungen oder sozialwissenschaftliche Theorien vorge-

---

[621] Bourdieu ([1984] 1998, 9).

[622] Der „Heimliche Lehrplan" ist ein Begriff aus der Schul- und Hochschulforschung, mit dem implizite Lehrinhalte gekennzeichnet werden, die zwar nicht explizite Bestandteile des Curriculums sind, aber die dennoch durch die Unterrichtspraxis oder durch institutionalisierte Strukturen vermittelt werden (vgl. u. a. Sommerkorn 1993).

nommen werden kann. Diese Zuordnungen verstehe ich jedoch nicht jedoch als „Reflexivität", sondern vielmehr als eine Form der Herstellung epistemischer Autorität der Sozial- und Geisteswissenschaften gegenüber den Natur- und Technikwissenschaften. Für die vorliegende Arbeit gehe ich daher von folgendem Verständnis von Reflexivität aus:

Der Begriff der 'Reflexivität' bezieht sich in der vorliegenden Arbeit auf Bewertungen von Äußerungen der Interviewten sowohl als 'Metastatements' als auch als 'Schlüsselerzählungen'. 'Metastatements' stellen eine explizite Form der Distanzierung von vorherigen oder anschließenden Äußerungen in den Erzählungen der Interviewten dar.[623] Als reflexive 'Schlüsselerzählungen' werden Interviewpassagen gewertet, die eine herausgehobene Bedeutung für die Analyse haben: In diesen Passagen analysieren die interviewten DoktorandInnen ihre Alltagswelt und stellen sie in einen Zusammenhang mit Vorstellungen von der Physik. An beide Formen von Reflexionen schließe ich mit meinen Analysen an und unterziehe sie zugleich einer Bewertung. Die erhobenen Interviews können aber auch insgesamt als reflexiv verstanden werden. Reflexivität wird u. a. dadurch erreicht, dass im Interviewgespräch von den DoktorandInnen das „Denken der Institution" der Physik partiell verlassen werden muss, um zu antizipieren, was SozialwissenschaftlerInnen verstehen bzw. was letztere in ihren 'Geschichten' erzählen könnten.

Werden also die Äußerungen der Interviewten als Reflexionen über Klassifikationen und Wissensterritorien gewertet, so ist die Argumentation, dass die Natur- und Technikwissenschaften nicht (selbst-)reflexiv seien, nicht haltbar. Die Eigenschaft der Reflexivität als Kriterium zur Unterscheidung zwischen den zwei Wissenschaftskulturen kann somit nicht aufrechterhalten werden. Es mangelt zwar an institutionalisierten Strukturen, diese Reflexionen im Rahmen von Veröffentlichungen in Fachzeitschriften oder in Lehrveranstaltungen der Physik zu explizieren. Als inhärent nicht existierend kann Reflexivität jedoch nicht gewertet werden. Vielmehr sollte von der Annahme der Existenz derselben seitens der Sozial- und Geisteswissenschaften ausgegangen werden. Sie ist die Voraussetzung für Stabilität und Wandel von Klassifikationen und Wissensterritorien einer Disziplin, und zwar in Bezug auf Douglas in folgender Weise: Institutionen, so Douglas, rechtfertigen ihre aktuellen Klassifikationen, indem sie sich auf ihre Historie berufen. In mehr oder weniger regelmäßigen Abständen werden ihre Geschichtsbücher revidiert, so dass Lehrbücher der Wissenschaften als Spiegelbilder des jeweiligen Geschichtsverständnisses einer Disziplin zu verstehen sei-

---

[623] Den Begriff des 'Metastatements' entlehne ich Anderson u. Jack (1991, 22). Vgl. auch Abschnitte 3.2.1.3 und 3.2.2.1.

en. Ziel von Revisionen der Geschichte, so Douglas ([1986] 1991, 113), sei es, die Verzerrungen historischer Begebenheiten den „Stimmungen der Gegenwart" anzupassen. Insofern kann das kollektive Gedächtnis auch als ein „Speichersystem für die [aktuelle, P.L.] Sozialordnung" angesehen werden (Douglas [1986] 1991, 114). Eine besondere Form der Bestätigung der aktuellen Sozialordnung stellt bei Douglas ([1986] 1991) die „Anrufung der Ahnen" dar. Ahnen werden dann in die Diskussion gebracht, wenn soziale Konventionen abgesegnet werden sollen und liefern natürliche Analogien. Sie regeln darüber hinaus die Erbfolge in der Institution: „Wenn die Ahnen eingreifen, dann sind sie zumeist Teil eines Systems, das lokale Erbgesetze bestätigt." (Douglas [1986] 1991, 88). Douglas nimmt hier für die Naturwissenschaften auf die Untersuchung von Merton zu Prioritätsstreitigkeiten über Erstentdeckungen unter PhysikerInnen Bezug. Die Regeln der Geschichtsschreibung in der Physik sehen vor, dass es nur eine/n Erstentdecker/in geben kann, der/die ein Gesetz oder ein Phänomen entdeckt.[624] Dies führt für die Physik zu einer Einengung der sozialen Erbmöglichkeiten. In diesem Sinne kennen Institutionen Erinnern und Vergessen. Douglas spricht hier auch von einer „Strukturellen Amnesie" in Institutionen, in der bestimmte Bereiche genauer untersucht werden, andere dagegen blinde Flecken bleiben:

> Institutionen erzeugen dunkle Stellen, an denen nichts zu erkennen ist und keine Fragen gestellt werden. Andere Bereiche dagegen zeigen sie in feinsten Details, die genauestens untersucht und geordnet werden.[625]

Zwar stimme ich mit Douglas darin überein, dass Institutionen durch die Herstellung von Klassifikationen und Wissensterritorien blinde Flecken des Wissens erzeugen. Allerdings ist dies v. a. für Perioden der Fall, in denen Klassifikationen und Wissensterritorien nicht verändert werden. Aber selbst in diesen Zeiten werden bestehende Klassifikationen hinsichtlich ihrer Differenzierungen befragt. Die interviewten DoktorandInnen übernehmen vorgefundene Klassifizierungen und Wissensterritorien der Institution der Physik in ihr Wissenschaftsverständnis nicht ohne Reflexionen über dieselben. Stimmen die durch die Institution vermittelten Vorstellungen von Wissenschaft zu einem ausgeprägten Grad nicht mit denjenigen der an ihr beteiligten Individuen überein, so kann es auch innerhalb einer Institution, also innerhalb einer legitimierten sozialen Gruppierung, zu Aus- und Einschlüssen von Personen oder Gruppen oder aber zu Veränderungen vorhandener Klassifikationen kommen.

---

[624] Vgl. auch Wiesner (2002b).
[625] Douglas [1986] 1991, 114.

Auf welcher Grundlage ist die Formulierung dieser Reflexionen möglich, wenn die Ausbildung zur PhysikerIn vorrangig den Nachvollzug von Stabilität und Wandel von Klassifikationen und Wissensterritorien zum Ziel hat? Die formulierten Reflexionen sollten vor dem Hintergrund eines postmodernen Subjektverständnisses der Interviewten betrachtet werden. Die Interviewten gehören nicht nur der Institution der Physik, sondern auch anderen gesellschaftlichen Institutionen an. Ihre partielle Zugehörigkeit zu diesen unterschiedlichen Institutionen – die zudem nicht als geschlossene Systeme, sondern als Institutionen mit flexiblen und permeablen Grenzen verstanden werden sollten – ermöglicht oder erfordert es vielmehr, dass partiale Identitäten und 'Situiertes Wissen'[626] aus verschiedenen Blickwinkeln heraus Reflexionsmöglichkeiten über etablierte Klassifikationen bzw. Wissensterritorien nahe legen. Mit der Imagination und Umsetzung von Grenzprojekten können so institutionelle Denkstrukturen verändert werden. Der Argumentation von Douglas, dass „wahre Solidarität" auf gemeinsamen Klassifikationen beruhe, stimme ich daher unter veränderten Voraussetzungen zu: Ausgehend von einem postmodernen Verständnis des Subjekts ist seine Zugehörigkeit zu einer Institution nie vollständig, sondern immer nur partiell. Die partielle Zugehörigkeit zu verschiedenen Institutionen ist in ähnlicher Weise als Voraussetzung für intersubjektiv hergestelltes Wissen und für Reflexionen über seine Herstellungsprozesse zu verstehen, wie sich das unvollständig gedachte postmoderne Subjekt nur aufgrund seiner Unvollständigkeit mit anderen unvollständigen Subjekten verbünden kann.

---

[626] Haraway [1988] 1991.

8 Literatur

Adams, Douglas N. (1979): *The Hitch Hiker's Guide to the Galaxy.* Pan Books; London, Sydney and Auckland.

Aikenhead, Glen S. (1973): „The Measurement of High School Students' Knowledge About Science and Scientists". In: *Science Education 57(4),* 539-549.

Aikenhead, Glen S. (1988): „An Analysis of Four Ways of Assessing Student Beliefs About STS Topics." In: *Journal of Research on Science Teaching 25(8),* 607-629.

Aikenhead, Glen S.; Ryan Alan G. (1992): „The Development of a New Instrument: 'Views on Science-Technology-Society' (VOSTS)". In: *Science Education 76(5),* 477-491.

Aikenhead, Glen S.; Ryan, Alan G.; Fleming, Reg W. (1989): *Views On Science-Technology Society©. Form CDN.mc.5.* http://www.usask.ca/education/people/aikenhead/index. htm [24.11.1999]

Anderson, Kathryn; Jack, Dana C. (1991): „Learning to Listen: Interview Techniques and Analyses". In: Gluck, Sherna Berger; Patai, Daphne (Hg.): *Women's Words. The Feminist Practice of Oral History.* Routledge; New York, London: 1-26.

Andersson, Gunnar (1988): Kritik und Wissenschaftsgeschichte. Kuhns, Lakatos' und Feyerabends Kritik des kritischen Rationalismus. Mohr, Tübingen.

Arendt, Hannah (1961): „What is Authority?". In: Dies.: *Between Past and Future. Six Exercises in Political Thought.* The Viking Press; New York, 91-141.

Ashmore, Malcolm; Myers, Greg; Potter, Jonathan (1994): „Discourse, Rhetoric, Reflexivity: Seven Days in the Library". In: Jasanoff, Sheila et al. (Hg.): *Handbook of Science and Technology Studies.* Sage; Thousand Oaks, London, New Dehli, 321-342.

Atkinson, Paul; Hammersley, Mertyn (1994): „Ethnography and Participant Observation". In: Denzin, Norman K.; Lincoln, Yvonna S. (Hg.): *Handbook of Qualitative Research.* Sage; Thousand Oaks, London, New Dehli, 248-261.

Babbie, Earl R. (1994): *The Practice of Social Research.* Wadsworth Publishing Company; Belmont, Albany, Bonn, Boston, Cincinnati, Detroit, London, Madrid, Mebourne, Mexico City, New York, Paris, San Francisco, Singapore, Tokyo, Toronto, Washington.

Bailyn, Lotte (1987): „Experiencing Technical Work: A Comparison of Male and Female Engineers". In: *Human Relations 40(5),* 299-312.

Bains, Sunny (1991): „Star Trek: the nerd's charter". In: *New Scientist, Dec. 1991, 132(21),* 45-47.

Barber, Leslie (1995): „U.S. Women in Science and Engineering, 1960 - 1990. Progress Toward Equity?". In: *Journal of Higher Education 66(2),* 213-234.

Barnes, Barry (1974): *Scientific Knowledge and Sociological Theory.* Routledge and Kegan Paul; London, Boston.

Barnes, Barry; Bloor, David; Henry, John (1996): *Scientific Knowledge. A Sociological Analysis.* Athone; London.

Bayertz, Kurt (1980): Wissenschaft als historischer Prozeß. Die antipositivistische Wende in der Wissenschaftstheorie. Fink; München.

Becher, Tony (1990): „Physicists on Physics". In: *Studies in Higher Education 5(1),* 3-20.

Beck, Ludwig (1986): Risikogesellschaft: auf dem Weg in eine andere Moderne. Suhrkamp; Frankfurt/M.

Berger, Peter L.; Luckmann, Thomas ([1966] 1989): *The Social Construction of Reality. A Treatise in the Sociology of Knowledge.* Anchor Books Doubleday; New York, London, Toronto, Sydney, Auckland.

Bloor, David ([1976] 1991): *Knowledge and Social Imagery.* University of Chicago Press; Chicago, London.

Borneman, Ernest (1975): Das Patriarchat: Ursprung und Zukunft unseres Gesellschaftssystems. Fischer; Frankfurt/M.

Bourdieu, Pierre ([1984] ²1998): *Homo academicus.* Suhrkamp; Frankfurt/M.

Bradford, Christine Schoneweg; Rubba, Peter A.; Harkness, William L. (1995): „Views about Science-Technology-Society Interactions Held by College Students in General Education Physics and STS Courses". In: *Science Education 79(4)*, 355-373.

Britannica Online <http://www.eb.com, 180/cgi-bing?DocF=micro/257/24.html> [04.09. 1998]

Brothun, Mechthild (1988): „Ursachen der Unterrepräsentanz von Frauen in universitären Spitzenpositionen". In: *Kölner Zeitschrift für Soziologie und Sozialpsychologie 4(2)*, 316-336.

Brown, Lyn M.; Argyris, D.; Attanucci, J.; Bardige, B.; Gilligan, C.; Johnston, K.; Miller, B.; Osborne, D.; Tappan, M.; Ward, J.; Wiggins, G.; Wilcox, D. (1988). *A Guide to Reading Narratives of Conflict and Choice for Self and Moral Voice.* Monograph No. 1. Harvard University. Project on Women's Psychology and Girl's Development; Cambridge (MA).

Brown, Lyn M.; Gilligan, Carol (1990): *Listening for Self and Relational Voices: A Responsive/Resisting Reader's Guide.* Monograph. Department of at the Human Development and Psychology, Harvard Graduate School of Education; Cambridge (MA).

Brown, Lyn M.; Gilligan, Carol (1994): *Die verlorene Stimme: Wendepunkte in der Entwicklung von Mädchen und Frauen.* Campus Verlag; Frankfurt/M., New York.

Capshew, James H.; Rader, Karen A. (1992): „Big Science: Price to the Present". In: *OSIRIS, 2nd series, 7*, 3-25.

Casper, Monica J.; Moore, Lisa Jean (1995): „Inscribing Bodies, Inscribing the Future: Gender, Sex, and Reproduction in Outer Space". In: *Sociological Perspectives 38(2)*, 311-333.

Cavicchi, Elizabeth M. (1997): „Experimenting with magnetism: Ways of learning of Joann and Faraday". In: *American Journal of Physics 65(9) (September 1997)*, 867-882.

Cavicchi, Elizabeth M. (1999): Experimenting with wires, batteries, bulbs, and the induction coil : narratives of teaching and learning physics in the electrical investigations of Laura, David, Jamie, myself and the nineteenth century experiments – our developments and instruments. Dissertation an der „Harvard Graduate School of Education" (Unveröffentlichtes Manuskript).

Cavicchi, Elizabeth; Lucht, Petra; Hughes-McDonnell, Fiona (2001): „Playing with Light". *Educational Action Research 9*, 25-49.

Collins, Harry M. ([1983] 1985): „Die Soziologie wissenschaftlichen Wissens: Studien zur gegenwärtigen Wissenschaft". [Org.: „The Sociology of Scientific Knowledge: Studies of Contemporary Science". In: *Annual Reviews Sociology IX (1983)*, 265-285.] In: Bonß, Wolfgang; Hartmann, Heinz (Hg.) (1985): *Soziale Welt. Sonderband 3. Entzauberte Wissenschaft. Zur Relativität und Geltung soziologischer Forschung.* Otto Schwartz; Göttingen, 129-149.

Collins, Harry M. (1985): Changing Order: Replication and Induction in Scientific Practice. Sage; London.

Conradi, Elisabeth (2001): *Take Care. Grundlagen einer Ethik der Achtsamkeit.* Campus Verlag; Frankfurt/M.

Coy, Michael W. (1989a) (Hg.): *Apprenticeship. From Theory to Method and Back Again.* State Universty of New York Press; Albany (NY).

Coy, Michael W. (1989b): „From Theory". In: Ders. (Hg.): *Apprenticeship. From Theory to Method and Back Again.* State Universty of New York Press; Albany (NY), 1-11.

Davies, Paul (1990): *Close encounters? Science and science fiction.* Lambourne, Robert, Shallis, Michael; Shortland, Michael. IOP Publishing Ltd Techno House; Bristol.

Delamont, Sara (1987): „Three Blind Spots? A Comment in the Sociology of Science by a Puzzled Outsider". In: *Social Studies of Science 17, 1987,* 163-170.

Denz, Cornelia (Hg.) (1994): *Von der Antike bis zur Neuzeit – der verleugnete Anteil der Frauen an der Physik.* Austellungskatalog, Technische Hochschule Darmstadt, Information: Frauenbeauftragte des Fachbereichs Physik, Dr. rer. nat Cornelia Denz, TH Darmstadt, Hochschulstr.6, 64289 Darmstadt.

Denzin, Norman K.; Lincoln, Yvonna S. (1994): „Introduction. Entering the Field of Qualitative Research". In: Dies. (Hg.): *Handbook of Qualitative Research.* Sage; Thousand Oaks, London, New Dehli, 1-17.

Dodge, Elizabeth; Mulvey, Patrick J. (1996): *1995 Graduate Student Report. AIP Pub No. R-207.28.* Zu beziehen bei: American Institute of Physics – Education and Employment Statistics Division –, One Physics Eillipse, College Park MD 20740-3843, USA.

Donley, Rick D.; Ashcraft, Mark H. (1992): „The Methodology of Testing Naive Beliefs in the Physics Classroom". In: *Memory & Cognition 20(4),* 381-391.

Douglas, Mary ([1986] 1991): *Wie Institutionen denken.* Suhrkamp; Frankfurt/M.

Dresselhaus, Mildred S.; Franz, Judy R.; Clark, Bunny C. (1994): „Interventions to Increase the Participation of Women in Physikcs". In: *Science 263,* 1392-1393.

Dubeck, Leroy W.; Bruce, Matthew H.; Schmuckler, Joseph S.; Moshier, Suzanne E.; Boss, Judith E. (1990): „Science Fiction Aids Science Teaching". In: *The Physics Teacher, May 1990, 28(5),* 316-318.

Duckworth, Eleanor ([2]1996): 'The Having of Wonderful Ideas' and Other Essays on Teaching and Learning. Teachers College Press; New York.

Duncan, David (1988) In: Weaver, Tom (Hg.): *Interviews with B science fiction and horror movie makers.* McFarland & Company; Jefferson (North Carolina), 121-128.

Easlea, Brian (1986): Väter der Vernichtung. Männlichkeit, Naturwissenschaftler und der nukleare Rüstungswettlauf. Rowohlt; Reinbek bei Hamburg.

Edge, David (1994): „Reinventing the Wheel". In: Jasanoff, Sheila et al. (Hg.): *Handbook of Science and Technology Studies.* Sage; Thousand Oaks, London, New Dehli, 3-23.

Erlemann, Martina (2001): „Inszenierte Erkenntnis. Beobachtungen zur Wissenschaftskultur der Physik im universitären Lehrkontext". In: *Wissenschaftskulturen im Vergleich. Endbericht zum Projekt Science as Culture,* 42-122. Zu beziehen bei: Institut für Interdisziplinäre Forschung und Fortbildung, Schottenfeldgasse 29, A-1070 Wien, Österreich.

Etzkowitz, Henry; Kemelgor, Carol; Neuschatz, Michael; Uzzi, Brian; Alonzo, Joseph (1994): „The Paradox of Critical Mass". In: *Science 266,* 51-54.

335

Fehrs, Mary; Czujko, Roman (1992): „Women in Physics: Reversing the Exclusion". *Physics Today, August 1992*, 33-39.

Felt, Ulrike; Nowotny, Helga; Taschwer, Klaus (1995): *Wissenschaftsforschung: eine Einführung*. Campus; Frankfurt/M.

Feynman, Richard P. (1985): Surely You're Joking, Mr. Feynman! Adventures of a Curious Character. Norton & Company; New York, London.

Feynman, Richard P. (1988): What Do You Care What Other People Think? Further Adventures of a Curious Character. Norton & Company; New York, London.

Fleck, Ludwig ([1935] 1980): Entstehung und Entwicklung einer wissenschaftlichen Tatsache: Einführung in die Lehre von Denkstil. Suhrkamp; Frankfurt/M.

Fontana, Andrea; Frey, James H. (1994): „Interviewing. The Art of Science". In: Denzin, Norman K.; Lincoln, Yvonna S. (Hg.): *Handbook of Qualitative Research*. Sage; Thousand Oaks, London, New Dehli, 361-376.

Fox, Mary Frank (1994): „Women and Scientific Careers". In: Jasanoff, Sheila et al. (Hg.): *Handbook of Science and Technology Studies*. Sage; Thousand Oaks, London, New Dehli, 206-233.

Fox, Mary Frank (1998): „Women in Science and Engineering: Theory, Practice, and Policy in Programs". In: *SIGNS 24(1), Autumn 1998*, 201-221.

Fox, Mary Frank (2000). „Organizational Environments and Doctoral Degrees Awarded to Women in Science and Engineering Departments". In: *Women's Studies Quarterly 28 (Spring/Summer 2000)*, 47-61.

Fox, Mary Frank; Stephan, Paula E. (2001). „Careers of Young Scientists: Preferences, Prospects and Realities by Gender and Field". In: *Social Studies of Science, 31(1) (February 2001)*, 109-122.

Freedman, Roger A.; Little, W.A. (1980, July 1980): „Physics 13: Teaching modern physics through science fiction". In: *American Journal of Physics 48(7)*, 548-551.

Fuchs-Hinritz, Werner; Lautmann, Rüdiger; Rammstedt, Otthein; Wienold, Hanns (Hg.) (³1995): *Lexikon zur Soziologie*. Westdeutscher Verlag; Opladen.

Galison, Peter (1987): *How experiments end*. University of Chicago Press; Chicago.

Gieryn, Thomas F. (1983): „Boundary-Work and the Demarcation of Science from Non-Science". In: *American Sociological Review 48 (Dec. 1983)*, 781-795.

Gieryn, Thomas F. (1994): „Boundaries of Science". In: Jasanoff, Sheila et al. (Hg.): *Handbook of Science and Technology Studies*. Sage; Thousand Oaks, London, New Dehli, 393-443.

Gieryn, Thomas F. (1999a): *Cultural Boundaries of Science. Credibility on the Line*. The University of Chicago Press; Chicago.

Gieryn, Thomas F. (1999b): „The U.S. Congress demarcates Natural Science and Social Science (Twice)". In: Ders., *Cultural Boundaries of Science*, 65-114.

Gilligan, Carol (1982): *In a Different Voice: Psychological theory and Women's development*. Harvard University Press; London, Cambridge (MA).

Gilligan, Carol; Brown, Lyn Mikel; Rogers, Annie G. (1990): „Psyche Embedded: A Place for Body, Relationships, and Culture in Personality Theory". In: Rabin, A.; Zucker, R.; Emmons, R.; Frank, S. (Hg.): *Studying Persons and Lives*. Springer; New York, 86-147.

Glaser, Barney G.; Strauss, Anselm L. (1967): *The Discovery of Grounded Theory. Strategies for Qualitative Research*. Aldine Publishing Company; New York.

Glaser, Barney G.; Strauss, Anselm L. (1974): Interaktion mit Sterbenden. Beobachtungen für Ärzte, Schwestern, Seelsorger und Angehörige. Vandenhoeck & Ruprecht; Göttingen.

Goodell, Rae ([1966] 1973): *The Visible Scientists*. Little, Brown and Company; Boston, Toronto.

Goody, Esther N. (1989): „Learning, Apprenticeship and the Division of Labor". In: Coy, Michael W. (Hg.): *Apprenticeship. From Theory to Method and Back Again*. State Universty of New York Press; Albany (NY), 233-256.

Götschel, Helene (1997): „20 Jahre Kongresse von Frauen in Naturwissenschaft und Technik". In: Becker, Oda u. a. (Hg.): *Dokumentation 23. Kongreß von Frauen in Naturwissenschaft und Technik*. Hannover, 9-17.

Götschel, Helene (2001): Naturwissenschaftlerinnen und Technikerinnen in Bewegung. Zur Geschichte des Kongresses von Frauen in Naturwissenschaft und Technik. talheimer; Mössingen-Talheim.

Gould, Stephen J. (1989): Wonderful life: The Burgess Shale and the nature of history. Norton; New York.

Graves, Bennie (1989): „Informal Aspects of Apprenticeship in Selected American Occupations". In: Coy, Michael W. (Hg.): *Apprenticeship. From Theory to Method and Back Again*. State Universty of New York Press; Albany (NY), 51-64.

Gregory, B. (1990): *Inventing Reality: Physics as Language*. Wiley; New York.

Gumport, Particia J. (1994): „Graduate Education: Changing Conduct in Changing Contexts". In: Altbach, Philip G.; Berdahl, Robert O.; Gumport, Particia J. (Hg.): *Higher Education in American Society*. Prometheus Books; Amherst, 307-331.

Gusterson (1995): „Becoming a Weapons Scientist". In: *Technoscientific Imagineries. Concersations, Profiles, and Memoirs*. University of Chicago Press; Chicago, London, 255-274.

Hacking, Ian (1985): „Making Up People". In: Heller, Thomas C. (Hg.): *Reconstructing Individualism. Autonomy, Individuality, and the Self in Western Thought*. Standford University Press; Standford.

Hale, Sondra (1991): „Feminist Method, Process, and Self-Criticism: Interviewing Sudanese Women". In: Gluck, Sherna Berger; Patai, Daphne (Hg.): *Women's Words. The Feminist Practice of Oral History*. Routledge New York, London, 121-136.

Halloun, Ibrahim (1996): „Views about science and physics achievement: The VASS Story". *ERIC Database, ED 399 182*.

Hammer, Carmen; Stieß, Immanuel (1995): „Einleitung". In: Haraway, Donna: *Die Neuerfindung der Natur. Simians, Cyborgs und Frauen*. Campus; Frankfurt/M., 9-31.

Hammer, David (1994): „Epistemological Beliefs in Introductory Physics". In: *Cognition and Instruction 12(2)*, 151-183.

Haraway, Donna ([1988] 1991): „Situated Knowledges: The Science Question in Feminism and the Privilege of Partial Perspective". In: Dies.: *Simians, Cyborgs, and Women*. Routledge; New York, London, 183-201.

Haraway, Donna J. (1994): „A Game of Cat's Cradle: Science Studies, Feminist Theory, Cultural Studies". In: *Configurations 1994, 1*, 59-71.

Haraway, Donna (1997): ModestWitness@Second_Millenium.FemaleMan© _Meets_Onco-Mouse™. Feminism and Technoscience. Routledge; New York, London.

Hasse, Catherine (1997): „The Tacit Curriculum. Learning to be a Natural Scientist Through Self-Similarity in Local Spaces of Knowledge". Vortrag, gehalten auf der Session „Scientific Selves": *Meeting of the Society of Social Studies of Science, 22. - 26. Okt. 1997*; Tuscon (AZ).

Hayles, Katherine (1990): Chaos bound. Orderly disorder in contemporary literature and science. Cornell University Press; Ithaca.

Hayles, Katherine N. (1992): „Gender encoding in fluid mechanics: masculine channels and feminine flows". In: *Differences 4*, 16-44.

Heintz, Bettina (1993): „Wissenschaft im Kontext – Neuere Entwicklungstendenzen der Wissenschaftssoziologie". In: *Kölner Zeitschrift für Soziologie und Sozialpsychologie 15 (3)*, 528-552.

Hillmann, Karl.Heinz (⁴1994): *Wörterbuch der Soziologie*. Alfred Körner Verlag Stuttgart; Stuttgart.

Hoffmann-Riem, Christa (1980): „Die Sozialforschung einer interpretativen Soziologie. Der Datengewinn". In: *Kölner Zeitschrift für Soziologie und Sozialpsychologie 32*, 339-372.

Hollenshead, Carol; Younce, Patricia Soellner; Wenzel, Stacy (1994): „Women Graduate Students in Mathematics and Physics: Reflections on Success". In: *Journal of Women and Minorities in Science and Engineering 1*, 63-88.

Honegger, Claudia; Wobbe, Theresa (1998): *Frauen in der Soziologie. Neun Porträts*. Beck; München.

Hoyningen-Huene, Paul (1989): *Die Wissenschaftsphilosophie Thomas S. Kuhns*. Vieweg; Braunschweig.

Hughes-McDonnell, Fiona (1996): Understanding High School Physics Students' Perspectives of Their Classroom Experiences and Their Images of Physics and Physicists. A Pilot Study. Qualifying Paper, Harvard Graduate School of Education, Harvard University; Cambridge (MA).

Jasanoff, Sheila; Markle, Gerald E.; Petersen, James C.; Pinch, Trevor (Hg.) (1994): *Handbook of Science and Technology Studies*. Sage; Thousand Oaks, London, New Dehli.

Kaiser, David I. (2001): Making theory: I. Producing physics and physicists in postwar America. II. Post-inflation reheating in an expanding universe. Dissertation an der Harvard University.

Kelle, Udo (1994): „Die Methode der empirisch fundierten Theoriebildung von Glaser und Strauss". In: Ders.: *Empirisch fundierte Theoriebildung. Zur Logik und Methodologie interpretativer Sozialforschung*. Deutscher Studienverlag; Weinheim, 283-349.

Kelle, Udo (1997): „Theory Building in Qualitative Research and Computer Programs for the Management of Textual Data". In: *Sociological Research Online, 2(2)*. <http://www.socresonline.org.uk/socresonline/2/2/1.html> [25.05.2001]

Keller, Evelyn Fox (1977): „The Anomaly of a Woman in Physics". In: *Working it out: 23 Women Writers, Artists, Scientists, and Scholars Talk About Their Lives and Work*. Ruddick, Sara; Daniels, Pamela (Hg.): Pantheon; New York, 77-91.

Keller, Evelyn Fox (1985): *Reflections on Gender and Science*. Yale University Press; New Haven, London.

Keller, Evelyn Fox (1992). „Critical Silences in Scientific Discourse: Problems of Form and Re-Form". In: Dies.: *Secrets of Life, Secrets of Death. Essays on Language, Gender and Science*. Routledge; New York, London, 73-92.

338

Keller, Evelyn Fox (1994): „The Origin, History, and Politics of the Subject called 'Gender and Science': A First Person Account". In: Jasanoff, Sheila et al. (Hg.): *Handbook of Science and Technology Studies*. Sage; Thousand Oaks, London, New Dehli, 80-94.

Keyles, Daniel J. ([1972] [4]1995): „Preface, 1995. The Death of the Superconducting Super Collider in the Life of American Physics". In: Ders.: *The Physicists. The History of a Scientific Community in Modern America*. Harvard University Press; Cambridge (MA), London, IX-XLII.

Kistiakowsky, Vera (1980): „Women in physics: unnecessary, injurious, and out of place?". In: *Physics Today 33(2)*, 32-40.

Knorr Cetina, Karin (1981): *The Manufacturer of Knowledge. An Essay on the Constructivist and Contextual Nature of Science*. Pergamon Press; Oxford, New York, Toronto, Sydney, Paris, Frankfurt.

Knorr Cetina, Karin (1988): „Das naturwissenschaftliche Labor als Ort der 'Verdichtung' von Gesellschaft". In: *Zeitschrift für Soziologie 17(2)*, 85-101.

Knorr-Cetina, Karin (1991): Die Fabrikation von Erkenntnis: zur Anthropologie der Naturwissenschaft. Suhrkamp; Frankfurt/M.

Knorr Cetina, Karin (1994): „Laboratory Studies: The Cultural Approach to the Study of Science". In: Jasanoff, Sheila et al. (Hg.): *Handbook of Science and Technology Studies*. Sage; Thousand Oaks, London, New Dehli, 140-166.

Koch, Patricia Maria (1995): *Doktorandinnen. Der Wille zur wissenschaftlichen Anerkennung*. Lit Verlag; Münster, Hamburg.

Korte, Hermann ([3]1995): *Einführung in die Geschichte der Soziologie*. Leske und Budrich; Opladen.

Kuhn, Thomas S. ([1962] [2]1970): *The Structure of Scientific Revolutions*. University of Chicago Press; Chicago, London.

Latour, Bruno; Woolgar, Steve (1979): *Laboratory Life. The Construction of Scientific Facts*. Sage; Beverly Hills.

Lengermann; Niebrugge-Bradley (1998): *The Women Founders. Sociology and Social Theory, 1830 - 1930*. McGraw-Hill; Boston, Burr Ridge (IL), Madison (WI), New York, San Francisco, St. Louis, Bangkok, Caracas, Lisbon, London, Madrid, Mexico City, Milon, New Dehli, Seoul, Singapore, Sidney, Taipei, Toronto.

Lewenstein, Bruce V. (1994): „Science and the Media". In: Jasanoff, Sheila et al. (Hg.): *Handbook of Science and Technology Studies*. Sage; Thousand Oaks, London, New Dehli, 343-360.

Lucas, A. M. (1975): „Hidden Asumptions in Measures of 'Knowledge about Science and Scientists'". In: *Science Education 59(4)*, 481-485.

Lucht, Petra (1997): „Frauen- und Geschlechterforschung für die Physik". In: *Koryphäe, April 1997*, 28-32.

Lucht, Petra (2001): „Kaleidoskop Physik. Feministische Reflexionen über das Wissenschaftsverständnis einer Naturwissenschaft". In: Götschel, Helene; Daduna, Hans (Hg.): *PerspektivenWechsel. Frauen- und Geschlechterforschung zu Mathematik und Naturwissenschaften*. talheimer; Mössingen-Talheim, 166-196.

Lucht, Petra (Vortragsmanuskript): „'To Travel Faster Than Light:' Physicists' Imagination, Science Fiction, and the Boundaries of Science".

Lucht, Petra; Cavicchi, Elizabeth; Hughes-M°Donnell, Fiona (1996): „Physics Students' Perspectives on their Learning, Experiences, and Research". Symposium auf der Konferenz *Developing Visions of Education and Community, 7. - 8. März 1996*; Harvard University, Graduate School of Education; Cambridge.

Lyotard, Jean-François (1986): *Das postmoderne Wissen*. Böhlau; Wien, Graz.

Macilwain, Colin (1993): „SSC decision ends post-war era of science-government partnership". In: *Nature 365(28), Oktober 1993*, 773-774.

Macinika, Laura Victoria (1992): '*When Their World has been Rocked': Profound Learning and Psychological Change in Adults*. Dissertation an der „Harvard Graduate School of Education" (Unveröffentlichtes Manuskript).

Mannheim, Karl ([1929] [4]1965): *Ideologie und Utopie*. Schulte-Bulmke; Frankfurt/M.

Mannheim, Karl ([1931] [4]1965): „Wissenssoziologie". In: Ders. ([1929] [4]1965): *Ideologie und Utopie*. Schulte-Bulmke; Frankfurt/M., 227-267.

Martin, Bryan; Richards, Eveleen (1994): „Scientific Knowledge, Controversy, and Public Decision Making". In: Jasanoff, Sheila et al. (Hg.): *Handbook of Science and Technology Studies*, Sage; Thousand Oaks, London, New Dehli, 506-526.

Martin-Diaz, M. J. et al. (1992): „Science Fiction Comes into the Classroom: Maelstrom II". In: *Physics Education 27(1) (Jan. 1992)*, 18-23.

Mauß, Bärbel; Petersen, Barbara (1998): „Science & Fiction. Eine Einleitung". In: Petersen, Barbara; Mauß, Bärbel (Hg.): Feministische Naturwissenschaftsforschung. Science und Fiction (Schriftenreihe / NUT - Frauen in Naturwissenschaft und Technik e.V.; Bd. 5). talheimer; Mössingen-Talheim, 9-13.

Maxwell, Joseph A. (1996): *Qualitative Research Design. An Interactive Approach*. Sage; Thousand Oaks, London, New Dehli.

Mead, Margare; Métraux, Rhoda (1957): „Image of the Scientist among High-School Students. A Pilot Study". In: *Science 126*, 384-390.

Merriam Webster's Collegiate Dictionary – 10th Ed. (1993): Merriam-Webster, Incorporated; Springfield (MA).

Merton, Robert K. ([1938] 1973): „Science and Social Order". In: Ders. (1973): *The Sociology of Science. Theoretical and Empirical Investigations*. University of Chicago Press; Chicago, London, 254-266.

Merton, Robert K. ([1942] 1973): The Normative Structure of Science". In: Ders.: *The Sociology of Science. Theoretical and Empirical Investigations*. University of Chicago Press; Chicago, London, 267-278.

Merton, Robert K. ([1945] 1965): „The Sociology of Knowledge". In: Ders.: *Social Theory and Social Structure*; 457-488.

Merton, Robert K. ([1957] [9]1965): *Social Theory and Social Structure*. The Free Press, New York, London.

Merton, Robert K. ([1968] 1973): „The Matthew Effect in Science". In: Ders.: *The Sociology of Science. Theoretical and Empirical Investigations*. University of Chicago Press; Chicago, 439-459.

Merton, Robert K. (1973): *The Sociology of Science. Theoretical and Empirical Investigations*. University of Chicago Press; Chicago, London.

Metz-Göckel, Sigrid (1992): „Beobachtungen über Privates und Öffentliches in professionellen Institutionen". In: Wetterer, Angelika (Hg.): *Profession und Geschlecht. Über die Marginalität von Frauen in hochqualifizierten Bereichen.* Campus; Frankfurt, New York, 277-284.

Minister, Kristina (1991): „A Feminist Frame for the Oral History Interview". In: Gluck, Sherna Berger; Patai, Daphne (Hg.): *Women's Words. The Feminist Practice of Oral History.* Routledge; New York, London, 27-41.

Müller, Ursula (1979): *Reflexive Soziologie.* Campus Verlag; Frankfurt, New York.

Nahin, Paul J. (1992): Time Machines. Time Travel in Physics, Metaphysics, and Science Fiction. American Institute of Physics; New York.

Nails, D. (1991): „Sozialwissenschaftlicher Sexismus: Carol Gilligans Fehlvermessung des Menschen". In: Nunner-Winkler, Gertrud (Hg.): *Weibliche Moral. Die Kontroverse um eine geschlechtsspezifische Ethik.* Campus; Frankfurt/M., New York, 101-108.

Nelkin, Dorothy (1995): Selling science: how the press covers science and technology. Freeman; New York.

Newman, Kathy M. (1996): „Poor, Hungry, and Desperate? Or Privileged, Histrionic, and Demanding? In Search of the True Meaning of 'Ph.D'". In: *Social Text 14(4), Winter 1996,* 97-131.

Nobel Prize in Chemistry 1962: <http://nobel.se/chemistry/laureates/1962/index.html> [07.04.2003]

Palm, Kerstin (1999): „Zur Rezeption feministischer Theorie in der Biologie". In: Dausien, Bettina; Herrmann, Martina; Oechsle, Mechthild; Schmerl, Christiane; Stein-Hilbers, Marlene (Hg.): *Erkenntnisprojekt Geschlecht. Feministische Perspektiven verwandeln Wissenschaft.* Leske & Budrich; Opladen, 113-136.

Palm, Kerstin (2001a): „Neuzeitliche Naturauffassungen und Weiblichkeitsvorstellungen. Feministische Interpretationen ihrer Zusammenhänge". In: Götschel, Helene; Daduna, Hans (Hg.) (2001): *PerspektivenWechsel. Frauen- und Geschlechterforschung zu Mathematik und Naturwissenschaften.* talheimer; Mössingen-Talheim, 24-39.

Palm, Kerstin (2001b): „Die Erforschung des Lebens – Feministische Inspektionen des Lebensbegriffs in der Biologie". In: *Freiburger Frauenstudien 11,* 69-88.

Pickering, Andrew (1981): „The Role of Interests in High-Energy Physics: The Choice Between Charm and Colour". In: Knorr, K. D.; Krohn, R.; Whitley, R. (Hg.): *The Social Process of Scientific Investigation. Sociology of the Sciences, Vol. IV,* 1980. Reidel; Dordrecht, 107-138

Pickering, Andrew (1992): „Introduction: From Science as Knowledge to Science as Practice". In: Ders. (Hg.): *Science as Practice and Culture.* University of Chicago Press; Chicago, 1-26.

Pinch, Trevor; Pinch, Trevor (1988): „Reservations about Reflexvity and New Literary Forms". In: Woolgar, Steve (Hg.): *Knowledge and Reflexivity.* Sage; London, Newbury Park, Beverly Hills, New Dehli, 178-197.

Portele, Gerhard Heik (1995): „Vorwort". In: Koch, Patricia Maria: *Doktorandinnen. Der Wille zur wissenschaftlichen Anerkennung.* Lit Verlag; Münster, Hamburg, I-IV.

Price, Derek de Solla ([1963] 1974): Little Science, Big Science. Von der Studierstube zur Großforschung. Suhrkamp; Frankfurt/M.

Rahm, Iréne; Charbonneau, Paul (1997): „Probing Stereotypes Through Students' Drawings of Scientists". In: *American Journal of Physics 65(8)*, 774-778.

Renner, John W.; Abraham, Michael R.; Birnie, Howard H. (1985): „Secondary school students' beliefs about the physics laboratory". In: *Science Education 69(5)*, 649-663.

Restivo, Sal (1994): „The Theory Landscape in Science Studies". In: Jasanoff, Sheila et al. (Hg.): *Handbook of Science and Technology Studies*. Sage; Thousand Oaks, London, New Dehli, 95-110.

Richardson, Laurel (1994): „Writing. A Method of Inquiry". In: Dies. (Hg.): *Handbook of Qualitative Research*. Sage; Thousand Oaks, London, New Dehli, 516-529

Riessman, Catherine, Kohler (1993). *Narrative Analysis*. Sage; Newbury Park, London, New Dehli.

Rogers, Annie G. (1994): *Exiled voices: Dissociation and repression in women's narratives of trauma*. Stone Center des Wellesley College, Wellesley (MA), USA (Unveröffentlichtes Manuskript eines Vortrags vom 3.2.1994).

Rossiter, Margaret W. (1982): *Women Scientists in America: Struggles and Strategies to 1940*. John Hopkins University Press; Baltimore.

Rossiter, Margaret W. (1993): „The ~~Matthew~~ Matilda Effect in Science". In: *Social Studies of Science 23*, 325-341.

Rossman, Gretchen; Rallis, Sharon ([2]2003): *Learning in the Field. An Introduction to Qualitative Research*. Sage; Thousand Oaks, London, New Dehli .

Roth, Wolff-Michael; Bowen, Michael G. (1999): „Of Cannibals, Missionaries, and Converts: Graphing Competencies from Grade 8 to Professional Science Inside (Classrooms) and Outside (Field/Laboratory)". In: *Science, Technology, and Human Values 24(2)*, 179-212.

Roth, Wolff-Michael; Lucas, Keith (1997): „From 'Truth' to 'Invented Reality': A Discourse Analysis of High School Physics Students' Talk about Scientific Knowledge". In: *Journal of Research in Science Teaching 34(2)*, 145-179.

Roth, Wolff-Michael; Roychoudhury, Anita (1994): „Physics Students' Epistemologies and Views about Knowing and Learning". In: *Journal of Research in Science Teaching 31(1)*, 5-30.

Rubin, Herber J.; Rubin, Irene S. (1995). *Qualitative Interviewing. The Art of Hearing Data*. Sage; Thousand Oaks, London, New Dehli.

Rübsamen, Rosemarie (1983): „Patriarchat – der (un-)heimliche Inhalt der Naturwissenschaft und Technik". In: Pusch, Luise (Hg.): *Feminismus. Inspektionen der Herrenkultur*. Suhrkamp; Frankfurt/M., 290-307.

Rübsamen, Rosemarie (1993a): „Feministische Forschung in der Physik? Probleme und Perspektiven – Diskussion". In: *19. Bundesweiter Kongress von Frauen in Naturwissenschaft und Technik, 20. - 23. Mai in Berlin. Dokumentation*. Zu beziehen bei: Vorbereitungsgruppe 19. Bundesweiter Kongreß Frauen in Naturwissenschaft und Technik c/o Frauenreferat AStA der TU Berlin, Marchstr. 6, 10623 Berlin, 290-292.

Rübsamen, Rosemarie (1993b): „Feministische Forschung in der Physik? Probleme und Perspektiven". In: Blattmann, Lynn et al. (Hg.): *Feministische Perspektiven in der Wissenschaft*. Verlag der Fachvereine Zürich; Zürich, 151-168.

Rübsamen, Rosemarie (1995): „Die Physik – Elemente zu einer feministischen Wissenschaft". In: Heymann, Dagmar (Hg.): *Elfenbisse. Feministische Naturwissenschaft*. talheimer; Mössingen-Talheim.

Rudolph, Dina E. (1994): „Constructing an apprenticeship with discourse strategies: Professor-graduate student interactions". In: *Language in Society 23*, 199-230.

Salazar, Claudia (1991): „A Third World Woman's Text: Between the Politics of Criticism and Cultural Politics". In: Gluck, Sherna Berger; Patai, Daphne (Hg.): *Women's Words. The Feminist Practice of Oral History.* Routledge; New York, London, 93-106.

Sandner, Agnes (1997): „Die Zerstörung des (Selbst)-Bildes der Physik - Waren die ursprünglichen Ziele der modernen Naturwissenschaft feministisch?" In: *Koryphäe, April 1997*, 23-27.

Scheich, Elvira (1985): „Was hält die Welt in Schwung? Feministische Ergänzungen zur Geschichte der Impetustheorie". In: *Feministische Studien 1 (1985)*, 10-32.

Scheich, Elvira, (1993): Naturbeherrschung und Weiblichkeit. Denkformen und Phantasmen der modernen Naturwissenschaften. Centaurus-Verlagsgesellschaft; Pfaffenweiler.

Scheich, Elvira (1997): „Denken im Kaleidoskop". In: Dies. (Hg.): *Vermittelte Weiblichkeit. Feministische Wissenschafts- und Gesellschaftstheorie.* Hamburger Edition; Hamburg, 9-36.

Seligman Edwin R. A.; Johnson, Alvin (Hg.) (1930): *Encyclopedia for the Social Sciences.* The Macmillan Company; New York.

Sennett, Richard (1985): *Autorität.* Fischer; Frankfurt/M.

Snow, C. P. (1959): *The Two Cultures and A Second Look.* Cambridge University Press; Cambridge, London, New York, New Rochelee, Melbourne, Sydney.

Sommerkorn, Ingrid N. (Hg.) (1981): *Identität und Hochschule. Probleme und Persepktiven studentischer Sozialisation.* Blickpunkt Hochschuldidaktik 64; Hamburg.

Sommerkorn, Ingrid N. (1993): „Soziologie der Bildung und Erziehung". In: Korte, Hermann; Schäfers, Bernhard (Hg.): *Einführung in spezielle Soziologien.* Leske und Budrich; Opladen, 29-55.

Stacey, Judith (1991): „Can There Be a Feminist Ethnography?". In: Gluck, Sherna Berger; Patai, Daphne (Hg.): *Women's Words. The Feminist Practice of Oral History.* Routledge; New York, London, 111-119.

Star, Susan; Griesmer, James R. (1989): „Institutional Ecology, 'Translations', and Boundary Objects: Amateurs and Professionals in Berkeley's Museum of Vertebrate Zoology, 1907-3". In: *Social Studies of Science 19*, 387-420.

Starr, Paul (1982): *The Social Transformation of American Medicine.* Basic Books Inc. Publishers; New York.

Stepan, Nacy Leys (1993): „Race and gender. the Role of Analogy in Science". In: Harding, Sandra (Hg.): >Racial< *Economy of Science. Toward a Democratic Future.* Indiana University Press; Indiana, Bloomington, 359-376.

Storer, Norman W. (1973): „Prefatory Note" zu „Part 3: The Normative Structure of Science". In: Merton, Robert K.: *The Sociology of Science. Theoretical and Empirical Investigations.* University of Chicago Press; Chicago, London.

Strauss, Anselm (1987): *Qualitative Analysis for social scientists.* University Press; Cambridge u.a.

Strauss, Anselm; Corbin, Juliet (1990): *Basics of Qualitative Research. Grounded Theory Procedures and Techniques.* Sage; Newbury Park, London, New Dehli.

343

Strauss, Anselm; Corbin, Juliet (1994): „Grounded Theory Methodology. An Overview". In: Denzin, Norman; Lincoln, Yvonna S. (Hg.): *Handbook of Qualitative Research*. Sage; Thousand Oaks, London, New Dehli, 273-285.

Tai, Bonnie (1997): *Manifest Power: A case Study of Power in a Student-Professor Relationship*. Qualifying Paper, Harvard Graduate School of Education, Februar 1997 (Unveröffentlichtes Manuskript).

Taylor P.C.; Fraser, B.J. (1991): „CLES: An instrument for assessing constructivist learning environments". Vortrag auf der jährlichen Tagung der *National Association for Research in Science Teaching, April 1991*; Lake Geneva, WI.

Tillmann, Klaus-Jürgen ([1989] 1993): Sozialisationstheorien – Eine Einführung in den Zusammenhang von Gesellschaft, Institution und Subjektwerdung. rororo; Reinbek bei Hamburg.

Tolan, Metin (2003): „Science oder Fiction? STAR TREK im Spiegel der Physik und Technik gestern, heute, morgen". In: Rogotzki, Nina; Richter, Thomas; Brandt, Helga; Friedrich, Petra; Schönhoff, Mathias; Hahlbohm, Paul M. (Hg.).: *Faszinierend! Star Trek und die Wissenschaften Band 1*. Ludwig; Kiel, 77-104.

Traweek, Sharon (1988): *Beamtimes and Lifetimes. The World of High Energy Physicists*. Harvard University Press; Cambridge, London.

Traweek, Sharon (1992): „Border Crossings: Narrative Strategies in Science Studies and among Physicists in Tsukuba Science City, Japan". In: Pickering, Andrew (Hg.): *Science as Practice and Culture*. University of Chicago Press; Chicago, London, 429-465.

Tullock, John; Jenkins, Henry (1995): *Science Fiction Audiences. Watching Doctor Who and Star Trek*. Routledge; London, New York.

Turkle, Sherry (1992): „Paradoxical Reactions and Powerful Ideas – Educational Computing in a Department of Physics". In: Barrett (Hg.): *Sociomedia: Multimedia, Hypermedia, and the Social Construction of Knowledge*. MIT Press; Cambridge (MA), 547-578.

Vetter, Betty M. (1981): „Women Scientists and Engineers: Trends in Participation". In: *Science 214*, 1313-1321.

Weber, Ivana (2001): „Die Schöne oder das Biest? Beiträge feministischer Denkerinnen zum Naturbegriff des Naturschutzes". In: Götschel, Helene; Daduna, Hans (Hg.): *PerspektivenWechsel. Frauen- und Geschlechterforschung zu Mathematik und Naturwissenschaften*. talheimer; Mössingen-Talheim, 121-148.

Wells, Herbert George (1914): *The world set free: a story of mankind*. Macmillan; London.

Wenzel, Karin (1996): „Randgebiete – typisch weiblich?". In: Braunschweiger Vorbereitungsgruppe (Hg.): *22. Bundesweiter Kongress von Frauen in Naturwissenschaft und Technik, 16. bis 19.5.1996 in Braunschweig. Dokumentation*. Frauen in der Technik – FiT-Verlag; Darmstadt, 215-223.

Wetterer, Angelika (1992): „Theoretische Konzepte zur Analyse der Marginalität von Frauen in hochqualifizierten Professionen". In: Dies. (Hg.): *Profession und Geschlecht. Über die Marginalität von Frauen in hochqualifizierten Bereichen*. Campus; Frankfurt, New York, 13-40.

Wetterer, Angelika (1995): „Musterschülerinnen der Aufklärung? Feministische Theoretikerinnen auf der Suche nach dem Anfang". In: *Soziologische Revue Jg. 18*, 332-342.

White, Hayden (1987): The content of the form: narrative discourse and historical representation. John Hopkins University Press; Baltimore.

Whitten, Barbara (1996): „What Physics is Fundamental Physics? Feminist Implications of Physicists' debate over the Superconducting Supercollider". In: *National Women's Studies Association Journal 8, Summer Issue*, 1-16.

Whyte, William Foote ([1943] 1993): *Street Corner Society – The Social Structure of An Italian Slum*. The University of Chicago Press; Chicago, London.

Wiesner, Heike (1993): *Aspekte kritischer Naturwissenschaft: Theoretische Diskussion und empirische Exploration*. Diplomarbeit im Studiengang Sozialwissenschaft der Universität Bremen (Unveröffentlichtes Manuskript).

Wiesner, Heike (1998): „Mit postmodernen Cyborgs auf Tuchfühlung? Ein Beitrag zum Verständnis über den Zusammenhang von Postmoderne, Technoscience, Feministischer Naturwissenschaftsforschung und Science Fiction". In: Petersen, Barbara; Mauss, Bärbel (Hg.): *Feministische Naturwissenschaftsforschung. Science und Fiction (Schriftenreihe / NUT – Frauen in Naturwissenschaft und Technik e.V.; Bd. 5)*. talheimer; Mössingen-Talheim, 55-65.

Wiesner, Heike (2002a): *Virtuelle Lehr- und Lernformen auf dem Prüfstand. Expect The Best – Prepare For The Worst. arte-paper Nr. 87*, Januar 2002. Universität Bremen, Forschungszentrum Arbeit-Umwelt-Technik, Postfach 3304400, 28334 Bremen.

Wiesner, Heike (2002b): Die Inszenierung der Geschlechter in den Naturwissenschaften. Wissenschafts- und Geschlechterforschung im Dialog. Campus; Frankfurt/M.

Wissenschaftsrat der Bundesrepublik Deutschland (1998): *Empfehlungen zur Chancengleichheit in Wissenschaft und Forschung*. <http://www.wrat.de/ drucksachen/drs3534-98/3534-98.html> [10.12.1999]

Witzel, Andreas (1985): „Das problemzentrierte Interview". In: Jüttemann, Gerd (Hg.): *Qualitative Forschung in der Psychologie*. Beltz; Basel, Weinheim, 227-255.

Wobbe Theresa (1997): Wahlverwandtschaften. Die Soziologie und die Frauen auf dem Weg zur Wissenschaft. Campus Verlag; Frankfurt, New York.

Woolgar, Steve (1989): „A Coffeehouse Conversation on the Possibility of Mechanizing Discoverey and its Sociological Analysis". In *Social Studies of Science 19*, 658-668.

Woolgar, Steve (Hg.) (1988): Knowledge and Reflexivity: New Frontiers in the Sociology of Knowledge. Sage; London.

Zuckerman, Harriet (1988): „The Sociology of Science". In: Smelser, Neil J. (Hg.): *Handbook of Sociology*. Sage; Newbury Park, London, New Dehli, 511-574.

Zuckermann, Harriet; Cole, Jonathan R.; Bruer, John T. (Hg.) (1991): *The Outer Circle. Women in the Scientific Community*. Norton & Company; New York, London.

9 Anhang

9.1 Abkürzungen und Hervorhebungen

9.1.1 Abkürzungen und Hervorhebungen im Text

Betonungen im Original:	Fettgedruckte Hervorhebung
Betonungen durch die Autorin:	*Kursive Hervorhebung*
Ergänzung von der Autorin	[Ergänzter Text, P.L.]
Korrektur der Grammatik	[Korrigierter Text]

9.1.2 Abkürzungen und Hervorhebungen in Interview-Transkripten

Interview	Abkürzung/Hervorhebung im Transkript
Interviewende Person	Petra
Interviewte Person	geänderter Name (Pseudonym)
Unverständliche Passage	{...}
Kurze Pause	--, ---
Lange Pause	----
Längere Pause	(Pause.)
Sehr lange Pause	(Long pause.)
Anonymisierungen des Namens	
einer Stadt	<city ___>
eines Stipendiums	<fellowship ___>
einer Universität	<university ___>
eines Professors	<professor ___>
eines physikalischen Phänomens	<phenomenon ___>
eines Geräts	<device ___>
eines Landes	<country ___>
Füllworte	uhm, you know, I mean, etc.
In den Redefluss der jeweils anderen Person eingeworfene Bestätigung	[Mhm.], [Ok.], [Aha.], [Yeah.]
Auslassung	[...]

Lachen	(Laughs.)
Betonung durch Interviewerin bzw. Interviewte/n	Unterstrichene Hervorhebung
Betonung durch Autorin	Kursive Hervorhebung
Gehobene Stimme	+
Gesenkte Stimme	=
Gesenkte leise Stimme	Wort-
Abgebrochenes Wort	–
Abgebrochener Satz	Satz _
Allgemeine Bemerkung	{{Allgemeine Bemerkung}}

9.2 Interviewstudie

9.2.1 Ankündigung der Studie (Aushang)

If you are currently a

PHYSICS GRADUATE STUDENT AT WATERSIDE UNIVERSITY

would you be willing to talk about how you became a
physicist and to share your thoughts about research in
physics? I am looking for

VOLUNTEERS

In a study of "Research interests of graduate students of physics". It is based
on interviews with physics students, both in the United States and Germany.

This study will contribute to satisfy the requirements for a PhD in sociology in
Germany. – The results of the study will be available to you if you are interested.

Please contact me if you would like to participate or if you have any questions.
Write email to Petra Lucht at <____> or call me at ____.

9.2.2 Einverständniserklärung für die Teilnahme an der Interviewstudie („Informed Consent")

I realize that my participation in this interview is voluntary, and I am free to decline to answer to any question or to withdraw my consent and to discontinue participation in the interview at any time without prejudice. The interviews are confidential.

The interview is being recorded unless I wish otherwise. The tapes will be kept for a maximum time of five years and then destroyed. I understand that I may also contact the Chairman of the Institutional Review Board (IRB), ph: _____ if I feel I have been treated unfairly as a subject.

Date: .... Signature: ....

9.2.3 Veröffentlichung von Zitaten

Die vollständig transkribierten und anonymisierten Interview-Transkripte wurden allen TeilnehmerInnen zugesandt mit der Bitte, die Transkripte zu lesen und Fragen zu beantworten, die die spätere Verwendung von Zitaten betrafen. Dieser Bitte sind alle Interviewten nachgekommen. Sie erklärten sich damit einverstanden, dass in Veröffentlichungen über diese Untersuchung wörtlich aus ihren jeweiligen Transkripten zitiert werden kann. Alle zum damaligen Zeitpunkt bereits vorgenommenen Anonymisierungen sind beibehalten worden – in einigen Fällen habe ich darüber hinausgehende Anonymisierungen vorgenommen.

9.2.4 Interviewleitfäden

9.2.4.1 Interviewleitfaden (englische Version)

I.   Introduction

First, I want to thank you for your willingness to participate in this study. Before we start I would like to briefly introduce myself, and tell you something about the interview process.

I finished my degree in physics in Germany in 1993. My studies left me curious about what kind of research work other students of physics were interested in. Over the past year I have been developing a study to investigate this issue. I am currently working on my PhD thesis in sociology, which allows me to work on this project.

The interview is designed to get an overview of the possible research interests of physics graduate students. I am curious about your personal story of becoming a physicist. In this phase of my work I will conduct only a few interviews (ten to fifteen). Then I will evaluate your answers and use them to work out a detailed questionnaire or set of in-depth interview questions covering aspects of your experiences in and views of physics research. This questionnaire or interview will be the basis for the full empirical study.

What follows is a series of questions. Your answers can be as short or as long as you want them to be, and it is not necessary to answer them in any particular order. The questions are arranged in the order of steps in training for a career: the time before you entered college, your situation as an undergraduate student, and your experiences now. I am most interested in your research work in graduate school: the kind of research field you are working in, what you do in your daily work, and your general expectations and thoughts about the field. Please feel free to skip or reformulate the questions if you don't agree with them.

So that I may concentrate on our conversation now, I would like to tape it. At this point I want to emphasize that your participation in this study is voluntary. At any time you can decline to answer any questions or to participate. You can also stop the tape. Do you have any questions or comments before we start? Now I will switch on the tape.

Part A:	*Life before and during the studies of physics*

1.	Before you entered college, what were the main factors contributing to your decision to study physics?
2.	How would you describe your life as a student of physics?
3.	When you think about your education as a physicist: Would you like to change something in the way physics is taught in secondary school, in college, and in the university?

Part B:	*Research interests in graduate school*

4.	During the course of graduate studies, one has to make several decisions and one has to choose for a research project. In what field of physics are you carrying out the work for your thesis? Why have you chosen this research field?
5.	In most cases every member of a research group works on a specific research project. How was the decision made that you are working on your particular project of your thesis?
6.	How would you describe the connections between your current research project and the subfield of physics it belongs to?
7.	How would you describe your subfield in relation to physics? Is it applied or basic research, a central or peripheral field, is it interdisciplinary or pure physics?
8.	To what extent might the research field be useful to society?
9.	How would you describe the research project to a person who does not know much about physics?
10.	If you could freely decide, which kind of research you could do in physics, what kind of research project would you choose or even design?

Part C:	*Comments and critique*

11.	How did you get to know about the study?
12.	What reasons did you have to participate in the study?
13.	Are you interested in the results of the study?

9.2.4.2 Interviewleitfaden (deutsche Version)

I. Einleitung

Zunächst möchte ich mich noch einmal für Deine Bereitschaft bedanken, an dieser Studie teilzunehmen. Bevor wir anfangen, möchte ich mich noch kurz vorstellen und einiges zum Verlauf des Interviews sagen.

Ich habe mein Diplom-Physikstudium in Deutschland abgeschlossen. Eine meiner Fragen bereits während meines Studiums war, an welchen Forschungsgebieten andere Physik-Studierende interessiert sind. Seitdem habe ich eine Studie entwickelt, um dieses Thema zu untersuchen. Zur Zeit arbeite ich an meiner Doktorarbeit in der Soziologie, die es mir ermöglicht, mich damit zu beschäftigen.

Das Interview ist so angelegt, daß es erlaubt, einen Überblick über mögliche Forschungsinteressen von Studierenden der Physik in der Examensphase (in den USA „Graduate Students") zu gewinnen. Ich bin an Deiner persönlichen Geschichte interessiert, die dazu geführt hat, Physiker/in zu werden. In dieser Phase meiner Arbeit werde ich nur wenige Interviews (etwa 10-15) führen. Anschließend werde ich die Antworten evaluieren und sie verwenden, um einen detaillierten Fragebogen oder einen ausführlichen Interview-Leitfaden zu entwickeln, der die Erfahrungen und Ansichten der bereist befragten Personen über Physikforschung berücksichtigen soll. Jener Fragebogen oder Leitfaden wird die Basis für die endgültige Studie bilden.

Was folgt, ist eine Reihe von Fragen. Die Antworten können nach eigenem Ermessen lang oder kurz sein, es ist auch nicht notwendig, sie exakt in dieser Reihenfolge zu beantworten. Die Fragen folgen den Ausbildungsschritten einer Physik-Karriere: Deine Schulzeit, die Situation als Student/in und Deine jetzigen Erfahrungen („Graduate School"). Am meisten interessiert bin ich an Deiner Forschungsarbeit für das Examen: dem Forschungsgebiet, in dem Deine Arbeit angefertigt wird, der tagtäglichen Arbeit sowie Deine generellen Erwartungen und Meinungen über dieses Gebiet. Fragen, mit denen Du nicht einverstanden sein solltest. Können durchaus ausgelassen oder umformuliert werden.

Um mich auf das Gespräch selbst konzentrieren zu können, nehme ich es auf Band auf. Darum möchte ich nochmals betonen, daß Deine Teilnahme an dieser Studie freiwillig ist. Zu jedem Zeitpunkt kann sie abgebrochen oder widerrufen werden, Fragen können ausgelassen werden. Du kannst selbst die Aufzeichnung des Geräts stoppen. Hast Du Fragen, bevor wir anfangen? – Dann werde ich jetzt das Band starten.

Teil A: *Zeit vor und während der Studienzeit der Physik*

1. Welche Faktoren vor Deiner Zeit an der Universität haben hauptsächlich zu Deiner Entscheidung beigetragen, Physik zu studieren?
2. Wie würdest Du Dein leben als Physikstudent/in beschreiben?
3. Wenn Du über deine Ausbildung zum/zur Physiker/in nachdenkst: Würdest Du gern etwas an der Art, wie Physik unterrichtet wird in der Schule und der Universität, ändern? Wenn ja, was wäre das?

Teil B: *Forschungsinteressen in der Examensphase („Graduate School")*

4. Während der Examensphase müssen einige Entscheidungen getroffen werden, um eine Examensarbeit auszuwählen. In welchem Forschungsgebiet fertigst Du Deine Arbeit an? Warum hast Du dieses Gebiet gewählt?
5. In vielen Fällen arbeiten alle Mitglieder einer Arbeitsgruppe an bestimmten eigenen Forschungen. Wie wurde die Entscheidung darüber getroffen, an welchem Projekt Du für Dein Examen arbeiten würdest?
6. Wie würdest Du die Verbindung Deines aktuellen Forschungsprojektes zum Gebiet der Physik beschreiben, zu dem es gehört?
7. Wie würdest Du Dein Forschungsgebiet in Beziehung zur gesamten Physik setzen? Ist es angewandte Forschung oder Grundlagenforschung, zentral oder peripher, interdisziplinär oder reine Physik?
8. In welchem Ausmaß könnte das Forschungsgebiet nützlich für die Gesellschaft sein?
9. Wie würdest Du Dein Forschungsprojekt einer Person erklären, die nicht viel über Physik weiß?
10. Wenn Du frei entscheiden könntest: In welcher Art von Forschung würdest Du gern arbeiten, welches Forschungsprojekt würdest Du wählen oder möglicherweise selbst entwerfen?

Teil C: *Kommentare und Kritik zu dem Interview*

11. Wie hast Du von der Interviewstudie erfahren?
12. Was hat Dich bewogen, an der Interviewstudie teilzunehmen?
13. Bist Du an Ergebnissen der Studie interessiert?

If you have any concerns about our products,
you can contact us on
ProductSafety@springernature.com

In case Publisher is established outside the EU,
the EU authorized representative is:
**Springer Nature Customer Service Center GmbH
Europaplatz 3, 69115 Heidelberg, Germany**

Printed by Libri Plureos GmbH
in Hamburg, Germany